上海光华教育发展基金会
Shanghai Guanghua Education Development Foundation

钱益民 颜志渊 ——著

颜福庆传〔增订本〕

YAN FUQING

复旦大学出版社

图书在版编目(CIP)数据

颜福庆传/钱益民,颜志渊著. --增订本.
上海:复旦大学出版社,2025.5. --(复旦大学校长传记系列). -- ISBN 978-7-309-17964-4
Ⅰ.K826.2
中国国家版本馆 CIP 数据核字第 2025HA6846 号

颜福庆传(增订本)
钱益民　颜志渊　著
责任编辑/贺　琦

复旦大学出版社有限公司出版发行
上海市国权路 579 号　邮编:200433
网址:fupnet@fudanpress.com　http://www.fudanpress.com
门市零售:86-21-65102580　　团体订购:86-21-65104505
出版部电话:86-21-65642845
上海雅昌艺术印刷有限公司

开本 787 毫米×960 毫米　1/16　印张 26.75　字数 385 千字
2025 年 5 月第 2 版
2025 年 5 月第 2 版第 1 次印刷

ISBN 978-7-309-17964-4/K·865
定价:118.00 元

如有印装质量问题,请向复旦大学出版社有限公司出版部调换。
版权所有　侵权必究

颜福庆传

钟南山 题

"共和国勋章"获得者、原中华医学会会长钟南山院士题字

出版说明

一、颜福庆先生是我国著名的医学教育家、公共卫生学家。他是湘雅医学院与上海医学院创始人,身为中华医学会发起人之一,荣任首任会长。1927—1940年,担任国立上海医学院院长。《颜福庆传》首版于2007年,2011年英文版顺利推出。值此复旦大学建校120周年之际,予以全面增订再版。

二、本次再版增订情况大致如下:

(1)对初版中的文字舛误、知识错漏之处,进行修正。确保内容严谨、精准,契合学术规范。

(2)新增6万余字、22幅珍贵历史照片。依据最新发现的原始档案资料,结合医学史研究成果,精心增设16个章节,分别是:完成一例腮腺纤维瘤手术、延聘陈克恢主持药学系而未果、延聘精神卫生科专家韩芬、病床上写就的校歌、与顾临争论医学院薪水问题、新任署长谈工作计划及统筹救护工作、筹建重庆医学院的缘起、筹建工作的初期阶段、全国文教工作会议的新精神、筹建工作陷入僵局、与陈同生商妥保全上海医学院方案、制定两种建校方案、中央批准分迁方案、参加全国政协二届二次全体会议并发言、把医学科学提高到国际水平、在全国政协二届三次会议上的呼吁。此外,对书中多个章节进行深度拓展与重新阐释,如1915年8月20日湖南首例尸体解剖、调查的成绩、湘雅人成了创建国立上海医学院的主力、上海是有战略地位的医学教育中心等。

（3）对书稿所有引文、参考文献进行核查、校勘，确保史料来源的权威性与准确性。

（4）全面增补、调整书中插图，并采用 AI 图像修复技术着色优化老照片。

（5）新增人名索引，方便读者检索，优化阅读体验。

三、本书初版时为单色印制，本次再版则升级为全彩印刷工艺。

四、本次增订出版得到上海光华教育发展基金会的支持，在此表示衷心感谢。

谨以本书致敬复旦先贤，献礼双甲之庆，冀望承前启后，薪火永续。

编者

2025 年 4 月 15 日

目 录

001　　　致　谢
001　　　颜氏家族世系表

001　　　第一章　基督世家　耶鲁博士（1882—1909）
001　　　　　颜渊的后裔
003　　　　　伯父颜永京：留美先驱与圣约翰大学创办人
004　　　　　华人不得入内
005　　　　　家庭的不幸
008　　　　　圣约翰大学第二届医科学生
010　　　　　远赴南非当矿医
013　　　　　耶鲁大学医学院留学生
017　　　　　业余茶叶推销员
018　　　　　耶鲁大学优秀博士毕业生
023　　　　　受聘雅礼会
026　　　　　在英国利物浦大学进修热带病学

028　　　第二章　中美合作　肇始湘雅（1910—1927）
028　　　　　"总算把你盼来了！"
029　　　　　博医会首位中国男性会员
031　　　　　初到长沙
033　　　　　遭遇长沙米骚动，全家被洗劫一空

035	雅礼会首位永久中国会员
039	京汉铁路鼠疫防疫战总指挥
041	治愈谭延闿的大叶性肺炎
044	1913年,"湘雅医学会"诞生
045	第一次湘雅合约
048	赴京筹组"湖南育群学会"
051	湘雅医学专门学校在潮宗街开学
052	湘雅首届学生汤飞凡
054	培育求真求确、必邃必专的优良学风
057	完成一例腮腺纤维瘤手术
059	1915年8月20日,湖南首例尸体解剖
061	群星灿烂的湖南"五四"运动
064	湖南政坛的宠儿
064	创设湘雅卫生科
066	萍乡煤矿钩虫病调查
066	深入矿井调查病因
067	调查地面感染源
070	宣传和取样化验
071	药物治疗阶段
072	调查的成绩
074	湘雅进入黄金时期
078	"北协和、南湘雅"
080	转向眼科
084	湘雅医学专门学校收归中方
085	"明天一大早,你将被枪毙"
087	悄悄离开长沙
089	"我是从湘雅起家的,没有湘雅就没有上海医学院"

091	第三章　华洋医界　和衷共济
092	发起中华医学会
095	起草《中华医学会宣言书》
097	主持中华医学会第一届大会
101	倡议在东南地区创办高水平医学院
104	争取英国庚子赔款举办全国公共卫生事业
109	第四章　筹备中央卫生部　任职协和副院长（1927—1928）
109	筹备武汉国民政府中央卫生部
112	首任卫生部长职务之争
113	协和医学院的邀请信
116	理念至上还是生存第一
117	协和医学院首位副院长
119	率领国际红十字会医疗队赴武汉
121	筹设私立上海协和医学院
123	创设上海医科大学意见书
127	正式到协和任职
130	第五章　国人自办　一流学府（1928—1937）
132	湘雅人成了创建国立上海医学院的主力
135	中国红十字会总医院院长
137	湘雅开始第二轮创业
138	创设中国第一个农村卫生实验区
142	为模范区孩子们创建儿童公园
144	精心培养公共卫生接班人
146	延聘陈克恢主持药学系而未果
151	赴美国寻求合作伙伴

153	以美为师，倡建"上海医事中心"
159	雅号"犹太人"
162	创设上海医事事业董事会
164	医学院留上海，还是搬南京
166	"上海是有战略地位的医学教育中心"
169	"以公众利益为目的去学医，这才是人类的服务者"
173	产科主任孙克基突然辞职
175	延聘精神卫生科专家韩芬
177	延聘护士教育领袖人才
178	为国立上海医学院争取到一笔最大的不动产
180	土地风波
183	国立上海医学院起飞了
185	病床上写就的校歌
191	中国的医院怎样才能自养
195	与顾临争论医学院薪水问题
201	公医制度的完整论述
203	枫林桥建成了中国的医事中心
209	第六章　卫生署长　面向全国（1938—1949）
210	上海救护委员会主席
213	向世人控诉日军暴行
214	家庭成员齐抗战
216	国立上海医学院、中山医院火线撤退
217	临危受命出任国民政府卫生署署长
218	新任署长谈工作计划及统筹救护工作
221	开辟战时西南和西北卫生新局面
224	统筹战时医学教育问题
228	统筹战时劳工卫生问题及沿公路线设立卫生站

230	解湘雅之困境
230	辞职赴美医治胃溃疡
233	帮助湘雅渡过难关
234	出席基督教海外医学联合会
235	回沪担任国立上海医学院沪院教授
238	妻子曹秀英去世
239	麻将席上促成的婚姻
240	长孙颜志渊出生
243	**第七章　老骥伏枥　风雨同舟（1949—1966）**
244	新上海的卫生行政
245	指导新中国第一位下矿井的女医生
247	拓展校园，争取东安路以西土地
249	筹建重庆医学院的缘起
254	筹建工作的初期阶段
258	全国文教工作会议的新精神
259	筹建工作陷入僵局
262	与陈同生商妥保全上海医学院方案
263	制定两种建校方案
266	中央批准分迁方案
270	参加全国政协二届二次全体会议并发言
273	与毛泽东共话湘雅旧事
276	登高一呼，发展九三学社
279	把医学科学提高到国际水平
283	对台湾广播
288	在全国政协二届三次会议上的呼吁
294	向科学进军的献礼：
	"九三"社员科学研究工作展览会

297	"新年老人来了!"
299	畅谈"教授治校"问题
302	上医30周年校庆时为颜福庆祝寿
304	音乐和桥牌爱好者
305	晚年最爱"金铃子"
306	"公公要把囡囡的头发梳直了"
307	"我希望你和湘清一起回来"
308	带着溥仪的《我的前半生》去香港
310	"文革"前与女儿的最后一封信
313	**第八章 晚际坎坷 无怨无悔（1966—1970）**
314	"是,我是洋武训!"
315	"阿弟,我们睡'榻榻米'了"
316	"我问心无愧,我不会自杀的。"
317	送给长孙的结婚礼物
318	最后一个早晨
320	**第九章 正谊明道 名垂青史**
325	附录一 颜福庆年谱
362	附录二 江西安源萍乡煤矿钩虫病的控制 （颜福庆著 黎 健译 王籛兰校）
381	附录三 中国医学教育的过去与未来 （颜福庆著 钱益民译）
384	主要参考文献
394	初版后记
399	增订版后记
402	人名索引

致　谢

本书在史料收集中得到黄振信（Mary Yen）、颜志旋（Dora）、彼得·艾德曼（Peter Edelman）、唐一飞的大力帮助；耶鲁大学图书馆手稿和档案部、中南大学湘雅医学院档案馆、北京协和医学院档案室、复旦大学档案馆给予诸多帮助。

谨致谢意！

颜氏家族世系表
（一）

- 颜清源
  沈氏
  - 颜永京
    戚氏
    - 颜锡庆
      吴蔼云
    - 颜志庆
      朱多加
    - 颜□庆
    - 颜惠庆（W. W. Yen）
      孙宝琮
    - 颜德庆
      朱哈娜
    - 颜庆莲（女）
      舒厚仁
  - 颜如松
    吴氏
    - 颜桂英（女）
      陈卫高
    - 颜明庆
      黄氏
    - 颜福庆
      曹秀英
    - 颜连庆
      黄琴英
    - 颜俪英（女）
      顾书勋
  - 颜□□（女）
    曹子实
    - 曹芳云（女）
    - 曹雪庚
    - 曹福庚
    - 曹云泉
    - 曹云祥
    - 曹丽云（女）

（二）

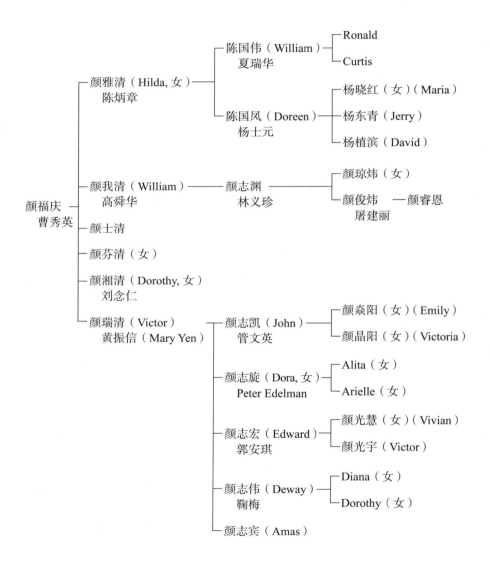

第一章

基督世家　耶鲁博士

（1882—1909）

颜福庆的伯父颜永京60岁时（1898年）说过："在我的有生之年，已经看不到自己的祖国成为一个进步、强大和充满希望的国家。你们下一代将比我幸运，你们将亲眼看到中国的新生。"

颜渊的后裔

颜福庆的老祖宗，是孔子最得意的学生颜渊。很久以前，颜氏支裔中的一支，从山东迁到河南，后来又迁到福建，开始在厦门谋生。

颜家在上海落户，是从颜福庆的祖父颜清源（1796—1862）开始的。乾隆末年，东南沿海地区海防废弛，海盗在安南王国支持下，在公海上肆意劫掠商人，还与大陆绿林遥相呼应，深入福建、浙江沿海抢劫，居民深受其害。清朝镇压不力，局势每况愈下。年幼的颜清源从厦门逃难到了上海，被一位中国牧师收留。由于年代久远，这位好心牧师的姓名也不得而知了。

经过三代繁衍，颜家在新的故乡——上海，人丁兴旺起来，逐渐形成传奇的颜氏家族，在20世纪中国现代化初期的宗教界、教育界、医务界有重大影响，为推进中美两个大国的文化合作与友谊作出了不可磨灭的贡献。家族中声名显赫的有：上海圣约翰大学学监（校长）颜永京、杰出外交家颜惠庆、医学教育家颜福庆、铁路工程师颜德庆等。在颜福庆那一代，颜家人才辈出，盛极一时。

颜清源 19 岁那年，到一家厦门同乡开的干货铺当了伙计。店铺在上海老城小东门的桂元桥。在上海站稳脚跟后，清源娶了崇明沈氏（1812—1861）。婚后在上海城墙边的一座庙宇旁安了家。

沈太夫人先后生有四子一女。五个孩子中最有出息的是颜永京（1838—1898，字拥经），家中排行老三，所以小名叫"三大"。永京前面还有两个哥哥，先后都夭折了。永京下有一弟一妹。弟弟颜如松（1848—1889，字澍隆），就是颜福庆的父亲。

走科举道路，显亲扬名，荣宗耀祖，是当时社会的正途。可清源是上海的新移民，根本无力为孩子铺就这条通向官宦之路。永京、如松兄弟幼年就被父亲送到教会学校，接受基督教教育，然后委身教会，一辈子传教，走上了与传统截然不同的道路，彻底与科举仕途告别，而把目光转向了另一个完全不同的神的世界。这实在是一种无奈的选择。

颜氏昆仲，摄于 20 世纪 30 年代中期。左起颜明庆、颜惠庆、颜德庆、曹云祥（颜福庆表弟，曾任清华学校校长）、颜福庆、颜连庆。

清源连唯一的女儿也抚养不起,干脆送给了别人。

伯父颜永京:留美先驱与圣约翰大学创办人

颜福庆6岁丧父,此后一直寄居在伯父家。伯父担起了父亲的角色,对颜福庆影响至深。

1845年6月,美国圣公会传教士文惠廉主教(William Jones Boone,1811—1864)夫妇来到上海,次年开办"上海大美圣公会学堂",专门招收中国贫穷家庭的男孩,学习英文,为日后到海关、洋行、邮局等外国人办的机构里谋职做准备。

大美圣公会学堂是外国传教士在上海开办的第一家日校。为吸引学生,学堂免收学费,免费提供衣服、课本,还为孩子们提供一顿中餐。永京原来在一家私塾读书,因为实在付不起学费,清源就把他送到这家日校读书。永京在学堂里受洗皈依基督教。从此以后,颜家就与美国圣公会结下了不解之缘。日校不久搬到了虹口。

在学堂里,小永京是出类拔萃的学生。过人的天赋被传道团看中,传道团决定栽培永京。1854年,戴维斯·波特(John Tevis Points,中文名庞台物)领着18岁的永京乘船经印度洋,绕过好望角,到达美国特拉华州。永京随后到纽约,由牧师格里高利·T.贝德(Gregory Thurston Bedell)和夫人朱莉亚·乔(Julia Strong)监护。贝德牧师是纽约Ascension圣公会教堂主祭,与文惠廉

美国圣公会华人先驱、上海圣约翰大学创办人之一颜永京(右)与夫人戚氏及女儿庆莲合影。颜志渊提供。

是弗吉尼亚神学班的同学。为永远铭记成长道路上的恩人，Points、William、Strong 这些名字成为永京五个孩子的英文名字，如长子锡庆的英文名叫 Points，次子志庆叫 Nelson，第四个儿子惠庆叫 William，第五个孩子德庆叫 Strong。在伯父的五个孩子中，福庆与长自己五岁的惠庆最要好。在众多兄弟中，受惠庆的影响也最大。

1858 年永京转入俄亥俄州建阳学院二年级就读。在学校里，永京加入了 Phi Beta Kappa 协会，该协会向来只接收美国大学最优秀的学生[①]。学成后永京于 1862 年回国。在归国的船上，永京初露锋芒，他的数学和航海知识曾使船长大为叹服。

一个半世纪前，中国的孩子到大洋彼岸的美国留学，对全家无疑是生离死别的考验。八年前一别后，永京再也没有见到含辛茹苦的母亲。回国后不到半年，父亲也去世了。全家的重担，全部落在 24 岁的永京肩上。

永京回国后没有马上开始传教，原因有两个：由于美国发生内战，上海的传道团得不到美国足够的经济支持，这是客观原因；此外，永京要挑起家庭重担，偿还父亲留下的债务，还想把可怜的妹妹赎回来。永京在英国领事馆和汉伯利公司（Hanbury & Co）任职一段时间后，去上海工部局当了翻译。

在当时的通商口岸，中国人与洋人打交道，如果不懂外语，他的命运就掌握在翻译手中。永京以自己的诚实、公正获得了中外人士的夸奖。他的月薪高达 300 银圆，对他而言，这是个天文数字了。

华人不得入内

拿洋人的银圆，并没有使永京奴颜婢膝。他心性中自有强烈的民族自尊心。西方的人文教育，更使他深信各民族之间本应是平等的，没有高低贵贱之分。血气方刚的永京有一则流传很久的佳话。

---

① 汪常明：《19 世纪颜永京家族与亲族留学美国小考》，《浙江档案》，2017 年，第 6 期，第 56 页。

鸦片战争后,上海外滩建起了一个专门为外国人开放的公园。公园门口竖起一块英文告示牌,写着:狗与自行车不得入内;华人不得入内。

当时的华人很少注意到这块告示,理解其内容的人就更是凤毛麟角了。

把"中国人"竟然置于"狗"之后[①]!真是岂有此理!

第一眼看到这刺眼的"告示",永京萌生极大反感。他不断给外国报社写信,专程拜会工部局头面人物,要求更改这块侮辱中国同胞的牌子。在他不断呼吁下,在外国人的公园边上,又专门为中国人开了一个公园。

永京还清父亲留下的所有债务后,重新回到教会,被派往武昌,到华中地区撒播基督教的种子。在武昌的 12 年间,永京建造了武昌圣诞礼拜堂(The Chapel of the Nativity),开办了一所男生寄读学校,1873 年,学校发展成为华中地区著名的文华书院,为华中地区的宗教事业打下了基础。

回到上海后,永京又协助施若瑟(S. I. Joseph Schereschewsky)主教开始创建圣约翰书院。1879 年,圣约翰书院成立,永京任数学、物理、化学、天文教师,后又担任学监(院长)。卜舫济接任学监后,圣约翰书院蒸蒸日上,发展成为一所名扬海内外的大学。为了感念永京对自己的提携和筚路蓝缕的开拓之功,卜舫济把一幢教学楼命名为"思颜堂",至今还矗立在苏州河边。颜福庆 6 岁开始就生活在圣约翰书院的校园里,与这所书院结下了不解之缘。颜家子弟们一个个都进了圣约翰书院,由中学而大学,转而到美国深造,卓然成家,为颜家带来了光荣。

家庭的不幸

颜福庆为何选择学医?这与家庭有直接的关系。几位亲人的早逝,给少年颜福庆的心灵留下了阴影,也播撒了学医的种子。

[①] Dr. C. Y. Shu. *The Rev. Mr. Y. K. Yen.* 1985: 19.

首先是父亲的英年早逝。颜福庆的父亲颜如松，与颜永京走的是完全一样的路，在上海受过基础教育后，也被教会送到美国。颜如松先入一家文法中学补习，1872年也成为建阳学院的新生。颜如松在校期间非常活跃，曾是数学爱好者协会、文学社、辩论协会和象棋俱乐部的成员①。回国后，颜如松于1884年由W. J. Boone II主教祝圣为圣公会牧师，主持江湾圣保罗教堂（St. Paul's Church）。五年后，正值壮年的如松感染伤寒，在同仁医院去世，撇下妻子吴氏和五个未成年的孩子：桂英、明庆、福庆、连庆和俪英。那一年，颜福庆才6岁。1923年，江湾圣保罗教堂竖起"颜如松会长纪念碑"以示纪念。碑文上写着："公为救主堂颜永京牧师之胞弟，在圣保罗堂牧养会众计十四年，其爱主爱人莫不为群羊之模范。公生于道光二十八年八月八日，光绪十五年正月七日安赴乐园。　一九二三年　本堂教友勒石以纪"。

19世纪90年代初，朝夕相处、众弟兄中最为聪慧的三哥（永京的第三个儿子）被脑膜炎夺去生命，年仅14岁。

1897年，戊戌变法前一年，颜福庆16岁，开始上中学。家里又面临一场重大的灾难，二哥志庆竟然吸毒上瘾，伯父全家陷入悲恸之中。

海洛因被错误地作为吗啡的替代品，用于治疗感冒和腹泻，最早是从19世纪末开始的。志庆可能因误用了海洛因上了瘾。

19世纪80年代末志庆从美国建阳学院留学回国，事业刚开始就罹此见不得人的毛病，对永京来说更是莫大的反讽。永京极端反对国人吸食鸦片等毒品，是上海拒毒会的积极分子，1894年曾应英国拒毒会之邀访问英国，发表演说，痛陈鸦片给中国带来的种种弊端，抗议英国商人把鸦片从印度运到中国，呼吁英国人民支持中国的禁烟运动。然而未料自己的孩子竟然身染毒瘾……

1897年11月28日，志庆已经在床上躺了九天，不省人事。

---

① F. L. Hawks Pott's Letter to the Editor of North-China Daily News, Shanghai. June 23, 1898. In: Dr. C. Y. Shu. The Rev. Mr. Y. K. Yen. 1985: 35.

第一章 | 基督世家　耶鲁博士　（1882—1909）

花甲之年的伯父不禁老泪纵横，感叹命运的无常，他向在美国求学的惠庆和德庆写信："我已经无数次地感到失望，一想到未来，我就不寒而栗。想到我的儿子竟会落到这个下场，令我悲痛欲绝。这比抽鸦片还要坏。我不明白，他竟会染上如此恶习。这两年，我明显变老了，主要就是志庆的毛病；所以你们要用功学习，不要把时间浪费在娱乐上……"①

颜福庆眼睁睁地看到，伯父在接二连三的家庭变故打击下，郁郁寡欢，生活蒙上了灰色。由于长期精神抑郁，伯父得了糖尿病和疑病症，老是怀疑自己得了什么病。

希望下一代出个医生，成为伯父生命最后两年的一个心结。

1898年2月19日，也就是去世前四个月，永京给在美国留学的惠庆、德庆兄弟去信，苦口婆心地劝惠庆学医：

> 你很重视我劝你学医的忠告，我很高兴。学医前景非常广阔，不仅教会需要医生，而且中国任何地方都需要医生。九江的卫理会又送了三名女生到美国学医。扬州开药房的王医生，现在师范学堂教书，每月薪水70银圆，你也知道，他只上过一家南京的教会学校。我相信，你特别适合医生这项有益人群的慈善的职业，既受人尊敬，薪水又高……②

3月7日，永京又给惠庆、德庆写信，叮嘱德庆去学工程：

> 我读了1月9日德庆的来信，就将来的职业，征求我的意见。我希望你去从事市政工程，不仅因为它非常紧缺，而且因为机械工程被看做是手工艺人的天职……朝廷将开始大量修建铁路，而我们还没有一个自己的市政工程师，这令我大伤脑筋……机械工程是个复杂的职业。我希望你无论如何要向你哥哥惠庆学

---

① Dr. C. Y. Shu. *The Rev. Mr. Y. K. Yen.* 1985: 25.
② Dr. C. Y. Shu. *The Rev. Mr. Y. K. Yen.* 1985: 17.

习。我觉得弗吉尼亚大学市政工程方面的课程不大好……①

两个月后,永京的糖尿病引发肾小球肾炎,病情恶化。自感时日无多的伯父对颜福庆说:

"在我的有生之年,已经看不到自己的祖国成为一个进步、强大和充满希望的国家。你们下一代将比我幸运,你们将亲眼看到中国的新生。"这句话,深深地刻在颜福庆的脑海里。

临终前,永京的神志很清醒,用尽全身最后的力气,和家人一起领受了圣餐后,离开人世②。

永京希望惠庆能当一名医生,德庆当一名市政工程师。德庆的确成了著名的铁路工程师,在京张铁路中任詹天佑的副手。而惠庆没有按父亲的意愿成为医生,却成了杰出的外交家、政治家。伯父临终前未遂的遗愿,将由颜福庆来完成。颜福庆的姑父曹子实,旅美勤工俭学,归国后行医,与传教士们合作在苏州创建东吴大学医学院,对颜福庆从医也有不小影响,最终促使福庆成为颜氏第三代中唯一继承上辈西医事业的后生并享誉后世。

圣约翰大学第二届医科学生

颜福庆上圣约翰中学的那年,也就是 1896 年,圣约翰书院创建医学院(医学部),以同仁医院(St. Luke's Hospital)为教学和实习基地。1899 年,颜福庆中学毕业,升入圣约翰书院医学院,成为该院创建以来的第二班学生。当时梵皇渡的圣约翰书院内,还没有医学院的校舍和医院,所有的教学和临床,都在虹口的同仁医院内进行。

圣约翰书院就是颜福庆的家,而同仁医院与颜福庆更有一种特殊的渊源。它的创办人,就是颜福庆的亲舅舅、美国圣公会的另一位华

---

① Dr. C. Y. Shu. *The Rev. Mr. Y. K. Yen*. 1985: 17.
② F. L. Hawks Pott. Biographical Sketch of the Rev. Y. K. Yen. In: Dr. C. Y. Shu. *The Rev. Mr. Y. K. Yen*. 1985: 28.

人先驱吴虹玉牧师（1834—1919）。

出生于江苏常州阳湖贫苦农民家庭的吴虹玉，和颜永京是美国圣公会学堂的同学。吴虹玉1854年随美国军舰"色奎那号"到美国。1860年在宾夕法尼亚州兰开斯特镇宣誓成为美国公民。美国南北战争中，虹玉曾为北方军队服役。回国后投身医药传教事业。1866年，他以84元善款起家，租下虹口培恩路、百老汇路交界处的一间民房，开办小诊所。聘请美国浸礼会医师麦高温前来坐诊，看病、给药均免费，开支全部由吴虹玉四处托钵募捐而来。吴虹玉数次踏雪募捐的诚意，感动了广东商人李秋萍。李捐资兴建的新诊所于1880年落成，诊所改称"同仁医院"。

因为有这层渊源，颜福庆从小就是同仁医院的常客，跟着母亲从江湾到虹口的同仁医院玩耍。同仁医院附设一家初级的培训学校。每天下午2点，门诊部开始看病。男护士对前来应诊的病人略加询问后，即开处方。当时使用最多的是三种药，外伤病人在患处涂以碘酒，肠胃功能失调者给以泻盐，发热者令服奎宁。病人等候取药时，传教士不失时机地给他们宣讲福音。

在幼年颜福庆的概念里，圣约翰书院是伯父的家，同仁医院就是舅舅的家。进入医学院，既可完成伯父的临终嘱托，也可继承舅舅的衣钵，可谓水到渠成。

颜福庆入学时，圣约翰医学院才起步，教师和学生加起来不过寥寥数人。颜福庆三年级时，杰弗里医生（Dr. W. H. Jefferys）来到同仁医院，史蒂芬医生（Dr. Juliet N. Stevens）接替盖茨医生（Dr. Gates），出任圣约翰书院医学院女子医院（即后来的圣伊丽莎白医

美国圣公会华人先驱吴虹玉，系颜福庆之舅，上海同仁医院创办人。吴耀映提供。

院）院长，两人都为颜福庆所在的第二班学生授课①，师资才有所加强。特别是史蒂芬医生，曾讲授过外科学、热带病学和眼科疾病三门课。颜福庆一生以预防医学家（公共卫生学家）著称于世，可是在心底始终对眼科情有独钟，在湘雅医学院当院长时，还曾一度决心转向眼科，为此还与同道好友胡美发生摩擦。这与史蒂芬医生的影响有关。

圣约翰书院医学院的第二班学生于1903年完成学业。当时圣约翰书院医学院只给毕业生授予证书，不提供学位。因此颜福庆也没有获得任何学位②。与颜福庆同时结业的还有刁信德（E. S. Tyau）、谭以礼（E-li Day）、杨自理（Z. L. Yang）③。

这一年，颜福庆21岁，开始在同仁医院当实习医生。

远赴南非当矿医

1886年，南非的兰德高地发现了富金矿脉，全世界的淘金者蜂拥而至。那时的南非首都约翰内斯堡（Johannesburg），中文意思是"黄金城"，就是由各国淘金者发展起来的。1902年英布战争后，英国人开始统治南非。当地黑人、白人劳力远不能满足矿产业的需求。南非的矿业资本家提出了从大清朝引进劳工的建议，获得清政府的同意。1904年6～9月，共有五批近万名华工到了南非④。

清政府在招募华工的同时，也招募了少数华人医生，与华工同行当矿医。出国当医生，当然要懂外语的西医。当时受过西式教育的中国医生凤毛麟角，而且几乎全部聚集在上海和广东两地的教会医院。正在同仁医院当医生的颜福庆和同学刁信德、龚美恩等勇敢地报了名，并在天津通过了一个医学委员会的审查⑤。要到地球另一端的南非

---

① K. Chimin Wong, Wu Lien-Teh. *History of Chinese Medicine*. The TienTsin Press, LTD, 1932: 388.
② F. C. Yen to Sallman. November 26, 1909. Archives and Manuscripts of Yale University Library, Yale-China, Box 107, Folder 938（简略为107/938，下同）.
③⑤ K. Chimin Wong, Wu Lien-Teh. *History of Chinese Medicine*. The TienTsin Press, LTD, 1932: 549.
④ 李安山：《非洲华侨华人史》，中国华侨出版社，2000年，第109—111页。

去行医,如果没有巨大的冒险精神和强烈的事业心,是不可想象的。看到自己培养的年轻医生如此富有奉献精神,圣约翰书院医学院院长文恒理(Henry William Boone)赞赏有加,曾专门在一个报告中表彰了颜福庆和其他两位同行的学生。

1904年7~8月,颜福庆与华工同船从天津远赴南非。颜福庆一生到过不少国家,南非是他出国的第一站,恐怕也是最远的一站。当矿医的经历,使颜福庆深入地认识了社会,更认识了自己,真是不虚此行。

颜福庆所到的金矿叫德本·路德波特矿业公司(Durban Roodeport Deep Mine)。该公司为地下矿业公司,1898年开始挖矿,当时的产量居世界金矿中等水平。该矿由两个地下不同巷道的矿井组成,矿井最深处达7 874英尺(2 400米)。矿山的苦力,是世界上最辛苦的劳动!凡是下过矿的人,都有个体会:与"地狱"般的矿下体力活相比,地面上的什么活都还算好。华工有80%就在井下从事炸药爆石、铁棒凿石等各种苦力劳动,随时有生命危险。据华侨史专家陈泽宪统计,仅1904年5月到1906年12月,死在路德的华工人数就高达2 485人,

1907年南非约翰内斯堡德本·路德波特金矿(Durban Roodeport Deep Gold Mine)矿井地上场景。图片来源:https://www.mindat.org/loc-418571.html。

1908年南非约翰内斯堡德本·路德波特金矿（Durban Roodeport Deep Gold Mine）矿井下场景。图片来源：https://www.mindat.org/loc-418571.html。

永远失去劳动力人数更是高达 3 787 人[1]。由于长期在地下两三百米的矿井中劳动，华工受到了钩虫病、矽肺等各种疾病的严重威胁。

　　人同此心，心同此理。看到在矿井下恶劣的劳动环境中，同胞为养家糊口而拼命地干最苦最累的活，颜福庆的心灵受到了强烈的震撼，这激发了他精研医术的决心，坚定了他终生为人群服务的崇高理想。同时，颜福庆在为矿工看病过程中认识到了自己的不足，促使他变得更加成熟。颜福庆开始认识到，自己的临床训练还远远不够，还不能很好地为人群服务。自尊心极强的颜福庆深感苦恼，向在美国的同学诉说苦衷。同学来信，鼓励他到美国深造，接受系统的医学训练[2]。

　　1906 年，上海圣约翰大学在美国华盛顿注册成功。凡是取得圣约翰大学毕业证书的学生，到美国可承认一到二年的学程，直接升入二或三年级[3]。凭着圣约翰大学的证明，可以少一到两年获得医学博士学

---

[1] 李安山：《非洲华侨华人史》，中国华侨出版社，1999 年，第 174 页。
[2] Edward H. Hume. *Doctor East, Doctor West: An American Physician's Life in China.* New York: W. W. Norton & Company, Inc, 1946:146.
[3] Thomas Cochrane. Medical Education in China. *Chin Med J.* 1913(3).

第一章 | 基督世家　耶鲁博士　（1882—1909）

南非德本·路德波特矿业公司的中国华工赠给颜福庆的金质纪念章正反面。

位，这是个很好的机会。颜福庆在南非行医一年后，最终作出了赴美深造的决定。离开南非前，矿工们集体赠送颜福庆一枚金质纪念章，以示感谢。这枚纪念章呈椭圆形，于1906年1月6日制作完成。正面外圈刻的汉字是"福庆颜老先生大人　德本地金矿工　心叩"，中间四个大字是"恩同再造"。反面外圈刻的英文译为中文是"1906年1月6日赠予颜福庆医生　德本·路德波特矿业公司的中国华工赠"。

耶鲁大学医学院留学生

　　1906年秋，颜福庆漂洋过海，来到了美国。这一年，颜福庆24岁。

　　20世纪初，美国医学教育还存在发展中的混乱，医务界商业化气息很浓。"野鸡医学院"丛生，医学博士文凭满天飞。联邦政府还没有统一的医学教育标准，全国数百所医学院，入学标准也五花八门，少数要求高的需要大学二年级或一年级，一般要求高中毕业，甚至更低。各校学制也不同，水平参差不齐。这种状态，直到1910年

《弗莱克斯纳报告》发表后，才逐渐改变。

经过一番激烈的思想斗争，颜福庆放弃一所名不见经传的医学院，决定报考美国常春藤名校——耶鲁大学医学院（简称耶鲁）。经过插班考试，直接进入耶鲁二年级就读①。

医学院院长是医学博士、化学教授赫伯特·E. 史密斯（Herbert Eugene Smith）。在耶鲁校长哈德利（Arthur Twining Haddley）和校董会的授权下，医学院的10位教授组成教授会，共同治理医学院。当时耶鲁的学制是四年，毕业后授予医学博士学位。

美国的大学，每学年一般分为三个学期。1906年9月27日，耶鲁大学医学院1906—1907学年第一学期开学。在上海，9月下旬还是丹桂飘香、气候宜人的中秋时节，可纽黑文却已经开始进入冬季，下起了鹅毛大雪，积雪深可达数尺。在美国的第一个冬天，这位身高5英尺8英寸（173厘米）、体重115磅（52千克）的中国留学生冻得直打哆嗦。

1907年耶鲁大学医学院1909届同学合影。后排左三颜福庆。复旦大学档案馆提供。

---

① 从历年《耶鲁大学年鉴·医学院》中没有发现颜福庆上一年级的记录，最早的记录是从二年级开始的。此点由唐文卿女士在耶鲁留学期间代为查询，谨致谢意。

第一章 | 基督世家　耶鲁博士　（1882—1909）

耶鲁大学医学院1909届师生合影。中排左二颜福庆。复旦大学档案馆提供。

比纽黑文漫长的寒冬更难以适应的，是耶鲁的功课。一开学，颜福庆就意识到，自己的自然科学基础还远远不够，尤其在化学、生理学方面。我们知道，耶鲁的化学、生理学在全美是出了名的。美国医学发展史上著名的《弗莱克斯纳报告》，素以严厉、苛刻而著称，除了约翰·霍普金斯医学院外，几乎把全美所有的医学院批得体无完肤，但对耶鲁医学院的化学、生理学却作出高度评价[1]。

颜福庆认识到的差距，其实也是圣约翰与耶鲁的差距，更是中国与美国医学教育的差距。为了迅速弥补医学前期基础课的薄弱环节，颜福庆全力以赴。

第一个学期，颜福庆要应付解剖学、生理学、细菌学、药理学、病理学五门基础课。教室里，亨得森教授讲授生理学，奥斯本教授讲授药理学，菲里斯教授讲授解剖学，巴特利教授讲授病理学和细

---

[1] Abraham Flexner. *Medical Education in The United States and Canada: A Report to the Carnegie Foundation for the Advancement of Teaching. Bulletin Number Four.* Boston: D. B. Updike, The Merrymount Press: 199—200.

菌学。每位教授除了课堂讲授外,还兼带部分实验。背诵书目、参考书目开出了一大串。比如,豪氏生理学教科书(Howell's text-book of physiology)、提氏药理学(Tyrode's pharmacology)、德氏病理解剖和组织学手册(Delafield and Prudden's handbook of pathological anatomy and histology)、施氏组织学(Schaefer's histology)、乔氏细菌学(Jordan's general bacteriology)等,都是需要背诵的教科书,此外每门课还要阅读大量辅助教材。

基础课,除了实验,就是课堂讲解。死记硬背占了相当比重。颜福庆曾与胡美说起学习中一个细节,"像看天书似的医学专业词汇,让人望而生畏"。课前,教授会指定课本中的某几段文献,叫学生反复阅读。如遇到疑问,留到课堂上提问。对于其中的经典文献,更要求大段大段地背诵,甚至全文背诵。讲解课上,教授主要是检查学生对文献的熟悉程度,叫学生逐个背诵指定的段落,碰到文献中疑难的地方,教授会作些解释和说明。前期基础打好以后,到了三四年级,课堂背诵的内容减少,更多地采用讲解的方式,但讲解仍然以课本内指定的阅读材料为基础。

颜福庆在耶鲁大学医学院,重新接受了一整套系统的现代医学训练。1906—1907年耶鲁大学年鉴上的课程表,反映了耶鲁医学生四年的功课情况,颜福庆接受了第二至第四年的课程:

一年级科目有普通化学(包括实验)、有机化学、生理学、解剖学、组织学和胚胎学;二年级科目是解剖学、生理学、药理学、病理学、细菌学;三年级学习药理学、产科学和妇科学、内科学、外科学;四年级学习内科治疗学、临床病例测验、内科学Ⅰ(精神病学、儿科学、神经病学)、内科学Ⅱ(皮肤病学、卫生科学、法医学)、高级外科学(手术外科学、泌尿生殖外科学)、特殊外科学(矫形外科学、耳科学和鼻喉科学、眼科学)、论文一篇[①]。

---

① *Bulletin of Yale Unitersity 1906—1907*, Department of Medicine, Third Series, No 4. February, 1907. New Haven: Yale University, 15—18.

第一章 | 基督世家　耶鲁博士　（1882—1909）

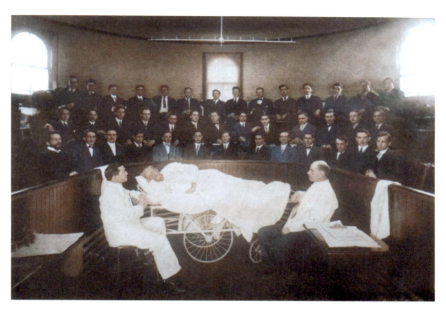

耶鲁大学医学院的一次课堂教学。前排左六颜福庆。复旦大学档案馆提供。

业余茶叶推销员

在大学所有系科里，医学生是最辛苦忙碌的。一到节假日，同学们都要放松一下紧张的神经。可颜福庆不得闲，得争分夺秒地利用休息时间勤工俭学。培养医学生需要高昂的成本，学费高不消说，租房、膳食、买书等也是一笔不小的开销。颜福庆隔一段时间就得写信向家里要钱。家里人也不明白：既然颜福庆是有一份奖学金的，为什么还如此频繁地向家里伸手呢[1]？

为了减轻家里的负担，颜福庆的业余时间都用来勤工俭学了。勤工俭学的经历，不仅长了颜福庆的才干，而且培养了其锲而不舍的韧劲，还使他更加熟悉地掌握了各种人的心理。

---

[1] Edward H. Hume. *Doctor East, Doctor West: An American Physician's Life in China.* New York: W. W. Norton & Company, Inc, 1946: 146.

除了到餐馆里刷盘子、在图书馆当管理员之外，颜福庆还当起了推销员。

来美时，颜福庆随身带了一批中国特产——茶叶。利用课余时间，挨家挨户上门推销。有一次，颜福庆不小心把红茶和绿茶混了起来。怎么办？福庆灵机一动，索性就把混合起来的茶叶用极精致的纸盒重新包装，贴上中文"帝国牌"的商标[1]。上门推销时，对美国客户说，我的茶叶和一般的红茶和绿茶都不一样，是中国的新品种，有种特别的芬芳，为他种茶叶所不及，你们不妨尝一尝。凭着颜福庆的聪明，逢凶化吉，竟然把这批茶叶都销光了。颜福庆晚年还清晰地记得此事，曾与身边的同事说起。

推销受到冷遇是常事，可颜福庆不泄气。盯住一家客户，有时前门被拒绝，颜福庆又到后门去敲门，客户最终也被这位中国留学生的诚心打动。后来创建上海医事中心，筹建中山医院，向海内外四处募捐，用的其实也就是这个办法。正是这种百折不挠的精神，在募捐中起了作用。常言道，天下大事必作于细。品茗的美国顾客不会想到，当年在美国的"业余茶叶推销员"，20多年后成了募集百万银圆创建中山医院的颜院长。

耶鲁大学优秀博士毕业生

繁重的学习压力，为了生计而勤工俭学，对这位24岁的年轻人来说，是一段艰苦的经历。数年后，颜福庆向胡美叹过苦经："耶鲁第一年的学习和工作，我花了九牛二虎之力，我简直累垮了"[2]。度过了第一年的适应期，以后就豁然开朗了，颜福庆凭着自己的勤奋和刻苦，赶上了班里其他同学。

这里还有一个插曲。在耶鲁的第一个学期，颜福庆一度动了辍

---

[1] 赖斗岩：《忆本院首任院长颜公福庆》，《国立湘雅医学院季刊》，1943年。陈显寰先生摘录寄赠，特此致谢。

[2] Edward H. Hume. *Doctor East, Doctor West: An American Physician's Life in China*. New York: W. W. Norton & Company, Inc, 1946: 146.

学回国的念头。课程太难，经济压力不小，生活也很不习惯，焦虑和苦闷向他袭来，颜福庆感到了从来没有过的无助。咬牙坚持读下去，还是打道回府与家人团聚？到底该如何抉择？1907年感恩节那天，无所适从的颜福庆独自在耶鲁大学校园里徘徊。当他走过教堂街（Chapel Street）的时候，遇到了雅礼会发起人之一亚瑟（Arthur Williams）。亚瑟是耶鲁1898届校友，正在为雅礼会招募赴中国的人选。当亚瑟见到颜福庆的时候，突然两眼放光，眼前的这位中国青年，不正是他苦苦寻找的人选吗？中国人，又是学医的，正好符合雅礼会的要求。两人在街边咖啡厅深谈许久。亚瑟向颜福庆介绍了雅礼会的宗旨和已经付出的艰辛努力。雅礼会秉承耶鲁精神，不远万里来华传教，并开展医疗服务，这种基督教服务精神和人道主义精神，让出身基督世家、深具宗教情怀的颜福庆感同身受。亚瑟和颜福庆的谈话细节，我们已经无法得知。但两位耶鲁人在宗教信仰和服务精神上是有共识的。颜福庆思忖，耶鲁的格言"为了上帝、为了国家、为了耶鲁"，在美国影响深远，对一名中国学生来说，这句格言也同样适用[1]。颜福庆找到了继续在耶鲁读下去的动力和理由，答应亚瑟的邀请，加入雅礼会。雅礼会也给予颜福庆资助。毕业后，颜福庆被雅礼会派遣到长沙雅礼医院。雅礼得人，颜福庆到长沙后和胡美精诚合作，雅礼会在华事业由此得以蒸蒸日上。

颜福庆所在的1909届，共有25人。美国人，尤其是康州本地人占了绝大部分。外国留学生只有3名，除颜福庆外，还有法国人布诺（Jacques Louis Buttner）和丹麦人格雷（Carl Johannes Gade）。格雷中途离开了，所以颜福庆和布诺成了班里仅有的一对外国留学生。两个非美国籍的青年人，一同住在德怀特大街76号，成了莫逆之交。1940年颜福庆回美国治疗胃溃疡，为他动手术的就是布诺。

基础课阶段结束后，颜福庆进入三年级，开始小班化的临床教学。当时耶鲁已有四家教学医院，除了纽黑文医院、纽黑文门诊部这

---

[1] Shen Xiao Hong, Yale's China and China's Yale: Americanizing Higher Education in China, 1900—1927. Yale University, 1993: 172—173.

颜福庆当年的住处德怀特大街 76 号今貌。唐文卿摄。

两家综合性医院外,还有两家专业性医院,康涅狄格州立精神病院和格劳特乡村肺病疗养院。

拥有 200 张床位的纽黑文医院,与医学院有点距离,是纽黑文最重要的医院。有设施非常现代化的法南手术示范室(Farnam operating theatre),用于学生的临床教学,可以设计各种手术。梯形手术室,可供学生全程观看外科手术。1940 年颜福庆到美国医治胃溃疡,就是在纽黑文医院。与医学院毗邻的纽黑文门诊部,有内外各科门诊,每年的门诊量达 17 000 多人次。位于市中心的州立精神病院,能容纳 200 个病人,1907 年前后开始与耶鲁医学院合作,成为教学医院。为肺结核病人而设的格劳特乡村疗养院,位于沃林福特(Wallingford),有 60 张床位。在雷曼(Lyman)医生指导下,颜福庆到疗养院接受了结核病护理的一系列临床学习[1]。

---

[1] *Bulletin of Yale University 1907—1908*, Department of Medicine, Fourth Series, No 4. February, 1908. New Haven: Yale University: 7—8.

到了四年级，颜福庆在临床实习的同时，开始做毕业论文。论文选题是《关于 von Pirquet 皮肤试验法与 Moro 经皮试验法及其结核菌素试验在结核病诊断中的比较研究》（A study of the cutaneous method of von Pirquet and the percutaneous method of Moro and a comparison with the other tuberculin tests in the diagnosis of tuberculosis[①]）。结核菌素试验是诊断小儿结核病的一种试验方法。医生将药剂注入患儿的皮内，结核病患儿2~3天内注射部位可能会形成一个硬结[②]，这是今天结核菌素试验的大致流程。

颜福庆的耶鲁大学医学院毕业照。原件藏耶鲁大学图书馆。

在毕业论文中，颜福庆主要对比了两种试验方法，第一种是冯·皮尔凯（Clemens von Pirquet，1874—1929）法。冯·皮尔凯是奥地利儿科医生，他首次提出了"过敏"（allergy）这一医学术语。1907年冯·皮尔凯提出了他的结核病诊断方法。1909年，35岁的冯·皮尔凯受到美国"现代医学之父"约翰·霍普金斯大学奥斯勒教授的邀请，出任该校儿科系主任。冯·皮尔凯提出的结核病诊断方法简便、快捷，一位医生在一小时内可以对100名儿童进行操作。这种方法兼具安全性，只需在皮肤浅层操作，对人损伤较小[③]。第二种试验方法叫莫罗法。恩斯特·莫罗（Ernst Moro，1874—1951）也是奥地

---

① Members of the graduating class of 1909, with the titles of the thesis, Bulletin of Yale University 1909—1910, Department of Medicine, Sixth Series, No 5. February, 1910. New Haven: Yale University: 55.
② 桂永浩，罗小平主编：《儿科学》（第4版），人民卫生出版社，2023年，第548页。
③ Shulman S T. Clemens von Pirquet: a remarkable life and career. Journal of the Pediatric Infectious Diseases Society, 2017, 6(4): 376—379.

利的儿科医生。对于腹泻患儿来说，合理补充液体至关重要，莫罗发明的胡萝卜汤（Professor Moro's carrot soup）将患儿腹泻的死亡率降低了近50%。在1907年冯·皮尔凯提出了他的结核病诊断方法之后，1908年莫罗也提出了一种试验方法，且创伤更小。该方法采用一种由等量的旧结核菌素（Old tuberculin, OT）和无水羊毛脂混合而成的药膏，只需用这种药膏摩擦皮肤，轻轻按压1～1.5分钟后即可引起反应，从而对结核病做出诊断[①]。

这两种方法究竟孰优孰劣？后一种莫罗法创伤固然较小，但是相比冯·皮尔凯法，这种方法诊断准确性如何？这两种方法各受什么因素的影响，又各有什么并发症？带着这些问题，颜福庆进行研究，完成了博士论文的写作。

不知不觉中，三年寒窗生涯接近尾声。

为了表彰优秀毕业生，耶鲁医学院设立三种荣誉和奖励。毕业考试成绩和毕业论文均出类拔萃的学生，被授予优秀博士毕业生（*cum laude*）。这是医学院毕业生的最高荣誉。毕业考试成绩最优秀的学生，被授予坎贝尔金质奖章（Campbell gold medal）。除此以外，医学院全体教师还要评出一篇最有价值的毕业论文，授予济慈奖学金（Keese prize）[②]。

1909年6月，颜福庆以出色的成绩和毕业论文，获得医学博士学位，摘得了耶鲁的最高荣誉——优秀博士毕业生。1909级优秀博士毕业生仅3人，全部被康州以外的学生夺得。除了颜福庆外，另两人是法国人布诺和罗得艾兰州的威斯科特（Niles Westcott）。颜福庆还获得了坎贝尔金质奖章的提名奖。

这一年，27岁的颜福庆被吸收为美国自然科学会会员。

---

① Weirich A, Hoffmann G F. Ernst Moro (1874—1951)—a great pediatric career started at the rise of university-based pediatric research but was curtailed in the shadows of Nazi laws. *European Journal of Pediatrics*, 2005, 164(10): 599—606.

② *Bulletin of Yale University 1908—1909*, Department of Medicine, Fifth Series, No 4. February, 1909. New Haven: Yale University: 27.

第一章 | 基督世家 耶鲁博士 （1882—1909）

颜福庆的耶鲁大学医学院毕业证书。复旦大学档案馆提供。

受聘雅礼会

耶鲁毕业后的20余年里，颜福庆是与雅礼会紧密联系在一起的。

雅礼会是由耶鲁1898届四名学生发起的一个海外传道团，是众多走出德怀特厅[①]的传道团之一。它为传播耶鲁的价值观，为中国的医学教育事业作出的历史功勋，已经永载史册。颜福庆在中国医务界领袖地位的获得，也得益于它。

南北战争后，美国经济高速发展，科技进步日新月异，社会急剧世俗化，工具理性泛滥。大学里传统的古典人文学科衰落，选修制度

---

① 根据1901年耶鲁地图，1887年建成的德怀特厅（Dwight Hall）位于耶鲁大学最古老的建筑康涅狄格厅（Connecticut Hall）以北，介于肯特图书馆（Kent Library）和校友会（Alumni）之间。

兴起。基督教在大学的影响日益减退，连宗教传统极为深厚的耶鲁也如此。

进教堂的人少了，但是走出教堂从事志愿服务工作的人没有减少。基督教从内在信仰外化为志愿服务行动，青年会应运而生，并迅速席卷全美的大学。耶鲁的青年会被公认为是最有组织、最有成效的。1887年到1914年之间，青年会运动弥漫耶鲁大学，尤其在实行住宿学院制度的耶鲁起了相当大作用。耶鲁学子们，成立了传道团，开展社会服务和宗教宣传。为纽黑文无家可归的人们、为主日学校的孩子们提供各种帮助。到20世纪初的1901年，耶鲁大学的青年会成员已达千余人，在全美国所有的大学基督教组织中，人数高居榜首。

耶鲁高涨的青年会运动背后，是一种顽强捍卫基督教传统价值的"耶鲁精神"（Yale spirit），耶鲁的学子们喻之为"沙粒"精神、"沙砾"精神。很难用确切的词语来概括这种精神，它是坚持不懈、自我牺牲、无私忘我、团队意识、忠诚、合作、奉献、爱国等意义的综合体。"耶鲁精神"延续了基督教献身救世的合理内核，为耶鲁师生提供了强大的精神支撑，流传至今。与哈佛大学强调启蒙价值观的校风形成鲜明的对照。

雅礼会，是耶鲁悠久历史传统结出的硕果[①]，是耶鲁精神的突出写照，标志着青年会运动到达了顶峰。颜福庆回国后为这支传道团服务了近20年，把一生的黄金时间献给了雅礼的在华事业。

雅礼会成立还有一个特殊背景，它与耶鲁毕业生彼得金（Horance Tracy Pitkin）在1900年义和团运动中被害有直接的关联。彼得金是耶鲁第一个海外传道团的组织者，在义和团运动中，已经受伤的彼得金，为了抢救另外两位女传道团成员而被拳民斩首。

这一事件震惊了耶鲁全校上下，刺激了1898届的德士敦（Lawrence Thurston）和他的同班同学亚瑟（Arthur Williams）、席比

[①] Reuben Holden. *Yale in China: The Mainland 1901—1951.* New Haven: The Yale in China Association, Inc, 1964: 5.

胡美（右一）与两位中国同事在雅礼医院门口。

义（Warren Seabury）、盖保耐（Brownell Gage），共同发起了"雅礼会"（Yale-China Association，直译为"耶鲁–中国协会"）。

1902年2月，耶鲁两位前任校长德怀特、哈德利出席了雅礼会第一次执行委员会。这次标志雅礼会诞生的会议确定了几条原则："雅礼会必须根植于基督教精神和教义，但必须是非教派组织，必须对中国和儒家所有优秀的事物抱同情态度"①。这就将雅礼会和漠视中国传统文化的早期传教活动区分开来。雅礼会纯粹是民间组织，资金完全来自校友的资助。

1902年，德士敦携新婚夫人前来中国勘定地点，最后感染肺结核而去世，年仅29岁，成为又一个殉道的耶鲁人。德士敦留下建议，雅礼会在华事业的重点，是建立一个以医学为主的教学机构，选址于拥有2 100万人口、素以反洋教而著称的湖南。

---

① Nancy E. Chapman. *The Yale-China Association: A Centennial History.* Hongkong: The Chinese University Press, 2001: 3.

德士敦的不幸去世，没有阻挡耶鲁人的脚步。雅礼会继续派毕海澜（Harlan P. Beach）来华完成未竟的事业。创业阶段又发生一起悲剧，1907年夏，雅礼会四名创始人之一席比义在庐山牯岭避暑不幸溺水而亡。

到了1906年，经过不懈的努力，雅礼会已经在长沙立足，建立起一个微型的耶鲁社区。盖保耐办起了雅礼学堂、胡美①创办了雅礼医院。为了扩大雅礼会来之不易的成果，长沙向纽黑文发出了增派人力的请求。颜福庆正是在这个背景下，被纽黑文的雅礼会执行委员会聘任，来到长沙。

1909年9月20日颜福庆在英国利物浦给雅礼会的一封信。原件藏耶鲁大学图书馆。

在英国利物浦大学进修热带病学

耶鲁毕业后，颜福庆前往英国利物浦大学热带病学院继续深造一学期。雅礼会提供了从纽约到英国朴次茅斯的船票。7月6日，颜福庆从纽约登上赴英国的轮船。同船的有三名中国留学生，还有耶鲁1909级校友爱迪（Eddy）一家。轮船在12日到达朴次茅斯，13日到达伦敦。

---

① 胡美（Edward H. Hume，1876—1957），生于印度一个美国传教士家庭，在孟买长大。1901年获美国约翰·霍普金斯大学医学院医学博士学位后，受美国公共卫生部派遣到印度调查鼠疫，成为孟买唯一的美国开业医生。胡美矢志献身医学教育，因此在受雅礼会毕海澜等人诚挚邀请后，携妻儿于1905年夏到长沙，筚路蓝缕，为湘雅的医学事业打下了最初的基础。为表彰胡美开拓耶鲁在华医学事业的杰出贡献，耶鲁设立了胡美纪念讲座。耶鲁大学亚洲方面每年一度的Edward H. Hume纪念讲座即为了纪念他。历史学家何炳棣曾作为该讲座的第十三位学人。

第一章 | 基督世家 耶鲁博士 （1882—1909）

根据利物浦大学热带病学院保存的学籍档案，颜福庆入学的时间是1909年9月15日，离校的时间是1909年12月15日，前后正好三个月。颜福庆是该校第六届25名学生之一。住址位于"15 Sunny Side"。在利物浦，颜福庆的心情很矛盾。一方面他很享受热带病学院的学习生活，另一方面他又期待尽早结束学习生活。留美四年家中早已入不敷出，又要在英国进修，开销不菲。同时他还要购置回国用的医疗仪器。为此，他通过威廉姆斯向雅礼会申请预支四分之一的薪水。在海外四年了，女儿已经六岁，他太想家了。远在长沙的胡美，早已望穿秋水，写信叫他回国走最快的路线，即途经西伯利亚回国。12月13日，进修课程结束。经过考试，颜福庆顺利获得了热带病学位证书（D. T. M.）。12月17日，颜福庆离开利物浦赴南安普敦。21日乘"约克"号（Yorck）邮轮回国。

1909年颜福庆与英国利物浦大学热带病学院同学合影。三排左二颜福庆。原件藏英国利物浦大学热带病学院。刘晓云提供。

第二章

中美合作　肇始湘雅

（1910—1927）

> 有了颜福庆和爱德瓦特（Atwater），湘雅医学专门学校能轻松地办成中国最好的预防医学系。
> ——上海哈佛医校校长胡恒德（Henry S. Houghton）

> 颜福庆是公共卫生领域不可或缺的领袖。
> ——上海基督教青年会卫生部部长毕德辉（W. W. Peter）

"总算把你盼来了！"

1910年1月31日，颜福庆到达上海。过完春节后，于2月17日（正月初八）启程赴汉口。在上海前后仅停留了16天。

胡美在汉口码头第一次见到颜福庆时，如同沙漠里看到了绿洲一样兴奋。在自传《道一风同》里，胡美用"上帝的礼物"来形容颜福庆的到来。"我在此地苦苦等了五年，总算把你盼来了，你是上帝送给长沙的礼物。知道吗，这里没有一个受到现代医学训练的医生……"①

胡美知道颜福庆到长沙给雅礼会在华事业带来的意义。

---

① Edward H. Hume. *Doctor East, Doctor West: An American Physician's Life in China.* New York: W. W. Norton & Company, Inc, 1946: 142.

第二章 | 中美合作　肇始湘雅　（1910—1927）

"颜福庆的出现，就像一把火炬，使雅礼会避免了许多灾难。在那个古老、保守的湖南，没有谁能比颜福庆更能赢得中国人的信任了。一旦人们知道，一个海外留学归来、地地道道的中国人，成了雅礼会的成员，我们的医学大家庭顿时扩大了，长沙人接受雅礼会，就成为现实"①。

颜福庆在长沙的 18 年间，架起了古老中国与现代西医合作之桥，多次在关键时刻挽救了雅礼会：创办湖南红十字会、治愈谭延闿的肺炎、统领京汉铁路沿线鼠疫防治、赴京组织湖南育群学会、创办湘雅医学专门学校、在长沙掀起公共卫生运动并创办肺痨医院、与国联卫生部合作开展萍乡煤矿钩虫病调查等。颜福庆与他的合作伙伴们开启了湘雅的医学事业，并使医学教育真正成了整个雅礼会在华事业的重心。湘雅成为湖南省以至中南地区的医学中心。尤其在预防医学（公共卫生）领域，湘雅成了国内医学界的领跑者。

博医会首位中国男性会员

教会医院和医学院的医生，1886 年已在上海创办了中华博医会（China Missionary Medical Association），办有英文会刊《博医会报》（*The China Medical Journal*）。博医会的门槛很高，只有欧美医学院校毕业，而且是海外传道团的成员方可入会。由于入会资格的严格限制，早期没有中国医生参加。1910 年，博医会已发展到 400 人，成为中国医务界最有影响力的清一色的外国人团体，把持了中国医学教育的大权。

1910 年 2 月 19～24 日，三年一届的博医会大会在汉口举行。颜福庆一下轮船，就被胡美拉去出席博医会大会。

会场上已有不少会员，三五成群地在走廊上边喝午茶边聊天。博医会出现陌生的中国面孔，这是件新鲜事。当胡美把这位刚从美国

---

① Edward H. Hume. *Doctor East, Doctor West: An American Physician's Life in China.* New York: W. W. Norton & Company, Inc, 1946: 144.

留学回国的中国同事介绍给英美医生时，面对的是狐疑甚至不屑的目光。

有个年长的医生把胡美拉到一边，煞有介事地问道：

"你带来的这位年轻的中国人是谁？"

"他是我的新同事，颜医生，他刚从美国回到中国。"胡美回答。

"你的意思是告诉我，你所在的美国传道团已经派了一个中国人与你共事。他已经成为你们医院中一员，并且与你享受同等的待遇？"

"难道这有什么不妥吗？他已经接受了与你我同样严格的专业训练。就像你我一样，他也早已委身基督教的医学事业，为他的祖国同胞服务。"

"你会后悔的。这还没有先例，时机还没成熟。当然，终有一天我们会接纳中国医生入会。但是今天还为时过早。在那天到来之前，我们必须训练他们，指导他们。我警告你，你将会为你幼稚的行为而后悔"①。

这位年长医生的看法，在那时是有相当普遍性的。从迈入汉口博医会会场开始，颜福庆就暗下决心，要办中国人自己的医学团体！五年后，颜福庆与伍连德等人创办中华医学会，不能不说与这次经历的刺激有关。

事实证明，这些视科学为洋人专利的传教士医生们错了。颜福庆到长沙加入雅礼的行列，就像带来一盏指路明灯，雅礼的事业从此获得了长沙市民和学校更大的认可。在以激进与保守、热血维新与极端排外相互交织、尖锐对立而闻名的湖南省，没有谁比颜福庆更能赢得中国百姓的信任了。

大会上，68位与会成员商讨了设立医学教育标准、统一教会医院以及使用实验方法的必要性等问题。由于清政府和英国政府都已表达了严禁鸦片的原则立场，大会还讨论了帮助两国政府禁止鸦片的方法和措施。

---

① Edward H. Hume. *Doctor East, Doctor West: An American Physician's Life in China*. New York: W. W. Norton & Company, Inc, 1946: 143—144.

第二章 | 中美合作　肇始湘雅　（1910—1927）

随着接受西式训练的中国医生日渐增加，在医学界的影响力日益加大，博医会开始重视吸收中国会员问题。不过大会没有就此作出决定，只是任命了一个委员会，调查吸纳中国医学院校毕业医生入会问题，提交下次大会审议。根据博医会章程，外国大学毕业的非传道团成员，也不能吸收为正式会员，比如伍连德，毕业于剑桥大学，也只有当选名誉会员（honorary membership）的资格。

在中国医生中，只有颜福庆是一个特例，既是外国大学毕业，又是传道团成员，因此成为博医会的最早男性会员（active membership）[1]。此前，仅有石美玉（Mary Stone）、康成（Ida Kahn）两位女医生于1897年加入博医会[2]。

初 到 长 沙

博医会大会结束后，颜福庆携妻子曹秀英和长女雅清到了长沙。这一天是1910年2月27日，农历正月十八。因为颜福庆的到来，长沙从此结束了没有中国现代医生的历史。颜福庆担任雅礼医院外科兼妇产科医生。雅礼医院坐落在一个弄堂内的五开间小客栈里。颜福庆的第一个手术室，是搭在两屋之间空地上的玻璃屋顶小房。

颜福庆把家暂时安在离医院10分钟路程的地方。初次从上海来到湖南，吃不惯湖南菜，更听不懂湖

颜福庆夫人曹秀英（1882—1943）。

---

[1] K. Chimin Wong, Wu Lien-Teh. *History of Chinese Medicine*. The TienTsin Press, LTD, 1932: 401—402.

[2] 崔军锋：《中国博医会与中国现代医学的发展（1886—1932）》，社会科学文献出版社，2024年，第88页。

南话。生活上的不适应,丝毫没有阻止颜福庆的脚步。他一头扎进雅礼医院的门诊、手术和雅礼中学的教学中。

能为人群服务,且感受到百姓对自己的需要,颜福庆感到一种莫大的幸福与满足。与胡美的合作也非常愉快。工作一个月后,颜福庆向纽黑文的雅礼会执行秘书索曼(William H. Sallman)写信,表达了他的激动心情:

> 我无法用语言来表达我内心的喜悦之情,能为我的同胞服务,这太令我激动了。这儿的百姓对医生的需求太迫切了。我们要做的工作实在难以胜数。除了医院和中学的工作外,我还常常被接到病人家里为他们看病。长沙的各所学校向我发出邀请,每星期要我为他们的学生上课。现在我还没有答应他们,因为我还在犹豫,是否该集中全部时间用于医学上,还是该分出部分时间来帮助这些学校,他们太需要好教师了。通过我与这些学校的交流,已经与这里的士绅们建立起友谊。成为他们的朋友后,我们的工作就能获得他们的同情。我希望纽黑文的董事们能考虑这一点……①

颜福庆的提议非常及时,这正是以前雅礼会所欠缺的。

真正了解中国的还是中国人。外国人很难放下救世主姿态,要了解中国,毕竟隔了一层。胡美自1905年夏到长沙以来,已经在长沙小西门的西牌楼建起雅礼医院,只有一个医生,就是胡美自己,所谓的雅礼医院最多只能算个诊所。雅礼会在华的局面,远没有打开。颜福庆在短短一个月后,就敏锐地感到,雅礼会还游离在长沙主流社会之外,还没有得到长沙百姓,尤其是各级官绅的支持。就像历史上许多先行者一样,颜福庆边行医,边宣传雅礼会的事业,成为沟通雅礼会和长沙百姓的桥梁。颜福庆很快就成为长沙最受尊敬的人之一。

颜福庆从英国订购的病床,早已运到汉口。因为医院太小,根本

---

① F. C. Yen to Sallman. Changsha. March 28, 1910. Archives and Manuscripts of Yale University Library, Yale-China. 107/938.

雅礼医院内的住院病房。

放不下,只好暂时放在汉口。在雅礼医院有限的空间,颜福庆开辟了一间实验室。这样,颜福庆和胡美就可以从事化验了,两人每天要在显微镜下工作好几个小时[1]。

遭遇长沙米骚动,全家被洗劫一空

颜福庆在湖南的 18 年间,经历了无数的磨难。到长沙不过 40 来天,就遇到了一场长沙饥民的抢米风潮。一家三口躲过了一劫,可是刚刚安下的新家被洗劫一空。可谓城门失火,殃及池鱼。颜福庆目睹了民众运动排山倒海般的强大力量。

1910 年春,湖南洞庭湖各县上年水灾歉收,官绅和外国洋行囤积居奇,牟取暴利,致使全省粮食更加紧张。常德、安乡、岳州、宝庆等地大批饥民涌入长沙。米价一日数涨。卖米为生的黄某因买不到米,全

---

[1] F. C. Yen to Sallman. Changsha. March 28, 1910. 107/938.

家投河自杀，激起民愤。4月13日傍晚，民众两万余人涌向巡抚衙门，殴打巡警道刘承裕。当夜，各米店被抢。次日全城罢市。湖南巡抚岑春蓂下令开枪，当场打死20余人。愤怒之极的民众焚毁巡抚衙门、税局、官钱局和大清银行，并将外国领事住宅、洋行、教堂、邮局、码头等尽行捣毁。这就是著名的"长沙米案"，也叫"长沙抢米风潮"。

民众疯狂抢米的4月13日傍晚，胡美全家仓皇从后门躲进邻居家中，换上中式服装，在惊恐中熬了一夜。次日晨，胡美全家被士兵送到湘江边一条汽船上，与其他外侨逃离长沙。从船上回头看长沙，总督衙门，还有挪威传道团、中国内地会以及这两家传道团办的医院依次起火，长沙全城浓烟滚滚。

雅礼医院位于市中心，由于治病救人而在民间口碑尚佳，得以幸免于难。在长沙所有外国人办的机构中，唯独雅礼医院毫发无损。可颜福庆恰恰住在米骚动的重灾区，成了米骚动的直接受害者。刚刚购置的红木家具、一家三口的衣物、书籍以及其他一切物品，或被烧毁或被抢劫，几乎损失殆尽，连耶鲁的毕业文凭也被烧毁了。事后颜福庆作了统计，所有损失共计1 710墨币①。

雅礼会分期支付的薪水，安家时已经用得差不多了。一旦遭此飞来横祸，颜福庆简直不名一文了。曹秀英此时已有两个月的身孕，女儿雅清才7岁。一家三口的生计也成了问题。怎么办？

颜福庆没有向政府申请补偿，而是向国内的耶鲁校友和雅礼会的美国朋友伸手求援。20世纪初，日渐增多的耶鲁归国留学生开始崭露头角，大多留在上海、北京两地。尤其是上海，耶鲁校友组织了耶鲁校友会（Yale Alumni Association）。颜福庆直奔上海，找到了耶鲁校友会。上海的耶鲁校友当即捐了500墨币②。如复旦公学教务长李登辉捐了50墨币③。校友会还决定，扩大募捐范围，在北京和国内其他城市的耶鲁校友中为颜福庆募捐。

---

①③　F. C. Yen to Sallman. Changsha. July 26, 1910. 107/938.
②　墨币，或称"墨洋"。鸦片战争后大量流入中国的墨西哥银圆。币面图案为一鹰。20世纪20年代，1墨币相当于1银圆、美元0.5元。

米骚动后,挪威传道团等其他几家传道团办的医院撤离长沙。雅礼医院成了长沙唯一开业的医院,得到了当地更多的理解、支持和捐助。从当年秋季起,颜福庆和胡美开始在雅礼医院附设医学教育,招收了9名学生①。雅礼会的医学教育事业,通常从1914年湘雅成立开始算起,但它的雏形在长沙米骚动后就具备了。

西牌楼的一间旧房屋,颜福庆、胡美加上1908年来到雅礼医院的中国医生侯公孝,一共三个医生,14张病床,这是雅礼医院的全部财产。1910年雅礼医院的门诊量已达1 000人次②。颜福庆到长沙后,胡美就到外地休假去了,所以这1 000余人次门诊,大部分是颜福庆一个人坐堂应诊的。

雅礼会首位永久中国会员

那时的医生在教学之余,私人开个诊所,这是再正常不过的事。美国医学院的医生就是如此,工作之余通常私人开业。那么,在中国的雅礼会成员,是否也能像美国医学院的医生那样自己开业呢?为了弥补米骚动中的损失,颜福庆向纽黑文的雅礼会秘书毕海澜(Harlan P. Beach)提出了这个问题。

颜福庆与雅礼会才签订了两年的合约,还不是正式会员。正式会员享有优厚的待遇,除了拿年薪外,还享受安家津贴、夏季休假津贴、学术休假津贴等待遇。颜福庆还只是一个临时会员,在待遇上与正式会员有较大的差距。提出开业问题,是给雅礼会一个信号。

毕海澜的答复是,是否私人开业,由颜福庆自己决定。如果开业,雅礼会只能任命颜福庆为特殊会员;如果不开业,把全部时间投身传道事业,那么雅礼会将任命颜福庆为正式会员。颜福庆很乐意地选择了后者③。

---

① F. C. Yen to Sallman. Changsha. October 11, 1910. 107/938.
② F. C. Yen to Sallman. Changsha. April 2, 1911. 107/938.
③ F. C. Yen to Sallman. Changsha, January 3, 1911. 107/938.

另一个问题随即产生了。中国籍正式成员，雅礼会应该给予怎样的地位？待遇是否与外国成员一样？每年的薪水应给多少？诸如此类的问题，需要雅礼董事会作出明确的回答。1911年2月21日，毕海澜给颜福庆来信，征求颜福庆的意见。5月10日，颜福庆给毕海澜回了一封长信。

这是颜福庆理直气壮地为自己、也为中国人争取平等地位和待遇的长信。信中直言不讳地批评了众多海外传道团，指出他们在处理中外成员待遇上存在的双重标准，因此导致传道事业不能深入中国社会。雅礼会与众不同，主动吸收中国成员入会。对此明智决策，颜福庆极表赞同。在同一个传道团里，无论美国人还是中国人，理应忠诚于传道事业，地位平等，无分轩轾，这是最起码的平等。文如其人，从信的字里行间，我们看到一个与外国人打交道时寸权必争、寸利必得的谈判高手的形象。颜福庆已经显露过人的精明。信的全文如下[①]：

亲爱的毕海澜教授：
　　……
　　您问我传道团里中国成员的地位问题，我乐意提供建议，供董事会参考。我已经向胡美清晰地表达了观点，他到纽黑文后会告诉您。
　　我加入传道团不久，但短暂的经历足以使我确信一个道理：一个在国外受过教育的中国人，如果加入传道团，能比在传道团外工作对国家作出更大的贡献。我最近到北京去了一趟，所见所闻更加证实了我的观点。在北京，我看到留学生们在从事五花八门的工作。不少留学生只为稻粱谋，高薪即满足。真正喜欢自己工作的人寥寥无几。归国留学生的现状，大体如此。此弊甚大。海外学成归来的中国人，因找不到合适的岗位发挥自己的聪明才智，这是惊人的浪费。欣闻雅礼董事会有意招聘中国留美学生，我举双手赞成。

---

① F. C. Yen to Beach, May 10, 1911. 107/938.

接下来的问题是，我们应该吸收哪些中国人入会？在我看来，喜欢传道工作的人很多，他们会应召加入传道团。但入会之初，真正富有传道精神的人只是极少数。中国留学生入会后，会壮大传道团的力量。如果传道团急于扩充中方成员，可以从这类学生中发展。

对于这类没有真正传道精神的人来说，入会只是出于实际的考虑，只要地位上与外方成员稍有差别，就会使他们退出。迄今为止，传道团不能给中国人和外方成员同样的地位，这是传道团不能吸引本该急需而又有志于传道事业的留学生之主要原因。各传道团都如此，只有程度的不同，没有实质性的区别。事实上，和外方成员具有同样献身精神的中国留学生也是有的。但是，一旦他们知道与外方成员在地位上有区别，哪怕是微乎其微的区别，他们就不会应召入会了。我认识一些留学生，加入了比较穷的传道团，因为他们感到自己与外方同事地位平等；我也认识一些留学生，曾经加入比较富的传道团，最后又离开了，因为传道团内地位不平等。前面提到，大部分中国人参加传道团，是出于实际利益的考量，还没有培养起真正的传道精神。我想董事会应该认识到这一层。

董事会作出尽可能多吸收中国成员的决定，对此我十分欣喜。一方面，传道团正在给能干的、有活力的中国成员提供位置，让他们充分施展才干。另一方面，传道团应该更深入中国社会，把目标放得更远。我相信，各传道团最主要的宗旨，是把福音传给全体中国人，要实现这个目标，光靠没有献身精神的普通中国人员是不够的，还要那些能获得所有人们尊重的中国成员参加。

董事会的目的，是让中国成员与美国成员有几乎同样的待遇。我也很高兴地得知这一点。这已经比大部分在华传道团的待遇高了。但是，即使在地位上细微的差别，也会把许多合适的人选排除在外。这是我希望董事会认真考虑的问题。

现在回到我自己。在传道团里，我对各方面都非常满意。我请求董事会任命我为永久成员。传道团在前次会议上已提交讨论。我的申请表明，如果传道团需要我服务，我将十分乐意为传道团工作。董事会成员已经深思熟虑，我也感觉到了。我合同上的一些细小条款，已经与索曼先生逐一商谈。我感觉自己在地位上没有任何与外方成员不同了。索曼先生没有在我约定的时间内回复。还要强调的是，我是传道团中唯一的临时成员，合同中没有临时成员的详细条款。因此我径直写信给索曼，告诉他我对董事会口头承诺的理解。当我的合同成立后，我将愉快地接受董事会决定的任何条件。如果传道团的外方成员将来要到中国，为中国服务，还需要我为同胞做更多的事。

  说到开销问题，恐怕我还不能给您提供建议。因为我还处于一个不确定的位置。今年对我是一个特别的年代。首先，我花了不少钱购置家具，米骚动中我的家具几乎全部被毁，我不得不再次购置家具。我同意您的看法，一个中国人的平均开支远远低于外国传道团成员。但是我也考虑到，在国外受到教育的中国人，一般来说开支也不会比外方成员少到哪里去。我会把今年的开支仔细记录下来，给董事会提供开支方面更确切的资料。

  ……

  向您和毕海澜太太致以最诚挚的问候！

您忠实的颜福庆

  雅礼会慎重地考虑了颜福庆的申请，于1911年6月下旬任命颜福庆为雅礼会永久成员。颜福庆成为雅礼会吸纳的第一个受过西式教育的中国人，而且是与西方人享受同等待遇的中国人，开创了雅礼会历史的先例。

  让中国人自己来参与海外传道团在华的事业，并且给予中国人和外国同道同等的待遇。在20世纪初期，这是难能可贵的清醒认识，使得雅礼会区别于其他众多传道团，其在华事业也因此得到更大的成功。"湘雅"名义下的一系列医学和教育机构，就是这种清醒认识带来的成功果实。雅礼会在华的事业，短短一二十年内即发展为一个以医学教育为核心的学府群，包括湘雅医学院、湘雅医院、男女护校、雅礼大学、雅礼中学等，在中国内地省份湖南扎下了根，成为中南地区的西学文化教育中心区。

颜福庆独特的背景也使他成为沟通中美的重要桥梁。湘雅协定的谈判，成功争取湖南当地政府的支持，显示了颜福庆出众的外交才华。在诸多场合，颜福庆成为中外团体之间的协调人。颜福庆成为长沙"最受人尊敬的公民之一"[1]。但即使是这位受当地居民尊敬的医生，在20世纪20年代的学生运动中仍逃不脱被迫离开的命运，这是后话。

京汉铁路鼠疫防疫战总指挥

1910年11月初，哈尔滨报告了第一例鼠疫病例，震惊全世界的东北鼠疫开始为世人知晓。在这场与鼠疫的殊死搏斗中，出现了一位具有世界影响的鼠疫专家伍连德。奄奄一息的清王朝，破格启用年轻的伍连德医生为首席专家，降灭疫魔。伍连德在确定传染源后，果断地采用隔离、焚尸、逐户检疫等现代防疫措施，短期内成功地控制住了疫情。1911年4月3～28日，中国近代史上第一次重要的国际性科学会议——万国鼠疫大会在沈阳召开，伍连德还担任了大会主席。

这场敲响了清王朝丧钟的鼠疫，夺去了52 462人的生命[2]。在鼠疫肆虐之时，造成了全国性的大恐慌。

鼠疫极有可能沿着京汉铁路向南蔓延。

华中危急！必须采取紧急措施，把疫情阻挡在华中以外！

1911年春，两湖总督向雅礼医院紧急求救，请求征调颜福庆到湖北指导防疫。

这是华中地区第一场公共卫生战役，也是开展一场公共卫生和流行病教育的好时机！在现实的巨大灾难面前，官方和民间的公共卫

---

[1] Nancy E. Chapman, Jessica C. Plumb. *The Yale-China Association: A Centennial History*. Hongkong: The Chinese University Press, 2001: 20.

[2] Wu Lien-Teh. *Plague Fighter: The Autobiography of a Modern Chinese Physician*. Cambridge: W. Heffer & Sons LTD, 1959: 33.

生人士意识都觉醒了。湖南与湖北毗邻，湖北发生疫情，势必威胁湖南。因此，颜福庆赴湖北前，极力劝说长沙的官员们早日开展防疫工作，以防万一。"上医防病，下医治病"，长沙的官员们对这句中国古训并不陌生，也极力支持颜福庆去湖北防疫。

从汉口到北京的京汉铁路是联系南北的大动脉，一刻也不能停止。到汉口后，颜福庆才认识到，自己的使命绝不仅仅是把鼠疫阻挡在华中地区以外。更重要的工作——负责京汉铁路交通干线的防疫，在等着他。

颜福庆当机立断，在京汉铁路成立卫生服务部，给每个服务部成员注射 Haffkine 鼠疫疫苗以免疫。在民间大张旗鼓地捕杀老鼠，成绩优良者给予奖励。任何老鼠可能出没的地方使用了防鼠警察。社会各界全部组织起来，参与防疫：从北京到汉口沿途各主要车站设立监视员；在黄河以北各主要公路沿途城镇，以及黄河以南的手推车道和人力车道设立巡警……

这是华中地区一场全民参与的防疫战，总指挥就是颜福庆。他临危不惧，全身心地投入，出色地协调，赢得了大家的信任，圆满完成了防疫任务。湖北验疫公所赠给颜福庆一枚奖牌。这块精致的奖牌 1911 年 2 月由湖广总督瑞澂颁发。奖牌是圆形的。正面正中是两条戏珠的祥龙，环形上写有"湖北验疫公所特赠医士颜福庆奖牌"，外环刻有波状花纹。奖牌反面写有英文 Special Medal awarded to Doctor F. C. Yen by the Hupeh Bureau of Plague Inspection Given by Viceroy Juicheng Febuary 1911"。颜福庆为雅礼医院赢得了荣誉，为长沙赢得了荣誉。

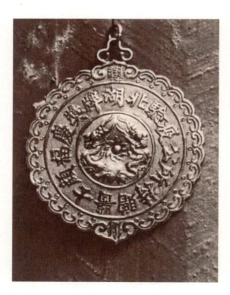

湖北验疫公所特赠医士颜福庆奖牌的照片。

参加京汉铁路鼠疫防治的同仁合影。前排左五颜福庆。原件藏耶鲁大学图书馆。

也许是过度劳累的缘故,防疫回来后颜福庆一直咳嗽不止。咳嗽、发热是鼠疫的征兆。胡美及时为颜福庆作了彻底的检查,所幸没有查出大毛病。胡美告诫颜福庆,好好静养一段时间,千万不能再过度劳累了[1]。

治愈谭延闿的大叶性肺炎

从湖北回来没多久,就遇上了辛亥革命。

1911年10月10日,武昌起义在邻省湖北爆发。湖南军队率先响应。伤员亟待医疗救护。颜福庆与其他长沙社会名流曹典球、聂其焜、朱廷利等,发起组织中国红十字会湖南分会。颜福庆被推举为会长。会址就设在雅礼医院。一个月后,长沙东茅巷仕学馆又办起红十字会医院,颜福庆兼任院长[2]。按红十字会的通行惯例,红十字会医院

---

[1] F. C. Yen to Sallman. Changsha. April 2, 1911. 107/938.
[2] 《长沙市红十字会大事记(1908—1968)》。

要负责医护人员、助理人员的培训。在湖南红十字会医院建院初期，设有看护（护士）教练所，颜福庆任所长，雅礼协会盖尼贞女士负责培训事务，专门招收男性学员受训。此举被认为是开国人在湘办现代护理教育的先河。

新旧交替时期的众生相，折射出时代的巨变。赶走了清朝地方官，长沙革命军下了"剪发令"。城外的庄稼人，照例挑箩夹担，把大米、蔬菜送进城。革命军守在城门口，看见男人就冲上前去，用一把大剪刀，"咔嚓"一声把辫子剪去。辫子是从小到大，辛辛苦苦留起来的，一旦剪去，如同截肢一样。何况有古训，身体发肤，受之父母，怎能随意剪去？有老人干脆下跪，哀求刀下留辫！有力气的倔强壮汉，甚至与士兵扭打起来。还有的，干脆一跑了之。革命政府又下令，禁止妇女缠足。从小就裹脚的太太们，希望自己像女儿们一样拥有"天足"，纷纷到雅礼医院做放脚手术。鼎革时期的雅礼医院，门诊量倍增，颜福庆更加忙碌了。

皇帝倒了，辫子剪了。古老的长沙，呈现出一派新的气象。1912年，颜福庆在长沙加入了同盟会①。时代毕竟不同了，西医在长沙获得了更大的发展空间。由于谭延闿的支持，雅礼会的医学教育事业，也从蹒跚起步进入茁壮成长阶段。

谭延闿（1880—1930），字组庵，出生于湖南茶陵县大官僚家庭。父亲谭钟麟，咸丰年间翰林，深受左宗棠器重，曾任陕甘总督、闽浙总督和两广总督。谭家两代翰林，谭延闿也在1904年中进士，享誉士林，曾任明德学堂董事长、湖南中路学堂监督，以热心教育著称。清朝末年，谭延闿被推举为湖南省咨议局议长，成为湖南省立宪派领袖，与黄兴关系十分密切。辛亥革命在湖北武汉爆发后，湖南省率先响应宣布独立，谭延闿任湖南省都督府参议院院长。正副都督焦达峰、陈作新遇难后，谭延闿继任都督府都督，加入国民党，急速派兵援鄂。

谭延闿对现代医学的浓厚兴趣，与自己的特殊经历有关。

---

① 据1956年4月9日填写的颜福庆《九三学社社员登记表》。

1911年春，谭延闿得了大叶性肺炎。发病后，体温逐日升高。遍请当地中医，毫无效果，高烧不退。谭家人慌了手脚，不知如何是好。有人说，西牌楼有家外国人办的医院，据说很灵，何不请那里的医生上门来看看呢？

谭家看病从来请中医郎中，还从来没有请西医上门看病的经历。所谓"无法（才）信佛"吧，谭家人抱着试试看的心态，向雅礼医院求援。

颜福庆应邀来到了谭家。一量体温，40摄氏度。询问病史，略作检查后，颜福庆诊断：谭督军得了大叶性肺炎。病已经到了退热阶段，就开了一些西药叫病人吞服。

第二天，谭延闿高热退了。病，竟霍然痊愈。

要说明的是，大叶性肺炎，到病程的第八天，会自动痊愈。颜福庆开的药，从效果来看，其实是毫无特殊作用的，最多只是安慰药。

这正验证了一句俗语："背时的医生看病头，趋时的医生看病尾。"

使中医束手无策的特殊病人谭延闿，居然被雅礼医院年轻的医生颜福庆奇迹般地治愈了[①]！此事一传十，十传百，成为长沙甚至整个中南地区的一个传奇式新闻，几乎妇孺皆知。这件事的直接结果是，赢得了谭延闿对现代医学的信任，直接催生了湘雅医学院。谭延闿从此成为湘雅地位最高的忠实赞助人，给湘雅带来了湖南省政府的强有力支持。

---

① 这件事在长沙人的口耳相传过程中，演化成了民间的传奇，事实本身反而湮没不彰了。连谁给谁治病都有了不同的说法。有的说前去谭家看病的是胡美，有的说是颜福庆。得病的，有人说是谭延闿，有人说是谭母李太夫人。朱恒璧、张孝骞、龙伯坚、凌敏猷等湘雅人都提到这件事，可是"言人人殊"。参见朱恒璧：《朱恒璧教授谈上海医学院的历史》，1980年6月20日，第1页；张孝骞：《湘雅医学院的缘起和变迁》，编委会：《湖南文史资料选辑》，第23辑，湖南人民出版社，1986年，第3页；凌敏猷：《从湘雅到湖南医学院》，编委会：《湖南文史资料选辑》，第23辑，湖南人民出版社，1986年，第14页。事实上，胡美在自传《道一风同》中说得很清楚，是颜福庆上门为谭延闿看好了病。胡美是当事人之一，在没有病历记录和颜福庆本人记载的情况下，当数胡美的叙述最可靠。参见 Edward H. Hume. *Doctor East, Doctor West: An American Physician's Life in China.* New York: W. W. Norton & Company, Inc, 1946: 230。雅礼会档案里一份谭延闿的讣告证实，病人是谭延闿本人。见雅礼会档案（Tan Yenkai, 108/944）。

"椎轮始业，自谭胡颜，历尽艰难颠沛，壮气直无前。"这是国立湘雅医学院院歌中的一句。"谭胡颜"分别指湘雅医学院的三位奠基人谭延闿、胡美、颜福庆。谭延闿的名字居首。在雅礼会、谭延闿和当地开明士绅三方通力合作下，最终达成了湘雅协议。

1913 年，"湘雅医学会"诞生

雅礼会自 1906 年以来，一直在耐心地、小心翼翼地为与湖南合作铺平道路。用儒家经典中的"雅""礼"二字代替"耶鲁"，使有湖湘文化背景的湖南人容易接受，这是一般外籍医生难以想到的极其高明的一招。为了消除湖南人的误解，争取本地人对传道事业的信任，雅礼会给予当地一系列实质性的帮助，比如改善环境卫生、防治瘟疫、建立红十字会等。

1912 年，胡美回美国募捐。雅礼会的哈克尼斯捐了一笔巨款，指定用于建造一所新的雅礼医院。这个计划，引起了中方人士的浓厚兴趣。民国初年，湖南省有识之士也在积极兴学，督军谭延闿就是其中一个热心人。在 80 多位湖南士绅的主动倡议下，由一位省级官员领衔，给谭延闿递交了请愿书，要求以湖南省政府的名义与雅礼会进行合作，成立一所医学校。由于颜福庆治愈了自己的病，雅礼会已经赢得了谭延闿的信任，当地开明士绅又主动提议合作办学，谭延闿欣然同意。胡美和颜福庆多年来想办而办不成的事，经地方实力派人物的支持，就这样顺利地推进了。

谭延闿将与雅礼会合作办学的具体任务，交给都督府首任教育厅厅长陈润霖（1879—1946，字夙荒，湖南新化县人），并在省革命政府财政极其紧张的情况下，拨出 2 000 银元给陈润霖作开办费。当时都督府所有官员，不论大小，每月一律给生活费 10 块银圆，连吃饭都不够。在这样困难的情况下拨出 2 000 银圆，表明了革命政府兴学的坚定决心。陈润霖首先联系省内各界有影响的人士，共同签名提出了合作建立西医学校的建议，递交湖南省都督府。这一切反映了革命政府的民主新风气。

第二章 | 中美合作 肇始湘雅 （1910—1927）

1917年3月9日谭延闿率湖南省政府官员与湘雅新任董事和教员合影。前排中间穿西装者谭延闿、左三湘雅医学会董事部新任董事长曹典球，后排左一胡美。

　　1913年7月，以湖南省政府为一方，雅礼会为另一方，签署了合办"湖南—雅礼"医学校的契约，也称第一次湘雅合约。

　　湘雅医学院最初的名称，就叫"湖南-雅礼"。"湘雅"这个文绉绉的名字，由中方董事聂其焜所取，被大家接受。湘，代表湖南；雅，代表雅礼会；湘雅合称，代表中美合作办医学。合作机构便称为"湘雅医学会"董事部。从1905年胡美来到长沙算起，雅礼会经过7年的不懈努力，终于达成了合作办学的目的。

第一次湘雅合约

　　第一次湘雅合约内容包括：设立一所按照"欧美甲种医科大学"标准的现代化医学院，兴办一家规模较大的医院，创办男女护士学校各一所，培养护士和助产士，设立一个研究中国特殊疾病和公共卫生问题的实验室。

　　这份合约的内容，与数年后创办的北京协和医学院的办学宗旨基本一致。考虑到1915年10月中旬美国洛氏基金会第二届中国医学考察团曾参观湘雅医学专门学校，考察团核心成员、美国现代医学之父韦尔奇与胡美、颜福庆曾进行深入交流，考察团对湘雅医学专门学校予以较高评价，并决定从当年起补助湘雅医学专门学校常年费①，我们有理由认为，湘雅医学专门学校对北京协和医学院的创办具有启示意义，两者的宗旨是高度一致的。我们不妨将1920年4月14日北京协和医学院董事会通过的学校目标抄录如下：一、首要的目标是医学教育，能够与美国或欧洲最好的医学院相媲美。通过大学医学教育、实验室工作人员、教员和临床专科医师的毕业后教育、医师短期进修教育的方式而达到。二、提供研究的机会，特别是专门针对远东问题的研究。三、传播现代医学和公共卫生知识。这次董事会通过的目标在以后的岁月里也未再修订或更改，它概述北京协和医学院对科学目标的追求。该目标最先是由福勒克斯纳和韦尔奇表达的②。

1915年，湖南都督汤芗铭（前排中）与来访的美国中华医学基金会成员合影。后排右一为颜福庆。图片来源：中南大学湘雅医学院。

---

① 张大庆：《中国现代医学初建时期的布局：洛克菲勒基金会的影响》，《自然辩证法研究》，2009年，第28卷，第2期，第148页。
② 福梅龄著，闫海英、蒋育红译：《美国中华医学基金会和北京协和医学院》，中国协和医科大学出版社，2014年，第31页。

按照合约，湖南省政府提供医学校的建筑费 156 000 墨币，价值 50 000 墨币的 9 亩土地，维持学校与医院的经费每年 50 000 墨币。雅礼会承担医院设备费 150 000 墨币[①]，支付 15 名医生的薪水。医生必须从国外大学毕业，经雅礼会选派才能充任。合约有效期为 10 年，如果合作成功，可无限期延长下去。

雅礼会是一个海外传道团，不可能不涉及宗教信仰。因此，合约对宗教与政治作了特别规定：

> 因为医院与社会发生十分密切的关系，其教师除进行医学原理的教学以外，并将加强道德品质的教育。此外，除了必须学习的课程之外，可能向他们进行宗教教义的解释和讲演，但尊重各人的信仰自由（第十条）。

> 这项事业唯一的目的就是促进医学教育事业，与卫生教育的政治方面没有关系（第十一条）。

联合办学的计划，得到了北洋政府内务司司长肖仲祁的支持。肖仲祁与颜福庆、朱廷利、粟勘时、聂其焜出任中方董事。雅礼会推举胡美、解维廉、赫尔辉、盖保耐、爱理为董事[②]。合约签署后，湖南省政府和雅礼会合资购买了 14 亩土地。购地共耗资 8 万银圆。湖南省政府拨 5 万元，雅礼会出 2 万元，卖地的地主捐了 1 万元。1913 年秋，男女护士两个学校均已开学，医学预科班在各地发布招生广告。1914 年 1 月 22 日，以胡美为校长的湘雅医预科学校在长沙浏正街租用的民房开学，学生 20 名。

合作办学道路上荆棘丛生。民国初年，留日医学生回湖南后，逐渐形成一个群体，也积极筹划办一个以留日学生为主的医学校。"湘

---

① 合约具体内容，颜福庆《与中国人合作医学教育的一例》（1917 年）与《湖南育群学会　美国雅礼会合办湘雅第一次合约》（1914 年 7 月订）说法略异。此处以颜福庆文章为准。Yen F. C. An Example of Co-operation with the Chinese in Medical Education. Chin Med J, 1917, (3): 220.

② 刘笑春、李俊杰主编：《湘雅春秋八十年》，中南工业大学出版社，1994 年，第 5 页。

雅医学会"的出现，使他们深感危机。时值多事之秋，宋教仁被袁世凯暗杀，孙中山发动"二次革命"，谭延闿起而响应，宣布湖南独立。但"二次革命"很快就失败，谭延闿逃亡。这时，第一次湘雅合约签订才一个月，留日学生代表黄孟祥、田丘明、肖登等人认为湘雅医学会的靠山已倒，乘机在北洋政府频频活动①。因此，湘雅的联合办学合约在上报北京政府国务院备案时，遭遇阻力。国务院以"地方政府与外侨团体定约没有先例"为由，下令湖南省政府取消合约。

湘雅还没满月，就受到重创，再次陷入困境。

赴京筹组"湖南育群学会"

"二次革命"失败后，袁世凯派汤芗铭接任湖南省长。汤芗铭曾在法国受过海军教育，能说一口流利的法语。在颜福庆和胡美看来，新来的汤省长"温文尔雅""很有教养"。

雅礼会必须和新来的长官合作。颜福庆向汤芗铭发出了宴会邀请，同时应邀的还有热心支持湘雅的省财政厅厅长、内务厅厅长、教育厅厅长和长沙公立学校的校长们。宴会上，汤芗铭举止得体，表现得很友好。颜福庆为新省长的知书达理而暗自庆幸。

谁也没有想到，次日中午，参加宴会的财政厅厅长就被刺身亡。内务厅厅长、教育厅厅长也被捕入狱，并扬言两天后处决。汤芗铭开始板起脸，杀气腾腾开刀了。

湖南顿时被血腥和恐怖所笼罩。在任一年多，汤杀了17 000多人，人称"汤屠夫"。处决三位厅长，是汤执行袁世凯的命令、对湖南革命党人的残酷镇压。

胡美匆忙乘舢板过江向英国使馆求援。颜福庆则赶到衙门，直接与汤交涉。汤芗铭很清楚颜福庆的价值：失去颜福庆，就失去了一位医术高超的私人医学顾问，同时也失去了外国使团的支持。再三思量

---

① 反对派代表人物，根据邓一题译《湖南医学教育的进展：湖南长沙湘雅医学专门学校和医院的报告》文末的注释二。

后，汤芗铭把两位厅长的处罚由"明天拂晓枪毙"改为"监禁"①。

汤芗铭倒也不敢得罪外国人，对雅礼另眼相看。延续了前任的承诺，继续支持雅礼未竟的事业。颜福庆与胡美受新的省政府派遣，进京力陈开办湘雅的理由和反对者的真相，获得北京政府的谅解。

外国私人团体与省政府合作办学，在国内尚属首创，北京政府唯恐其他居心不良的外国组织援引此例，因此，建议以民间团体出面与雅礼会合作，这样更加符合中华民国的相关法规。

组织民间团体并不容易。在北京政府当官的湖南籍人士，对合办湘雅十分冷淡。颜福庆交际才能又受到考验。其中一个重要的筹码，是颜福庆的三哥颜惠庆。

孙中山下野后，袁世凯在北京就任大总统，于1912年3月30日组成以唐绍仪为国务总理的内阁。内阁权力的分配严重倒向北方，南方革命党人只掌握了次要部门，袁世凯的同僚、手下占据了外交、财政、陆军、海军、内务等重要部门的总长位置。时任驻俄公使的陆征祥出任外交总长。颜惠庆被陆征祥推荐为外交次长，从此开始在民国外交界崭露头角。1913年春，颜惠庆出使柏林，任驻德国全权公使兼任驻瑞典、丹麦公使②。颜福庆到北京时，惠庆已经到了柏林，但三哥在北京的人脉还在。

要办成一件大事，头面人物的支持是少不了的。这个人物被颜福庆找到了，他就是北京政府的总统顾问章遹骏（章继诗）。章遹骏长期与外国机构有联系，1913年4月，他以全国禁烟联合会会长的身份专程赴英国，向议员和政客游说，希望英国政府中止1911年《中英禁烟条件》并清除沪港等地囤积的印度鸦片，未果③；总统军事顾问的职位，又足以在全国树立威信。因为有了章遹骏的支持，原先对湘雅毫无兴趣的湖南籍官吏，都转而成为合作的推动者。

---

① Edward H. Hume. *Doctor East, Doctor West: An American Physician's Life in China.* New York: W. W. Norton & Company, Inc, 1946: 238—240.
② 颜惠庆：《颜惠庆自传》（吴建雍等译），商务印书馆，2003年，第101、108页。
③ 黄运：《自东徂西：章遹骏赴英办理禁烟与民国初年中英民间禁毒外交的尝试》，《外国问题研究》，2024年，第3期，第131页。

1914年春颜福庆（右一）、胡美（右二）在北京筹组湖南育群学会后合影。左一陈润霖，左二章遹骏。

1914年春，在京任职的35名湘籍要员和社会名流发起成立民间团体"湖南育群学会"①，章遹骏被推举为会长，颜福庆自任副会长，聂其焜任书记。

7月21日，湖南育群学会与雅礼会正式签订《湖南育群学会 美国雅礼会合办湘雅第一次合约》②。合约经国务院教育、财政、外交等部门批准后生效。

育群学会只是省政府与雅礼会之间合作的"技术桥梁"，合约规定的一切经费，仍由省政府承担。

湘雅重生了。

根据合约，董事会由20人组成，中美双方各一半，有相等的代表权。美方董事，由雅礼会出5人，另5人为雅礼会以外的外国人，

---

① 胡荣琦：《湘雅医学院二十五年大事表》。
② 黄珊琦先生提供。合约抄件藏中南大学湘雅医学院档案馆。1973年2月10日，由宁珏珍、袁岫云抄自湖南省档案馆，湘雅医学院外文档案，1—20。

绝大多数都与传道团有关。

长沙的有识之士全力支持湘雅。著名的老中医陈宜诚，辞去所担任的中医学校校长职务，从经济上、道义上倾力支持湘雅。长沙最著名的三所中学校长——明德中学校长胡元倓（字子靖）、岳云中学（现为长沙十三中校址）校长何炳麟、楚怡中学校长陈润霖，以及长沙教育厅厅长、警察厅厅长都被邀请加入担任中方董事。有了政界、教育界、宗教界的支持，中美合作的湘雅事业顺利推进。颜福庆深有感触地说，"湘雅医学专门学校最大的有利条件，是得到了中方董事们的支持"①。

"湘雅医学会"董事会于同年9月开会，选举章遹骏的堂兄、湖南实业家章克恭为董事部与干事部部长，颜福庆被董事会推举为医校校长，胡美为医院院长兼医校教务长。医学校、医院、护校统一被冠以"湘雅"之名，受"湘雅医学会"董事会管理。因此医校定名为"湘雅医学专门学校"（即以后的湘雅医学院）。此后的半个世纪，颜福庆曾先后任三所著名医学院的院长，湘雅是第一所。

颜福庆的医学教育生涯，从"湘雅医学专门学校"开始了。这一年，颜福庆32岁。

湘雅医学专门学校在潮宗街开学

1914年12月，招生考试同时在广州、上海、汉口、北京进行。录取的12人被编为预科一年级。湖南省政府拨了潮宗街原清朝大官员瞿鸿禨公馆（有200多间房子），做医学校的临时校舍。

民国初年的长沙，还是个拥挤的小城。城中心是长石条铺成的潮宗街。潮宗街两边，商铺林立，沿街一字排开，用工整馆阁体楷书题写的"介新绸庄""华盛钟表行""华美大药房""新世界百货商店""新太平百货批发庄""湘源丽绣庄"等布幌子，在街面迎风

---

① F. C. Yen. An Example of Co-operation with the Chinese in Medical Education. *Chin Med J*, 1917, (3): 224.

招展，颇像清朝迎接检阅的绿营军旗帜。潮宗街，就是长沙的"南京路"。

12月8日，湘雅医学专门学校举行开学典礼。用颜福庆自己的话来说，中国"按照西方标准建立的唯一真正中外合作"[①]的医学教育组织，开学了。

草创伊始，颜福庆和胡美按照美国甲种医学院标准设定了学制。预科两年，本科五年，其中最后一年是实习，共七年毕业。医学生实习在湘雅医院、红十字会医院[②]。数年后，颜福庆在长沙发起抗痨运动，民间捐款兴建了肺痨医院，湘雅医学专门学校又增加了一所实习医院。

医学院的课程，是美国甲种医学院的拷贝，包括了美国医学院联合会规定的所有必修课目[③]。两年预科加一年实习，双方是一样的。但是，湘雅的学制比美国医学院多了一年。美国当时一般是四年。因为中国的自然科学教育起步不久，医学预科学生的理科基础，与美国学生相比还有相当的距离，学制多一年，是必要的。

湘雅首届学生汤飞凡

学生们都是刚从中学毕业的少年，来自不同的家庭背景，取得父母的同意来报考湘雅，需要克服很大的困难。大致来说，学生求学目的有三种类型。

第一种是对医学怀有浓烈的兴趣。比如日后成为杰出病毒学家的汤飞凡，就是受到颜福庆直接影响而投身湘雅的。

[①] 颜福庆：《湖南医学教育的进展：湖南长沙湘雅医学专门学校和医院的报告》（邓一题译），《博医会报》，1921年，第2期，第114页。

[②] The Hunan-Yale University of Medicine. *Nat Med J*, 1916, (3).

[③] Please compare: curricula of Hsiang-ya Medical College and the counterpart of the U.S.A. In: Reuben Holden. *Yale in China: The Mainland 1901—1951*. New Haven: The Yale in China Association, Inc, 1964: 309—311; Abraham Flexner, *Medical Education in the United States and Canada. Bulletin Number Four*. Boston: D. B. Updike. The Merry-mount Press, 1910: 90, 125.

汤飞凡的老家，在长沙东南数里外的醴陵。飞凡从小对事物有一种本能的好奇心，他常常独自走到附近的煤矿，看着矿工们把一车车乌黑的煤从黑咕隆咚的山洞里运出来。有一天，飞凡看到两个陌生人来到矿上，带着些稀奇古怪的东西，在那儿摆弄，引起了他的好奇。飞凡很有礼貌地向这两人鞠了一躬，指着放在边上一个被摸得发亮的木箱子，问箱子里面放着什么东西。

单调的矿井调查，突然冒出一个稚气未脱的小孩，问这问那的，让两位陌生人觉得多了一点趣味。

这是显微镜！用来观察钩虫卵的显微镜。陌生人告诉小飞凡，他们正在作钩虫病的调查。

飞凡更好奇了，要看他们的新式仪器。陌生人答应了。打开箱子，装好显微镜，放上切片，告诉飞凡，闭上一只眼睛，看镜头里的虫卵。几次试验后，飞凡终于看到了镜头里奇妙的生物。飞凡兴奋极了！

从这一刻开始，飞凡决定将来要当一名医生，不仅为病人治病，而且要找出病因。他问年长的陌生人——日后飞凡的校长和老师颜福庆，怎么才能学习医学？颜福庆就告诉他，长沙有个湘雅医学专门学校，几个月后就要开学了，飞凡可以到那里去学习。飞凡当场保证：他一定要来湘雅报考。果不其然，飞凡成了首届湘雅学生。汤飞凡入学的时间是1914年1月22日，地点是长沙的浏正街，校长当时是胡美。

兴趣是最好的老师。飞凡入学第一年就翻破了一本英文字典，眼睛却高度近视了。暑假回家竟闹了笑话，错把哥哥看成了父亲。

学生张某的经历与汤飞凡不同，他是怀着医治苍生疾苦的决心来湘雅的。

张某12岁时，有一次与父亲到墓地看尸体挖掘——当地的官吏要重新验尸。坟墓里埋着一具女尸，几年前她在分娩时，与尚未出生的婴儿双双死去。尸体挖出时，张某看到一幅惨不忍睹的画面：婴儿细小的骨骼仍然包含在母亲的骨骼里。父亲向他讲述了事情的原委。这个场面深深刻在张某幼小的心灵里。他下定决心，长大后当一名医生，为像这位母亲一样的人治病，不让类似的悲剧再次发生！五年后，当他听到湘雅医学专门学校开学的消息后，走了三天的山路，从浏阳老家来到长沙，终于如愿以偿，成了一名医学预科生。这是第二种类型的学生。

学生李某是第三种类型。李某来自湘乡，少年老成。他曾对颜福庆说："真正能治愈疾病的医生实在寥寥无几。看到人们身患重病——即使医生也难免，我深感无奈。我要研究疾病的原因，当一名研究人员"①。

培育求真求确、必邃必专的优良学风

> 长沙张仲景，医学溯先贤。泱泱乎流风千载，湘雅树中坚。椎轮始业，自谭胡颜。历尽艰难颠沛，壮气直无前。
> 院训指薪传，公勇勤慎，诚爱谦廉。求真求确，必邃必专。宏创造，利人天。发扬光大，亿万斯年。

这首歌，是 1940 年改为国立后的湘雅医学院院歌。龙伯坚写的歌词，铿锵有力，湘雅人感到是那么亲切，那么难忘。"公勇勤慎、诚爱谦廉""求真求确、必邃必专"的歌词，包含了"公勇勤慎、诚爱谦廉"的八字院训，现在依然写在湘雅医学院非常显眼的地方。湘雅优良的校风学风，是经过几代创校先贤长期积累起来的。为人公勇勤慎、诚爱谦廉；学医求真求确、必邃必专。从湘雅创办之日起，就是所有湘雅人的精神追求。

湘雅医学专门学校创办的那年，正值第一次世界大战爆发。美国参战，医护人员多赴前线，延聘合格美方人员来华任教很困难。张孝骞所在的第一班受此影响最大，不少临床前期课由临床教师兼授②。每个教员都承担着繁重的教学和临床工作。

他人尚且如此，作为一校之长的颜福庆就更不用说了。除了兼顾湘雅医院门诊，当一名全科医生外，颜福庆一直在湘雅医学专门学校

---

① Edward H. Hume. *Doctor East, Doctor West: An American Physician's Life in China*. New York: W. W. Norton & Company, Inc, 1946: 180.
② 张孝骞：《湘雅医学院的缘起和变迁》，编委会：《湖南文史资料选辑》，第 23 辑，湖南人民出版社，1986 年，第 5 页。

教授预防医学，在雅礼中学教卫生学。此外，还不得不到处补缺，内科缺人教内科，外科缺人教外科，往往是"第一学期教外科，第二学期教内科，第三学期又改教眼科"。人手太缺，也没有办法。

  人手少，主要原因在于经济困难。雅礼会是民间团体，财力不能与洛克菲勒基金会相比。协议中，美方承担 15 位外国人员的薪水，事实上，雅礼会拿不出这么多钱。如果雅礼会不争取外界的支持，它将不能履约。好在签署协议的次年 10 月，洛氏基金会派中国医学考察团来华，对雅礼会的医学教育计划印象深刻，建议基金会给予一大笔捐助，获得了基金会的赞同。接下来的五年，雅礼会派遣的外国教员薪水，就由洛氏基金会支付。这次洛氏基金会的捐助，是湘雅首次获得的雅礼以外基金会的大额资助。洛氏基金会考察团现场旁听了湘雅的英语、几何和德语课程，认为讲授内容高于一般美国高中水准，学生多来自受到良好教育的富庶家庭，而不像其他教会医学院多是贫苦子弟。考察团与胡美和颜福庆就洛氏基金会资助湘雅医学专门学校事宜进行了广泛的讨论。胡美和颜福庆希望能在化学、物理、生物实验室建设，医院建设方面获得资助，也希望补助教师的部分薪水，但提出教师的选任应由校方负责。1916 年，洛氏基金会接受湘雅医学专门学校的申请，拨了 3 万美元用于资助修建校舍及添置实验室设备和医疗器械。湘雅成为最早一批有幸得到洛氏基金会资助的医校[①]。

  中方也不能完全实现承诺。湖南省连年的战乱，使省财政受到严重损失，也无法履行协议。据胡荣琦《湘雅医学院二十五年来大事表》记载，自民国七年至民国十一年，即 1918—1922 年，湖南省政府欠湘雅的津贴达九万余元，欠建筑费达十一万余元。1925 年 5 月 8 日订立的湘雅第二次合约第九款（丙）记载，"双方同意，所有民国三年所订第一次合约第二款内未经履行之条件，在本续约期内，仍为有效，并须切实履行。"可见合约十年后，湖南省政府仍未完全兑现承诺的经费，欠款数额巨大。中方的开办费欠了不少，好在忠于湘雅的长沙士

[①] 胡成：《迈向智识世界主义：洛克菲勒基金会在中国（1914—1966）》，台北联经出版事业股份有限公司，2024 年，第 136—137 页。张大庆：《中国现代医学初建时期的布局：洛克菲勒基金会的影响》，《自然科学史研究》，2009 年，第 28 卷，第 2 期，第 148 页。

绅用各种方式筹集资金，尽力维持医学校和医院的正常运行。

湘雅的人员使用极为经济。延聘的教员大多是人格高尚、专业精湛的名医良师。他们忘我地工作，使湘雅渡过了师资匮乏的难关。比如病理学教授沈嗣仁，在实验室感染伤寒沙门菌去世。临终前留下遗言，将自己的遗体用于解剖，为病理研究之倡[①]。湘雅遵嘱将沈教授遗体解剖后制成标本。

开办之初，颜福庆就教育学生，要学好医，为百姓服务，千万不要只顾个人利益，私人开业。还经常鼓励学生，争当第一流的医学人才。他培养的湘雅学生，绝大多数都成为我国医疗卫生事业的骨干。

医乃仁术，医德至上。颜福庆注重感化教育，培养学生的自尊和自律。以考试为例：湘雅每次考试，不设监考人。教师出了考题，就离开考场。全部试卷由最后一位交卷的学生收齐后交给教师。万一发现作弊，处罚是极其严厉的，甚至开除学籍。颜福庆在耶鲁受到的正是这种

组织学课堂上的湘雅学生。

[①] 胡荣琦：《湘雅医学院二十五年来大事表》（复印件，由黄珊琦提供），《国立湘雅医学院院刊》，1941年9月，中南大学湘雅医学院档案馆藏，MW-29。

荣誉制度教育，他有意识地将其移植到湘雅。此举培养了医学生自尊、自治和诚实无上光荣的观念，潜移默化地培育了实事求是的科学精神。

曾任湘雅医学院院长的凌敏猷，晚年还清晰地记得一件事。某实习医生因记忆不准，开阿托品时，将剂量毫克（mg）误为克（g），多开了1 000倍。所幸药房及时发现，才免除了一次医疗事故。颜福庆得知此事后，立即召开教务会议，决定延长该员实习期6个月，并通报全院，引以为戒①。这件事对全校学生教育极深刻，终生难忘。

完成一例腮腺纤维瘤手术

颜福庆以医学教育家闻名，但他首先是一名全科医生，然后才是医学教育家、公共卫生学家。如果他不是一名经验丰富的全科医生，那么他也不可能成为医学教育家和公共卫生学家。自颜福庆到达长沙后，在雅礼医院（湘雅医院）行医时间前后长达17年，看过的病人已经无法确切统计，所有病史也已经全部遗失，我们已经很难全面认识颜福庆作为一名全科医生的形象。幸运的是，颜福庆有一例手术报告因为发表在美国的医学杂志上，得以保存至今，为我们今天重新认识颜福庆的外科手术能力打开了窗口。这份手术报告很短，只有一页。笔者请唐一飞译为中文，并请戴钟英医生、孙庆祥教授校订。下文根据手术报告重新叙述一遍，除了润色几处文字外，没有做其他改动。

1914年11月，也就是第一次湘雅合约正式签订、颜福庆被选为湘雅医学专科学校校长两个月后，颜福庆完成了一例当时高难度的颌面手术，展示了他精湛的外科手术能力。11月19日，一名65岁的男性患者因左侧腮腺长有巨大的肿瘤，来湘雅医院外科找颜福庆看病。患者为农民，无相关病史。肿瘤已生长了三年，既往无疼痛，但严重影响说话和吞咽。患者较平均身材矮小，体态并不健壮，其他方面健康状况良好。

---

① 凌敏猷：《从湘雅到湖南医学院》，编委会：《湖南文史资料选辑》，第23辑，湖南人民出版社，1986年，第14页。凌敏猷，湖南平江人，著名精神病学家。1922年入湘雅医学专门学校本科，后参加八一南昌起义，1929年插班进入中央大学医学院，1932年回湘雅任教。1948年任湘雅医学院院长。一级教授。曾任湖南省政协副主席。

1238　　　　　　　　　　AVULSION OF SCALP—NUZUM　　　　　　　Jour. A. M. A.
　　　　　　　　　　　　　　　　　　　　　　　　　　　　　　　　　　April 10, 1915

Necropsy.—The chest was rather barrel shaped and symmetrical. Opening of the chest revealed that the heart was displaced to the right, so that almost the entire organ was in the right chest cavity. In the left chest cavity was the enlarged stomach including the pylorus, which filled the upper two-thirds of the left pleural cavity, with the exception of a small space occupied by the collapsed lung. Beneath the stomach were about 15 feet of the small intestine, and below that were the spleen and a part of the splenic flexure of the colon.

Further examination revealed the opening through the diaphragm between the left lateral muscle and about 1 inch to the left of the esophageal opening. The stomach adhered to the upper third of the chest cavity with numerous adhesions. The small bowels were very red, and here and there were flecks of plastic exudate. The spleen was very dark, soft, a little enlarged and covered with a plastic exudate. The large bowel was attached to the spleen with the exudate.

Pathologic Findings.—1. Beginning gangrenous splenitis with plastic exudate over spleen, small and large bowel and parietal pleura.
2. Acute dilatation of the stomach.
3. Compression of the left lung.
4. Diaphragmatic hernia through the left lateral muscle.

A CASE OF FIBROMA OF THE PAROTID

F. C. YEN, M.D., D.T.M., CHANGSHA, CHINA

A Chinese man, aged 65, was admitted to the surgical service, Nov. 19, 1914, presenting a large tumor of the left parotid region. The patient was a farmer with no significant history. The tumor was of three years' growth. It had at no time been painful, but was a serious mechanical impediment to speech and deglutition. The patient was under average stature, and not of robust physique, but otherwise was in good health.

On examination the tumor appeared nodular, with occasional areas of almost bony hardness, and others of apparently cystic degeneration. It seemed intimately connected with the parotid gland, was not tender or painful, and gave rise to no pressure symptoms except the mechanical impediments noted. Its size and location are shown in the illustration. The skin

Fibroma of parotid

was movable over the mass except in one spot on the lower posterior aspect, where it was adherent under an ulcer the size of a half dollar. A provisional diagnosis was made of a mixed parotid tumor with secondary degeneration.

At operation the mass was found to involve a considerable portion of the parotid gland from which it had grown. A long dissection was necessary to free the tumor from the facial nerve and artery. It was necessary to sacrifice all but the superior radicals of the facial nerve. The skin was united over the tumor area and healed by first intention, leaving some edema in the submaxillary region which cleared up in a few weeks, and a partial facial paralysis, which persisted.

Microscopic examination of the excised tumor showed a fibroma apparently originating in the parotid gland. Secondary cystic degeneration had occurred in the acini blocked off by the fibrosis.

Yale Hospital.

AVULSION OF THE SCALP

T. W. NUZUM, M.D., JANESVILLE, WIS.

Mrs. B. C., aged 28, farmer's wife, of German parentage, mother of two children, one of whom is living, was in a milk house, Sept. 1, 1914, where a milk separator operated by a gasoline engine was running, when a set screw in a shaft caught in her hair and tore off her entire scalp. The line of cleavage was the hair line on the back of the neck, forward close to the left ear and down the left cheek, leaving a flap 3 inches wide hanging over the left side of the face, thence over the supra-orbital ridge, taking the entire eyebrow, and extending down to the tip of the nose, taking the skin from the top of the nose. The right ear was torn off and hanging. The right eyebrow was still attached by a small pedicle which was replaced, but sloughed, except for a small bit near the outer canthus of the eyes. The temporal and supra-orbital muscles were mostly torn away, and on three spots, each an inch wide and from 1 to 3 inches long, the pericranium was torn away, leaving the naked bone exposed.

Fig. 1.—Two weeks after application of grafts.

The patient did not faint, but ran into the house and looked into the glass. Seeing the "bone-white surface," she grabbed a dish cloth, which was in reach, and covered her head. She was not conscious of suffering extreme pain for a time, and the bleeding was insignificant for the amount of trauma.

A physician was summoned from the city, 7 miles distant, who applied sterile dressings and gave the patient a hypodermic of morphin, placed her in an automobile and drove 28 miles to the hospital. She sat up all the way and walked in on reaching the hospital. The husband had the severed scalp brought along, and desired that it should be replaced to see if it would not live. Accordingly, it was carefully sutured in place, the hanging ear was replaced, and the flap of cheek sutured back; the skin was drawn up from each side of the nose and met, and was sutured in the midline. On the fol-

Fig. 2.—Two months from the date of injury.

lowing morning the scalp was turning green and was removed, and hot boric alcohol dressings applied and the dressings kept continuously moistened. The wound was dressed daily until healthy granulations sprang up over all the bare surface, except where the bone was denuded of its pericranium. These patches looked gray and dead for a time. Later small red specks appeared scattered over the gray surface of denuded bone which spread, until at the end of

---

1915 年 4 月 10 日《美国医学会杂志》第 64 卷第 15 期发表题为《纤维瘤手术报告一例》的案例。

经检查，肿瘤已呈结节状，有几处的硬度几乎接近骨质，还有几处有明显的囊性变。看来肿瘤与腮腺紧密相连，无触痛、疼痛，除有上述严重的语言及吞咽的机械性障碍外，并无其他压迫症状。肿瘤的大小和位置如图所示。除肿瘤后下方的皮肤与一枚 50 美分硬币大小的溃疡粘连外，其余肿瘤表面的皮肤均可移动。颜福庆初步诊断，该患者为混合性腮腺肿瘤伴继发性变性。

颜福庆给患者施行了手术。术中发现，肿瘤累及相当一部分腮腺，为游离面神经及动脉与肿瘤，须作一长切口。除了根部，面神经其他部分都需切除。术后缝合肿瘤区域皮肤，切口为 I 期愈合，颌下区域略有水肿，水肿在数周后消退，局部面瘫持续存在。对切除的肿瘤做显微镜检查后发现，该肿瘤是起源于腮腺的纤维瘤。纤维化阻塞的腺泡发生了继发性的囊性变。

颜福庆将这例手术整理成一篇病例报告，投到美国《美国医学会杂志》(*The Journal of the American Medical Association*，JAMA)[①]。1915 年 4 月 10 日，《美国医学会杂志》第 64 卷第 15 期发表了这例手术报告，题为《腮腺纤维瘤手术报告一例》(*A Case of Fibroma of the Parotid*)，记载颜福庆主刀的腮腺纤维瘤手术全过程。手术全部切除病人右脸巨大的腮腺纤维瘤，包括切除肿瘤包裹的面神经。这是目前见到的颜福庆唯一一篇外科手术病例报告。

1915 年 8 月 20 日，湖南首例尸体解剖

汤芗铭下台后，谭延闿第二次回湘主政。

谭延闿主政期间，湘雅医院新大楼在麻园岭落成。谭延闿对亲手扶植的湘雅医学事业十分自豪。一次谭来校参观，发现仓库里堆放着 X 光设备和其他先进仪器。颜福庆乘机向谭说明，由于没有电力，所以这些先进设备无法使用。谭马上下令在长沙北门外修建电厂，专门

---

① F. C. Yen. *A Case of Fibroma of the Parotid*. JAMA. 1915; LXIV(15): 1238. From: doi.org/10.1001/jama.1915.02570410036017.

为湘雅医院供电。

1917年2月的一天，当夜幕降临的时候，整个湘雅医院突然灯火通明①。有了电力，原先躺在仓库里的X光设备和其他先进仪器开始发挥应有的作用，有力地推动了湘雅的医学事业。

医学教育，尸体解剖必不可少。而在中国，尸体解剖困难重重，这对起步阶段的湘雅，是个极大的阻碍。

1913年8月，伍连德参加了在伦敦举行的国际医学大会和在布法罗召开的学校卫生大会，向北京的北洋政府提交了一份题为《中国医学教育》的呈件，建议北洋政府改善医学教育，将人体解剖纳入医学教育中，在医院传授系统的临床诊断，政府设立卫生部，给学生传授英语，等等。伍连德很可能是最早向北洋政府提交类似文件的医生之一。此前，国立北京医学专科学校首任校长汤尔和于1912年11月24日呈请教育部，请求公布由他起草的《解剖条例》，此时距他就任校长刚刚39天。1913年12月，北洋政府内务部公布了《尸体解剖条例》。中国各省先后开展尸体解剖。最早开展尸体解剖的是江苏省。早在内务部公布《尸体解剖条例》前一个月，即1913年11月13日，江苏省立医学专门学校在征得省政府首肯后，在苏州对一具尸体进行解剖。尸体解剖前举行了庄严的仪式，65人受邀参加仪式，其中包括政府代表、法官、各部门官员、外国医生。解剖仪式的整个过程进行了拍摄，留下了中国四千年来首次公开尸体解剖全过程的影像资料，出版了摄影集。随后，内地城市成都于1915年初由四川医学专门学校实施尸体解剖，也未遇到阻挠，中部城市长沙的首例官方尸体解剖，是由湘雅医学专门学校组织开展的。

1915年8月20日，谭延闿专程参加长沙首例尸体解剖仪式，发表了一番意味深长的演说，鼓励有幸看到中南地区首次尸体解剖的学生们走出校门，向长沙百姓宣传尸体解剖对于现代医学发展的必要性。被解剖的死者是一名几个小时前死在路旁的男子。湘雅医学专门

---

① Edward H. Hume. *Doctor East, Doctor West: An American Physician's Life in China.* New York: W. W. Norton & Company, Inc, 1946: 230.

学校的医生们向湖南省政府申请获准。医生们在做好必要的准备后，先确定尸体已被埋葬，随即将尸体挖出。湘雅公共卫生系代表作了简短的发言，向观摩的官民解释，要明了这位死者的死因，解剖是重要的。随后，湘雅医学专门学校校长颜福庆强调了尸体解剖对于医学教育的价值①。

群星灿烂的湖南"五四"运动

谭延闿第二次督湘没多久，湖南又落入皖系手中。

谭延闿下台时，面临新任湖南省省长傅良佐的追捕，随时有生命危险。颜福庆和胡美协助长沙士绅，冒险把谭延闿接到胡美家中，并星夜护送出城，使谭延闿平安到达汉口。颜、胡联合长沙士绅保护谭督军的这段经历，胡美在自传性著作《道一风同》中有详细的描绘②。

傅良佐督湘也不长久。1918年张敬尧取代傅良佐，掌握了湖南大权。

1919年，发生了扭转中国历史进程的五四运动。湖南的运动也轰轰烈烈。颜福庆领导各教会学校积极参加了五四运动，有力推动了"德先生"和"赛先生"在湖南传播的步伐。

在长沙，毛泽东组织了"新民学会"。湖南省教育会会长陈润霖，则发起组织了由长沙各学校校长参加的"健学会"。"健学会"被毛泽东誉为"空谷的足音，东方的曙光"。向来不问政治的颜福庆和其他教会学校的领导人，都被陈润霖动员参加了该学会。

1919年7月7日，湖南省各公团联合会成立。颜福庆领导的基督教青年会代表在大会上发言："敝会素来不干涉政治，此次所以与各位取一致行动者，因国家处此危急存亡之秋，敝会不得不附各界骥尾，而助一臂之力……"

---

① K. Chimin Wong, Wu Lien-Teh, History of Chinese Medcine, 2nd ed. Shanghai: National Quarentine Service, 1936: 437.
② Edward H. Hume. *Doctor East, Doctor West: An American Physician's Life in China.* New York: W. W. Norton & Company, Inc, 1946: 232—237.

国家的危急，让湘雅学生都觉醒起来。湘雅医学专门学校学生自治会龙伯坚主编的《学生救国报》创刊号出版。办至第五期，改为《新湖南》。第六期开始，毛泽东主编《新湖南》。从第七期开始毛泽东继承《湘江评论》的战斗风格，重新制定《新湖南》办刊宗旨。《新湖南》办到第十二期，遭禁停刊。湘雅医学专门学校学生李振翩在《新湖南》上发表《湖南省学生联合会之商榷》，对学联的宗旨和组织提出了纲领性意见。湘雅医学专门学校、雅礼大学都参加了抵制日货和罢课运动。

而张敬尧则站在五四运动的对立面，竟然动用军警殴打学生，镇压爱国运动。湖南的"五四"运动迅速发展成一场"驱张运动"。

说起张敬尧，湖南人无不恨之入骨。张统治湖南期间，无恶不作。教育经费被提充军饷，中饱私囊；各学校的校园长期驻扎军队，教职员和学生出入学校都要受检查，教具和图书仪器受到严重破坏，门窗地板被拆下来当柴烧，实习工场的锅炉被用来熬鸦片……因此，学校教学根本无法正常进行。百姓骂张为"张毒"。民间流传着"尧舜禹汤，虎豹豺狼"的民谣，尧舜禹汤分别指称霸湖南的张敬尧、张敬舜、张敬禹、张敬汤四兄弟。湘雅因为有外国人才得以幸免。

"驱张运动"中，毛泽东初试锋芒，显示了出众的才能。他用"十人团"的形式，把工农商学兵各界人士组织起来，利用各种社会关系，派出许多请愿代表团，向北京的北洋政府、广州的护法军政府、上海的"南北和会"、驻扎在衡阳的吴佩孚、驻扎在常德的冯玉祥，还有湖北等地的驻军，控诉张敬尧，请求援助。代表团分两种，一种是"教育界请愿代表团"，一种是"社会各界代表团"。湘雅和雅礼也广泛成立"十人团"，利用自己的关系，向全国各涉外单位和宗教界呼吁。湘雅医学专门学校的学生汤飞凡、张维是救国"十人团"的活跃分子。湘雅医学专门学校还成立了救护队，救护被张敬尧打伤的学生和群众。由于地位特殊，湘雅成了"驱张运动"的秘密联络据点。

为了对抗各界公团联合会，张敬尧拼凑了一个御用的"湖南公民会"，并决定在教育会举行一次公开的辩论会，命令"少帅"张继忠在会场周围布置岗哨。可是各界公团联合会的群众特别多，不受威胁。"湖南公民会"个个不敢出头。少帅十分光火，要抓人，把会场搞得乌烟瘴气。结果以"湖南公民会"无形解散而告终。

张敬尧十分恼火，派兵包围了楚怡学校，要逮捕各界公团联合会主席陈润霖。在危急时刻，两位教师冒充成外国人，掩护化装后的陈润霖从后门逃到颜福庆家里，躲藏了五天。北洋政府正需要洋人的支持，倒也不敢得罪湘雅。颜福庆又亲自送陈润霖上了火车，陈才得以安全脱险。

各种请愿代表团显出了效果，对张敬尧的指责从四面八方像雪片般飞来。熊希龄、范源濂、郭宗熙等一群温和知识分子也加入了控告的行列。吴佩孚也从自身利益考虑，发出"马电"指责张敬尧，并私自向请愿代表团表示，如果湘军起兵，他的部队决不同湘军打仗。张敬尧成了人人喊打的过街老鼠。

赶走军阀还得靠枪杆子。谭延闿收集旧部，组成了3 000名饷械两缺的"叫花军"，凭借血气之勇，向张敬尧叫板。说来也奇怪，就是这3 000"叫花军"，把张敬尧号称十万的精兵打得屁滚尿流。原因很简单，因为张敬尧已经陷于人民战争的汪洋大海之中，各地农民、学生、市民、警察都揭竿而起，风声鹤唳，草木皆兵。毛泽东领着湖南第一师范200名学生，赤手空拳，缴了1 000多支张敬尧溃军的枪，就是一个例证。吴佩孚又和湘军约定，吴佩孚的军队退回北方，吴军退一步，湘军进一步。驻扎在常德的冯玉祥早就宣布中立。张敬尧跑后，冯玉祥的部队撤离，常德市民锣鼓鞭炮欢送。张敬尧就这样被赶出了湖南。

张敬尧被逐出湖南后，谭延闿第三次回湘主政。借着五四运动的春风，湖南向科学和民主敞开了大门。湖南省教育会请来了美国学者杜威、英国学者罗素和国内著名学者蔡元培、陶行知、李石岑、刘伯明、张东荪等，来湖南讲学。著名学者章太炎先生也来到湖南。一时间，湖南群星璀璨，成为空前的盛事。湘雅学生都积极参加了组织演讲会、担任翻译等工作。

在颜福庆支持下，毛泽东等人开办的"文化书社"借得湘雅医学专门学校房屋（潮宗街56号），于1920年9月9日正式开业，成为湖南的新文化传播中心。

湖南政坛的宠儿

湖南人深恶军阀横行,希望以制定宪法来限制省领导人的权力,呼吁全国实行美国式的合众制,并颁布了中国第一部省自治宪法。谭延闿本来就是立宪派,因此热情支持这一举动。

可惜好景不长,谭延闿旋即因为主张缩减军队、改善财政,得罪了军方,被握有军权的部下赵恒惕逼出湖南。赵恒惕成了湖南的新主人,一直到1926年北伐军占领湖南。

在动荡的年代里,颜福庆和湘雅努力保持与政治的距离,但事实上无法做到,相反常常被动地卷入政治中。今天这个督军、明天那个长官来医院请颜福庆上门看病。至少从表面上看,每个湖南省省长对颜福庆和湘雅都不错,都支持湘雅的事业。胡美曾说过,颜福庆是湖南政坛的宠儿,是每一个省长和督军的私人医学顾问。当然,湘雅心目中最大的恩主是谭延闿。

创设湘雅卫生科

湘雅,在20世纪前期的中国预防医学事业中有特殊地位。1913年签订的第一次湘雅合约中有一条:"设立一个研究中国特殊疾病和公共卫生问题的试验室"。湘雅的创办人目光非常深远,从一开始就把公共卫生摆到了突出位置。

1914年,外国医生在洞庭湖地区发现血吸虫病,更引起了颜福庆对公共卫生的高度重视[1]。因此,湘雅医学专门学校一创办,颜福庆就亲自创设了卫生科,兼任主任,此后一直教授公共卫生学。颜福庆还与长沙市政改进会合作,在长沙市掀起了一场环境卫生的革新运动。他还带湘雅学生到湖南、江西的产煤区进行钩虫病调查。

1916年4月,颜福庆申请到美国中华医学基金会资助,前往美

---

[1] 院刊编辑部:《上海第一医学院鸣放特刊》第4号,1957年6月18日。

第二章 | 中美合作　肇始湘雅　（1910—1927）

1917年，颜福庆（三排左三）在美国纽约与华人留学生合影。复旦大学档案馆提供。

国哈佛大学医学院进修了一年的公共卫生学。进修期间，专门到拉丁美洲参加钩虫病防治工作。

一年后的1917年春，洛氏基金会国际卫生委员会的黑塞博士（Dr. Heiser）和诺立斯博士（Dr. Norris）来华考察，发现中国中部地区钩虫病感染率很高，对农业产生了直接影响。他们呼吁中国政府和煤矿主对此引起重视。

颜福庆抓住机会，代表湘雅医学专门学校卫生科向洛氏基金会国际卫生委员会提出申请，请求在控制钩虫病感染方面得到委员会的帮助。经面试，1917年5月22日召开的执委会议决定，委任颜福庆为委员会的"初级驻外主任"[1]，委员会选择了当时中国最大、最为先进的萍乡煤矿进行实验。

---

[1] Minutes of Board Meeting. Folder 803, Box 54, Series 1.2, Record Group 5, Rockefeller Archive Center. 转引自：刘烨昕：《医学传教士胡美：洛克菲勒基金会初涉中国公共卫生实践的推手》，《自然辩证法通讯》，2022年，第44卷，第2期，第116—126页。

萍乡煤矿钩虫病调查

1917年11月10日,洛氏基金会国际卫生委员会主任到达上海,与汉冶萍公司总经理夏偕复(1874—?)洽谈,达成了合作的框架性协议:由洛氏基金承担矿工的体检和治疗,并提出改善煤矿环境的可行性建议,由煤矿当局采纳实行,设立一个永久性的卫生机构,专门从事钩虫病防治工作。洛氏基金会把这项任务交给了颜福庆,后来又派兰安生博士[1]来协助颜福庆开展工作。

萍乡煤矿位于湖南、江西交界处,是当时中国所采最丰富的储煤区之一。1898年,盛宣怀招股银100万两,设立萍乡煤矿局,采煤作为汉阳铁厂的燃料。萍乡煤矿因此成为中国最早的钢铁联合企业汉冶萍公司不可分割的一部分,1917年煤年产量已达100万吨,焦炭25万吨,雇佣各类人员12 000人,其中70%是井下矿工[2]。煤矿的地理位置、地质构造和气候条件都为钩虫病的传播提供了温床。

深入矿井调查病因

为了摸清井下钩虫病的感染原因,颜福庆多次深入150米以下的竖井调查。井下伸手不见五指,最低温度也在28.9摄氏度,湿度平均达97.7%,终年潮湿、泥泞、闷热不堪。常人在井下哪怕待上半分钟,就会失去方向感,孤独感、恐惧感紧随其后,一齐袭来。这种与世隔绝、地狱般的感觉,是第一次下井的人都曾有过的感受。颜福庆早已习惯了井下环境。

萍乡煤矿的矿工们,就是长年在这种暗无天日的环境下劳作。凌

---

[1] 兰安生(John B. Grant, 1890—1962),出生于宁波一个加拿大传教士家庭。1917年获美国密歇根大学医学院医学博士学位,后加入洛克菲勒基金会国际卫生委员会。1923年任北京协和医学院公共卫生科主任,两年后创办"北京第一卫生事务所"。兰安生注重社会医学,强调预防与治疗相结合,把各地方基层组织作为实施医疗救护的中介,因此有"医务界布尔什维克"的美称。他的社会医学思想对颜福庆有重要影响。

[2] F. C. Yen. The Control of Hookworm Disease at the Pingsiang Colliery, Ngan Yuan, Kiangsi. *Nat Med J*, 1920, (2): 73—74.

矿工们在井下劳作。王棪兰提供。

晨四点到早上六点，矿工们就在工头带领下，乘"罐笼"下井。在井下工作12小时，下午四到六点出来。井下只吃一顿辣椒拌饭。渴了，喝几口水管里的生水。井下太闷热，矿工兄弟们干脆赤裸着身体，吭哧吭哧开山挖煤。井下也没有厕所，矿工们只能在巷道和采煤区随地大小便。颜福庆在调查时，一不小心就会踩到大便。有钩虫卵的粪便污染土壤后，虫卵便在适当温度下发育成幼虫，裸露的皮肤一接触到被污染的土壤，幼虫就会穿透皮肤进入体内，引起"着地痒"，逐渐发展成钩虫病。

调查地面感染源

井下调查后，颜福庆着手调查地面的感染源。

调查发现，煤矿独特的供水系统，构成了钩虫感染从井下传播到地面的重要渠道。所有工业和家庭用水，都来自矿井。降落在山上的雨水，通过山坡上的稻田排走后，被吸收进入土壤，最后通过岩石中的裂缝和矿层里的断层进入煤矿。矿井就像一个优良的截流井一样，富集了大量的落在山体上的降雨。水分在较浅的土矿井中先行聚集起来。这些浅的土矿井只能在矿层的露头处开采。

在萍乡煤矿，共有超过300个这样的土矿井。正在开采的就有12个。因为没有大功率的泵和机器，土法采煤不能深入地下挖掘。一旦矿井被水淹，就只好放弃，换个地方再开始挖掘新矿井。如果这些水淹的矿井被矿工挖通，那么就会导致大量的水渗入煤矿。这些土矿井的卫生设施非常缺乏，温度常常在摄氏30~35度（华氏86~96度），湿度为100%。厚达15~30厘米的泥水，覆盖整个矿井，当和粪便、尿液混合后，便成了适合钩虫和其他寄生虫生存的温床。

到达矿井里的水，在通道两侧的排水沟聚集，最后流向最低水平的蓄水池。从这里以每小时625立方米的速度被泵送到地面，再经由水管输送到地面不同的部门。技术用水和家庭用水都取自这里。在枯水季节，水必须从25公里外用火车运来。因此，水在到达矿井前就可能已经被污染。到达矿井后，水又被井下的洗涤污物严重污染。当水由敞开的排水沟导向地面时，还会受到进一步的污染。例如，医院就建立在排水沟上。排水沟把水排往煤炭洗涤处时，病人的排泄物也一同排去。每年的缺水季节，洗涤处的水被一遍又一遍地重复使用，这必然导致更多的污染。因此，煤矿的供水，在钩虫病感染的传播上扮演了重要角色，从矿井到地面的过程中尤其如此。

地面上另一个感染源是厕所。矿工居住的5处地方都有一个带坑的厕所。在粪坑上平行铺设两块长30厘米、宽6厘米的木板，两板之间留有长长的开口，以便粪便和尿落入粪坑。厕所是用砖砌成的，没有窗户，通过墙上和屋顶上的洞来通风。厕所后面，粪坑向后墙延伸30~50厘米，供清淘工淘粪。虽然这种厕所被改进以适应人们的习惯，但是防蝇防臭的困难还是很大。其中1个厕所的粪便，用于矿上的菜园；其余4个厕所的粪便，拖往村中的集粪池，卖给周围的农民。煤矿周围的乡村是重要的农业地区，主要种植水稻，因此对于肥料的需求相当大。随着粪便的卖价升高，整个矿区出现了大量的厕所。几乎住在煤矿和农村的每个家庭都有一个厕所。这就构成了钩虫从煤矿向周围农村传播的一个重要促进因素。虽然有许多厕所,但很多不讲卫生的雇员仍旧喜欢随地大小便,比如一些依靠收集煤矿中的垃圾为生的苦力和孩子。此外,收集、运输、贮藏及销售粪便的方法尚不能令人满意,这也会产生钩虫感染扩散的可能性。

矿上两个浴室也为钩虫和其他皮肤感染提供了可能。浴室只是用砖砌成的两个大水池,矿工出井后就来浴室洗澡。池水每天换两次。但是使用浴池的矿工太多,矿工们还有用池水洗工作服的坏习惯,因此池水从来都是不干净的。幸运的是,这两个浴室仅供矿工使用,对地面的工作人员不会造成很大的危险。

由于上述显而易见的原因,地面工作人员也会有较高的感染率。菜农中有较高的钩虫病发病率,是因为他们与受污染的粪便接触,导致感染。在煤矿洗涤处,因为直接用手去挑选湿煤而感染。在煤灰堆积场,由于长时间地赤脚浸在水和煤灰的混合物中感染。在砖厂,则是由手和染有钩虫的湿黏土接触所致。

矿工们住的茅草房。王穋兰提供。

矿工们在大澡堂洗澡。王穉兰提供。

宣传和取样化验

大部分钩虫病人仍然能从事日常工作，如果事先没有宣传，他们绝不会主动前来接受检查。因此，颜福庆在矿上进行了为期半个月的宣传教育，给矿工们做通俗演讲，展览钩虫标本，在矿工聚居地张贴宣传图片和海报。在整个宣传阶段，共进行了39场关于钩虫病的通俗演讲，发放了6 611张传单、821张海报和6 606本宣传小册子。为了让矿工们有直观的印象，颜福庆还在办公室放了一台显微镜，邀请矿工们前去观察钩虫的活动。

宣传普及阶段结束后，开始标本取样和化验。

煤矿人多、部门多，收集标本非常耗时。尤其是井下矿工，一天12小时在井下，分头作业，组织涣散，收集标本十分困难。为了收集一队20名矿工的标本，有时甚至要花半个月。井上和井下人员合计达2万多人，每人一份标本，就是2万多份。颜福庆在现场培训了4名化验员，其中1人负责，4人专门负责标本检验。使用显微镜检查钩虫卵不算太难，4人很快掌握了化验技术。

湘雅医务人员在萍乡煤矿为矿工们做钩虫病检验留影。黄珊琦提供。

为了保证短时间内检验大量标本的精确性,颜福庆对检验程序进行了设计。将每份标本做成 3 张涂片,由 3 名化验员同时化验。如果发现阳性涂片,则由负责的化验员来验证。所有阴性的标本再用离心机进行离心,然后再用上述方法重新检查一遍。如果离心前后 6 张涂片都是阴性的,才能确定标本是阴性。在颜福庆安排下,4 名化验员每天工作 6 小时,一天才能处理 70 份标本。

化验结果令人触目惊心,矿工的钩虫感染率高达 81.6%。

药物治疗阶段

随即进入药物治疗阶段。看似简单的吃药,做起来并不容易。矿工兄弟们由于对西医的无知和对西药的恐惧,部分人反对治疗,有的甚至张贴布告,散布谣言,声称吃药会失去生育能力,是外国人灭绝中国人的阴谋诡计,鼓动工友们不要前去接受治疗。矿上不得不采取强制性措施,把病人集中到医院治疗;并采取激励措施,除了工资照发外,每天还给予一定的补贴。

在为期三天的医院治疗中，矿工们下午从井下出来后就到医院，每个感染的矿工服用60克硫酸镁，不吃晚饭，直接上床休息；次日早上6点，服用0.75毫升的藜，上午8点再服用同样剂量的藜，或者服用麝香草酚，上午6点、7点、8点分三次服完40粒。

最终控制、消灭钩虫，要靠卫生条件的改善。在颜福庆的说服下，煤矿专门建立了一个卫生部，负责一切与矿上卫生有关的事宜。由一名麻省理工学院毕业的环境卫生工程师任主管。

在所有卫生措施中，最重要的一项改革是在井下使用椭圆形的提桶，涂上焦油，配上盖子和提手，再编上号码，作为移动厕所，每天由专人收集、分发和清洗。

调查的成绩

萍乡煤矿的钩虫病调查和防治，前后花了22个月时间。颜福庆总结了取得的主要成果：

第一，唤醒了矿工的一般环境卫生意识，尤其是防治钩虫病方面的意识。虽然这项工作并没有得到矿工们的完全赞同，但至少每个人都掌握了关于钩虫病的一些知识，这会使将来的工作越来越容易开展。第二，钩虫感染率从81.6%下降到39.5%，降幅为42.1%。当然，如果感染源没有被消灭的话，这种下降很可能是暂时的。第三，所有井下工人接受强制检查与治疗，对于新来的矿工更重要。第四，井下提供提桶，地面建造卫生厕所。第五，成立了一个永久的环境卫生部，有自己的工作人员、医院，每年有将近9 000美元的预算。

在调查基础上，颜福庆写成了两篇英文论文《湖南萍乡煤矿钩虫病感染报告》《江西安源萍乡煤矿钩虫病的控制》，先后发表于国外的《国际卫生专刊》和英文版的《中华医学杂志》。

两份报告是颜福庆在公共卫生领域的代表作。报告以翔实的现场调查为基础，提出了具体入微的解决措施，不仅是中国工业卫生史上开拓性的杰作，也是世界工业卫生史上不可多得的文献。

萍乡煤矿钩虫病调查取得了意想不到的结果，可以说重构了中国公共卫生的道路。洛克菲勒基金会早期在华开展公共卫生工作，沿袭其在美国的方式，以单一病种为切入点展开工作，在萍乡开展钩虫病调查就是承袭这个思路。兰安生在与颜福庆合作共事中获益匪浅，学到了在华拓展事业的门道。1918 年，兰安生与颜福庆在从事钩虫病防治时遇到了缺少资金的难题。1918 年 2 月，颜福庆为此专程前往上海，与汉冶萍公司总经理夏偕复会面，获得夏大力支持。汉冶萍公司随后正式投票决定，投入 2 万圆墨币用于建设防治钩虫病的公共卫生设施。为什么夏偕复会如此爽快地答应？很重要的原因在于颜福庆的教育背景和家庭社会关系，家庭社会关系已经在第一章有所涉及，教育背景更使得这次请款之行圆满完成。查阅汉冶萍公司重要人物的教育背景会发现，总经理夏偕复，秘书宋子文，萍乡煤矿工程师黄锡赓、金岳祐，都是圣约翰大学毕业生。兰安生起初很吃惊，哪怕在美国，要煤矿主一次拨出 2 万元，也是一笔很大的款项，很少有矿主愿意拨这么大的款项。颇有政治敏锐性的兰安生马上领悟到，在中国办事业，利用接受过高等教育的人群的社会关系是多么重要。他们出生于有影响的家庭，能对中国社会产生重要影响。兰安生由此感到，如果对教会学校的学生传授公共卫生知识，教给他们注重公共卫生的思想，将比洛氏基金会国际卫生委员会一贯使用的方法更有效。1919 年，兰安生和颜福庆合写了一份报告《国际卫生委员会在中国实现其基本宗旨的最有效方式》(*The Most Efficient Manner in Which the International Health Board May Accomplish Its Fundamental Purpose in China*)[①]，报告称国际卫生委员会通过钩虫病控制把公共卫生理念介绍给中国的努力。报告认为，任何卫生促进计划都必须依赖某种形式的教育。国际卫生委员会常规政策是详细说明钩虫病的简易预防和治疗，认为这是最好的教育方法之一。报告却不认同这一点，认为这种方法在中国是不切实际的。为了唤醒中国人的公共卫生自觉，增强全民族抵抗疾病的决心，报告提议立即放弃上述策略，把重点放在学生

[①] Liu Yexin, Tian Miao, Strategy and Practice: John B. Grant and the Rockefeller Foundation's International Health Board in China (1917—1927), *Chinese Annals of History of Science and Technology* 7(1), 80(2023).

的公共卫生教育上，下一代中国人的认识很大程度上是由今天的学生所塑造的。报告坚信，国际卫生委员会可以在更短时间内对中国的公共卫生产生更深远的影响。那用什么方法可以在更短时间产生更深远的影响呢？方法在于教育接受现代教育的精英。报告明确指出，"如果用同样多的精力去影响那1%阶层，其结果将会大得多，因为这1%的阶层将会对余下的99%的人产生更大的影响。"报告建议国际卫生委员会应资助教会大学开展公共卫生教育，强调应培训合格的公共卫生教师和公共卫生官员，如果建立公共卫生学院的时机还不成熟，至少应在高水平的医学院设立公共卫生课程[1]。

总之，兰安生在与颜福庆合作共事中形成了与国际卫生委员会完全不同的策略，不同表现在以下几个方面：首先，兰安生质疑通过单一传染病如钩虫病的预防来提升中国公共卫生水平的效果。其次，与国际卫生委员会一贯的通过演示有效性来影响公众的策略不同，兰安生提出的新策略是影响中国未来的精英。最后，兰安生认识到中国精英的社会网络对社会的影响力[2]。短短几年后，兰安生的新策略变为现实。1921年9月，当他再次来到中国时，他成为北京协和医学院公共卫生副教授，开创了中国公共卫生事业的新时代。

湘雅进入黄金时期

湘雅医学专门学校由于经费严重不足，在1920年2月的博医会北京大会上，受到医学教育委员会的警告。齐鲁大学医学院院长贝尔姆（Balme）在医学教育委员会的报告中，建议湘雅扩大与其他传道团和相应机构的合作[3]，以争取更多的经济支持。

这是实情。以湘雅医院为例，1919年5月至次年5月，门诊量达

---

[1] Liu Yexin, Tian Miao, Strategy and Practice: John B. Grant and the Rockefeller Foundation's International Health Board in China (1917—1927), *Chinese Annals of History of Science and Technology* 7(1), 80(2023), 77—80.

[2] Ibid., 81.

[3] F. C. Yen to Hume. March 6, 1920. 107/939.

29 757人次，手术212次①。可医院每月从雅礼会得到的拨款才1 000美元。医学教育委员会掌握的全国各教会医学院的信息不是很全面，但是它指出的问题，湘雅是客观存在的。这就迫使颜福庆和胡美痛下决心，扩大募捐范围，整顿教师队伍，使湘雅名副其实地达到美国甲种医学院的既定标准。

1920年6月，胡美回美国，为湘雅募捐，同时担任雅礼会总秘书。此前胡美曾于1911年回美国学术休假一年，前后相隔已经整整10年。胡美在美国接受了福罗斯特夫人（Mrs. Frost）捐赠的X光设备。湘雅医学专门学校的克劳福德（Crawford）开始筹划放射科。尤其重要的是，中华医学基金会在5年资助期满后，决定继续资助5年②。这意味着湘雅医学专门学校15名外国教员的薪水有了着落。湖南省政府也支付了部分拨款。湘雅的经济状况开始好转。与湖南其他传道团的合作也开始了，英国卫斯理传道团把G. 哈登医生借给湘雅，来湘雅教授法医学③。颜福庆还专程到长江流域的几所大学考察，寻求合作伙伴。

回美国的第二个月，胡美在亚特兰大拜会了美国医学泰斗、雅礼会顾问韦尔奇（William Henry Welch），征求发展湘雅的意见。韦尔奇语重心长地告诉胡美，雅礼董事会要增加真正懂得医学教育的人，由懂得医学教育的人组成一个小组，负责延聘人员、制定政策。湘雅整个事业的未来，取决于怎么选择人才④。

韦尔奇的这番话，委婉地批评了雅礼董事会，给胡美和颜福庆很深的触动。此时的胡美，正担任着雅礼会总秘书的要职，在美国履职一年，使他有机会直接参与雅礼董事会的改组。这是提升湘雅难得的好机会。为董事会物色合适人选，为湘雅寻找合格的教师，这两件事成了胡美的中心工作。

---

① F. C. Yen. The Progress of Medical Education in Hunan, China: A Report of the Huan-Yale College of Medicine and Hospital. *Chin Med J*, 1921, (2): 119—120.
② F. C. Yen to Hume. April 3, 1920. 107/939.
③ F. C. Yen. The Progress of Medical Education in Hunan, China: A Report of the Huan-Yale College of Medicine and Hospital. *Chin Med J*, 1921, (2): 121.
④ Hume to F. C. Yen. July 26, 1920. 107/939.

1920—1921 学年，湘雅医学专门学校的师资，经过了一次严格的筛选。胡美在纽黑文，颜福庆在长沙，两人在信中逐一分析、点评应聘教员的德才和学识，最后确定了各科教员的名单。在共识中，难免有分歧，对个别教员，胡美与颜福庆有不同的看法。比如李清亮，胡美在给颜福庆的信中坦言："他虽然很听你的话，但是你很清楚，他没有受过泌尿科的基本训练，不能胜任泌尿科主任的职务。董事会最多聘他两年，不打算延聘。我们要认真寻找更合适的泌尿科医生，准备 1922 年秋到任"①。在颜福庆和胡美的严格把关下，湘雅医学专门学校建立了一支由 12 名医学博士组成的坚强师资队伍。

教妇科学、产科学、外科学的是白良知博士。

教外科学、放射学、耳鼻喉科学、神经解剖学的是克劳福德博士。

教内科学、药理学的是傅斯特博士。

教儿科学的是 H. 盖姬博士。

教生理学、法医学的是 G. 哈登博士。

教内科学的是胡美博士。

教解剖学、胚胎学的是 T. C. 刘博士。

教内科学、神经精神病学、治疗学的是薛伯理博士。

上面 8 位是外籍教员。

教眼科学、卫生学、预防医学的是颜福庆博士。

教病理学、细菌学、生理、化学的是朱恒璧博士。

教药物学、制药学的是何鉴清药剂师。

教泌尿科学、皮肤学、小儿外科学的是李清亮博士。

教矫形学、组织学、外科解剖学的是高恩养博士②。

教员们除教学外，还承担了大部分湘雅医院的临床工作。胡美休假期间，湘雅医院的行政事务，由颜福庆和白良知两人代理，事务主任为董汉姆，何鉴清任药剂主任。临床方面，白良知主持妇科、产科和外科；朱恒璧为病理科主任；克拉福德主持外科、放射科、

---

① Hume to F. C. Yen. July 26, 1920. 107/939.
② 颜福庆：《湖南医学教育的进展：湖南长沙湘雅医学专门学校和医院的报告》（邓一题译），《博医会报》，1921 年，第 2 期，第 114—122 页。

湘雅部分教员合影。前排右五颜福庆,左四朱恒璧。原件藏耶鲁大学图书馆。

1919年湘雅教师携家眷在教堂前合影。后排右一颜福庆,三排左四曹秀英。原件藏耶鲁大学图书馆。

耳鼻喉科;傅斯特主持内科;G.哈登主持门诊部;高恩养主持矫形科。李清亮主持泌尿科;薛伯理主持内科、小儿科、神经科;颜福庆自己主持眼科和外科①。在湘雅医院当了十多年全科医生,颜福庆

---

① F. C. Yen. The Progress of Medical Education in Hunan, China: A Report of the Huan-Yale College of Medicine and Hospital. *Chin Med J*, 1921, (2): 119—120.

已经成为熟练的外科医生，尤其擅长眼科手术。

"北协和、南湘雅"

1920年初，湘雅医学专门学校新校舍在城北麻园岭落成，办学条件大为改善。医院和医学院毗邻，原先荒凉的麻园岭一带，日渐发展成为医学中心。

1921年6月18日，湘雅医学专门学校举行第一届毕业典礼。这也是雅礼会首次在长沙举行学位授予仪式。1917年，康涅狄格州立法机构通过法案，授予湘雅毕业生MA、MD学位。这次学位授予仪式是中美合作办学的重要时刻，中美双方均予以高度重视。湖南省省长赵恒惕、湖南省教育专员曾松桥（Tseng Sung Chiao）等省政府官员，长沙艺芳女子学院曾宝荪院长等长沙教育机构代表，美国领事亚当斯，在长沙的美英商业和传教团体代表出席了仪式。雅礼会的发起人、湘雅董事会主席兼湘雅文理学院院长盖保耐（Brownell Gage）主持了仪式。省政府官员、嘉宾和所有湘雅毕业生排成长队，依次进入湘雅校园。走在最前方的是仪式的总管哈维牧师，他手持蓝色仪仗，引导与会嘉宾进入会场。省长赵恒惕和盖保耐紧随其后。湘雅医院院长胡美和省政府教育专员曾松桥跟随在后面。接着是凯勒、沃伦、琳格尔。队伍中还有英国吉尔斯、美国领事亚当斯以及湘雅教职员工们。仪式中最吸引人的环节是给最优秀的毕业生颁发奖状和奖章，由曾纪鸿的孙女、长沙芳艺女子学院院长曾宝荪和美国领事亚当斯、卫斯理会传教士沃沦牧师组成的评审委员会，评出学业最优和毕业论文最优秀的毕业生三人，分别予以表彰。张孝骞同时摘得学业成绩、毕业论文最优秀的两枚奖章,赵恒惕省长颁发了奖章①。雅礼会按照美国康涅狄格州宪章，授予10位毕业生医学博士学位，以示与美国医学院毕业生同等程度。他们是张孝骞、萧元定、徐维达、任廷桂、高镜朗、梁鸿训、彭治朴、汤飞凡、吴绍青、应元岳。此时颜福庆正在

---

① *The China Press*（《大陆报》），June 30, 1921.

美国进修,遗憾错过这场具有里程碑意义的毕业典礼。

这10位湘雅毕业生,个个都成为我国第一流医学家、医学教育家。张孝骞先后担任过国立湘雅医学院院长、北京协和医学院院长,是著名的临床内科学家;萧元定担任过国立湘雅医学院院长,是著名外科学家,我国首批国际外科学会的会员之一;应元岳是著名的热带病学家,曾担任中山医院院长、第二军医大学副校长;吴绍青是著名的肺科专家,一级教授,曾任中央医院院长、澄衷肺病疗养院院长;汤飞凡成了国际知名的病毒学家,在20世纪50年代成功分离出沙眼衣原体;任廷桂是著名的骨科专家;高镜朗成了著名的小儿科专家。其中任廷桂、高镜朗、汤飞凡、应元岳,后来成为颜福庆创建上海医学院的核心力量。

中美合作办学,结出了丰硕的果实。

1921年11月,美国教育考察团来华考察与美国有关的医科院校,认定北京协和医学院、湘雅医学专门学校为全国之冠。从此,在中国医学界有了"北协和、南湘雅"的定评。湘雅医学专门学校办学仅七年,就声誉鹊起。湘雅创造了医学教育的奇迹。

从1921年6月第一届医学生毕业,到1927年6月第六届毕业生

1917年落成的湘雅医院。

1924 年 10 月 3 日，胡美就职雅礼大学首任校长典礼合影。前排左五颜福庆，左七胡美。原件藏耶鲁大学图书馆。

走出校门，是湘雅历史上最值得称道的鼎盛时期，医学人才辈出。经过严格淘汰后，六届共有 49 人毕业。其中第二届有谢志光、周诚浒等九人，第三届有钱慕韩、龙伯坚，第四届有张维、姚克方，第五届有李振翩、董秉奇，第六届有谢少文。

转 向 眼 科

1920 年 2 月初，眼科教员德威特（Davitt）因为健康原因离开湘雅。教员的调动本来是很正常的事，可是德威特的离去含有一层特别的含义。

颜福庆早就看出，德威特医生的专业水准还不够，教学态度也有问题，找人替代他是迟早的事。现在他主动离去，正好避免了将来发生的不愉快。颜福庆承担起眼科的教学和临床工作。

颜福庆对眼科素有兴趣，因为忙于管理和预防医学教学，对眼科的兴趣一直被深埋起来，一旦遇到合适的机会，这种爱好如同遇到火种的干柴一般，会再次燃烧起来。才教了两个月的眼科，颜福庆就重新迷上了眼科。

湘雅医学专门学校创建以来，为了维持正常的教学，颜福庆一直当临时补缺者，频繁地更换专业，为湘雅作出了牺牲。但坦率地说，颜福庆厌倦了这种任人摆布的生活。

兴趣的背后，是颜福庆对医学教学形势的冷静分析。

1920年左右，湘雅的师资匮乏情况趋于缓和，但是与美国一流医学院的既定标准还有一定距离。因此，在经济困难和师资紧张渐趋缓和后，提高教学人员的质量，就成为当务之急。进取心极强的颜福庆感觉到，自己需要充电了。

十余年来，颜福庆一直从事卫生学和预防医学的教学。而在中国，预防医学还受到诸多限制，从事预防医学的时机还不成熟。在包括医生在内的绝大部分人眼里，预防医学还不能成为"专业"，医生要确立自己在医务界的地位，不能靠预防医学，而要靠内科或外科。经过再三考虑，颜福庆作出了一个重要的决定：在兼顾预防医学的同时，主攻眼科。1920年4月3日，颜福庆把专攻眼科的决定告诉了胡美①。

颜福庆决定转向眼科的消息，在公共卫生界引起了强烈反响。

在上海，基督教青年会卫生部部长毕德辉医生责怪胡美："颜福庆是公共卫生领域不可或缺的领袖，你为何让他去从事眼科呢？你应该发挥他最大的才能，而不仅仅是同意他转入公共卫生之外的、即使外国人也能从事的其他学科"②。

在北京，兰安生转告胡美："黑塞听到颜福庆决心转向眼科的决定后，非常失望，洛氏基金会卫生部（I. H. B.）为了把颜福庆培养成公共卫生的领袖，最近两三年里为他投入了不少经费。颜福庆去从事眼科，黑塞感到颜福庆简直是对以前的'背叛'"③。

得知颜福庆要转向眼科，最着急的莫过于胡美。颜福庆是中国不可多得的管理人才，是公认的中国预防医学领袖，湘雅也因此成了中

---

① F. C. Yen to Hume. April 3, 1920. 107/939.
②③ Unknown to F. C. Yen. January 12, 1921. 107/939.

国预防医学最好的医学院。颜福庆如果转行,意味着湘雅在公共卫生领域领先地位的丧失。颜福庆能干好眼科,对此胡美毫不怀疑,但对颜福庆去从事一个眼科专家的工作十分遗憾。因为眼科专家好当,即使外国人也能当。而中国公共卫生领袖,外国人当不了,外国人没有颜福庆那样好的条件。胡美苦口婆心地反复劝颜福庆:"我真心希望你继续致力于预防医学。预防医学需要与长沙百姓大量的接触,需要了解中国人的人性,这些是西方人做不到的。预防医学有行政管理的机会,也有教学的机会,而没有临床医生的压力,因为外科医生直接对病人的生命负责。我以兄长的身份与你谈心,在所有同事中,我比其他人更了解你,更钦佩你的才华。我希望你不要放弃适合你的工作"①。

十余年来,颜福庆和胡美为了办医学院的共同理想,默契合作,克服了种种艰难险阻,还从来没有红过脸。这是第一次产生严重分歧。在事关颜福庆专业前途的问题上,恐怕谁也不会让步,事业心强的人尤其如此。两人各执一词,谁也无法说服对方。在胡美的强硬反对下,颜福庆甚至开始怀疑胡美的动机了。"你异常坚定地坚持(我不要转向

1921年颜福庆赴美进修眼科前在湘雅寓所拍的全家福。右起怀抱次子士清的曹秀英、颜湘清、颜福庆、长女颜雅清、颜芬清、长子颜我清。

① Unknown to F. C. Yen. January 12, 1921. 107/939.

1922年颜福庆被耶鲁大学授予名誉文学硕士学位,图为颜福庆(迎面走来第一人)在学位授予仪式上。复旦大学档案馆提供。

眼科),使人认为,除了大家所共知的理由外,你还有其他更真实的意图。除非你给我一个更有说服力的理由,否则我仍坚持我的选择"[①]。

外国同事高高在上,指手画脚,依然用偏执和狭隘的眼光来看待中国、看待中国同事。颜福庆深感困惑。依靠外国,只能寄人篱下,受人摆布。颜福庆内心逐渐萌生国人自办医学教育的想法。

双方的争执,只好由纽黑文雅礼会总部来调解。

最终是颜福庆赢了。颜福庆要求进修眼科的想法,获得了纽黑文雅礼董事会的支持。事实上,胡美有点过虑了。颜福庆并没有放弃预防医学,只是想在预防医学之外进修眼科。

1921年8月,颜福庆在申请到中华医学基金的资助后,提前两年开始了学术休假,赴美国进修一年的眼科。妻子曹秀英和长女颜雅清也一起到了美国。在美期间,颜福庆先在纽约医学研究院进修了5个月眼科,还曾去纽约、波士顿、费城和奥地利维也纳医科大学考察,一年后回国。

[①] F. C. Yen to Hume. December 4, 1921. 107/939.

湘雅医学专门学校收归中方

20世纪20年代初，中国的反宗教情绪已经越来越强烈，尤其是从1924年12月开始，湖南的教会学校学生已经不敢和外国教员一同上街了，否则就被路人骂作"洋奴！洋奴！"[1]。与此同时，从"五四"时期开始的全国性的收归教育权的呼声也日渐升高。

此时的颜福庆，和其他湘雅同事一样，面临着一生中最艰难的抉择。选项无非只有两种。第一种，顺应收回教育主权的时代大潮，把权力从美国人手中收回来。但是，湘雅的质量会下降吗？第二种，湘雅勉为其难，抵制潮流，继续原先中美合作的格局。但是，这做得到吗？慎重考虑后，颜福庆等湘雅医学董事会的中方董事明确提出：董事会大权应由中方来掌握。

由中国人自己来管理，雅礼会最初的意愿的确是如此。但雅礼会的头头们认为，把权力交还给中国人的时机还不成熟。这种想法，在1924年10月雷文斯（Dickson H. Leavens）给胡美的信中表达得很清楚："由中国人自己管理、经营雅礼会的下属机构，我内心很赞同，也希望雅礼会尽早地认识这一点。可眼下，不可能组成一个合适的中方的董事会来管理医学院，换句话说，……具有管理一家A类医学院所需的经验和背景的人，还没有找到"[2]。

中美双方的意见争执不下，持续了好几个月。雅礼会内部出现了严重的分歧。最终以向中方妥协而告终。

雅礼会内部最核心的人物是胡美。思量再思量，权衡再权衡，胡美痛下决心：把医学院的管理权，全部交给颜福庆领导下的中方董事。雅礼会批准了这一方案。

这是胡美一生中最艰难的抉择之一。在全国性反宗教运动的狂潮

---

[1] Nancy E. Chapman, Jessica C. Plumb. *The Yale-China Association: A Centennial History.* Hongkong: The Chinese University Press, 2001: 31.

[2] Leavens to Hume, October 29, 1924. In: Reuben Holden. *Yale in China: The Mainland 1901—1951.* New Haven: The Yale in China Association, Inc, 1964: 131.

中，外界的压力、内心的焦虑，严重影响了胡美的健康。医生警告胡美：谁也无法治疗你的病，只有放下精神负担长期休养，否则你的精神将要崩溃！董事会让胡美到外地休假半年，但胡美拒绝了①。

1925年5月8日，双方签订第二次湘雅合约，把这个重大的变化以文件的形式固定下来：

> 湖南育群学会与美国雅礼会，于民国三年订立合约，双方照约履行，至民国十三年，十年期满。兹以中国之教育事业，应由中国加负管理及经济之责。双方认为时机已至，经同意续约……
>
> 本续约之宗旨，为华中地区建设一甲等程度之中国医科大学校，该校由强有力之中国校董会掌理一切……②

湘雅医学专门学校从此归中方管理，改称"湘雅医学院"。湘雅医院，仍由中美双方组成的医院董事会管理。曹典球、胡美分别代表育群学会和雅礼会签字。协议末尾又加了一句，"雅礼会在签订此约时，在两年内（即至1926年6月30日）如因事实上之困难，有保留退出之权。"

对于第二次协议隐含的意义，张孝骞在20世纪80年代初曾写道："中国收回了教育权利，雅礼会减轻了负担，但医学校的经济困难相应加重了"③。这是非常温和的评价。

很明显，雅礼会对合作的信心，已经大打折扣。而且随时准备撤销协议，从湖南抽身离去。

"明天一大早，你将被枪毙"

第二次协议签署22天后，上海爆发了英国巡捕屠杀中国群众的

---

① Jonathan Spence. *To Change China: West Advisers in China 1620—1960.* Penguin Books, 1980: 180.
② 《湖南育群学会　美国雅礼学会合办湘雅第二次合约》，1925年5月8日。
③ 张孝骞：《湘雅医学院的缘起和变迁》，编委会：《湖南文史资料选辑》，第23辑，湖南人民出版社，1986年，第6页。

五卅惨案，由此引发的五卅运动，掀起了全国性的反帝狂潮。

五卅惨案的消息传到长沙后，湘雅医学院学生于6月3日、4日罢课两天，高呼"打倒帝国主义""打倒英帝国主义"等口号，上街游行。湘雅作为中外合作机构，面临着中国反帝运动的严峻考验。具有强烈民族自尊心和爱国心的颜福庆，不能不处于两难的尴尬境地。

在工农运动风起云涌和全国上下一致反帝的大背景下，广东革命政府誓师北伐。1926年5月20日，叶挺独立团奉命由广东进入湖南，拉开了北伐的序幕。6月，国民革命军第八军军长唐生智率北伐军第四、第七、第八军主力，分左、中、右三路逼近长沙。湘军乱了方寸，无心恋战，且战且退。退入长沙城内的溃兵，又大肆抢劫。长沙城内人心浮动，一片混乱。

6月中下旬，正是学校毕业考试时间。雅礼大学首届毕业生也将举行毕业典礼。按惯例，雅礼大学的毕业典礼是和湘雅医学院、雅礼中学同时举行的。颜福庆的大女儿颜雅清，即将从雅礼大学校长胡美手中拿到毕业证书。

离毕业典礼不到两星期了。一天，颜雅清匆忙赶到胡美办公室，见面脱口就说：

"我能单独和你谈谈吗？"

胡美还没回过神，雅清又补充了一句：

"这件事非常重要。"

胡美和颜福庆是多年的至交。因此，雅清和胡美既是师生，更是伯父和侄女的亲戚关系。1921年雅清随父到美国求学，就是胡美的建议。雅清在美国的史密斯学院求学，没有读到毕业，于1925年回国转入雅礼大学，是雅礼大学最早的一位女学生。在胡美面前，雅清把实情全部倒了出来。

这天上午，长沙邻近地区，北伐军与湘军在激烈交战。长沙城内，雅礼大学、雅礼中学和男女护校的全体学生，参加了长沙市学生大游行。雅礼下属机构中，唯独湘雅医学院学生没有参加。游行学生高举"打倒帝国主义"等醒目标语，沿主要街道游行一周后，在湖南省教育会前的操场上集会。学生群情激昂，一致痛斥英帝国主义的残暴。但是在决定学生联合会的下一步惩办行动时，会场秩序大乱。有的主张这种惩罚，有的主张另一种惩罚。群众运动像一个无头苍蝇，在宣泄之余，失去了理智，完全跟着情绪走了。

混乱中，有人高喊："把长沙所有外国人抓起来！"

"对头。把长沙所有外国人抓起来，明天一早拉出去枪毙！"三五个人的应和，变成了全体学生的一致意见。

雅清讲完故事后，又重重地加了一句：

"你是被处决名单上的头号人物！"

1923年开始，胡美在原先湘雅医院院长之外，又担任了雅礼大学、雅礼中学的校长。身兼三个外国机构的首脑，胡美理所当然地被看成了长沙的头号外国人。

说完，雅清又反复向胡美澄清，她自己并不恨胡美和其他外籍教员，雅礼大学的学生也同样如此。雅清意识到，自己有责任把这个消息告诉胡美。

雅清离开后，胡美急忙叫来颜福庆和雅礼大学、雅礼中学的教务主任商讨对策。随后胡美马上向省政府求援。赵恒惕派来一支全副武装的小部队，分成两组，通宵保卫外籍教员。在士兵保护和家长配合下，这场危机暂时度过。

悄悄离开长沙

历史的风云际会，把湖南推向了历史的前台。

湘军时代，有胡林翼、曾国藩和左宗棠等清朝中兴名臣。戊戌维新时代，梁启超、陈宝箴、徐仁铸在湖南设立时务学堂，培养成许多维新人才。革命时代，辛亥革命前，革命党重要分子以湖南人最多，如黄兴、宋教仁、谭人凤等，革命后又有蔡锷等护国反袁，拥护共和。二次革命以后，湖南又成了南北军阀争斗的舞台，汤芗铭、傅良佐、张敬尧、赵恒惕等分属不同派系的军阀先后掌权。北伐前后，湖南又掀起轰轰烈烈的工农运动。湖南在中国近现代史上独领风骚，同时也成了各种矛盾交织的中心。

1926年7月中旬，北伐军入城。新旧政权交替时期，原先隐藏的各种矛盾和冲突表面化了。湖南人表现出强烈的自主意识。由驱逐外国人，进而驱赶所有非湖南人。

12月15日，胡美等外籍教员在士兵的保护下撤离长沙回国，颜福庆也一道离开。在汉口，颜福庆给兰安生写信，诉说了自己烦闷的心情："我悄悄离开长沙，那里的工农、护士和学生的骚动令我异常烦躁。"

12月26日，颜福庆又写信给胡恒德："看来，民众是要把雅礼大学和其他湖南省内的教会学校掀个底朝天了。"

"同为姐妹学校的湘雅医学院，情况也好不到哪里去。学校当局、学生、护士和工役们并不想关闭学校，但是他们希望医学院由湖南本省人士来接管。他们已经赶走了部分非湖南籍的教师和行政人员。"

"从长沙传来的最新消息，由闹事学生吸收部分士绅组成了新的委员会。他们决定：（一）控制医学院，使之成为沿着既有激进路线发展的政府办的医学院。（二）将原属于雅礼传道团财产的湘雅医院收归己有。（三）万一雅礼传道团停止经济支持，则向武汉政府申请每年七万元的补助。（四）叫我回长沙，帮助他们争取中华医学基金

1926年夏长沙学生在湘雅医学院前示威游行场景。

1926年底湘雅医学院美籍教员从长沙撤离时的场景。

会的补助。(五)如果我拒绝回去,曹典球将以重组委员会的名义,直接向中华医学基金会申请补助。"

"我不得不承认,何去何从,我茫然无所适从"[1]。

"我是从湘雅起家的,没有湘雅就没有上海医学院"

1917年,颜福庆曾对医学院四年来的业绩作小结:在湘雅医学专门学校,中美医学教育合作是彻底的、无保留的。湘雅是中美合作办学的一次勇敢尝试。

身处其中,冷暖自知。颜福庆清醒地意识到合作潜在的重重困难。还是在同一篇文章中,颜福庆预言了合作中隐藏的危机:合作要成功,需要双方的付出。从合作的外方——美国方面来说,须明确地认识到,与中方的合作已经不再是理想而是一种现实,成员要有忘我精神和牺牲精神。对中方来说,要逐渐更深入地了解雅礼会,知道对方的真实动机。但是,颜福庆强调,美国方面必须抢占先机,掌握合作的主动权。

---

[1] F. C. Yen to Houghton. December 24, 1926. Hankou. Archives of PUMC. No 3587.

合作的成功程度，必须以双方投入的合作精神来衡量；成功程度与美方的公正、忠实和热忱，以及中方的热心、兴趣和支持成正比例[1]。

这段话很有深意。颜福庆很明显是讲给美国人听的，目的在于使美国人给予更多实质性的帮助。要开展合作，双方势必有共同的期许，否则无法达成合作。同时，合作双方必然存在主动与被动之分。在当时中美双方医学科学水平和经济实力相差悬殊的局面下，如果美国方面采取主动，则双方更容易达成合作。中美共同的期许在哪里？期许在于双方在教育上有共同的信仰和价值基础，由此中美双方合作创办了湘雅医学院。正如 Shirley Garret 所说："双方传统的共同基础是笃信教育的力量，它可以奇迹般地将人改变，进而通过人改变社会"[2]。玛丽·布朗·布洛克也这样评价："教育是互惠的，精英改革派的作用对中国而言并不陌生"，这导致 1911—1925 年间成为中美机构交流的高峰期[3]。颜福庆是幸运的，他建设湘雅的时段正好处于 1911—1925 年中美合作的高峰期。

对颜福庆来说，1910—1927 年是创业准备阶段，为接下来到上海创办"中国的医事中心"打下了坚实的基础。

从 28 岁到长沙，到 45 岁离开，颜福庆为湘雅服务了 18 年，正是人生的壮年时期。凌敏猷记得很清楚，颜福庆曾不止一次地说过：

我是从湘雅起家的，没有湘雅就没有上海医学院[4]。

颜福庆培养的一批早期湘雅的杰出弟子，如高镜朗、任廷桂、应元岳、周诚浒、董秉奇等大多跟着他离开长沙，在汉口、北京短期逗留，最后都会聚到了上海，成了创办上海医学院的骨干力量。

---

[1] F. C. Yen. An Example of Co-operation with the Chinese in Medical Education. Chin Med J, 1917, (3): 224.
[2] Shirley Garret. Social Reforms in Urban China: The Chinese Y. M. C. A., 1895—1926. Cambridge, Mass: Harvard University Press, 1970: 122.
[3] 玛丽·布朗·布洛克著：《洛克菲勒基金会与协和模式》（张力军、魏柯玲译），中国协和医科大学出版社，2014 年，第 44 页。
[4] 凌敏猷：《从湘雅到湖南医学院》，编委会：《湖南文史资料选辑》，第 23 辑，湖南人民出版社，1986 年，第 14 页。

第三章

华洋医界　和衷共济

　　欧美各国，莫不有医学会社，其政府亦从而保护之、鼓励之，与以种种之权利。我医界同仁，倘能各尽其心，牺牲个人之光阴财力以为本会，则本会与欧美并驾齐驱，亦意中事也。

　　　　　　　——颜福庆《中华医学会宣言书》，1915年

　　西医必须大众化，必须中国化。大众化和中国化不应依靠外国医生，而应该由中国的医生自己来实现。

　　　　　　　——颜福庆1924年2月在中华医学会
　　　　　　　　第五次大会上的演讲

　　民国初年的中国医务界，品流庞杂，门户之见很深，行会气息极重。

　　上流社会大多笃信中医。西医要在社会上大规模推行，举步维艰。中医、西医，势不两立，各有奥援。政府束手无策。民国初年还曾一度酿成政府下令取缔中医的极端行动。医生本来是神圣的职业，东、西医学理应取长补短。可事实恰恰相反，双方反而兵戎相见。

　　即使在西医内部，也派别重重。留学欧美者视日本为后进之邦，谓留学东瀛多图便捷而就简易，恐未深窥堂奥。而留学日本者，则以日本医学渐有驾于欧美之上，且与中国同种同文，较无隔阂，自成一派。即使留学欧美者，也有英美、德、法等不同派别。

现代国家需要统一的公共卫生行政，需要统一的医学教育标准，这不是靠单个医生就能完成的。把散处全国各地的西医团结起来，齐心协力，解决中国医学发展中面临的难题，成为现实的迫切需要。中华医学会就是在这个背景下成立的。

发起中华医学会

早在 1910 年，伍连德就构想创办一个医学团体，曾登报征求会员，因响应者寥寥而未果。1915 年 2 月初，来自各地的 21 位中国医生汇聚上海，出席博医会大会，为成立学会创造了一个良好的条件。

2 月 5 日，颜福庆与伍连德、俞凤宾、萧智吉等 21 位中国医生在老宜隆（Yi Lung Lao）① 聚餐。他们都是来参加博医会大会的，而博医会是外国医生的组织，其会员严格限制于外国在华传教士，基本上不吸收中国人参加。博医会的门槛太高了，中国医生入会受到种种限制。那么，中国的医生为何不仿效博医会，创建中国医生自己的团体？！在餐桌上，21 位有强烈民族自尊心的医生，再次表达了组建以中国人为主的医学会的心声。

在 21 位医生中，颜福庆的年龄不算最大，可在博医会内部，福庆比其他 20 位医生的资格都要老，是最早拥有正式会员资格的男性中国医生，而且已经是第三次参加博医会大会。在大家拥戴下，颜福庆就当起了东道主，餐后召集了一次会议。

颜福庆陈述了开会的缘由，强调了医界合作的重要性。接着发言的是萧智吉，介绍了成立"中华民国医药学会"的经验。两年前，留日学生在北京成立了"中华民国医药学会"，萧智吉是发起人之一。学会最早的倡导者伍连德作医学伦理问题的主题发言。伍医生指出，中国人大部分依然相信中医，西医依然举步维艰。西医只有获得政府和百姓的尊重和信任，才能使现代医学的伟大成就惠及民众。伍医生

---

① 一说为"老俞弄"，其沪语发音近似"Lao Yilung"。中华医学会成立之初曾借俞凤宾诊所作为办公场所，发起时借俞宅开会也颇合理。

顺势提议，成立中华医学会。萧智吉首先附议，与会者一致赞同。以无记名投票方式选举产生了最早的六位临时职员。颜福庆被推为会长，伍连德为书记，会计刁信德，庶务俞凤宾，协助员曹丽云、萧智吉。授权临时职员起草学会规章制度。

唐乃安首先捐助100美元，作为学会的费用。其他医生纷纷输捐，当场募集了300美元经费。大家还决定，下次大会安排在次年春节后第一周举行。会议至下午2点45分结束。这次有历史意义的聚餐成了中华医学会的发起会议。

中华医学会发起人之一、剑桥大学医学博士伍连德。

"中华医学会的成立是中国医学发展史上的里程碑"[1]。它的诞生，标志着接受英美式现代医学教育的中国医生，在共同的目标下开始团结起来；标志着西医作为一种日渐重要的行业，在中国社会发出自己的声音，进而寻求与外国同行平等对话的平台；标志着中国的现代医学进入了新阶段。中华医学会、中国现代医学史应铭记这些先贤的功绩。俞凤宾的中华医学会筹备会英文记录[2]，留下了颜福庆等21位发起人的签名，他们是：

伍连德、颜福庆、刁信德、俞凤宾、许世芳、古恩康、丁福保、陈天宠、高恩养、萧智吉、唐乃安、康成、成颂文、李永和、刘湛燊、梁重良、钟拱辰、黄琼仙、石美玉、陶漱石、曹丽云。

筹备期间，伍连德付出了大量辛勤的劳动，担任《中华医学杂志》总编辑。杂志办得相当成功，编辑、印刷费用通过广告解决，多

---

[1] K. Chimin Wong, Wu Lien-Teh. *History of Chinese Medicine*. The TienTsin Press, LTD, 1932: 441.
[2] C.Voonping Yu. Minutes of the First Meeting of the National Medical Association of China. April 7, 1915. *Nat Med J*, 1915, (1): 30—31.

家在华的医药机构,如德国科发药房、英国汉伯利公司、经销医学书籍和医院设备的伊文斯公司,还有国内的上海五洲大药房、中国精益眼镜公司,以及哈佛医校等在杂志创刊号刊登了中英文广告。南京路34号俞凤宾医师的诊所,成了中华医学会的临时事务所。为筹备第一次大会,临时职员还分成日程部、招待部、展览部、广告部、住宿部、游息部六个小组,分头筹划。颜福庆担任了日程部主任,与刁信德、伍连德三人负责安排大会的日程。

临时职员起草了《中华医学会例言》,确定了学会的名称、宗旨、会员及入会程序、职员、会报、分会等基本要件。

学会定名为"中华医学会"。英文名为 The National Medical Association of China。以"巩固医家交谊、尊重医德医权、普及医药卫生、联络华洋医界"为宗旨。

会员分特别会员、普通会员和名誉会员三种。毕业于国外医学院校(该校须经该国政府认为优等)或国内医学院校(须经政府认可为优良)且通一种以上外语者,为特别会员;毕业于国内经本会承认之医学院校,但不通外文者为普通会员,权利与特别会员同,但不能担任本会职员。不论中外,凡声望卓著、曾为中国作出贡献的人士,经职员介绍并得三分之二会员同意,可以推荐为名誉会员。

学会设职员七人,一年一任,分别担任正副会长、会计、书记、文牍、编辑、庶务。由年会选举或由通讯选举产生,不得连任两届。

学会机关报为《中华医学杂志》(The National Medical Journal of China, NMJ),中英文并列。

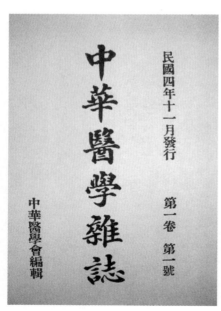

《中华医学杂志》创刊号封面。

凡有会员三人以上,可设立分会。

《中华医学会附则》规定了两年一次的年会制度。时间定在每年中国的传统节日春节前后,还规定了会长等职员的职责。

起草《中华医学会宣言书》

同年7月3日,北洋政府教育部批准中华医学会立案。11月,《中华医学杂志》创刊号出版。颜福庆在创刊号发表《中华医学会宣言书》,简要回顾学会成立的经过,详细阐述了学会宗旨。原文如下:

(甲)巩固医家交谊

当今之世无论何界,非有一定团体则不足以促进行,我医界较他界尤甚。盖医学中每有各种最困难之问题,殊非一人之能力所能解决,故非集合大众以图交换知识、互相扶持不为功。而欲团体之巩固,尤以协力同心、和衷共济为前提。则捐弃一切重己轻人之习、忌妒猜疑之心,是在我人。此本会之所以举行年会,非仅讨论会务已也。

(乙)尊重医德医权

自西医传入中华,国人之精其术而行医于各地者,固不乏人。而仅得皮毛即巧立名目,不顾他人生命,专以渔利为事者,亦复不少。加之近来各药房所售之种种专利药品,专事欺人。政府既无取缔之方,人民又乏鉴别之力,国人曾受其害者,莫不视西医为畏途。西医之不能见重于国人,良有以也。今集斯会,聚全国医界于一堂,则尊重我界之道德,实为先务也。

(丙)普及医学卫生

西医之不通行于内地,亦多由人民无卫生之常识。吾等既列名医界,则开导之责,自无旁贷。试观巴拿马及阿非利加,各处初皆瘟瘴时行,不可居住之地也,今则通商大埠矣。此讲究卫生之益也。热心公益者,每窃羡之。惟大厦将倾,一木难持,个人之力极属有限,故不得不纠合大众而共为之,以期全国之人,皆知卫生之重要,是则本会之愿也。

(丁)联络华洋医界

本会成立伊始,一切布置均未完备,所望中外宿彦维持之处实多,况医学原以维持人道为主旨,自无彼此中外之分。且内地之医学机关,多为西国教会所设,其数已达五百余人。吾国今日得有西医,皆诸教会输入之力也。既仰其先导之功,复得为他山之错。苟能得热心公益,富于经验之各教会通力合作,则前途一切疑难问题,当不难迎刃而解。斯不特本会之幸,抑亦中国之幸也。

宣言书最后呼吁:"欧美各国,莫不有医学会社,其政府亦从而保护之、鼓励之,与以种种之权利。我医界同人,倘能各尽其心,牺牲个人之光阴财力以为本会,则本会与欧美并驾齐驱,亦意中事也。"

集腋成裘,奉献小我,成全中华医学会,把学会办成与欧美一流医学社团"并驾齐驱"的团体,表明学会从它诞生之日起,就以赶超

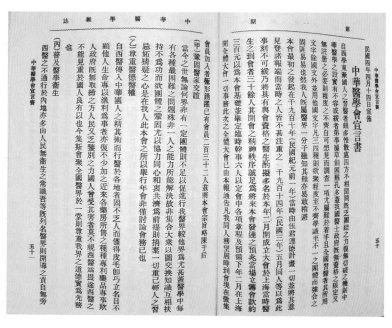

颜福庆起草的《中华医学会宣言书》。

1915年2月，中华医学会发起人在上海合影。前排右七颜福庆，右八伍连德。

欧美为目标。颜福庆为现代中华医学制定了一个高标准。

学会发起后，即着手发展会员，截至11月《中华医学杂志》创刊①，已经有232名医生入会②。

主持中华医学会第一届大会

1916年2月7日上午10时，中华医学会第一届大会在上海基督教青年会殉道堂开幕，60位来自各地的医生与会③。博医会和中华民国医药学会发来了贺信。

根据《中华医学会例言》，由会长担任各种大会的主席。颜福庆理所当然地作为开幕式主席，致欢迎词，并简明扼要地确定了学会初期的方针。

颜福庆提出，首先要确立会员的资格问题。入会的门槛太低不行。颜福庆一开始就为中华医学会奠定了一个高起点的入会标准。为了在保

---

① 《中华医学杂志》1916年3月出版第二期，从第三期开始每季度出一期。1924—1934年间为双月刊，此后直到1950年，杂志改为月刊，分中、英文两种文字分别出版。伍连德从1915—1920年一直担任主编，初创时期承担了杂志大量的编辑工作。此后，牛惠生、林宗扬分别担任主编。编辑纯粹是志愿担任的，唯一的回报是可以当选会长。Wu Lien-Teh. *Plague Fighter: The Autobiography of a Modern Chinese Physician*. Cambridge: W. Heffer & Sons LTD, 1959: 353.

② K. Chimin Wong, Wu Lien-Teh. *History of Chinese Medicine*. The TienTsin Press, LTD, 1932: 443.

③ 出席第一次大会的人数，伍连德在回忆中说是80人，《申报》1916年2月8日的报道中为60人。以《申报》报道为准。

证质量的前提下壮大学会,可以邀请外籍医生入会,也可以从留日归国医生中发展会员。外籍医生早有博医会组织,留日归国医生也组织了中华民国医药学会,中华医学会已经开始与这两大组织协商合作事宜。

学会必须有自己合适的会所。颜福庆强调,应在北京或上海设立一个固定的会所,并有一个专职人员在执行委员会的指导下处理日常事务。为了便于各成员之间的交流,为使成员与学会之间的联系更加紧密,应该成立各专业性委员会。

颜福庆建议《中华医学杂志》应对中文部分给予足够的重视,中文、英文分开出版,至少每两个月出版一期。除了刊登中国医生感兴趣的题材外,还要给非专业人士提出关于公共卫生的有益建议。博医会已经在广东出版了一种中文杂志,为了减轻编辑压力,他们正在寻求合作伙伴。可见颜福庆十分注重医学的大众普及,十分注重学会之间的合作。

学会事务繁杂,颜福庆指出,必须集中精力做好几件中国人自己能做好的事,而不是重复外国医生已经在从事的各项工作。目前应该做好普及医学知识、翻译医学书籍两件事。具体来说,要任命一个委员会,统一中国的医学术语;要与博医会、青年会共同组织卫生联合会,在各地广泛建立公共卫生组织。

颜福庆最后呼吁,在西医信用未坚,名誉未盛之际,会员们要相互勉励,"维护医生的荣誉和职业的尊严"①。

上述言论,诸如确定高标准的入会资格、拥有固定会所和专职人员、成立专业委员会以利交流、注重医学大众化、加强学会间的合作、集中精力办好中国人能做好的事而不重复外国医生已经在做的工作,等等,充分体现了颜福庆的办会思想。发言很短,但切中要害。他发言中提出的建议,成为学会的行动纲领,先后一一得到落实。作为创办人和首任会长,颜福庆对中华医学会的影响是深远的。

下午2~4点,大会举行学术讨论,康成、伍连德、刘瑞恒宣读论文后,上海青年会卫生部部长毕德辉、上海哈佛医校校长胡恒德、

---

① F. C. Yen. President address. In: K. Chimin Wong, Wu Lien-Teh. *History of Chinese Medicine*. The TienTsin Press, LTD, 1932: 606.

1916年2月,中华医学会首次大会合影。前排右六颜福庆,左五伍连德。

上海仁济医院笪文包对论文进行评议。

从第一次大会开始,中华医学会就开创了公共演讲的好传统,使得大会不仅成为医生切磋交流的舞台,而且为大众接受医学普及提供了好机会。为期一周的大会,每天下午5点半至6点半,邀请一位著名医生作一场公共演讲,成为大会最有特色的内容,吸引了医生、教师、学生等各类民众前来听讲,把能容纳1000多人的上海青年会大厅围得水泄不通。

2月7日下午5点半,颜福庆作了中华医学会有史以来的首次公共演讲,题为《医家之责任》。演讲由上海哈佛医校学生朱恒璧记录,用文言整理后发表在《中华医学杂志》第三期。我们今天看到的颜福庆演讲内容是真实的,但是语言已经从口头语转换成文言了。择要概述如下[①]:

> 医者对于社会,固有应尽之天职,即对于医业,亦当担保护之责任。现值西医信用未坚、名誉未盛之际,宜如何各出所学,无诈无欺,以保权利、保声望为前提?况今日中国西医,所供远不敌所求,凡托名西医者,乘此时机,以伪乱真,以紫夺朱,以皇皇告白,任意鼓吹曰:某也介绍,某也推荐,凡可以售其欺者,无所不用其极。迹其居心,无非私己,遑问病人,无非金钱,遑

---

① 颜福庆:《医家之责任》,《中华医学杂志》,1916年,第3期,第39—47页。

恤人道。于是而同胞无噍类矣，于是而西医之信用扫地矣，于是而为世界各国医家所窃笑矣！言念及此，可不寒心乎？医界同人，焉能袖手？一方面当忠告吾民，发其奸而摘其隐，一方面向政府请愿，设法以监督之、取缔之。庶无医生资格者，不敢施其技于光天化日之下也。吁：医界不祥，奸医作孽，而孰知登录商标药品、为害于我医界者，实有过之无不及也。此种药品，随时皆有，随地皆有，而又尽人皆能得之，皆乐购之。加之连篇告白，以广招徕，非曰"遐迩驰名"，即曰"屡试屡验"。吾同胞、吾医界之被其害者，真令人不可思议。中原之大，竟变为此项无价值之药品之市场。各国皆禁其出售也，而我国不禁；各国人皆知为骗局也，而我国人不知。此项药品非徒无益，而且含有种种害人之物。

此项药品，在中国销行一日，即吾人生命财产，危险一日，往者已矣。来日方长，焉得不设法以阻止。

统观上述，吾医界同人，定当晓然于大者、远者，不当务其小者、近者。施诊疗病，乃小者、近者之事也。其所谓大者、远者，乃对于人民尽开导启发之责，教其所不知，匡其所不逮，使健康生存之正义，充塞两间。对于医界，则以平日经验，胸中蕴蓄，为之镇中流而标正鹄，不许神圣不可侵犯之名誉，稍蒙不洁，不许有畏难心、苟安心、登高垄断心，参错其间。但欲收福国利民之效，非市政设法以辅助之，不能进行无碍也。要之蚩蚩者氓，不明此理，徒法又不足以自行也。是在政府与人民、与医界团结一气，各尽其责，庶将来四万万之圆颅方趾，受福无疆！

为期一周的大会开得紧凑而圆满。上午学术报告，下午讨论、公共演讲、参观各大医院和医学院校。晚餐由上海各大药房招待。医生们既切磋了学术、联络了感情，又在忙碌了一年之后得到短暂的休养，因此参加年会的人数逐年上升。这与颜福庆等悉心筹备是分不开的。

经过六天的会务讨论，大会最后形成了六条决议[①]：

[①]《申报》，1916年2月13日。

1. 中华医学会为公益起见，公决条陈政府实行医生注册之法，取缔一切不正当之行医、售药，严禁（销售）外国药料唯利是图者。

2. 中华医学会有鉴于出洋留学之必要，公决恳请教育部暨外交部，于美国赔款（指庚子赔款）经费中拨提若干款项，每年供给十人游学之资，专为造就医学生之用。

3. 中华医学会有鉴于痨病与花柳病之蔓延，公决禀请各省巡按使设法阻止。

4. 中华医学会因吾国卫生之幼稚，公决条陈内务部促进公众卫生之方法。

5. 中华医学会因各国教士设立医院医学堂，及洛克菲勒亦将捐助巨款兴办医学于中国境内，公决条陈政府特设机关统辖医学事项，以维主权而图划一。

6. 中华医学会因卫生知识宜灌输于幼时，公决编辑卫生教本及教授法，送部审定，以备小学校之用，并图规入小学课程中。

大会选举产生了新一届职员，除原有职位外，新设编辑部、会计部、名词部、公众卫生部，职员增至26人，组织逐步健全。颜福庆已经获得洛氏基金会驻华医社的资助，不久后将前往美国哈佛大学医学院进修公共卫生学，因此卸去会长职务，伍连德出任学会第二任会长，俞凤宾、力舒东任副会长。颜福庆与伍连德、刁信德三人担任新设的公众卫生部委员。

倡议在东南地区创办高水平医学院

颜福庆的兴趣主要在于医学教育和公共卫生。因此，在颜福庆完成创办学会、规划初期会务的重任后，他把参会的中心工作放到了这两项事业上。1916年9月，中华医学会联合博医会、中华基督教青年会，成立"卫生教育联合会"，在《中华医学杂志》等报刊刊登悬赏征文启事，引导全国青年学子注重公众卫生，研究改良之方法，获奖的征文以后陆续发表在《中华医学杂志》上。

除了因出国等特殊情况外，以后颜福庆总是每次出席中华医学会大会，而且每次都认真准备论文，他十余篇重要的医学教育和公共卫生论文，如他在公共卫生方面的代表作《湖南萍乡煤矿钩虫病感染报告》《江西安源萍乡煤矿钩虫病的控制》，关于全国公共卫生行政的设想《国民政府应设中央卫生部之建议》，关于医学教育方面的《中国医事事业之前途》《战时医学教育问题》等，几乎都是参加中华医学会年会的论文，都发表在《中华医学杂志》上。每次大会，颜福庆总是提出重要建议，对全局性的医学问题发表纲领性意见。在医学教育、争取英国庚子赔款、南京国民政府成立卫生部等重大问题上都有贡献。

1924年2月，中华医学会第五次大会在南京国立东南大学举行。颜福庆用英文发表题为《我们在医学教育界的位置》的演讲，动员中华医学会会员积极参与医学教育。颜福庆的演讲是在做了大量调研基础上有感而发的。

"西医必须大众化，西医必须中国化。大众化、中国化不是由外国医生来实现，而应该由中国医生自己来实现"[①]。这早已是不争的事实。大众化、中国化，最后还是归结到医学高等教育上。

总览20世纪20年代初中国医学高等教育，国内水准较高的医学院校，如北京协和医学院，是由外国人办的，或者是中外合办的，例如湘雅医学院。中国人自己也办了若干所医学校，但是全部由日本和德国留学生管理。英美留学生还没有任何一所在自己名下的医

1924年2月颜福庆在中华医学会第五次大会上的英文发言稿。

---

① F. C. Yen. Our Place in the Field of Medical Education. *Nat Med J*, 1924, (1): 35.

学院校。20年代初期，中国高等教育进入快速发展时期，各种学校如雨后春笋般涌现，拥有众多医学人才的中华医学会，理应在医学高等教育方面积极作为，这是历史赋予的使命。而以英美留学生为主体的中华医学会，在医学教育方面明显落在德日留学生之后。对此，外界也提出了批评。颜福庆在演讲中大声疾呼：

"难道现在不是依靠我们成员的力量、以我们所受的教育，大展宏图，在医学教育领域争得一席之地的大好时机吗？如果不抓住机会，我们的声誉在不久的将来将受到影响"①。

演讲明确提出，在中华医学会成员最集中的东部地区创建一所高水平医学院。颜福庆分析了选择东部地区的理由。

首先，学成业就、享有盛誉的好医生大多聚集在东部。其次，对于以学医为志向的学生来说，用英语教学的医学院更有吸引力，无论是中文还是英文教学的大学，大多数集中在东部，江浙沪地区已有较为雄厚的医疗卫生和高等教育基础。第三，东部地区工商业发达，较为富庶，交通发达，临床教学方便，而且长期以来与外部世界接触，人们对教育的认识更全面，对教育更有兴趣。在此地办一所医学院，无论从经济上和道义上都更加能得到人们的支持。第四，大多数知名的教育家也都位于东部，在此地办医学院，争取他们的合作，凭借他们的领袖地位和一呼百应的号召力，将有力地推动医学院的成功。

颜福庆雄心勃勃地提议，如果把零星分散在全国的最好的医生集中起来，如果经济条件允许，"我们的目标应该是，建立一所代表中国人最高水准的医学院，超过任何一所国人办的同类医学院校"②。

办医学院有多种方案，具体依经济能力和教学能力而定。如果力量还不足以独立办一所医学院，那么可以和东南大学等学校合办，医学院的任务限制在临床教学上，而把临床前期的教学任务交给合办方承担，像细菌学、生理学、生物化学、预防医学、解剖学、病理学之类临床前期的课程，将极大地充实大学课程，交由东南大学之类的大

---

① F. C. Yen. Our Place in the Field of Medical Education. *Nat Med J*, 1924, (1): 36.
② F. C. Yen. Our Place in the Field of Medical Education. *Nal Med J*, 1924, (1): 37.

学来承担，不是不可能的。如果与大学合作有困难，可以和其他机构合作，比如上海的红十字会医院。中华医学会可以成立永久性的医学教育委员会，研究这个提议的可能性。

这次演讲，可以看作是上海医学院的最初构想。三年后，这一倡议变成了现实。

争取英国庚子赔款举办全国公共卫生事业

1924年，美国国会将庚子赔款余额约1 254.5万美元归还中国使用。中美两国政府达成协议，成立中华教育文化基金董事会（简称中华基金会），掌管这笔巨款。1925年6月，由10名中国人和5名美国人组成中华基金会第一届董事会。就像它名称标明的那样，董事会的主要任务是资助中国的教育和文化活动。1926—1927年，共有13所学校、3个研究所、5个教育文化组织获得了419 906元资助[①]。中华基金会董事会的成立，在文化教育界产生了巨大反响。

步美国的后尘，英、法、意等国也纷纷仿效，退还庚子赔款。但各国所退庚款的用途各不相同。法国退还的庚款用于稳定中国经济；荷兰用于治理黄河；日本用于建立东方图书馆和科学研究机构；至于英国退还庚款的用途，英国朝野呼声不一，有的说用于教育，有的建议用于发展工业，也有人建议用于医疗卫生事业。在英国政府举棋不定的时候，正是中国知识分子积极可为之时。民间学术团体自可设法引导英国政府，把这笔款项用于合适的地方。

1926年2月，中华医学会在上海举行第六次大会，参加大会的还有英、美、俄的20余位外宾。颜福庆呼吁，英国退还庚款之一部分用于举办我国的公共卫生事业，在大会作了题为《利用英国庚子赔款提高中国公众的健康》的发言。

中华医学会作为一个全国性的学术团体，在国内外已享有盛誉，

[①] ［美］费正清、费维恺编：《剑桥中华民国史（下卷）》（刘敬坤等译），中国社会科学出版社，1994年，第437—438页。

其重要性不亚于国外的同类团体,那么它在争取英国庚款运动中应该做些什么?这是颜福庆向中华医学会提出的问题。公共卫生与医学教育已经密不可分,基于这个现实,中华医学会应担当领袖位置,去影响掌握着赔款的人,拨出一部分庚款用于卫生事业。

现代文明需要世界各国在教育、工业、商业、通信诸方面均衡发展,卫生和公共健康绝不能忽视,否则国家强盛受阻。一国卫生事业不上去,则他国均受威胁。健康问题,事实上已成为各国利益攸关之事。洛克菲勒基金会国际卫生委员会正在全球范围内开展卫生行动。国联卫生部把卫生事业作为国际合作最有效的工具,而在其他事业中合作却不易实现。中国要发展,卫生事业还需要补课,人们至今还没有认识到这一点。因此,将英国退还的庚款用于中国的卫生事业是合适的。颜福庆举出了四点理由。

第一,英国是世界上最早强调现代公共卫生的国家,1848 年英国政府即颁布了公共卫生法令,最早在政府中设立卫生部。作为现代公共卫生的先驱和领跑者,英国为中国的公共卫生事业作贡献,是合情合理的。

第二,英国在华的公共卫生事业早已卓有声誉,英国传教士和英国留学归来的学生在其中发挥了巨大作用。南满防疫事务所（South Manchuria Plague Prevention）是中国最著名的公共卫生机构之一,其创建者是剑桥大学毕业的伍连德医生。中华医学会有许多医务界的领袖,现任会长牛惠霖也是剑桥毕业生。北京中央防疫处的领导人,如英国大使馆的格雷（D. D. Gray）医生和陈祀邦医生,后者也是英国留学生。他们为英国在中国的公共卫生领域赢得了荣誉。因此,庚款的一部分如果用于公共卫生,将使英国对华作出更大的贡献。

第三,在所有西方国家中,英国在华的工商业利益最大。目前,中国国内劳工动荡,引起各方关注,现在还无法估计劳工动荡对英国在华利益带来多大影响。动荡直接与贫困、疾病、过早死亡有关。造成上述状况的原因,是普遍存在的劳工的精神焦虑、不卫生的工作环境和居住条件。提高中国的健康状况,不仅能提高广大劳工阶级的福利,而且能改善外侨的居住环境。

第四，健康问题必须从国际观点来看。世界连为一体，只要世界一国的卫生和健康状况发生问题，就会引起连锁反应，没有任何一个国家能免受影响。为了防止传染病从一国蔓延到另一国，国联已经采取行动，把东方所有的港口划分成几个等级，其中英国仍首当其冲，势必加强海港检疫。

为了有效实施一个卫生项目，每年至少需投入10万英镑，这个数字还不到英国退还庚款的四分之一。如果资本金需要积累，只能使用资本金的利息，那么只好在很小范围内开展工作。但是随着资本金逐年的积累，随着国内民众对公共卫生事业兴趣的增加，将来可以采取更大的项目。为了安全使用资金，可以设计一个方案，在有充分抵押的前提下，把资金借给省政府或市政府，用于改善公共设施，比如用于安装自来水和排水系统。这样，不仅合理使用了每年的利息，而且资本金能够用来投资，改善卫生状况。

中英双方应组成一个董事会，负责资金的使用和分配。董事会的第一届成员可以由中国政府任命，董事会成立后，它应该是固定的、有自主性的。他国的经验表明，公共卫生事业易受阻碍，基金很容易被政客挪作他用，他们对公共卫生毫无兴趣，也根本没有这方面的知识。因此，为了保证基金的正确使用，只有对公共卫生有兴趣并且训练有素的人才可以加入董事会。

起初若干年，资本金的利息很少，而工作的范围却十分广泛，这对于受托起草方案的人来说是一个难题。有限的资金必须产生最大的效果，提高公众对公共卫生的兴趣，并付诸实际行动。有些省市已经开始实施现代的卫生措施，而有些省市的卫生方案还停留在纸面上。由于缺少资金和相关的人才，让他们来示范公共卫生和预防医学的价值是不可能的。

如果这笔庚款由国内的某个组织来支配，那么就可以拨专款给已经做好实施准备的地方，启动卫生项目，或者共同实施业已开始的合作协议，使得这些地方从政府得到逐年增加的拨款。如果这个机构还有卫生工程师和公共卫生专家，就可以在许多城市开始采取卫生措施，或安装卫生设施，给国内各城市和自治区带来真正的便利。此外，可以在人力、财力上支持各大医学院，加强这方面的训练，为中国培养卫生官员。上述办法，在资金很少的情况下，能在提高中国的卫生事业上得到最大的回报。

颜福庆还提出了具体措施：中华医学会应该联合国内其他团体，派出正式代表向英国政府交涉，呈递申请文书给英国驻华大使、我驻英大使、其他英国驻华机构和我内务部，争取得到这些政府部门的支持。颜福庆还建议，在英国政府特别代表团来华时，中华医学会应任命一个争取庚款委员会，供代表团咨询，充分展示学会的地位。委员会应充分征求公众对赔款用于公共卫生事业的建议，准备好一个使用赔款的卫生方案，争取庚款委员会与中华医学会执行委员一道，为实现预定的目标采取必要的步骤。

在颜福庆、牛惠生等人提议下，中华医学会决定成立"促进中国公众卫生委员会"，由第六届执行委员和前任五位会长组成①。一个月后，中华医学会联合中华民国医药学会，分别与英国庚款委员会委员

1932年，中华医学会、博医会合并，与会者在上海的杏花楼合影。前排左四颜福庆，二排左一朱恒璧。复旦大学档案馆提供。

---

① 《本会消息·促进中国公众卫生委员会》，《中华医学杂志》，1926年，第2期，第200页。

中华医学会、博医会合并后在杏花楼聚餐，颜福庆（正面左起第一人）与外籍医生在交谈。右起第一人即戴眼镜者为朱恒璧、右起第二人为张维。复旦大学档案馆提供。

长，英国驻华大使，中方委员丁文江、胡适、王兆熊以及北洋政府外交总长、内务总长接洽。英国政府最终采纳庚款委员会建议，每年拨17%（50万元以上），作为办理我国公共卫生及医学教育事业经费①。

20世纪30年代，由于会务快速发展，中华医学会原有会所已经显得局促，全国医师联合会、中国预防痨病协会、科学名词审查会、上海市医师公会等其他医务机构也设在会所内，拥挤不堪。颜福庆再次为中华医学会出力，把洛氏基金会捐给上海医事中心的天文台路基地，拨出3亩，作为中华医学会建设新会所的基地②。宽敞的新会所坐落于池浜路，设立了图书馆、会议室、研究室、委员会办事处、秘书处等，中华医学会有了永久性的办公场所。池浜路成为中华医学会的总部，50年代才移到北京。

---

① 黄贻清辑录：《本会成立二十年来大事记》，《中华医学杂志》，1934年，第1期，第151—152页。
② 《中华医学杂志》，1934年，第4期，第464页。

第四章

筹备中央卫生部
任职协和副院长
（1927—1928）

  1927年是中国基督教教育的一个转折性年代。我们要准备好对策，将来时机一到，就可以重启以前的工作，我们现在就可以着手准备了。这种准备需要我们在中美人民之间建立起友谊。我坚信，没有其他工作能比医学更能培养人民之间的友谊了。
  ——1927年7月6日颜福庆给雅礼会帕尔玛·贝维斯的信

1927年4月5日，星期二。

这一天傍晚，雷文斯只身登上日本轮船"湘江"号。随身带一只小提箱、一个铺盖卷和装着文书档案的行李袋。雷文斯是最后一名离开湘雅的美国人。他的离去，标志着雅礼会在华事业的前半段历史画上句号[1]。

筹备武汉国民政府中央卫生部

  1926年12月15日，颜福庆带着全家乘英国船匆促逃离长沙。胡美、孙克基、王逸慧、高镜朗、周诚浒、董秉奇、艾思光、周自培、应元岳、任廷桂等同船抵达汉口[2]。同仁医院派人前往接待安置。

---

[1] Reuben Holden. *Yale-in-China: The Mainland Years, 1901—1951*. New Haven: The Yale-in-China Association, Inc, 1964: 165.
[2] 张治道：《颜福庆院长的片段回忆》（手稿）。

颜福庆携一家老小暂时住在妹夫舒厚仁家。匆促中又把补办的耶鲁毕业文凭遗失了。

此前，广东国民政府于11月底分批迁往武汉，开始筹划建立国民政府的准备工作。1927年元旦，明令以武汉为首都。对于关注中国公共卫生的人们来说，这是千载难逢的机会。

11月29日，国联卫生部官员、协和医学院公共卫生系主任兰安生，就写信告诉颜福庆这一重要的信息，动之以情、晓之以理，劝颜福庆抓住机会，参与其事，使武汉国民政府的卫生行政走上正轨[①]。兰安生的建议，代表了国联的旨意。国联早已把颜福庆视为中国公共卫生的领袖，这一点非常明确。

大乱之后必有大治。纵观第一次世界大战后的10年间，俄国、英国及其各殖民地，战后中欧独立各国，中美、南美20余国，设立了中央卫生部。大革命时期的中国，百废待兴，正是设立卫生部、筹划各种卫生事业的最好时机。兰安生这一富有远见的建议，是非常及时的。

颜福庆被说服了。一到汉口，就投身到武汉国民政府的卫生工作中去。在此期间，颜福庆与兰安生频繁联系，每隔两三天就有信件和电报来往。

12月26日，颜福庆给兰安生的信中写道："我已同宋子文、孙科面谈设立中央卫生部一事。他们都认为，虽然现在设立卫生部的时机还不成熟，但是筹备工作应该开始了。他们希望由我来筹备卫生部。公共卫生机构首脑和当地的一些医生，都对建立卫生部持欢迎态度。为此，我们希望你到汉口来，请用电报告诉我你离开北京的确切时间，来得越早越好。请带上筹建中央卫生部和地方卫生署的所有相关书籍。例如，关于英国、法国中央卫生机构的著作、上海吴淞镇卫生机构的组织大纲、北京第一卫生公所的组织大纲、你最近递交英国庚款委员会的册子"[②]。

颜福庆在汉口一边筹备卫生部，一边也牵挂着湘雅。信中颜福庆还建议兰安生代表中华医学基金会去湘雅医学院调查，继续给予经济

[①] J. B. Grant to F. C. Yen. November 29, 1926. Archives of PMUC. No 3587.
[②] F. C. Yen to J. B. Grant. December 26, 1926. Archives of PMUC. No 3587.

第四章 | 筹备中央卫生部 任职协和副院长 （1927—1928）

上的支持。颜福庆和胡美离开后，湘雅陷于瘫痪。湘雅的学生代表、毕业生代表、长沙市民代表、校董会代表都纷纷向谭延闿请求，希望谭延闿出面，邀请颜福庆回长沙主持湘雅。

受到颜福庆的几番邀请后，兰安生也坐不住了。当时，兰安生的父亲在宁波得了严重的胸膜炎，生命垂危。兰安生顾不上与临终前的父亲见上最后一面，匆匆从北京赶到汉口，帮助颜福庆和武汉国民政府一起筹备卫生部。

颜福庆为武汉国民政府起草的设立卫生部草案，分现代各国之卫生行政、我国卫生行政之现状及其弱点、成立中央卫生部之必要性、建议事项等几部分。

回顾了现代各国卫生行政之后，颜福庆指出，我国卫生行政的最大缺点，是卫生行政不统一。政权不统一，是其中的客观原因之一。北洋政府的卫生行政组织毫无系统，多数卫生事业由内务部管辖，而部长及下属各司长往往缺乏卫生知识和兴趣。地方卫生行政权划归各地警察厅办理，但警察也大多不具备卫生知识。因此，除了中央防疫处及北满防疫处外，北洋政府的卫生行政乏善可陈。国民政府统辖区内，只有广州市的卫生行政最可称道，已经步入正轨，但是其他省会及农村的卫生行政仍是空白。

基于上述分析，颜福庆提出，设立卫生部，作为中央政府最高卫生行政机关，把原先分散在各地方的权力收归卫生部，使中央政府的卫生行政便捷而统一。卫生部统辖中央、地方两级卫生行政机关。中央卫生行政机关有中央海关检验所、中央检疫事务所、传染病院、中央卫生试验所、中国药制编审委员会、中央卫生委员会、公共卫生专门学校、产科专门学校、卫生陈列所、卫生材料所。省卫生行政机关，由省卫生所—县卫生局—乡卫生事务所三级构成。市卫生行政机关，由市政府—卫生局—区卫生事务所三级构成。草案还包括了卫生部经费预算、国民政府卫生部编制等几个附件[①]。

---

① 颜福庆：《国民政府应设中央卫生部之建议》，《中华医学杂志》，1927年，第13卷，第4期，第229—240页。

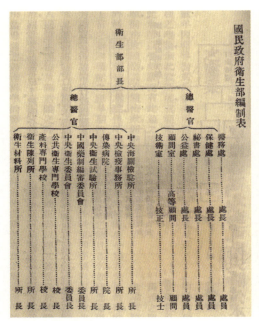
颜福庆起草的国民政府中央卫生部编制表。

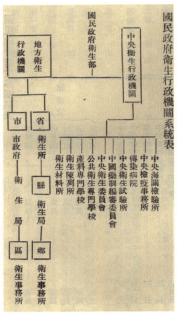
颜福庆起草的国民政府中央卫生部行政机关系统表。

首任卫生部长职务之争

1927年2月24日,颜福庆给在美国的胡美写信,说到自己的打算:"至于我,将来还是个未知数,但我还是首选从事医学教育。如果长沙的医学院重新开办,我仍将给予一定的关注,参与学校方略的制定。然后我主要的精力将用于在上海创建一家新的医学院。现在,我应南方政府之请起草一份建立卫生部的草案。如果卫生部真建立起来,政府要我担任首任部长,我会接受。你知道,我接受职务只是为了达到另外一个目的,因为在卫生部长职务内,我可以处在更加有利的位置,同时关照长沙的医学院和上海的医学院。这个消息务请保密。"

信里说到湘雅。湘雅之名可以恢复,学校可以重建,不过此湘雅已非彼湘雅,要在长沙恢复原先中美合作的湘雅医学院,已经不可能了。但是重建的湘雅,可以办成私立的省级医学院,可望成为国内同类医学院中的佼佼者。教员由中国人组成,以湘雅毕业的湖南人为主,预算不能太大。这样的医学院会更加符合湖南的需要。如果要延聘外籍教员,而且中外教员待遇平等,那么预算开支将大增,湖南财政无力承担。说白了,原来的湘雅是个 A 类的医学院,因为大势所趋,往后只能办成 B 类的医学院。

他在信末加了几句附言,简直就是责备胡美"临危脱逃"了:"在这个关键时刻,我觉得你还是应该留在中国。有那么多重大的决定等待你来作出,而作出这种决断,必须对飞速发展的形势有全面的了解。如果海尔(Hail)因为他父亲的缘故不得不回美国,那么至少你应该在中国"①。

形势发展超出了颜福庆的乐观估计。为武汉国民政府设计卫生方案的他,在卫生机构真正成立时,反而被边缘化了,1927 年 3 月 22 日,颜福庆在给兰安生的信中写道:"最近与卫生官员的接触,令我顿生厌恶。他们以损失国家和公共利益为代价,来公报私仇……我被你上次提到的那个人有意边缘化了。刘瑞恒正好被草率通过,只有他一个提名……"②

正在失望、沮丧之际,颜福庆收到了来自北京协和医学院的邀请。

协和医学院的邀请信

1921 年以约翰·霍普金斯医学院为蓝本重组的北京协和医学院,是有世界水准的医学院,20 世纪二三十年代曾在科学研究上取得骄人的成就,考古学、人类学、历史学界闻名的"北京人",就是由协和的步达生(Davidson Black)教授等人发现的。"北京人"的发现,把中国的史前文明推到了 70 万年前。医学界耳熟能详的,诸如陈克恢关于麻黄素的发现和研究、弗林和吴宪关于血液的生物化学检验的

---

① F. C. Yen to Hume. February 24, 1927. 108/943.
② F. C. Yen to Grant. March 22, 1927. Archives of PMUC. No 3587.

北京协和医学院公共卫生大楼。

Folin-Wu 方法、林可胜关于神经生理学的研究等,具有世界水平。世界著名哲学家罗素曾在协和治疗肺炎,孙中山最后的手术也是在协和做的。协和医学院在中国的医学界,是无可争议的最高学府。

3月26日,协和医学院院长胡恒德(Henry S. Houghton,先后于1920—1928年和1938—1942年任北京协和医学院院长)向颜福庆发出了热情的邀请信。信写得非常坦诚。鼎革之际,协和面临困境,迫切需要颜福庆这样的中方医务界领袖,在协和与中国政府之间穿针引线,帮助渡过难关。协和医院已经任命刘瑞恒为院长,而协和医学院内部找不出合适的院长人选。反求诸己不行,只好向外求。同样受时局的影响,颜福庆离开了湘雅医学院,此时也在观望阶段,寻找医学教育的最佳时机。同病相怜,双方的合作似乎是合情合理的。胡恒德在信中写道:

亲爱的颜博士:

……鉴于你在长江流域的医学教育进展不顺利,协和医学院在最近一次教授会上提议,你以管理人员身份加盟协和,时间为一年。这样的安排,我看对你和协和都是有好处的。对于你来说,将使你全面地了解协和的管理方法,也了解协和面临的问题。同时也给你充分的时间,与长沙和其他地方保持联系。我们建议,任命从 1927 年 7 月 1 日开始,为期一年。对协和医学院来说,它需要增加一名院长,就像协和医院任命刘瑞恒为院长一样。此前,我们已经花了不少时间考虑此事。我们非常需要有人来专门负责与中国政府打交道。根据教育部新的法规,我们应该为中国人提供行政和管理岗位,就像为中国人提供科学研究岗位一样。我们想最终把这个位置交给协和内部的一名青年人,但我们找不到合适的人选,我们也不想再等了。因此,在不影响你将来计划的前提下,如果现在你能腾出一年时间,来为我们服务,那么不仅是协和医学院之幸,而且对你来说也是一个有益的经历。我们很清楚,你的主要兴趣是在江浙地区办医学教育,不过,如果明年的

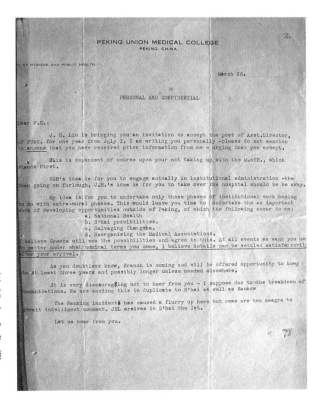

1927 年 3 月 26 日,在胡恒德向颜福庆发出邀请信的同时,还有另一位"神秘人物"从北京协和医学院向颜福庆发出密信,透露了协和将聘任颜的消息。这是密信原件,复旦大学档案馆提供。

政治形势保持不变，我想你会乐意分出一部分时间为协和医学院服务。报酬问题，我们可以在双方都满意的基础上协商①。

这封信是试探性的。因为根据职权，教授会只是提出院长人选，最终的决定权掌握在董事会手中。而且，调整最高行政管理机构，不是一蹴而就的。协和医学院此前只有院长而不设副院长职务。4月13日，协和最终同意设立副院长职务。根据协和官方的文件，设立副院长的理由是"缓解院长繁重的工作"。

理念至上还是生存第一

1927年3月24日，北伐军江右军占领南京。部分违法乱纪的士兵抢劫城里外国领事馆、教堂和学校等机构和侨民住宅，造成恶劣影响。其中金陵大学五幢住宅被烧毁，文怀恩副校长在住宅遭劫时，被流弹打中殒命。其他外籍教员仓皇逃离南京，学生离校，金陵大学陷于停顿②。

消息传到北京，协和医学院引发一阵恐慌。协和的外方人士感到，威胁迫在眼前，类似的事件极有可能在协和上演。为了最大限度地降低协和的"帝国主义"和"文化侵略"色彩，需要尽快把权力交给中方。

时局扑朔迷离。协和当局密切关注形势的发展，不断地与中国各界领袖接触，以便决定对策。5月5日，南京国民政府成立的第八天，颜福庆与胡恒德进行了一次交谈，探讨时局、民族主义运动及其对医学、慈善事业和中外关系的影响。

颜福庆本人就是这场民族主义洪流的受害者。他用自己的亲身经历告诉胡恒德，民族主义运动带来的革命浪潮，已经波及南京国民政府所控制的南方所有地区。这股强劲的革命浪潮到达北方，还需要好

---

① HSH to F. C. Yen. March 26, 1927. Archives of PMUC. No 3587.
② 编写组：《南京大学史》，南京大学出版社，1992年，第489页。

几个月时间，但是迟早会到达。革命势必冲击协和，势必带来学校纪律松弛，势必造成标准降低。全国大背景如此，协和怎能超脱？！但是即便如此，协和医学院也不能关闭。

颜福庆讲到湘雅学生闹学潮、驱赶外籍教师的种种鲁莽举动，胡恒德听得心惊肉跳。一个生活在象牙塔中的外国校长，对于中国的时局往往缺乏现场感。听了颜福庆的讲述，胡恒德已经完全明白了协和面临的严峻形势。作为一所顶尖大学的校长，最担心的是协和的秩序会像湘雅那样失去控制。严格的纪律和学术上的高标准，是办协和的最高原则，也是协和当局必须坚持的底线。如果校纪松弛、标准降低，协和就是违背了办校的初衷，协和将无法为国家有效地服务①。也就是说，胡恒德坚持办学理念至上，协和的理念就是第一流的标准，如果水准降低，协和宁可停办。而颜福庆认定，协和医学院办下去是第一位的。皮之不存，毛将焉附，即使革命可能带来纪律松弛、标准降低，也要办下去。

协和医学院首位副院长

1927年5月31日，协和董事会通过决议，正式任命颜福庆为协和医学院副院长。任期从1927年7月1日开始，到1928年6月30日，为期一年。享受专职教授的薪水，每年11 500墨币，或5 750美元。协和薪资之高，是中国所有大学难以望其项背的。颜福庆恐怕是当时薪水最高的中国大学校（院）长。

按协和惯例，作为副院长，颜福庆还同时成为协和医学院教授会成员、执行委员会委员、管理委员会当然成员②。把如此重要的职务交给一个中国人，在协和医学院历史上是个转折性的事件。在1926年以前，也就是说在颜福庆到任之前，协和医学院的专职正教授中，还从来没有一个中国人，是颜福庆首先打破了这个纪录，成为协和第一

---

① Memorandum of F. C. Yen and HSH. May 5, 1927. Archives of PMUC. No 3587.
② Minutes of the Peking Union Medical College. May 31, 1927. Archives of PMUC. No 3587.

个华人正教授。

中方其他教学和研究人员也开始在内、外科以外的系科担任重要职务。比如刘瑞华担任了耳鼻喉科主任，林可胜成为专职教授并兼任生理学系主任，林宗扬被任命为细菌学系主任、副教授。吴宪继续担任生物化学系主任。协和医院院长继续由刘瑞恒担任。图书馆馆长也改由中国人担任。但是，内科、外科主任仍由外国人担任。

把协和逐渐交给中国人，是洛克菲勒创建协和的初衷，也是历史的必然趋势。一系列对比就足以说明问题了。协和医学院重新组建之初的1920—1921年度，外籍教员占绝对优势，总共31名教员中，外国人22名，中国人仅9名。到1925—1926年度，中外双方已经基本持平，总共89名教员中，外国人45人，中国人44人。1927年末，中国人占了总共108名教员中的72席，外籍教员降为36人。

协和对颜福庆是相当宽松的。根据协和教授会给董事会的建议，颜福庆和胡恒德共同负责院务，彼此并没有明确的分工。为了与长江流域的医学教育保持密切联系，颜福庆也可以根据需要到南方①。前一条，颜与胡不分彼此、共同负责协和院务，可以理解为，协和的事还是由胡来负责，颜只是起到顾问作用。

事实也的确如此，颜福庆没有过深地介入协和的管理，还是把主要精力集中在上海创办医学院上。

这是明智之举。去协和当副院长，无论对协和还是对颜本人，都是权宜之计。"侯门深似

北京协和医院首位华人院长刘瑞恒。

---

① Re: Inviting Dr. F. C. Yen as vice president for one year. May 17, 1927. Archives of PMUC. No 3587.

海",协和副院长不是那么好当的。推出颜福庆,反映了美国医生的战略退却和中方力量的上升。可是在颜福庆的具体职权问题上,协和教授会内部存在严重分歧。协和医学院院长胡恒德,想让颜福庆接手医学院的实际管理。而协和医院院长刘瑞恒,想叫颜福庆来接手协和医院。还有人则认为颜应该专门负责协和的院外事务[①]。由于兰安生的随时指点,颜福庆对协和教授会内部的意见了如指掌。

在正式就任副院长之前,颜福庆承担了协和医学院的一次紧急救护任务。

率领国际红十字会医疗队赴武汉

北伐战争中,11 000余名伤兵集聚武汉,亟待救护。1927年5月底,伤兵救护委员会向北京协和医学院发出紧急求援信号。

6月1日,宋庆龄与协和医学院的顾临(Roger S. Greene)从北京赶到上海,与上海红十字会协商后决定,迅速在上海征募志愿者,组织红十字会小分队开赴武汉。上海红十字会和北京协和医学院负责大部分经费。

在外国传道团积极配合下,仅用两个星期,一支由美国、英国、挪威、瑞士、中国五个国家医护人员组成的红十字会医疗队组织就绪。这是一支名副其实的国际医疗队,参加的机构合计有九个,除了上海红十字会、北京协和医学院之外,还有美国圣公会、挪威路德传道团、英国威斯雷阳传道团、华西协和医科大学、雅礼会等七个传道团和医学教育机构。44人组成的红十字会医疗队,包括以颜福庆为首的12名医生、22名护士、2名药剂师、1名技术员、3名行政人员和4名侍从。

6月16日,颜福庆率领这支医疗队,乘"Nangyang Maru"号轮船开往武汉。医疗队到武汉后,马上接手当地一家医院。三天后又组建起第二家救护医院,收容伤势严重、需要手术的伤兵。两家医院总床位达到了180张。武汉地区两家重要的医院——武汉同仁医院、汉

---

① Unknown to F. C. Yen. March 26, 1927. Archives of PMUC. No 3587.

1927年7月12日,伤兵救护委员会与红十字会医疗队合影。后排左起第10人颜福庆,前排左起第14人宋庆龄。复旦大学档案馆提供。

口协和医院也同时收治重伤兵。医疗队的华莱士·克劳福德（Wallace Crawford）医生和三名护士，一到武汉就加入了汉口协和医院，充实了该医院的实力。

从6月中旬到7月底，医疗队的两家医院共计收容伤兵351人，实施手术238次，包括全身麻醉35次，局部麻醉75次。实际治疗人数占全部重伤员的30%[1]。

除了办理两家救护医院外，医疗队还力所能及地承担了其他医疗工作。

应冯玉祥将军邀请，四名医生、四名护士等组成一个医疗队，于7月5日前往郴州救护伤兵。

应武汉伤兵救护委员会要求，一名医生、五名护士、一名药剂师和一名商人于7月25日前往九江，组织一家基地医院。

为了满足武汉各医院对医疗手术设备的需求，小分队设立了一个医药供应站，负责药品、手术设备的买卖，派出一名药剂师在供应站服务。

为预防霍乱、伤寒、痢疾在士兵中流行，小分队不失时机地开展卫生教育，制作了两张卫生宣传画，各印刷10 000份，在武汉、郴州、九江的士兵中发放，也发放到医院伤兵手中。

7月30日，大部分队员离开武汉。颜福庆把这次救护行动的详细经过写成报告，发表在《博医会报》上。

筹设私立上海协和医学院

就在组织红十字会小分队的同时，颜福庆在上海创办医学院的计划也日渐明朗。

颜福庆频频与各海外团体接触，以寻求办学的合作伙伴。至1927年6月，颜福庆已经与中华教育文化基金会、洛氏基金会、圣约翰大学代表达成了协议，几家机构合力在上海成立一所私立上海协和医学院。

---

[1] F. C. Yen. Report of the Work of the Red Cross Unit in Wuhan. *Chin Med J.* 1927, (8): 731.

办大学难,办医学院更难。办学所需的经费、土地、师资、生源等几项,颜福庆几乎什么都没有。一切都只是设想。

颜福庆把医学院的预算报告寄给了胡美,并给纽黑文雅礼会的执行秘书帕尔玛·贝维斯写信,信中写道:"我希望我们雅礼会的董事们同意这项计划,它不仅是为了解救学生失学的燃眉之急,更是为了共同参与一个伟大的计划。计划标志着中国东部一家第一流的医学院的诞生。当然所有这些参与单位是暂时性的,为期只有一年"①。

遗憾的是,雅礼会拒绝了参与上海协和医学院的计划。

颜福庆并不气馁,7月6日再次给帕尔玛·贝维斯写信,指出上海协和医学院收容了湘雅医学院等因大革命而被迫关闭的教会医学院学生,共同参与创建上海协和医学院,不仅是雅礼会义不容辞的责任,而且也将对雅礼会日后在华事业产生积极影响。如果雅礼会实在经费紧张,可以动用哈克尼斯的捐款,或采用其他方式筹款。

颜福庆在信中写道:"我仍然希望雅礼会董事们能在1927—1928年度帮助上海协和医学院。我感到,1927年是中国基督教教育的一个

颜福庆(右二)与宋庆龄(左四)等人合影(约1927年夏)。复旦大学档案馆提供。

---

① F. C. Yen to Palmer Bevis. June 17, 1927. 108/943.

转折性年代。我们要准备好对策，将来时机一到，就可以重启以前的工作，我们现在就可以着手准备了。这种准备需要我们在中美人民之间建立起友谊，我坚信，没有其他工作能比医学更能培养人民之间的友谊了"①。

上海协和医学院的计划，雅礼会最终还是拒绝了。由于国立第四中山大学的出现，上海协和医学院的计划以另一种方式化为现实。

创设上海医科大学意见书

南京国民政府成立后，为了使教育独立于政治和宗教，实行法国式的大学区制度。江苏省率先试行，原国立东南大学等九所公立学校，合并组建国立第四中山大学，筹设文、理、工、医等九个学院。原省教育厅厅长张乃燕被任命为校长。张乃燕原拟邀请圣约翰大学医学院的乐文照筹建医学院。乐文照权衡再三，转而推荐颜福庆。7月12日，张乃燕正式向颜福庆发出邀请②。为了办医学院，两者走到了一起。事实上，乐文照在推荐颜福庆之前，已经作了相当充分的医学院筹建准备工作。

1927年8月6日，颜福庆向顾临（Roger S. Greene，1928—1938年任中华医学基金会驻华代表、北京协和医学院代理院长）发去电报："国立第四中山大学想与上海协和医学院合作，各司其职。低年级由第四中山大学负责，高年级由上海协和医学院负责。原先希望参与上海协和医学院合作的雅礼会，变成第四中山大学。根据各自承担的工作，各参与机构分头筹措上海协和医学院的预算。教育厅张厅长同意上海协和医学院董事会的意见，名单今晚将最终决定。……我是否能继续在北京协和医学院工作？我可能不能在9月1日到北京任职"③。

已经初具雏形的私立上海协和医学院，采取何种方式与第四中山大学合作呢？

---

① F. C. Yen to Palmer Bevis. July 6, 1927. 108/943.
② 编委会：《上海医科大学纪事》，复旦大学出版社，2005年，第1页。
③ Cable correspondence with RSG. August 6, 1927. Archives of PMUC. No 3587.

从《创设上海医科大学意见书》这份历史文件可以看出，颜福庆和乐文照的思路是，以上海协和医学院为基础，扩充为上海私立医科大学，附属于第四中山大学；医科大学暂时保留私立性质，将来只要条件成熟，随时可以收归国有。

以私立高等学府附属于国立大学，这是英国一些大学的做法，如伦敦大学、加拿大的国立大学就是如此。这样做的好处，意见书写得很清楚，可以"利用私立学校以节省国家教育经费，并操有指挥监督权，以便划一教育制度。"

上医创校元老乐文照（1895—1979）。

事实上，这一建议并没有付诸实施。第四中山大学医学院最终在原苏州江苏省立医学专门学校的物质基础上创建而成。意见书虽然成了一纸空文，但是详细记录了颜福庆和乐文照等人共同创办上海医学院的最初具体方案，也是理解颜福庆教育思想不可多得的珍贵文献。《创设上海医科大学意见书》[①] 全文如下：

> 医学为民族强弱之根基，人类存亡之关键。惟其重要，故研究日精，进步最速。欧美各国，提倡最力，多设医校，造就专才。复因社会之需求，政府奖励私校。但在十九世纪初叶，欧医校程度不齐，营业式之医校，在所多有。其结果为产生大批之庸医，草菅人命，至今为鲠。是以先进各国，考察医校，分列等级，取缔极严。如列在丙等以下者，勒令停办。于是医学程度日高，研究设备益精，其经费亦愈扩充，一校之费，有每年多至百

[①] 《创设上海医科大学意见书》（打印稿），复旦大学档案馆藏，LS1-8。意见书上没有标明时间和作者，笔者推测意见书是在1927年6月前后完成的。

数十万元者。盖医学注重实习，基本各科之设备既多，临诊临床尤需医院；既设医院，须有看护专科；甲等医校，大都设立研究院，范围既大，费用斯繁。是故欲谋民族之强盛，当提倡高等医学；欲设备之周全，则医科最为耗费。而在吾国，尤不当蹈外国之覆辙，对于医校程度，任其参差，以致自造庸医，遗患社会。

吾国医学，尚在初稚时期。公立各校，每以限于经费，未能充分发展。私立者，亦以费用过巨，寥若晨星。但人口日繁，需求愈亟。卫生行政，在在需材。高等医科之设，实有刻不容缓之势。曾经医学教育专家详加研究，对于甲等医科大学之课程及设备标准、教授资格、及经费限度等等，以为北京协和医校，程度最合。但其常年经费175万元，为数太巨，非吾国经济现状所能负担。惟除临时开办、建筑等费不计外，在国内设立甲等医科，用最经济方法，不如协和之多聘外国教员，其常年经费，至低限度经费30万元；研究院、医院、看护等科，一并在内。

本省实行大学区制，如设医学院，除临时费外，其经常费，似宜以每年30万为限度，如全数由教育经费项下支给，则纯为公立性质。

因医学需费，远超于他科，故从前国立大学，恒置医科而不办。各省立医校，类皆限于经费，其设备程度，难与先进各国之医校相抗衡。新医输入吾国，早于日本，乃日本医学进步之速，远胜吾国。此无他，彼设甲等医校，并办专门研究学院，吾则仅有数处普通医校耳。

医学教育与他科不同，攸关生命及世界人类之公安。其教育之中，隐寓慈善之意，故向外国筹款，较易募集。如英国设立医学研究院，得美国卫生部100万金磅之捐助。日本自昔年远东热带病学大会以后，政府益积极提倡医学及卫生事业，亦得美国卫生部之捐款150万元。此仅就最近者略举二例耳。在捐者纯作慈善之举，在受者亦无汗颜之愧。吾教育事业而能得国外捐款，实为医学教育之特殊情形。吾国现值军政时期，教育经费，来源未裕，国外基金团体，对于吾国素多善感。正可利用其慈善的友谊，以成就吾国百年大计。但其捐助亦有条件，如规模过小，程度低浅，欲其赞助，势所难能。先例俱在，无待列举。

现在国内对于医学能捐助之机关，如中华（教育）文化基金董事会，其章程规定：凡学校须办理三年后，确有优良成绩者，方能助款。英国庚款委员会，虽有提倡医学之说，尚无具体办法。至罗氏中华医社（即洛氏基金会驻华医社，也称中华医学基金会，英文名China Medical Board，CMB——作者注），对于公立教育机关，向不捐助。其他国外团体，则以公立性质之教育机关，欲与之合作，殊不可能。

为达到设立高等医科计，并为将来易于收归公立计，似可采英制，如伦敦大学及加拿大之国立大学，均有私立高等教育机关附属于国立大学之办法（Affiliated or Incorporated Institutions），即利用私立学校以节省国家教育经费，并操有指挥监督之主权，以便划一教育制度。

现在上海有私立医学校一处（指私立上海协和医学院——作者注），新近改组，暂由三个国外团体捐款合办。校长及校董之大多数为华人，一切适合政府注册条例。目今初办，经费不充，苟有切实具体办法，各捐助单位，颇愿扩经费至每年20万元。但因不愿受帝国主义及文化侵略之嫌疑，拟有条件：在规定时期后，其捐款逐年递减，冀于最短之可能期间内，由中国政府或中国私人团体完全接收自办。即现在学校主权，亦经规定由华人掌理。盖医学原为国际的科学，既无国界又无派别之可分。此种善意的友谊，吾国家社会，似可作为基础，或亦为暂时利用外资之一法。其办法如下：

（一）以现在上海之私立医校作为基础，扩充为上海私立医科大学，附属本省大学。

（二）请本省大学补助常年经费10万元，自民国十六年秋季起。

（三）第一学年试办期内，拟从经常费项下节省10万元，另在上海募捐5万元，为建筑第一部分医学校之用。

（四）某国外学术团体，现在有上海地皮一大方（指洛氏基金会在上海法租界天文台路的地产，1934年捐给国立上海医学院——作者注），得有100亩。地方适中，价值100万元，自愿以最低廉之租价，租与该私立医校院建筑，并在某时期之后，该医校院如成绩优良，且得公认为永久巩固之事业时，该团体亦愿将该地捐助中国。

（五）该私立学校，暂作10年计划，计分两期：第一期计分5年，由本省大学每年拨助10万元，但第一年为试办时期，该校尽力筹募，并谋建筑一部分之校院房舍。第二年起该校筹足20万元，合本省补助费10万元，每年预算支出30万元，临时费用不在内。第二期计五年，为递加时期，公费补助每年递加5万元，至第十年，完全由公费负担30万元。期满时，即改为纯粹公立，取消附属名义。

（六）在私立时期内，校董全校三分之一，由本省大学举任之，其余三分之二，由其他补助机关公举。但多数须举华人，校董会对于本省大学负责。

（七）校长由校董选举，呈请本省大学委任之。

（八）毕业试验，由本省大学委员会同考试，及格者由本省大学给予证书，并授学位。

以上办法，均系事实，所有补助机关，已有相当之谅解。用特缕陈，伏命鉴察。

正式到协和任职

颜福庆正式到协和任职，已经是1927年9月中旬了。

9月14日，代理院长顾临签署委任令，送达各系主任：

"副院长颜福庆博士已经开始行使职权，办公室设在C-112号。所有事关协和医学院院务的信函应送达颜博士，除了需要院长亲自经手的以外"[1]。

---

[1] Inter-Department Correspondence, from Mr. R. S. Greene to all Heads of Department. September 14, 1927. Archives of PMUC. No 3587.

北京协和医学院代理院长顾临签署的委任令。原件藏北京协和医学院档案室。

颜福庆在协和期间，还曾代理过宗教和社会工作部负责人。1927年12月27日，协和宗教和社会工作部主任朱友渔（Y. Y. Tsu）向各系主任发布了消息：

"本人不在协和期间，由颜福庆博士代理宗教和社会工作部主任。时间从1927年12月27日开始。颜福庆博士在大礼堂二楼办公，办公时间从下午1:45到2:30，星期六、星期天除外"[1]。

颜福庆在协和期间的具体事迹，我们很难找出史料来填补。颜福庆的小女儿颜湘清曾在回忆中提到："由于父亲受聘于北京协和医大，我们全家也随之北上。我们住在协和为我们准备的小洋房里，生活条件十分优裕，很安定。但先父从不在乎生活上的享受。他有他伟大的心愿和抱负。在父母的交谈中，我们听到父亲说北京有出名的协和医学院，我们上海也应该可以办个医学院"[2]！

协和医学院的不和谐音是双重的薪资标准。外籍教员的薪水比中国教员高，引起中国教员的不满。外教享有较高薪水，不可避免地带来心理上的优越感和对中国教员的歧视。身为华人代表的颜福庆，深刻体会到了这种差异。

---

[1] Y. Y. Tsu to the Head of Department. December 21, 1927. Archives of PMUC. No 3587.
[2] 颜湘清：《忆吾亲爱的父亲颜福庆博士》（手稿复印件），2002年。

第四章 | 筹备中央卫生部　任职协和副院长　（1927—1928）

薪酬上的窘境，反映了富国在穷国办学校的典型特征。这对颜福庆是一个刺激。作为一个医学院和医院的管理者，颜福庆在今后办上海医学院时同样也面临中外教员薪资标准的难题。协和的薪水在所有中国的医学院中遥遥领先，如果协和不适当调整薪资，那么上海医学院将很难请到第一流的医学人才。同为医学院院长，双方既有合作，更有竞争。在20世纪30年代，颜福庆与中国医务界其他领袖暗暗地给协和施加压力，迫使协和把过高的薪水降下来[1]，使各大医学院的薪资水准趋于一致。

北京协和医学院代理院长顾临。

1928年5月29日，颜福庆离开北平，到上海就任。离开北平前一天，颜福庆给已经兼任协和医学院代理院长的顾临留了一封告别信。顾临在6月1日的回信中说：

"我想利用这个机会，对你在过去一年里给予我的帮助表示深深的谢意。你在很多问题上的大小建议，对我都很有价值。我感到，你的人格在我们协和教师队伍中起了榜样作用，有力地提升了教师中的团结协作精神。

我将非常关切地注视你在上海的新事业。洛氏基金会给予你们的医学院捐助太少，使你很失望，我也深感遗憾。但我感到，你的事业是有牢固基础的，已经获得了上海市和周边地区开明官员和市民的大力支持，你可以充满信心地建设一个强大的医学院"[2]。

---

[1] R. S. Greene to F. C. Yen. August 27, 1935. Archives of SMC. LS2-215.
[2] R. S. Greene to F. C. Yen. June 1, 1928. Archives of PMUC. No 3587.

第五章

国人自办　一流学府
（1928—1937）

　　位于上海的国立中央大学医学院无疑是国立医学院中最成功的一所。因此，它理应拥有一所模范的国立医学院的优良设施，并对中国所有医学院校的医学教育和中国的科学医学产生重大影响。

　　　　　　　　　　——国联卫生部《费伯报告》 1931年5月

　　9月15日投入使用的国立上海医学院大楼，无论从规模、设备，还是它那美轮美奂的建筑来看，都可以和世界上任何一个医学院媲美而毫不逊色。

　　这所具有重大历史意义的（上海）医学院，与欧美同类医学院站在同一水平线上，是整个亚洲最重要的医学中心之一，它将成为中国新的骄傲。

　　　　　　　　　　——英文《大陆报》医学副刊　1936年9月29日

　　人生意义何在乎？为人群服务。服务价值何在乎？为人群灭除病苦。可喜！可喜！病日新兮医亦日进。可惧！可惧！医日新兮病亦日进。

　　噫！其何以完我医家责任？歇浦兮汤汤，古塔兮朝阳，院之旗兮飘扬，院之宇兮辉煌。勖哉诸君！利何有？功何有？其有此亚东几千万人托命之场。

　　　　　　　　——国立上海医学院院歌（黄炎培词，徐希一曲）

第五章 | 国人自办 一流学府 (1928—1937)

根据协和董事会决议,颜福庆在北京协和医学院的任期将于 1928 年 6 月 30 日结束。

协和的任期还没有满,颜福庆就带着洛氏基金会的捐助,于 6 月初匆匆回到上海。医学院筹备,有太多的难题在等待着他。

创办上海医学院,是颜福庆一生事业的顶峰。这所医学院在 1927 年创建后,焕发出旺盛的生命力,短短数年内即在中国医学教育界迅速崛起,与外国人办的代表世界水准的北京协和医学院,一南一北,遥相呼应,代表了国人自办医学院的最高水准。

上海医学院的创办不是一朝一夕之功,而是经历了多年的酝酿,是多种力量汇聚的结果。回老家上海办医学院的最初设想,萌发于湘雅医学院时期。前文提到,1924 年 2 月,颜福庆就在中华医学会第五次大会中提议,利用江浙沪地区已有的医疗和高等教育基础,建立第一流的中国医事中心。这可以看作是创建上海医学院的最初构想。上海医学院的诞生,是这一倡议的实现。

国立第四中山大学医学院,已于 1927 年 10 月开始基本科的教

1932 年"一·二八"事变中被日军炸毁的吴淞校园全景。左侧楼房,一楼为细菌学科,右侧为行政办公室及药学科。二楼左边为病理学科,右边为生理、生化两学科。右侧小平房是解剖学科及工友宿舍。中间一排房子,是教职员家庭宿舍、单身教员宿舍、学生宿舍、图书阅览室。当时徐丰彦还是助教,住在一楼,二楼住着蔡翘、汤飞凡、任廷桂等教授。林兆耆、钱悳、杨国亮、戴天右、张昌绍等学生住在二楼的学生宿舍。复旦大学档案馆提供。

学，继承了前江苏省立医学专门学校的图书、仪器和标本，以国立政治大学为校址，占地28亩。基本科设在吴淞镇前国立政治大学。专任教师仅乐文照、高镜朗、蔡翘、任廷桂四人，另外请了几位兼任教师。所有学生加起来不足30人，但是素质相当好，绝大部分是从协和、湘雅、圣约翰三所著名医学院转来的，比如吴在东、蓝彝、杨国亮、邓一韪、凌敏猷、林兆耆等。属于医学院名下的医院，只有一家新办的产科医院"江苏妇女医院"，地点在苏州留园马路[①]。

"作始也简，将毕也巨"。创办初期的上海医学院，就是这样的简简单单。

医学院与南京的大学本部，经历了由合到分的复杂过程。从医学院一再更改的校名就可略见一斑。初名国立第四中山大学医学院，1928年先后改称江苏大学医学院（2月）、国立中央大学医学院（4月），1932年7月从中央大学独立，改称国立上海医学院，简称"上医"。这一年，颜福庆刚好50岁。

湘雅人成了创建国立上海医学院的主力

在长沙，颜福庆创业十数年，湘雅声名远播，成为华中地区的医学重镇。在上海，建成以中山医院、上海医学院为核心的中国医事中心，前后也用了十年。

从中世纪的清王朝到现代的南京国民政府，从内陆城市长沙到世界第六大都市上海，颜福庆创建上海医学院的起点，已经远非20世纪10年代创办湘雅时可比拟。20世纪二三十年代，世界医学科学突飞猛进，医学教育模式发生了深刻的转变。湘雅的另一位核心人物、颜福庆的朋友胡美，与颜福庆同时离开湘雅，回到美国纽约医学研究院（New York Medical School and Hospital），开始了创建纽约医学中心的努力。颜福庆与胡美以及协和医学院代理院长顾临频频通信，时

[①] 1927年8月江苏省立医学专门学校停办后，1928年4月1日在原校址上办起了产科医院，即江苏妇女医院，孙克基任院长。同年8月1日，该医院停办，所有设备运到上海的中国红十字会总医院。

刻关注着世界最先进的医学教育思潮。

独立自主办医学院的十年创业生涯，开始了。颜福庆一步步地迈向人生的顶点。

颜福庆向湘雅昔日的同事、学生和医务界结交的朋友发出了热情的邀请。由于颜福庆的到来，第四中山大学医学院像一块磁铁那样，吸引了一批中国医务界的优秀人才。

离开湘雅的一批精英，受颜福庆的感召，陆续来到上海，投入这所完全由国人自办的医学院的创建。

这里第一个要提的是颜福庆的左右手、药理学家朱恒璧。他是颜福庆在湘雅就看中的不可多得的人才，颜福庆把他一同带到协和，又从协和带回上海。根据颜福庆的创业计划，国外的捐款，用于建设卫生学和药学两科，药学科的建设，就由朱恒璧来负责了。离开北平时，朱恒璧已经擢升协和药理学副教授，在药学界开始崭露头角。

说了朱恒璧，就不能不提参加辛苦筹建工作的内科专家乐文照、儿科专家高镜朗、医院管理专家赵运文（赵鸿钧）[1]、骨科专家任廷桂，不能不提热带病学家应元岳、产科专家孙克基、妇科专家白良知、已经在病毒学领域显示出过人才华的汤飞凡，以及后到的眼科专家周诚浒、肺科专家吴绍青、公共卫生学家张维，等等。上面列举的，除了乐文照以外，全是昔日湘雅培养的学生和同事，成了颜福庆创建第四中山大学医学院的核心力量。张治道曾说过："上医是湘雅的继续。"这句非常贴切的话，概括了两所著名医学院间的亲缘关系。说得再具体些，第四中山大学医学院的首批师资来源有两部分：一部分是有教学经验的、主要是随颜福庆从湘雅到协和再南下的人，如朱恒璧、张伯钧（张錡）、白良知、赵运文、高镜朗、任廷桂、周诚浒、应元岳

---

[1] 赵运文（1885—1939），清朝秀才，籍贯不详。毕业于上海广方言馆。后赴湘雅任教。受雅礼会派遣，赴美国纽约大学，专攻医院管理学。学成后又赴英伦考察。回国后就任湘雅医院副院长，辅佐颜福庆同办湘雅。第四中山大学医学院创建后，应邀来沪，任颜福庆秘书。20世纪30年代初，赵运文因病不能工作，推荐挚友方子川接任秘书。方子川，1926年毕业于复旦大学社会科学科，后任上海医学院国文教授。赵、方两人，对上海医学院早期建设贡献颇著。

诸先生,这是主体;另一部分是上海医务界的学者,如乐文照、谷镜汧、林国镐先生。这两批人构成了第四中山大学医学院最初的临床和基本各科师资①。

到1928年底,专任教员已达到22人。颜福庆组织起来的这支教学队伍非常富有朝气。1927年创校这一年,颜福庆正值中年,45岁,全院最年长,朱恒璧37岁,次之,其他人大部分在而立之年上下:乐文照31岁,高镜朗35岁,任廷桂33岁,谷镜汧31岁,蔡翘、汤飞凡都正好30岁……

在上海医务界,这些医学新秀们与他们服务的医学院同样年轻。凭着对医学科学的执着,这支年轻的队伍克服了种种难以想象的困难,为医学院打下了最初的基础。

创业艰难,每一个学科都是从无到有,白手起家。

医预科设在南京,由第四中山大学本部的理学院办理。基本科设解剖、病理、生物化学、生理、药理、细菌、寄生虫、卫生学共八

1934年,国立上海医学院全体教职员合影。二排左六颜福庆,左四韩芬,左五谭憂黎,左七胡美,左八乐文照,左九朱恒璧。复旦大学档案馆提供。

---

① 颜福庆:《国立上海医学院之回顾与前瞻》,《国立上海医学院院舍落成纪念特刊》,1937年4月,第2页。

第五章 | 国人自办　一流学府　（1928—1937）

科，教学在吴淞。临床科分内科、外科、儿科、妇科、产科、眼科、耳鼻喉科、皮肤花柳科、生殖及尿道、X 光共十科，示教在海格路（今华山路）的中国红十字会总医院。预科、基本科、临床科三者天各一方。从基本科到临床科，要从吴淞到海格路，横穿大上海。病理科的谷镜汧医生，为了做一例尸体解剖，总是要手提竹篮，携带解剖器械，奔波几十里，从吴淞乘火车到市区，再赶到红十字会总医院。漫漫长路，谷镜汧乐此不疲。医学院最初的病理标本室，在谷镜汧手里建立起来。

生理学是医学之基础。医学院成立时，从复旦大学生物系聘请了蔡翘，蔡翘把得意门生徐丰彦请来当助教。第四中山大学创办时，徐丰彦刚从复旦大学生物系毕业。师徒两人，另加一位工友，承担起医学院生理学科的创建重任。草创伊始，蔡、徐两人除了教生理学外，还兼授组织胚胎学和神经解剖学。一台老式离心机是最好的设备。一切工作都要自己动手，没有动物房，实验动物要自己到野外去捉；缺少实验器具，玻璃器皿要自己动手吹制；没有现成标本，组胚标本也要自己动手做。就是凭借简陋的物质条件，蔡翘带领徐丰彦和一位技术员、一位工友，开展关于甲状腺及钙磷代谢的物质研究，在《中国生理学杂志》1929 年第 2 期上发表了研究报告。徐丰彦晚年在《我跟随蔡翘教授的岁月》一文中说："科学研究固然需要一定的条件与设备，但设备不是唯一因素，更重要的是有创造性的人。只要有基本的物质条件，如能善于利用它，也能开展一定的科学研究工作。"

中国红十字会总医院院长

与延聘教师同样紧迫的，是找到一家教学医院。短期内自办医院不现实，只能暂时接办或租借一家。可是教会医院不肯，公家医院不便，私人医院又不适。最后，颜福庆与中国红十字会协商后，于 1928 年 8 月 1 日租下了中国红十字会总医院，医学院有了第一所综合性教学医院。

中国红十字会的前身,是"大清红十字会"。红十字会董事沈敦和于 1907 年开始筹建红十字会总医院,1910 年落成时,设医院和医学堂建筑各一所,病床 50 张,分内外两科。1913 年与上海的哈佛医学校签订 5 年合办合同,美国人胡恒德任院长。其间曾培养了乐文照、戚寿南、朱恒璧等优秀人才。1918 年又与安息日会签约合办 3 年。1921 年全部收归国人自办,牛惠霖任院长[1]。

从 1844 年第一所西医医院仁济医院创办,到 1927 年,上海已经医院林立,形成了教会、私立、公立医院三足鼎立的局面。其中教会医院实力最为雄厚,著名的有仁济医院、同仁医院、西门妇孺医院、公济医院、广慈医院等。在教会医院占主导地位的年代,完全由国人自办的红十字会总医院,与上海医学院一样,有划时代的意义。1927—1928 年度,红十字会总医院已有床位 120 张,年住院病人达 2 000 多人,门诊量已达 22 000 人次[2]。但是与教会医院相比,红十字会总医院规模小,设备差,接收的病人大多是平民,医院每年入不敷出。颜福庆接手的那年,医院赤字已达 4 151 美元[3]。

接管红十字会总医院后,颜福庆亲自担任医院院长。制定了"病人至上"的彻底人道主义的院训,成为全院医师员工的指导原则。为了实现"病人至上"的院训,颜福庆建立起专任医师制度和 24 小时住院医师制度,聘请乐文照、任廷桂、孙克基、高镜朗、富文寿、周诚浒等德艺双馨、年富力强的医学院教师分任各科主任,使基础研究与临床相互促进,医院的医疗水平和服务质量发生了根本性变化。医院以优质的服务、低廉的收费,很快成为上海普通市民,尤其是平民信赖的医院。人气旺了,营业费也上去了,接手的第二年,医院就扭亏为盈,第三年盈余已达 7 038 美元[4]。红十字会总医院迅速成为国内有影响的教学医院,成为医学院的主要实习基地和培养医学人才的摇篮。1932 年 9 月,红十字会总医院改称中国红十字会第一医院。

---

[1] 编写组:《光辉的历程:华山医院院史(1907—1997)》(内部资料),第 1—4 页。
[2][3][4] F. C. Yen. Economics of Medical Schools and Hospitals in China. *Chin Med J*, 1935, (9): 891.

第五章｜国人自办　一流学府　（1928—1937）

全体教师在红十字会总医院前合影。前排左八颜福庆，左六穿长袍者朱恒璧。

20 世纪 30 年代，红十字会总医院与上海医学院本部合作，出了一批高水平的科研成果。如乐文照曾发表有关霍乱时肾功能减退的论文，被 50 年代出版的《希氏内科学》所引用。应元岳在国内首次发表人体肺吸虫的报道。董秉奇应用胸廓成形术治疗肺结核，在国内外处于领先地位[①]，更令红十字会总医院扬眉吐气。

不过，红十字会总医院作为医学院的教学医院，是租赁性质的，不是医学院的财产。相反，医学院每年要交纳一笔很大的租金。从长远来看，医学院迟早要办一家属于自己的大型综合性医院。这家医院于 1929 年倡议，六年后建成，就是著名的中山医院。

湘雅开始第二轮创业

虽然脱离了湘雅，但颜福庆还是想尽一切办法帮助湘雅。到了上海之后，颜福庆与徐善祥、Paul C. T. Kwei、F. L. Zhang、赵运文（H.

[①] 陆明：《上海近代西医医院概述》，《中华医史杂志》，1996 年，第 1 期，第 22、23 页。

C. Tsao）、赫钦斯（F. S. Hutchins）等人组成"湘雅维持会"，1927—1928年的两年间，定期召集会议，向雅礼会董事们通报中国尤其是湖南的近况，保持雅礼会与湘雅学生和校友间的联系，并为重新开办湘雅提出建议①。

1929年春，颜福庆又专程前往长沙，主持召开湖南育群学会特别会议，商议恢复湘雅医学院。湘雅校董会重组后，选举长沙楚怡学校校长陈润霖为湘雅医学院董事长，长沙明德中学校长胡子靖为湖南育群学会会长，王子玕为湘雅医学院院长，并兼任湘雅医院院长和湘雅护士学校校长②。

同年秋季，湘雅在停办两年后恢复招生，开始了第二轮创业。在胡美、颜福庆等创校先贤离开后，湖南人掌握了湘雅大权。湘雅成为湖南人的湘雅。

创设中国第一个农村卫生实验区

卫生学科和药学，是颜福庆建设医学院第一期计划中的两个重点，颜福庆将中华教育文化基金会3万元的资助，用于创建卫生学科。由于经费有限，药学无法得到大笔经费的支持，发展起步相对较慢。

颜福庆一到任，就创设卫生科，担任主任兼公共卫生教授，亲自抓卫生学科。卫生学科的教育宗旨是：第一，医学须绝对社会化、科学化、经济化。第二，使医学生有强烈的社会观念与民族意识。第三，增进民众的健康，预防疾病，普通治疗与卫生教育并重。第四，抱定到农村的精神③。

"医学重实验，卫生尤重实验"（《国立中央大学医学院计划书·卫生部分》），卫生教学中一个重大举措，就是创设中国第一个农村卫生实验区——吴淞卫生公所。这是他在湖南卫生实践的进一步深

---

① Reuben Holden. *Yale-in-China: The Mainland Years, 1901—1951*. New Haven: The Yale-in-China Association, Inc, 1964: 166.
② 刘笑春、李俊杰主编：《湘雅春秋八十年》，中南工业大学出版社，1994年，第24页。
③ 《上海市卫生局高桥卫生事务所暨国立上海医学院卫生科年报》，1935年。

度拓展，同时也借鉴了协和的经验。

1923年，兰安生担任北京协和医学院公共卫生科主任。他富有创造性地提出：预防医学（或称公共卫生）也应该像临床医学一样，有见习和实习场所，它的教学现场应该是居民区。预防医学的学生应该深入社区，了解居民卫生、健康和疾病的状况，应用所学的医学知识和技术，从群体而不是从个体角度来解决健康和疾病问题。临床医学的对象是个体，而预防医学的对象是人群。兰安生将医学与人群联系起来，这是认识上的一个飞跃。

兰安生克服了校内外重重阻力，1925年与京师警察厅达成协议，创办了全世界第一个公共卫生示范站——"京师警察厅试办公共卫生事务所"（1928年以后改称"北平市卫生局第一卫生事务所"，简称"一所"）。朝阳门大街以南、崇文门城墙以北、东城根以西、崇内大街以东的地区被辟为实验场所。行政归京师警察厅管理，业务由协和公共卫生系负责。"一所"名义上是政府机构，实际上是协和公共卫生科和护士学校的教学现场，负责辖区5万居民从生到死可能出现的疾病和健康问题。经过实践，"一所"建起了一张三级医疗保健网，网络的基层是地段保健（包括学校卫生和工厂卫生在内），中枢是"一所"医疗保健各科门诊，顶端是合同医院（协和医院或其他医院）。1926年开始，协和医学院要求所有学生必须到"一所"实习。在"一所"实习的时间与内科、外科一样，都是四个星期。这是现代医学教育的一个重大转向[1]。20世纪30年代，这一模式开始传到美国哈佛、约翰·霍普金斯等医学院。

兰安生成立"一所"的这一创举，在公共卫生发展史上有重大意义。他离开协和回美国后，被授予"拉斯克奖"（Lasker Award），这是美国医学界仅次于"诺贝尔奖"的一项大奖。1962年去世时，人们称誉他是一个"伟大的具有科学预见性和政治家风度的人物"[2]。

---

[1] Mary Brown Bullock. *An American Transplant: The Rockefeller Foundation and Peking Union Medical College*. Berkeley: University of California Press, 1980: 95.

[2] 裘祖源：《协医旧事琐谈》，编委会《话说老协和》，中国文史出版社，1987年，第165页。

颜福庆作为中国公共卫生事业的拓荒者，在吴淞卫生公所创办之前，已经积累了公共卫生教学的丰富经验。在湘雅担任了十多年的预防医学科主任；与洛氏基金会合作，做了极为出色的萍乡安源煤矿钩虫病调查，但是一直没有机会创设卫生区。医学院创办，正是实现理想的时机，颜福庆如愿以偿，创办了吴淞卫生公所。高镜朗、汤飞凡、林国镐等分别在吴淞卫生公所内承担检查、化验、统计、防疫、保健、医务等工作。

历史也给颜福庆创造了好机会。1927年南京国民政府成立，在政府内部一批精英的推动下，公共卫生行政被摆到了重要位置。推行公共卫生的重镇，也从北京的协和医学院移到了南方。这是政治中心从北京移到南京的直接结果。北洋政府时代的政治中心北京，从此成了"外省城市"，即使全国最高水平的北京协和医学院，也失去了与政府首脑、医务界头面人物直接接触的机会。无可奈何花落去，协和医学院院长顾临颇感失落[①]。

而中国现代化程度最高的上海特别市，以积极的姿态推行现代公共卫生行政。颜福庆与上海特别市政府卫生局达成合作协议，吴淞卫生公所改称"吴淞卫生模范区"，于1929年9月6日成立。吴淞区市政委员会办事处内关于卫生行政事宜转移到该区内，于是卫生教育与卫生行政合而为一。

根据模范区组织大纲，由上海特别市政府代表岑德彰、卫生局局长胡鸿基、国立中央大学医学院颜福庆组成三人委员会，定期召开会议，处理区内公共卫生事宜。行政事务和行政费用由上海特别市政府负责，学术研究各项事务，由国立中央大学医学院负责。委员会下设立总务统计课、检查课、保健化验课、医务防疫课等。

总务统计课掌管生死疾病统计。检查课负责清洁、检查、取缔妨害卫生各事宜。保健化验课负责化验饮食物与粪便，宣传卫生常识，指导学校与工厂卫生设施及儿童保育方法，指导和实施公共场所卫生和家庭卫生。医务防疫课则掌管预防疾病和一切医疗事项。

---

① R. S. Greene to F. C. Yen. August 11, 1928. Archives of PUMC. No 3587.

从模范区的工作报告中，我们看到模范区开办不到半年取得的成绩：

总务统计课把全区人口详细调查了一遍，有史以来第一次初步掌握了区内人口总数、男女比例、婴儿死亡率、各年龄段分布等重要的生命统计数据。

医务防疫课调查了全区的疾病流行状况，并挨家挨户上门种痘。

学校卫生方面，选定吴淞初中、吴淞小学和国民小学三校，给学生做体检，改良学校卫生场所，提倡卫生新方法，组织全镇各小学校长和教员成立卫生教育研究会。

工业卫生方面，以吴淞永安纱厂为重点，指定专门护士和医师，负责该厂的卫生防疫工作。

市政卫生方面，推广新式卫生公厕，严厉取缔老式粪缸……

古老的吴淞镇，第一次受到了现代卫生的洗礼，环境卫生悄悄地发生变化。

吴淞卫生模范区1932年被日军炸毁后，医学院又在高桥创办卫生模范区。图为医学院师生在街头宣传卫生常识。

高桥卫生模范区为儿童接种牛痘。

为模范区孩子们创建儿童公园

环境卫生的改变是直观的,更深刻的,是对居民思想和观念的冲击。要想改变千百年来形成的旧习惯,会遇到重重阻力。向一个从没有受过学校正规教育的村民讲科学方法,不啻是"对牛弹琴",有时不得不借用行政力量来强制实行。产婆训练就是一例。

模范区内原有旧式产婆九人。几千年来,接生的设备不外乎一盆温水和一把家常剪刀,所以临产叫"临盆"。拉出胎儿、剪断脐带、剥洗胎盘,全靠接生婆一双手。只要听见婴儿啼声,即大功告成。习惯了,就以为天经地义,不愿学习改变。

在 1930 年 11 月的模范区第八次委员会议上,高镜朗提议,把旧式产婆集中起来,施以三个月的培训。这是件好事,可是做起来并不容易。产婆培训班第一次开课,到了七名,还算好。可是第二次,就剩下两名了。产婆训练不得不中途停止。颜福庆和其他委员只得借助公安局的力量强制执行[1]。

---

[1] 吴淞卫生模范区第十次委员会会议记录,1931 年 5 月 13 日。复旦大学档案馆藏档案,LS1-18。

定期举行的吴淞卫生模范区委员会议,颜福庆从不缺席。在会议记录中,可以看到颜福庆提出的多条建议,有些付诸实施了,如设立区内医院——海滨医院。有的提议,比如设立模范区儿童公园,建议非常好,但是不能如愿。

模范区的乡村小路,坑坑洼洼,一下雨,就泥泞不堪。村娃们玩耍没有一个好去处。看到光脚丫的孩子们在田塍上跑呀,跳呀,颜福庆一直想为他们设立一家儿童公园。中国农村有史以来,恐怕是第一次有人想到要为孩子们建立儿童公园。在1930年11月26日举行的模范区第八次委员会议上,颜福庆提出了把区前原有水塘填满,建设儿童公园的设想,提请会议公决。我们看到了会议记录"本区前面池塘,地属两路管理局,须先向路局接洽解释产权范围,并请工程师丈量后,致函吴淞市政委员会向地方募捐建造"[1]。公共卫生解决的是社会问题,往往需要公安、司法、行政等政府部门的参与方能实施,这是公共卫生不同于个体医学的复杂之处。

与协和医学院在河北定县的卫生实验一样,吴淞卫生模范区也成为中国农村开展卫生实验的一个样板,国内外前来参观的人士络绎不绝。香港工部局的惠林登、国联卫生部的黑塞、协和医学院的兰安生、狄瑞德、美国康奈尔大学医学院公共卫生学教授斯曼利(Smillie)都曾来考察取经。斯曼利教授对模范区倍加赞赏,并仿照颜福庆的做法,在美国康奈尔大学附近也举办了一个乡村卫生教学区[2]。

赞赏归赞赏,在实际工作中,公共卫生工作依然举步维艰。其艰辛只有身处其中才能体会。与单纯的医学研究相比,公共卫生要复杂得多。模范区的工作条件艰苦,报酬也低,所以区主任频繁易人。政府注重公共卫生,延聘卫生人才,与医学院校形成竞争态势,更使模范区难以聘到合适人才。模范区存在的四年间,颜福庆一直为区主任人选而发愁。模范区的前三任主任胡宣明、邓真德、梅贻

---

[1] 吴淞卫生模范区第八次委员会会议记录,1930年11月26日。复旦大学档案馆藏档案,LS1-18。
[2] 戴天右:《颜福庆》,黄家驷主编:《中国现代医学家传》,第1卷,湖南科学技术出版社,1985年,第10页。

琳，在职平均时间仅寥寥数月。梅贻琳甚至提出，如果模范区再找不到合适的人手，最好关闭。颜福庆还考虑，延聘 Todd 或 Wampler 之类外国专家来主持模范区工作，但都未能如愿。根据实际情况，颜福庆不得不压缩模范区的教学和研究，把余下的中华教育文化基金用于发展药学系的中药研究[①]。1932年一·二八事变中，吴淞卫生模范区毁于一旦。

精心培养公共卫生接班人

吴淞卫生模范区，是上海医学院首个卫生实验区，为此后的高桥、新闸、嵩山、嘉定等卫生教学区，以及抗战时期内地的曲靖、璧山、沙磁等卫生教学实验基地提供了样板。

颜福庆对模范区倾注了大量心血。创建伊始，把模范区定位成集行政、教学、科研三位于一体的农村卫生教学实验区。上海医学院学生，都要在模范区轮转实习公共卫生一个月，以期毕业后"将卫生真旨运用自如，为地方服务"。模范区内还进行艰深的科学研究，如"各种传染病毒苗之研究、菌苗及血清之性质、水乳及食品药物之化验"。为节省费用和调剂人才起见，这些研究与医学院的细菌、病理、生物化学等科实验室合力进行[②]。

模范区的功能设计，是颜福庆公共卫生和医学教育思想走向成熟的重要标志。吴淞是中国千百个乡镇之一，吴淞一镇如果培养起文明卫生新风尚，那将是整个中国乡村社会卫生的新曙光。所谓模范区，就是试验区和示范区，其中的经验，将推广到全国各地，作为革新社会的样板。乡镇是中国农村社会的细胞，也是卫生建设的起点。只有改善了乡镇的卫生状况，才有可能进一步实施县、省乃至全国的卫生计划，中国社会的卫生状况才有可能得到根本的改善。乡村卫生区，是颜福庆倡导的公医制之基础。因此，吴淞卫生模范区，在颜福庆的

---

① F. C. Yen to R. S. Greene. April 2, 1930. Archives of PUMC. No 3587.
② 《本学院卫生科概况》，复旦大学档案馆藏档案，LS1-16。

医学生涯中具有重要地位。

作为中国人自己办的医学院,除了培养临床医生外,还有责任培养更多的面向农村的卫生人才,送医下乡,改善农村的卫生面貌。为此,模范区从1930年开始办理卫生研修班,专门培养有志于卫生工作的医学毕业生。

为寻找合适的公共卫生人才,颜福庆煞费苦心。要医学毕业生主动去从事公共卫生,这是不现实的。卫生事业接班人,需要精心挑选,重点培养,以自己为例现身说法,苦口婆心地劝说,加上因势利导,才能留住好苗子。颜福庆亲自挑选,亲自谈话,挑选卫生人才,为医学院造就了一批品学兼优、有使命感的公共卫生学家,苏德隆就是其中最杰出的一位。

1935年6月,苏德隆(1906—1985)以总成绩第一名从上医毕业,留校任助教。颜福庆对这位高才生赞赏有加,亲自找他谈话,动员他从事公共卫生。颜福庆的一番开导,使苏德隆动了心。他接受学校派遣,到上海县颛桥乡办理农村卫生所,开辟学校新的卫生教学基地。

一间空房子、一个助产士加一个练习生,就是颛桥卫生所创办时的全部家当。苏德隆没有向困难低头,在两年时间里做了大量流行病学调查和其他科研工作,打下了从事卫生学研究的扎实基础。1944年苏德隆赴美国约翰·霍普金斯大学公共卫生学院深造,获公共卫生学硕士(M. H. P),1945年转赴英国牛津大学病理学院,师从诺贝尔奖获得者弗洛里(H. W. Florey)教授攻读博士。在英国深造期间,苏德隆发现了一种具有较强抗菌作用的抗生素,即微球菌素(micrococcin),路透社曾将此作为科学新闻向世界报道。1948年,苏德隆获得哲学博士学位,并当选为英国皇家统计学会会员、英国皇家微生物学会会员,毕业后回上医任教,成为我国公共卫生学的一代宗师。新中国成立后,为预防和消灭血吸虫病作出了杰出的贡献。

20年后的50年代,苏德隆已经是一级教授,还念念不忘当年颜福庆的教诲,每每向学生讲述自己从事公共卫生的故事,以此来教育自己的学生。从颜福庆到苏德隆，再到苏德隆的学生，上海医学院注重公共卫生的好传统代代相传，延续至今。

延聘陈克恢主持药学系而未果

建立高水平的药学系必须要有专职的人才挑大梁才行，而医学院只有朱恒璧一名专职的药理学副教授。朱恒璧已经担任教务长和药学系主任，不愿意放弃他的专业，也即不打算专门从事行政管理工作，因此药学系需要延聘更得力的专职教授。独立发展药学，有难度。还是采用老办法，与人合作。颜福庆设想与国立中央研究院合办药学系，以便在更高起点上办好药学系。正好，1929年5月30日，顾临给颜福庆写信，推荐陈克恢来医学院任职[1]。

陈克恢（K. K. Chen，1898—1988），1922年在美国威斯康星大学医学院获得哲学博士（Ph.D）学位，1923—1924年在北京协和医学院药理系担任两年襄教授。协和有从事中药研究的传统。1920年，伊博恩（Bernard E. Read，1887—1949）接过美国药物学家米尔斯（Ralph Mills）未完成的《本草纲目》英译稿，开始全身心投入中国传统药材研究。1922年，洛克菲勒基金会派施密特（Carl Frederic Schimidt）前往协和筹建药理系，开设药理学课程。随后陈克恢受聘协和担任药理系助教，三人开始合力研究中药，首先选取当归与麻黄。1924年，陈与药理系主任施密特首次发表关于麻黄碱研究的论文，指出麻黄的有效成分麻黄碱的生理作用与肾上腺素类似且较为持久，其效能完全与交感神经兴奋剂相同。该论文引起轰动，麻黄碱一跃成为国际瞩目的拟交感神经新药。1924年3月，施密特向协和校长胡恒德推荐，应尽快将陈克恢晋升为副教授。10月28日，施密特再次致函胡恒德，说明陈克恢的合同年底到期，此人大有前途，应考虑提升职称和薪水，使其在协和安心工作。但是，协和有自己的晋升和聘任原则，职称晋升看重年资，即使做出世界级的科研成果，也很难

---

[1] F. C. to R. S. Greene. June 15, 1929. Archives of PUMC. No 3587.

破格晋升，协和也从来不为谁预留空缺职位，总是优先提拔长期在协和服务的人，任命科主任优先考虑资深学者，青年人较少被考虑①。

陈克恢没有得到晋升，于1925年再次赴美，在威斯康星大学完成第三年的医学课程后，于1926年转到约翰·霍普金斯大学医学院药理学家阿贝尔（John J. Abel）的实验室任助教，继续深入开展麻黄素研究，同时在该校医院临床实习。阿贝尔被称为"美国药理学之父"。1927年，陈获得医学博士学位（M.D.）。为了让陈克恢再次回到北京协和医学院任职，顾临费尽心思，多次想方设法，为陈克恢回到协和铺路。1927年4月27日，陈克恢致函顾临，说明自己还会在此地工作一到两年，不知协和能否为他留一个岗位，自己访学结束后即可返回。但协和已经任命伊博恩为药理系主任，不可能因陈的到来就换主任。顾临明确表示，即使陈克恢被任命为系主任，也不可能一来就是正教授，而是需要从襄教授或副教授一步步做起②。因此陈克恢再次失去回协和的机会。

1929年4月14日，顾临再次造访巴尔的摩，与阿贝尔谈陈克恢的未来。阿贝尔描述了这位天才药理学家在完成学业后抉择未来的矛盾心态。阿贝尔告诉顾临，由于陈没有美国国籍，在美国大学任教可能性不大，但是陈对其他地方提供的副教授职位又不感兴趣。此外，尽管麻黄素已经走向市场，一些制药公司愿意高薪聘请陈克恢，但他又不愿意转向商业开发工作③。协和医学院几次错过陈克恢，求贤心切的顾临一直耿耿于怀，仍然一如既往地关心陈克恢，一有机会就设法劝说他回协和服务。1929年5月30日，顾临写信给颜福庆，推荐陈克恢来上医任职，也算是退而求其次。为上医服务也是为中国医务界服务，对顾临来说算是完成一桩未了的心愿。

---

① 胡成：《迈向智识世界主义：洛克菲勒基金会在中国（1914—1966）》，台北联经出版事业股份有限公司，2024年，第173、174页。
② 胡成：《迈向智识世界主义：洛克菲勒基金会在中国（1914—1966）》，台北联经出版事业股份有限公司，2024年，第175页。
③ 胡成：《迈向智识世界主义：洛克菲勒基金会在中国（1914—1966）》，台北联经出版事业股份有限公司，2024年，第174、175页。

颜福庆和朱恒璧商定，接受顾临的推荐，延聘陈克恢来主持医学院的药学系。朱恒璧生于1890年，比陈克恢大八岁，1927年朱恒璧任职北京协和医学院药理系代理系主任。彼时，陈克恢从中药中成功提取麻黄素，其成果轰动学界①，朱恒璧深受触动，自此坚定投身中药药理研究。颜福庆和朱恒璧一致认为，如果陈克恢一来就给予药学系主任职位，将会是一种冒险，因为沉稳的个性、善于合作的处世态度，在一个学术共同体中有无比的重要性。陈克恢是世界顶级的药理学家，但是他能否与上医同事合作，还是一个未知数。一个顶级科学家总是有脾气的，脾气和才气往往成正比，陈克恢也如此。顾临认为，陈克恢为人良善，"但平日却喜欢摆出一副高高在上的样子。"胡恒德也认为，陈克恢"有年轻人的不成熟，以及失衡的情绪"②。颜福庆和朱恒璧达成共识，如果陈愿意加盟医学院一年，而且一年内他的个性和专业水平令人满意，那么，朱恒璧很愿意将药学系主任的位置让给陈克恢。两人商定了延聘陈克恢的条件，提供副教授的位置，月薪400元，这是中央大学医学院能给出的最高待遇。1929年6月14日，朱恒璧给陈克恢写了邀请函③：

亲爱的陈先生：

我很荣幸地邀请您来加入中央大学医学院的教师团队。可能您已经对我们学院有所了解。我院创建于1927年秋，是国立中央大学八个学院之一。经费主要由中央政府负责，洛氏基金会、中华医学基金等其他机构也捐了部分经费。去年秋季开始，我院所有临床前期的各系科都已经取得快速发展。学院已经颇有知名度，被认为是中国最好的医学院。医学院除了教授各种最先进的医学知识外，尤其强调原创性的研究。因此，我们完全可以相信，在未来几年内，原创性的研究方面将会有重要进步。

---

① 王士良编著：《朱恒璧传》，复旦大学出版社，2005年，第7页。
② 胡成：《迈向智识世界主义：洛克菲勒基金会在中国（1914—1966）》，台北联经出版事业股份有限公司，2024年，第174、175页。
③ H. P. Chu to K. K. Chen. June 14. Archives of PUMC. No 3587.

您是中药研究的先驱，我们尤其欢迎您加入到我们药学系教师队伍中来。如果您对我们的邀请感兴趣，我们能否建议，任命您为药学系副教授，年薪 4 800 元。我们不想给您副教授，这个职称对您来说太低了。但是，中央大学职称评定办法规定，目前副教授是医学院能给予的最高职衔。所以，我们只能任命您为副教授。中央大学薪金办法规定，任何教员的年薪不能超过 3 600 元。我们只能给您另外补贴每年 1 200 元，这是我们能够给出的最高薪资了。即便如此，也绝不意味着您的年薪只值这些。这只是意味着，中央大学现有的薪酬标准不允许医学院提供比这更高的报酬。

在医学院里，关于您与我的关系，确切的工作机制，我们以后再详谈。请允许我先简略地向您提供如下几点考虑：

1. 教学方面。每周九小时，教学量不大。第二年整个第二学期，由您和我平均分担教学任务。

2. 研究方面。只要药学系的设备允许，您可以自由从事独立的研究。只要您研究时需要助手，药学系里其他教师均可以当您的助手。

3. 行政方面。为了把您从行政管理杂务中解脱出来，由我来负责药学系的行政事务，任何重要的问题，我都会与您商量。在一年内，如果我们认为，您无论从管理还是从业务上都是非常合适的人选，我将十分乐意地让您来管理药学系。

总而言之，可以说我们提供的薪水对您是不太有吸引力的，但是您的学术成就必将获得我们的高度认可。这是值得您慎重考虑的。首先，您最有兴趣的，以及我们能达成共识的，是推动科学和教育。这儿给您提供了一个极佳的机会从事科学和教学。我们诚邀您来加盟。

另寄上您可能感兴趣的中央大学医学院 1928—1929 年度报告。

致以我最好的祝愿。期待您的回复。

朱恒璧

遗憾的是，副教授的职位和 4 800 元的年薪，对陈克恢没有吸引力。他没有来到医学院。如果陈克恢真的来到上医,那上医的药学将会是另一番样子。这当然是后话。1929年7月,陈克恢最终入职美国最重要的制药厂商礼来公司(Eli Lilly and Company)任研究部主任。朱恒璧给陈克恢发出邀请信后数月,颜福庆赴美考察,曾专程赴礼来公司,陈克恢曾给予药学实验器械方面的帮助。

未能聘到陈克恢,药学系由朱恒璧领衔,仍然在人才培养方面取得丰硕成果。朱恒璧毕业于哈佛大学,后去湘雅医学院任教。1923年赴美国凯斯西储大学(Case Western Reserve University)进修,师从国际著名药理学家索尔曼(Sollman),为期两年,研究课题为"离子对心脏活动的影响"。朱恒璧废寝忘食地工作。某次甲鱼心脏实验,朱恒璧连续两天两夜观察并记录其心脏搏动,直到其心跳停止,寸步未离实验室。索尔曼教授为之动容,赞许朱恒璧为"不知疲倦的人"。1925年,这一研究成果分两次刊登于《美国生理学杂志》(American Journal of Physiology, Baltimore)。1925年,朱恒璧重回湘雅,担任药理学副教授。1927年,朱恒璧到北京协和医学院,担任药理系代理主任。协和是中药药理研究重镇,在施密特和陈克恢离开协和后,伊博恩继续从事麻黄素研究,并扩展至其他中药。朱恒璧深受协和中药药理研究传统的影响,尤其受到陈克恢麻黄素研究成就的激励,也转向中药药理研究,成为他后半生的主要研究方向。朱恒璧相继发表《中国乌头之药理作用》《闹羊花毒素之药理作用》等论文,刊于《中国生理学杂志》。此外,朱恒璧还将《中药蚯蚓中之扩展支气管成分》(与赵承嘏、张昌绍合作)、《麻黄素降压作用之反转机制》(与张鸿德等合作)等论文编入药理学教科书中。1928年,朱恒璧从协和到中央大学医学院,主持药学系,先后培养了张毅、张昌绍,均留校任药理学助教。随后两人先后考取中英庚款赴英国留学。张毅于1938年在英国爱丁堡大学研究生毕业后回上医,张昌绍于1941年回上医。张昌绍又培养了易鸿匹、张安中、周廷冲、杨藻宸等药理学家[1]。

---

[1] 王士良编著:《朱恒璧传》,复旦大学出版社,2005年,第6、7页。

赴美国寻求合作伙伴

1929 年 7 月,颜福庆赴美国檀香山出席泛太平洋外科会议,作了题为《中国之医学教育》的报告。趁会议之便,向与会同行介绍医学院的最新动态,并发放中山医院宣传册,开始募捐。

会议结束后,颜福庆又匆匆赶往美国本土。10 月初到 11 月初,近一个月,从西到东,横跨全美,穿梭式地访问了很多城市。"主要目的是使中国在美留学生对中山医院和医学院发生兴趣,以便能聘到几位急需的人才。"在旧金山、芝加哥、波士顿、纽约四个城市组织了募捐点,希望市民们能为医学院捐钱造大楼,并频繁地与美国医学院和大公司接触,寻求医学院的合作伙伴[1]。颜福庆此前已有三次赴美深造的经历。这次访美是他继 1906 年赴美留学、1916 年赴哈佛大学进修公共卫生、1921 年赴美进修眼科及公共卫生之后第四次访美之旅。不过这次访美的身份和使命与前三次不同,这次他的身份是国人自办的医学院的院长,他已有了足够多的自主权。这次访美,也是医学院(即后来的上医)首次面向美国医务界,颜福庆成为医学院的"形象代言人"。美国人知道上医,应该是始于这次颜福庆访美之行。

在美国西海岸,颜福庆访问了加利福尼亚大学医学系和道拉轮船公司(The Dollar Streamship Co.),就开展热带病和流行病研究达成了合作意向。医学院将与加利福尼亚大学交换教师;道拉轮船公司出资建设大楼、购买热带病和流行病的研究设备。

颜福庆访问了新成立的罗切斯特(Rochester)大学牙科学院,院长伊斯特曼(Eastman)对中央大学医学院设立牙科门诊表现出浓厚的兴趣。他们要求颜福庆提交一个设立牙科的方案,以便开展合作。在药学实验方面,颜福庆得到了礼来公司的帮助。

在纽约,颜福庆拜会了美国著名的中国通、洛氏基金会的文森特

---

[1] 颜福庆在美行程介绍,见 F. C. Yen to R. S. Greene. June 15, 1929. Archives of PMUC. No. 3587.

(John Carter Vincent,曾任美国驻长沙副领事)。在餐桌上,颜福庆提出了使用洛氏基金会在上海法租界土地的申请。颜福庆告诉文森特,当建造医院的资金筹足之后,一个正式的申请将由驻华医社的顾临转交给基金会。文森特告诉颜福庆,这一申请可以考虑,但土地仍归基金会所有,而不是用于投资。

颜福庆还说服底特律杰弗逊诊所的林医生(放射学)、芝加哥大学的卢于道(Y. T. Lo)博士(解剖学)加盟医学院教师队伍。在有限的时间里,颜福庆还访问了芝加哥大学,以及纽约医学中心和母校耶鲁医学院。

11月初,颜福庆回到上海,马上给维也纳的欧内斯特·劳弗勒(Ernest Loffler)医生发出邀请,请其担任医学院的病理学科主任,希望他能接受邀请,明年二月来华。根据罗切斯特大学牙科学院的要求,颜福庆又开始与上海牙医协会协商起草设立牙科的方案。

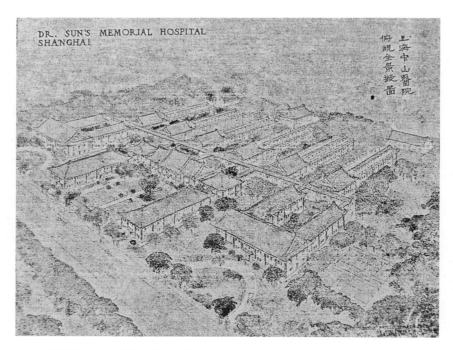

1929年夏设计的中山医院俯视全景图。

第五章｜国人自办　一流学府　（1928—1937）

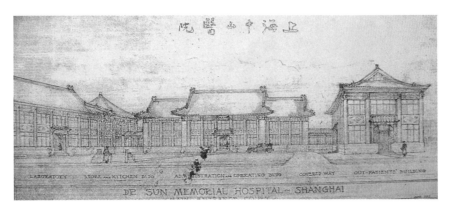

1929年夏设计的上海中山医院正面图。

以美为师，倡建"上海医事中心"

1929年夏赴檀香山出席泛太平洋外科会议之前，颜福庆完成了医院计划书，迈出了建设中山医院的第一步。不过当时医院还没有命名。在檀香山会议上，首先向世界医学同仁作了宣传。紧接着考察了美国旧金山、芝加哥、波士顿、纽约的医学事业。美国医学发展日新月异，在哥伦比亚特区，医学院、医院和研究所紧挨在一起，建成了规模巨大的医学中心。美国之行，使颜福庆大开眼界，同时也深受刺激，感受到中国医学与美国医学的巨大差距。颜福庆向北京协和医学院代理院长顾临通报美国之行的成果，表达了这样的观感："中国距离美国的最低医学标准还有很大的距离。"（China has to go a long way yet before approaching anywhere hear minimum standard in medical education.）[1] 迎头赶上，创建"上海医事中心"的设想，在颜福庆心中萌芽了。

经过近一年的反复思考和论证，颜福庆于1930年8月正式向世人发出创建"上海医事中心"的倡议。计划的核心，是创建一家规模宏巨、设备齐全的国人医院，"注重平民，普及卫生教育"，集分科诊

---

[1] F. C. Yen to R. S. Greene. November 20, 1929. Archives of PUMC. No 3587.

治、精密研究、医学教育于一体，这就是中山医院的雏形。

根据《筹设上海中山医院计划概要》，中山医院"依照各国最新式医院"设计。颜福庆心目中的医院，是美国哥伦比亚的医学中心。为此，设定了募集100万银圆的目标，其中60万用于建筑，20万用于设备，20万作为基金，基金利息当作医院的经常费开支。经常费以外的开支，向社会募捐或申请津贴。创建中山医院与争取洛氏基金会在法租界的土地是环环相扣的。

建设中山医院正值世界经济危机时期，从国内外争取捐助都相当困难。颜福庆找到了耶鲁校友、时任实业部部长和中央银行行长的孔祥熙。抓住了这位金融巨头和政府实力派人物后，上海各界社会名流统统被纳入中山医院发起人名单之中。

1931年1月17日，是上海医学院发展史上有里程碑意义的一天。中山医院发起人会议在上海银行公会（现上海市香港路59号）召开。实业部部长、中央银行行长孔祥熙，孙中山之子、后任立法院院长孙科，沪上政、学、商、医各界名流王一亭、刘鸿生、余日章、王晓籁、赵晋卿、史量才等27人与会。会议宣告，上海中山医院筹备会成立，颜福庆被推举为总干事。这27位社会名流作为中山医院的发起人，联合签署了《筹建中山医院缘起》。这份饱含颜福庆心血的珍贵文献，全文如下：

> 国家统一，建设伊始。凡我国民，敢不奋起，以尽天职，以利人群。医学为世界科学之结晶，且为人类生命之保障。疲癃残疾，四民无告者，固随处皆是。而以上海一隅，五方杂处，为世界第六之大都，人口有二百七十五万以上，疾疠丛生，不堪设想。当供不应求之际，殊乏规模较大之医院，可以收容病人，分科疗治，以救危急；间或有之，都为外人所经营，要皆为外人而设，取费过高，吾中人以上，既难问津，遑论平民。国人所设，类都绌于经济，设备不周，更无分科治疗之可能，以收专门之功效。即医师林立，分任各科，而每遇病者，亟须送院特殊诊治，乃无相当之处足资遣送，以应亟需。至民众一般，更为可悯，因

第五章 | 国人自办 一流学府 （1928—1937）

乏设备较善之医院，常感就诊无门之痛苦，坐以待毙，比比皆然。故以社会之需要，亟待医院之建设。

先总理以医国之长才，兼治病之能手。早岁问世，悬壶港中。至今南服，人争美之。其三民主义，注重卫生，自强不息，立民族之基。博爱人群，树民生之的。吾全国允以总理之心为心，目击国家之急需，就通都大邑树其风声，爰有创设中山医院之议。盖所以纪念先总理，亦所以继其遗志于万一。

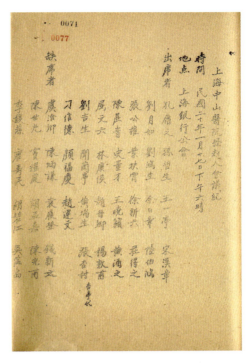

1931年1月17日上海中山医院发起人会议记录。复旦大学档案馆提供。

其特点在注重卫生防病，不仅分科疗治，且重平民教育。表扬民族主义，并注重平民。俾中等以下之民众，不致向隅兴叹。而各界人士，亦得适宜之疗养，一以民生为依归。是故非特纪念先总理，盖以实现其主义为职责。

医学为世界科学之先进，原有国际性质，而无国界之可分。在沪一隅，尤为适当。世界名医，游历来华，雅愿暂驻诊治。一以钻研其学术，一以展其特长。使病者得其实惠，既贡献于我国医药学术，前途亦至重大。以地利之便，人和之效，直接间接，获益必多。

既得完善之医院，即可作训练医材之用。分科诊治，以尽专门学者之技能，复得教育专才，以应全国之需要。并得人才众多，研究精密。则医院不特为疾病诊疗之善地，且为医学教育之中心。一举而数利备,孰有过于此者。

院中设备及募捐数目,另详计划书中。倘得建筑及设备之赞助,尚有捐给土地价值百万之希望。惟其特优之点,为注重平民,普及卫生教育,分科诊治,专门研究。时疫传染,特室隔离。屋顶设舍,疗养肺痨,而供给社会需要,迫切之情,尤为重大。用代千万民众,谨为请命。敬恳党国同志,中外人士,乐于输将,尽力赞助,俾得早观厥成,以强民族而利民生,国家幸甚。是为启。

发起人签名(略)

一周后,筹备会召开第一次常务委员会,决定成立48个募捐队,开始向社会各界大规模募捐。中山医院的建筑经费,完全从社会各界募集。捐款的方式不拘一格:大户捐赠,以一层或二层建筑为单位,

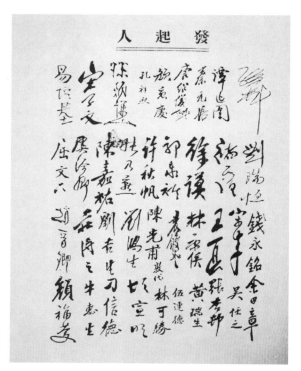

中山医院发起人签名。复旦大学档案馆提供。

或以设备为单位；所有捐赠者，不论多寡，名字都铸在铜牌上，流芳百世；捐赠23 000两以上，"谨提芳名于病室之一"；捐赠7 000两以上，"谨提芳名于屋顶疗养室之一"。捐赠5 000两以上，"谨提芳名于一二等病房之一"；捐赠2 500两，"谨提芳名于平民病床之一，永作免费，使贫病者得受实惠"；凡捐助500两以上，"谨提芳名于平民病房，作为某某慨捐之床"。

孙科为中山医院题词：

> 昔范文正有言，不为良相，当为良医。以两者均可以救民疾苦，于群众之生命有莫大之贡献也。总理早年学医，继以国事煎迫，乃矢志革命，努力于救民救国之大业。其动念益皆出于爱

昔范文正有言不為良相當為良醫以兩者均可以救民疾苦於群眾之生命有莫大之貢獻也

總理早年學醫繼以國事煎迫乃矢志革命努力於救民救國之大業其動念益皆出於愛人治病治國事功不同其為仁術一也

顏福慶醫士近有籌欵百萬創立上海中山醫院之偉舉蓋本諸

總理博愛之衷謀建設一規模宏鉅設備完全之醫院以為國人服務為民族爭光其志可嘉其事可佩願我同志同胞竭力解囊助成美舉豈惟社會之利國家與有榮焉

孙中山之子孙科为中山医院募捐的题词。

人。治病治国，事功不同，其为仁术一也。颜福庆医士近有筹款百万，创立上海中山医院之伟举，盖本诸总理博爱之怀，谋建设一规模宏巨、设备完全之医院，以为国人服务，为民族争光。其志可嘉，其事可佩。愿我同志同胞，竭力解囊，助成美举。岂惟社会之利，国家与有荣焉。

民国外交耆宿唐绍仪为颜福庆题诗一首：

世事纷纭甚，惟君建树忙。
狂澜航一苇，灯火漏三更。
民瘼关怀久，题标取义长。
规模宏硕画，寰宇乐无疆。

唐绍仪为颜福庆创建中山医院的赠诗。

第五章 | 国人自办　一流学府　（1928—1937）

雅号"犹太人"

燕京大学校长司徒雷登曾感叹自己是一名"高级乞丐"，每当他看到纽约街头的乞丐，就会同病相怜，产生无限的同情。这是一位著名教会大学校长的甘苦之言。为了办教育，不得不向诸色人等募捐。冠冕堂皇地说，是募捐。说白了，是当一名"高级乞丐"。

颜福庆何尝不是如此。筹建中山医院的 100 万元，是挨家挨户上门"乞"得来的，每一元钱，都来之不易。

一名瘦削的中年人，不管刮风下雨，出门带一把伞，手夹一本募捐册，坐三等车厢，到了目的地就开始劝人捐钱。一次不行，两次，两次不行，三次，一直到对方实在不好推辞，在募捐册上写下自己的大名。然后换一个地方，再重复原来的程序。

这是颜福庆留给亲戚朋友最深的印象，现在年逾八九旬的老人记忆犹新。辛苦募捐得来的钱，全部入册。铢积锱累，一步步地接近百万元的目标。

只要有捐助的可能，颜福庆见缝插针，"有眼必钻"。

医学院的行政人员中，方子川的父亲是开糖行的。颜福庆叫方子川动员父亲到上海糖业公会募捐。

上海特别市市长吴铁城到东北，颜福庆请吴市长做张学良的工作。张学良终于同意捐一万元。

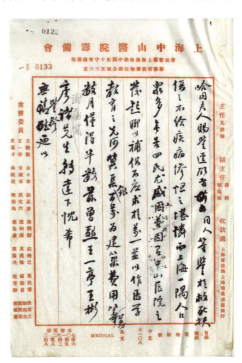

颜福庆写给上海犹太富豪哈同夫人的募捐信。复旦大学档案馆提供。

宋氏三姐妹的母亲倪桂珍去世了,全国各界送了巨额丧仪。颜福庆上门做宋霭龄的工作,"丧仪用于办医院,这是替老太太造福"。恳请宋家把这笔丧仪捐出用于中山医院。好话说了一大堆,还抬出了亲戚关系:倪桂珍从小寄居在颜福庆的舅舅吴虹玉家,排起辈分来,颜福庆与宋家三姐妹有亲缘关系。1931年10月,巨额丧仪59 756.51银圆终于转到了中山医院账上。上医档案内现仍保存着一张1931年10月17日上海银行收款处盖章的副收条。收条上写着:"今收到中央银行由宋太夫人丧礼移助中山医院基金户,拨来银圆伍万玖仟七佰伍拾陆元伍角壹分正。照收无误。"

凡是能利用的关系,颜福庆都用足了。

募捐启事在社会上广为散发。发到了慈善界,五台山善普化佛教会会长王春暄捐了50元①。

募捐信发到了英美烟草公司、西门子中国公司、亚细亚煤油公司、开滦煤矿、江海关、沙逊洋行等大型企事业单位。江海关捐助了53 000两,设立专为海关职员服务的"江海关病室"②;银行公会捐资15 000两,设立了"银行业病房"。

中山医院的捐赠大户名单中,还有两位犹太人嘉道理爵士(一译作坎大利)、沙逊爵士的名字。沙逊捐了74 125.87两,嘉道理捐了10 000两。犹太人是谜一般的民族。20世纪三四十年代,德国法西斯疯狂迫害犹太人,世界上只有上海接纳犹太人。对上海,犹太人抱有故土般的感激之情。

艾利·嘉道理(Elly Kadoorie,1867—1944)刚从巴格达来到"冒险家的乐园"上海时,不过是一文不名的小人物。凭着精明的脑袋,发了家,成为与哈同、沙逊齐名的犹太大亨,获得了英国爵士的封号。今天延安西路的中国福利会少年宫,就是嘉道理当年的豪宅大理石厅(Marble Hall)。嘉道理的富有,从宅第可见一斑。嘉道理最终成了中山医院和上海医学院的捐款大户,捐赠了中山医院的皮肤科。

---

① 代募中山医院捐款清单,复旦大学档案馆藏档案,LS2-123,第153页。
② 复旦大学档案馆藏档案,LS2-123,第118、119页。

第五章｜国人自办 一流学府 （1928—1937）

向嘉道理募捐的情形，颜福庆晚年还记得很清楚。颜福庆告诉志渊："伊铜钿很多。但犹太人很精明，不轻易捐款。我用激将法，告诉伊，某某答应捐钱了，某某又捐了多少，还一个劲地给伊戴高帽子。伊总算答应了。侬要晓得，犹太人是有名的'铁公鸡'，想叫犹太人掏腰包，比登天还难。"

颜福庆精明过人，善于理财，尤其是募捐的这股劲头，与犹太人倒有几分相似。老上医人在背后送给他一个雅号："犹太人"。

嘉道理还与颜福庆建立了深厚的友谊，认了颜福庆的小女儿颜湘清当干女儿。另一个捐赠大户、"火柴大王"刘鸿生，数年后成了颜福庆的亲家，颜湘清嫁给了刘家大公子刘念仁。颜福庆的大女婿陈炳章成了孔祥熙的英文秘书。

经过两年广泛的社会募捐，中山医院 100 万的募捐目标日渐接近。上海医事事业董事会成立前，捐款数已达 80 万元。

宋太夫人倪桂珍丧仪移助中山医院基金的几笔记录。复旦大学档案馆提供。

创设上海医事事业董事会

协和、湘雅都有董事会,经济、人事大权都由董事会掌握。如协和,是美国洛氏基金会掌控的。洛氏基金会总部设在美国纽约,在北京设立派出机构——驻华医社(China Medical Board,又译作中华医学基金会),具体负责协和医学院和协和医院。如湘雅,美国纽黑文设有雅礼会总部,长沙有湘雅董事会,湘雅医学院、湘雅医院又各自设董事会。

医学院当时属于中央大学八大学院之一。中央大学从教育部获得拨款后,再分配给医学院。医学院的办学成本很高,但在八大学院中所得的拨款不如理学院、工学院。如果光凭中央大学给的维持费,医学院绝不能办得日后人们看到的那样出色。医学院必须在中央大学拨款外争取国外捐助,才能有经费延聘名师、改善教师待遇、出国进修等。

中央大学的薪水远不如教会大学。就拿颜福庆来说,协和给他的是专职教授的待遇,年薪 11 000 墨币。中央大学教授的薪水每月 500 银圆,年薪不过 6 000 银圆,比协和少了近一半。颜福庆如此,其他教师也如此。怎么才能请到人才?颜福庆顶住中央大学的压力,从外国捐款中划出部分来补贴优秀的教师。前面已经提到,洛氏基金会、英国庚款委员会每年都捐给医学院一笔不小的款项,使颜福庆有了足够的底气来聘请最优秀的教师。要请到一流的人才,没有一流的待遇,简直是天方夜谭。

随即问题又出现了。按当时的校规,作为中央大学的下属学院,捐款理应上缴然后进行再分配。八大学院中,医学院争取到的外援是最多的。这意味着向外募捐得越多,上缴得也越多。为此,医学院与中央大学之间,必须找到一种妥协的方式。

颜福庆据理力争,摆出了湘雅、协和的例子,提出设立一个"经济委员会",承担类似董事会的职责。中央大学校长朱家骅最终同意了颜福庆的意见。

经济委员会的职权,是筹集、保管医学院除政府拨款之外的基

第五章 | 国人自办 一流学府 （1928—1937）

金和捐款，并决定基金和捐款的使用。经济委员会还有推荐院长的大权。医学院更换院长时，继任人选由经济委员会和医学院院务会议联合推荐，最终由教育部决定并聘任。经济委员会的议决事项，由院长执行。显而易见，经济委员会就是董事会，只不过名称不同罢了。

经济委员会由25人组成，医学院院长、教务主任、院务会议的两名代表为当然代表，其余21人由各界社会名流组成，任期三年，每年更换三分之一，使成员在保持连续性的同时，又得到定期更新。委员会中选出七人组成常务委员会。有了经济委员会的架构，医学院得以相对独立于南京的大学本部。由于地理位置也相对独立，使这种独立性更加凸显。

1932年夏，医学院从中央大学独立，更名为"国立上海医学院"后，经济委员会继续存在。一年后，随着澄衷医院的创建，创办"上

上海中山医院募捐正式收据。复旦大学档案馆提供。

1933年12月的上海医事事业董事会和澄衷医院委员会名单。

海医事中心"的理想迈进了一大步。颜福庆又及时把经济委员会改名为"私立上海医事事业董事会"（Board of Directors for Administration of Medical Enterprises in Shanghai），简称"上海医事董事会"。1933年10月，上海医事事业董事会成立，孔祥熙任董事长，颜福庆任总干事。上海医事事业董事会是一个高效的议事组织[①]，凭借上海医事董事会这个有效的平台，上海医学院的经济起飞了。

医学院留上海，还是搬南京

上海与南京，哪个城市更适合医学院的发展？这可不是小事，而是关系到医学院前途的大事。颜福庆心里一直在踌躇。

1930年3月，中央大学发生学潮，校长张乃燕引咎辞职。学潮引起连锁反应，马上波及上海，医学院闹了一次小风潮，几乎迫使一名教师辞职。肇事者是五名来自南京的中央大学的学生。

北伐时期风起云涌的学生风潮，使湘雅医学院遭受重创，大伤元气，颜福庆本人及其同仁灰溜溜地离开长沙。这个教训刻骨铭心。当他再次遇到风潮的时候，经验告诉他该怎么做了。颜福庆由此对医学院搬到南京的命令产生了深深的怀疑。这件事给颜福庆敲响了警钟，坚定了他把医学院留在上海的决心。

南京是民国首都，政治中心。中央大学本部就在南京。医学院如果搬到南京，可以利用中央大学理学院的师资，省去自办物理、化学、生物等医学前期课程的开支。这是直接的好处。此外，中央大学本部有文理法农工等多个学院，有综合的优势，对学生成才有利。从理论上来说，医学院应该搬到南京。

在事实上，按照卫生署的部署，医学院也迟早要搬到南京。卫生署署长刘瑞恒希望医学院先把临床部分搬到南京，把中央医院作

[①] 上海医事事业董事会没有一个专职人员，也没有专门场所，全部会议记录均由方子川负责。1933年8月，22岁的沙印江刚进上医，方子川刚刚刻好了"上海医事事业董事会"木质公章。见沙印江、张广蕙夫妇第二次采访记录，2007年4月5日，上海。

为教学医院，取代中国红十字会总医院的位置，而临床前期，暂留上海吴淞。颜福庆采取"骑墙"策略，暂时与刘瑞恒就搬迁时间达成协议。

这只是一种权宜之计，是为了表示合作的诚意，颜福庆内心，却极不情愿。刘瑞恒为了让医学院搬到南京，煞费苦心，动员颜福庆信赖的顾临来劝说颜福庆服从卫生署的部署，将医学院迁到南京。刘瑞恒是顶头上司，顾临是自己尊敬的美国医学同道，不服从，不听从，也不妥。但是从医学院的长远发展来看，还是留在上海为首选。顶住压力，坚持己见，留在上海，充分考验着颜福庆的医学战略眼光[①]。中央医院是个政府机构，受卫生署管辖，每年三万美元的预算，或多或少是从卫生部长和财政部长的私交中获得的。如果两位部长中有一人下台，那么医学院将得不到这家医院，或者这家医院对医学院来说成为一个累赘。作为一家政府医院，大量门诊者和住院者是国民政府的官员。按官场惯例，官员们一般是免费看病的，虽然他们完全有支付能力。如果医学院接办中央医院，则只有服务的命，而在经济上面临亏损的境遇。在上海，医学院接管的红十字会总医院，三年来经济状况逐步好转，盈利额每年直线上升。所以从经济上考虑，当然是不搬为妙。

从校风学风来看，也是不搬好。中央大学整体的学风、学生的纪律不太令人满意[②]。医学院如果搬过去，非但得不到应有优良学术氛围之熏染，反而会受到纪律松懈的影响。在顾临看来，颜福庆主要担心的是医学院学生受到首都其他大学生的影响而与政治掺和在一起[③]。颜福庆在私下与中央大学校长和其他院长交流时，他们都建议医学院不要搬到南京，而且要在上海力争自办临床前期教育，不要再依靠中央大学理学院。"在中央大学八大学院中，最棒的是医学院"，这是中央大学各院长的普遍看法。

医学院不搬到南京，是正确的选择。一旦搬到南京，红十字会总

[①②] F. C. Yen to R. S. Greene. April 2, 1930. Archives of PUMC. No. 3587.
[③] R. S. Greene to J. H. Liu. May 1, 1930. Archives of PUMC. No 3587.

医院怎么办下去就成了未知数。如果中央大学医学院不再办理红十字会总医院，那就违背了医学院与红十字会的合作精神；如果继续办下去，因为临床人员已搬到南京，红十字会总医院的专职医护人员从何而来？仅就红十字会总医院的出路而言，医学院搬到南京，无论从经济上还是从人力上来说，都是巨大的浪费。一旦搬到南京，已经开始筹划的中山医院的归属又该怎么办？颜福庆采取的"骑墙"策略，事实证明是明智的。该搬时就搬，不该搬时就不搬。搬不搬，一切服从于对现实的客观分析，而不是服从于长官意志。医学院搬到海格路，是该搬的，明智的。留在上海而不搬到南京，也是明智的。

"上海是有战略地位的医学教育中心"

这一看法马上得到了证明。1930年秋，应卫生部之邀，国联卫生部派哥本哈根大学医学教授费伯（Faber）来华考察医学教育，于次年五月发表了著名的《费伯报告》。报告成了国民政府随后进行医学教育调整的重要依据。费伯报告先抑后扬，首先指出中央大学医学院在硬件方面的先天不足："中央大学医学院的物质条件并不令人满意。旧医院（指中国红十字会总医院）并不是理想的教学医院，实验室和临床教学用房不足，病例数量不足。医学院的门诊部设备太差。……医学生们的基础理论学习与临床实习被人为地分离，给早期的临床教学带来困难。"但是，报告随即高度评价医学院的教学质量和师生们的科学精神："然而，这所医学院的教学质量极好，因为有优秀的中外医生所组成的团队，他们在教学、临床、科研等所有工作中体现出真正的科学精神，他们在医院为医学生提供良好的临床训练。这所医学院创办仅四年，但它无疑值得在更好的条件下继续其有价值的工作。"报告评估了中国仅有的几所国立医学院，中央大学医学院被评为最好的国立医学院，应该投入更多的资源，打造成一所中国模范的国立医学院，推动中国的医学教育和医学科学的发展。"大学的医学院的培养目标，必须是第一流的医务从业者，同时培养更高水平的医生，他们将有能力和意愿在毕业后继续接受培训，以期成为中国的医学院和医院的领

第五章｜国人自办 一流学府 （1928—1937）

导和教师。因此，大学的医学院必须维持高标准，教学必须比专科学校更有科学性。目前仅有几所医学院校达到这一更高的标准。我们首先考虑四所国立医学院，其中以中文教学的两所，首先是上海和北京的国立医学院。这两所医学院校都需要改造。位于上海的国立中央大学医学院无疑是国立医学院中最成功的一所。因此，它理应拥有将其打造成一所模范的国立医学院的优良设施，并对中国所有医学院校的医学教育和中国的医学科学产生重大影响。这所医学院需要一所大型的现代化医院，300 张到 400 张床位，并按照该学院几位领导的建议，在医院附近新建一座医学院大楼。在上海建设新医院是有充分理由的，因为上海非常适合作为大医院的所在地，上海能为医学教学提供最具临床价值的实习场所。上海作为中国最大的城市，理应有一所真正的符合中国人要求的医学院"①。不仅仅是《费伯报告》，而且教育部、医学教育委员会和国内的医学教育家都这样评价。

之所以能在创办四年后就获得如此高度的评价，除了颜福庆与全体医学院同仁的主观努力外，客观上也与上海这座城市密不可分。1931 年 9 月 9 日，颜福庆在给顾临的信中，分析了医学院地处上海的种种便利，动员洛氏基金会把法租界的土地捐给中央大学医学院，使医学院永远在上海生根。

颜福庆在信中说，医学院之所以在短短几年内就迅速崛起，原因在于地处上海。在上海，医学院能得到当地的捐款，得到税收和各种其他收益的支持。在政府资金不足的情况下，这种当地的支持就格外地重要。

除经济原因外，还有人员因素。颜福庆进一步以上海的红十字会总医院与南京中央医院为例，说明了上海办医学院无可比拟的优越性。

在上海，医学院能积累起师资队伍。只要与南京中央医院比较，就很能显示上海办医院和医学院的优势。即使位于首善之区的南京，即使南京的医生薪水高于红十字会总医院医生，中央医院仍然很难保

---

① League of Nations, Health Organization, Report on Medical Schools in China, by Professor Knub Faber, Serries of League of Nations Publications (Geneva: C. H. 961, 30 June, 1931), p28.

证和稳定师资。在上海，红十字会总医院的门诊量充足，从 1929 年到 1931 年，红十字会总医院收治病人的能力三年内提高了一倍，210 张床位都占满了。随着社会的进步，人们逐渐接受了尸体解剖，医学院用于解剖的尸体充足，以 1931 年 9 月为例，医学院库存有 70 具尸体可供解剖，这个数字在中国其他地方是无法达到的，即使南京也如此。这说明："上海是中国的医学教育中心，是有战略地位的医学教育中心。上海医学院最近三年取得的长足发展，归功于上海给医学院提供的各种有利条件"[①]。颜福庆从医院盈亏即经济效益方面将红十字会总医院与南京中央医院作比较，是很直观的。由于红十字会总医院在上海，门诊量极大，靠医生的诊疗费和地方捐款就足以使医院自养，无须政府的补助。而在南京的中央医院则全靠政府拨款，病人收费和地方捐款反而显得微不足道。哪个办得更好、能办得更好，事实摆着，答案不证自明。

在信中，颜福庆向顾临透露了实情：朱家骅校长和其他南京官员想把医学院迁到南京。除非医学院拥有永久校址，能在上海生根，否则，迁校的日子可能马上就要来临。医学院现在的校舍，临床前期各系与临床各系地理位置相隔甚远，在此情形下，医学院不可能有望大发展。实习医院是从中国红十字会借贷而来的，所交之租金已达到极限，并且该医院床位数远远不能满足病人需求，也不能满足医学生的要求，教师也不能满意地工作。如果不及时改变现状，不仅会降低医学院在医学界的声誉，而且也会打击教师的积极性。医学院最迫切的要求，是需要一个永久性的校址。任何拖延，都可能影响学校的前途。颜福庆在信中呼吁："我们希望曼松（Manson）主席、格莱（Dr. Gregg）能来此地视察，对我们的请求早做决定。如果他们的视察不得不延期，能否请您和 Gunn 代表基金会来视察？"

基于上述考虑，颜福庆请求洛氏基金会把法租界的地产捐给医学院。这片土地原先就是用于建设医学院的理想场所，已经空置多年。大小也合适，符合医学院现在和将来的需要。周边是居住区，环境安

---

① F. C. Yen to R. S. Greene. September 9, 1931. Archives of SMC, LS2-215.

第五章｜国人自办　一流学府　（1928—1937）

吴淞校园被毁后，医学院在红十字会总医院边上盖起前后两栋临时校舍。颜福庆的办公室就在前栋二楼侧面左起第三间。

谧，离公共租界、法租界和南市都很近。很难找到比这片土地更合适的地方了。

洛氏基金会内部对于这片土地的使用，也有很大的分歧。因此延宕了数年后，这片土地才最终有了归宿。

"以公众利益为目的去学医，这才是人类的服务者"

在医学院的起步阶段，颜福庆到处宣传自己的医学教育思想，吸引更多的优秀预科学生报考医学院。

1931年3月6日晚7时，颜福庆应上海沪江大学医预学会之邀，前去演讲《现代医学教育的趋势》。演讲简单回顾了中国现代医学发展的过程，重点阐述了医学教育的几个趋势。第一是缩短漫长的学医年限，培养更多的合格医生。第二是培植服务公众的医生。第三是注重预防医学。后面两点，即公医制和预防医学，是贯穿颜福庆一生的医学思想核心，在这次演讲中已清晰表达出来，标志着颜福庆的医学思想已经走向成熟。

分析医学教育趋势，是纯理论问题，需要对世界医学发展有深入的了解和敏锐的判断，才能帮助学生认清方向。颜福庆接着又把话题转向学医的目的和择校标准，这是有志学医的学生最关心的问题。

学医的目的是什么？是为人，还是为己？这是医学伦理中最基本的问题。看似简单，回答起来并不容易。不同的答案，决定了医德的高下，人生境界的高下。颜福庆讲得很透彻，学医的目的，不是赚钱，而是为人群服务。

"为人群服务"这五个字，数年后，颜福庆请好友黄炎培写进了上海医学院校歌。"人生意义何在乎？为人群服务。服务价值何在乎？为人群灭除痛苦。"颜福庆的用意很明白，要让学生从进入校门开始，就心里有"人群"。在反复歌咏中，将歌中倡导的服务意识植入脑髓，一辈子铭刻在心。

学医很苦，学医很难。但学医也有学医的好处，诸如受人尊敬、社会地位高等。选择医学校的标准，首先是学校的性质，其次是设备和经费。这些是青年学生关注的现实问题，颜福庆又讲得非常实在，听众很容易接受，至今不失其价值。演讲摘录如下[①]：

诸位：

　　这个题目很大，我不能在短时间讲完，所以只得大约地讲。

　　中国有科学化的医学，历史很近［短］。最近几年中，才有发展的气象。医学教育，也渐渐地愈加需要。现在的趋势，当然在研究最完美的医学教育。

　　第一个趋势，是减少医科年限。现在的医科大学制度，大概

[①] 《民国日报》，1931年3月16日，第三张第二版。

须高中毕业后,再修三年医预科,四年医正科,及一年的医院实习,加起来一共要八年才得毕业。还要经长久的练习,才可以称一个十全的医师。这时间似乎太长。现在有许多专家,许多医学教育机关,都认为目前的要务,是讨论有否减少年限的可能。不久将有相当的改良。

第二是培植服务公众的医生。现在中国的科学医生很少,而且大都是私人设了诊所,替人视[诊]疗。医院的设备,工场医生,及公共的卫生机关极少。所以现在的目的,要培植能为公众服务的人,理由有下列三个:

(一)私家医生,诊金太贵,只有富人独享的权利,平民轮不到的。

(二)私家诊所,没有病房收容不能出门的病人。而一个医生出诊,至多每天可以(看)二三十人。若然在医院里有了病房,每个医生每天可以看到一百多个病人。中国医生太少。关于这事,有下列统计:美国 800 人中有医生一人,英国 1 400 人中有医生一人,法国 1 600 人中有医生一人,德国 1 500 人中有医生一人,俄国 2 800 人中有医生一人,中国 18 000 人中有医生一人。以这样少的医生人数,还是这样的不经济,若然科学医学全国都发达了,一定不够应付的。所以目前要设公共医院,多培植公众医生,才可应付。

(三)科学医学的诊断,不是看了舌苔,把了脉息,就了事,一定要应用种种器具。X 光等等的仪器,不是个人能办的。所以只有在公共的医院,办了一副,许多人可以用。

有上面三个理由,现在的趋势,不是着重在私家的医生,而在造成能为公共服务的医生。外国的公共医生很多。我还有一个统计可以参考:美国(的公共医生)占全数(医生)的百分之五十,日本占全数的百分之二十六,英国占全数的百分之五十,德国占全数的百分之七十五,俄国占全数的百分之九十五。以上看来,日本的公家医生最少。中国没有统计,但照现在情形而论,一定比日本还少喱[哩]!

第三个趋势是注重在预防医学。一个人生了病，总有很大的损失，时间金钱最是显例。若然没有生病以前，就设法预防，不致生出病来，也省许多麻烦了。所以治疗固然很要紧，预防还[更]要紧。现在的医学教育，就在这三点上着想发展。

末了我还想同诸位谈谈学医的目的，及选择医校的标准。

学医的目的，有许多人以为能多赚钱，我想他跑错路了。因为做一个真实的医生，是赚不动许多钱的；除非用不正当的方法，当然例外。要赚钱，还是学别的，比较可以多赚些钱。若然有人因为喜欢科学而学医，那我想也不是最好的目的：因为科学不是全能福人的，而医生是福人的职业；也许一个人懂了医道，做许多害人的事。若然有人拿服务人类，为公众利益为目的去学医，这才是最好的。取这种目的的人，才是人类的服务者。

学医须费这很久的时期，而又是这样的困难，可是也有别人所没有的利益。目前中国科学医生极少，而又很是需要。所以医界中绝无人满之患，将来有很多发展机会，为别种事业所不及。做了工程师，不好自己去造铁路；做了商人，不好自己去开大公司，一定得许多人的帮助才可以。医生的生活是独立的，不需大的资本，而可谋许多人的幸福。还有，医生的地位，最受人感激，受人爱护，精神上的愉快一定多的。

最后，就是关系选择医校的标准。最要紧的就是看看该校的性质，是否营业为目的，是否真正地培植医学人才。第二要看看该校设备怎样，因为学医不是靠了专门听讲，或是看教授的试验就可以的。学校没有充分的设备，学生也得不到充分的实验。第三就是考察该校的经费如何。这同上面一条相连的；没有经费，当然没有好的设备，也没有好的专家教授。这等学校，学生不会得着好处的。

上面不过拉杂地同诸位谈谈，希望以后再有机会同诸位讨论讨论。

颜福庆用带有浓厚江湾乡音的国语演讲，遣词造句有不少生硬之处。刊登的内容虽然不过千余字,但是接近实录,保留了颜福庆演讲时比较欧化的国语。颜福庆从小接受西式教育,英语娴熟,国语表达并不流畅,也是情有可原的。如今再读这篇讲稿,依然能隐约感受到他当年台上演讲的语气和神态。

在这篇演讲中,颜福庆用简明的语言概括了20世纪医学模式从生物医学向预防医学的转变,因此成了中国预防医学的代表性文献,至今仍被人们,尤其是上医公共卫生学院的师生广为引用。

这篇演讲的记录人顾学箕,当时是沪江大学医学预科一年级学生,他敏感地意识到颜福庆演讲的内容的重要性,整理后投给了当时著名的《民国日报》。1931年3月16日《民国日报》发表了顾学箕的记录。受颜福庆演讲的影响,1932年顾学箕考取了上海医学院首届六年制的新制学生班,毕业后也终身从事预防医学事业。

产科主任孙克基突然辞职

在一个充满竞争的商业社会里,医学院的医生和教师调动是非常频繁的。作为一名院长,必须与海内外医学院保持密切联系,相互协调,才能解决师资方面的突发事件。这种临时性的变故经常会碰到,也是颜福庆经常面临的考验之一。

1930年夏,颜福庆就面临这样的考验。7月初,医学院和红十字会总医院产科主任孙克基突然辞职。颜福庆再三挽留,孙克基去意坚决,执意要在7月31日走人。

孙克基是湘雅的老同事,1926年与颜福庆同船离开长沙到汉口,暂时在同仁医院任职。国立第四中山大学医学院创建时,就任产科主任。孙克基的突然离去,将使医学院的产科教学陷于瘫痪。如果找不到合适的医生来接任,红十字会总医院的产科门诊也将不得不关闭,30余名产妇将不得不转院治疗。产科主任的突然变故,使颜福庆措手不及。

7月12日,颜福庆写信向协和紧急求援。在给顾临的信中,颜福庆提了几种方案。上策是邀请王逸慧(Amos I. H. Wong)医生前来加盟红十字会总医院,从1930年8月1日开始任产科主任。如果顾临、马士敦和王医生三方都同意,那医院将马上考虑王医生的薪水和职衔问题。红十字会总医院各科主任,大部分兼医学院教授。如果王医生愿意,医学院可以在细菌系给他提供一个教职。颜福庆坦白地告诉顾临,中央大学医学院的薪水,比王医生在协和的薪水要低。

如果王医生来不了,那么是否请王国栋(Gordon King)医生、王医生或李医生(Dr. Lee)来临时代理产科主任,直至物色到合适的人选。临时代理主任也必须从8月1日开始到任。最后一种方案,临时借用上述医生中的其中一位,时间不长,在两三个月左右,专门负责医院里的30位病人。因为医学院有望在明年初聘到美国留学生叶医生(Dr. Nyi Tsung Tsoong),她毕业于康奈尔大学医学院,曾去费城女子医院、维拉帕克医院实习,现正在哈伦医院进修,计划1931年夏回国,从叶医生给颜福庆的信来看,她同意到中央大学医学院任教,但颜福庆不希望缩短叶医生的留学日程提前回国[1]。

7月28日,颜福庆又写信给顾临:

"亲爱的顾临:

我最后终于说服了杨崇瑞(Marian Yang)医生,她答应帮助我们2个月……

在杨医生离开至叶医生到任,其间有2个月的空当,还要找到合适的医生来填补。我正在给叶医生写信,问她是否能明年2月之前回国(她原计划是明年夏回国)。因此,1931年第一学期,我们无论如何都需要有人从事产科的教学和临床工作。

我再次向您请求,派贵校产科系一名医生来帮助我们5个月,时间从9月15日开始到次年2月15日止……"[2]

协和最终派了王逸慧医生来上海,负责产科的教学和门诊,时间是四个月。9月18日,顾临在给颜福庆的信中详细说明了条件:

第一,王医生将于1930年12月1日前后离开北平到上海,4个月后回北平。中央大学医学院不得提出要求,延长既定服务期。第

---

[1] F. C. Yen to R. S. Greene. July 12, 1930. Archives of PUMC. No 3587.
[2] F. C. Yen to R.S. Greene. July 28, 1930. Archives of PUMC. No 3587.

二,王医生离开北平期间,薪水由中央大学医学院支付,月薪为 300 墨币。第三,中央大学医学院无偿为王医生提供住所。第四,这事应该这样理解,即王医生是自愿接受颜福庆的邀请,而不是协和建议王医生来上医,协和承担的义务,仅仅是说明允许王医生暂离协和的条件,使他在目前紧急的情况下帮助中央大学医学院①。

颜福庆满口答应,产科的危机总算度过了。

延聘精神卫生科专家韩芬

产科的危机刚刚度过,精神病学科的危机又来了。上医的精神病学科原由约翰·霍普金斯大学博士毕业的雷门(R. S. Lyman)教授执掌教鞭。1931 年 10 月,雷门来到上医任教。1932 年,雷门突然离开上医去了北京协和医学院,前后不到一年。离开的理由是,红十字会总医院缺少治疗精神病患者的设施。走了雷门教授,可上医的精神病学科还得继续办下去。颜福庆通过北平协和医院眼科皮乐德(Arnold Pillat)及国民政府教育部与奥地利政府联系,寻求合适的医生来沪任教。在瓦格纳-尧雷格(Wagner-Jauregg)和奥图·波尔兹尔的推荐下,韩芬(Fanny G. Halpern,1899—1952)于 1933 年 12 月中旬抵达上海。这里要对瓦格纳-尧雷格略作介绍。尧雷格因其独创的"梅毒疗法",于 1927 年获得诺贝尔生理学或医学奖,是历史上第一位获得诺贝尔生理学或医学奖的精神病专家。1857 年出生的尧雷格与比他大一岁的精神分析学派创始人弗洛伊德(Sigmund Freud)曾是同学和同事②。

韩芬,生于波兰克拉科夫的犹太家庭,1924 年毕业于奥地利顶尖大学、欧洲医学重镇维也纳大学。20 世纪前半叶,维也纳大学医学院共有四位学者获得诺贝尔生理学或医学奖。韩芬 1925—1926 年初在维也纳总医院服务,据称她是维也纳大学精神科担任临床助理的首位女性。1926 年 11 月至 1933 年任职于维也纳大学神经精神科门诊

---

① F. C. Yen to R. S. Greene. September 18, 1930. Archives of PUMC. No 3587.
② Magda Whitrow. Freud and Wagner-Jauregg: A historiographical study. *Psychiatric Bulletin*, 1990, 14: 356—358.

部。在此工作期间，韩芬先后在瓦格纳-尧雷格及奥图·波尔兹尔两位教授指导下研究。尧雷格推荐的人选，自然让颜福庆十分满意。颜福庆在1932年6月9日给皮乐德的信中说："尧雷格教授推荐的任何人都一定是专家，我肯定会喜欢她的"①。颜福庆给韩芬写信，诚恳地向这位奥地利女医生发出邀请："我很高兴知道您有兴趣来中国，我可以向您保证，当您决定来的时候，您会有大量的工作来保持您的职业兴趣"②。

让一位奥地利精神卫生专家来华工作是不容易的。中国和奥地利远隔重洋，书信交流以月为单位。半年后的1933年3月9日，颜福庆又一次给韩芬写信，任命她为医学院精神-神经学科副教授，任期从8月1日开始。5月10日，颜福庆再次给韩芬去信，说明医学院对精神病学科的硬件设施有了进一步的规划，计划在叶家花园建立精神-神经病的病房。为了邀请韩芬加入上医，颜福庆拿出了十足的诚意，让韩芬对上医颇具好感。同时，身为犹太人的韩芬在奥地利面临着被纳粹迫害的可能，前去上海是一个理想的选择。在这些因素的共同影响下，韩芬终于下定决心离开奥地利。12月4日韩芬抵沪，当天下午与颜福庆会面③。韩芬加入医学院后，次年就在上医开设神经学及精神病学课程，医学院的精神病学科得到发展。以上医及其教学医院（中国红十字会第一医院）为基础，韩芬逐步建立起上海地区的神经精神科教学网络。1934年中华医学会在广东召开年会，韩芬提议组成精神病学委员会，大会获准通过。在1936年召开的委员会中，颜福庆担任主席，韩芬担任秘书。该委员会除了积极推动精神病学及神经学的教学外，还与律师起草与精神病相关的民法与刑法规定。1937年，上海医学、教育、社会服务、妇女及慈善团体联合成立"上海精神卫生委员会"，

---

① 颜福庆1932年6月9日给皮乐德的信，转引自刘明：《韩芬（Fanny G. Halpern）与上海现代心理卫生的开拓（1933—1949）》，苏州大学硕士学位论文，2021年，第16页。
② 颜福庆1932年10月5日致韩芬的信，转引自刘明：《韩芬（Fanny G. Halpern）与上海现代心理卫生的开拓（1933—1949）》，苏州大学硕士学位论文，2021年，第17页。
③ 刘明：《韩芬（Fanny G. Halpern）与上海现代心理卫生的开拓（1933—1949）》，苏州大学硕士学位论文，2021年，第21页。

韩芬是重要推手，其主要宗旨为预防及解决儿童精神与心理问题，为患者及其家属提供精神卫生协助，开设精神病学及心理学课程，以及训练精神卫生义工等。1935年韩芬升任上医教授。韩芬1933年年中到上海，直至1951年底才离开中国，前后在华超过17年之久，在精神卫生教学研究、机构建制和卫生事业三方面均作出有目共睹的贡献[①]。

延聘护士教育领袖人才

为培养更多的护士人才，上海医学院在红十字会第一医院附设了护士学校。可是一直找不到合适的护校主任。

1933年，雅礼会决定重新任命有多年在华工作经验的Miss Norelius回湘雅任教。颜福庆知情后，抢在3月2日给赫钦斯（F. S. Huchins，1928—1939年雅礼会驻华代表）写信：

"我们国立上海医学院，最薄弱的环节是护士教育，原因是我们没有护士教育的领袖人物。现在，我们的护士学校还没有一个教务主任，不得不请一名医生暂时兼护校主任职务。因为缺少人才，我希望Miss Norelius能借给我们一段时间，比方说她回到中国后先借我们6个月。她为我们服务期间，可以帮助我们的护校打下基础，促使我们护校年资较老的成员快速成长，挑起主任的担子。当然，她为我们服务是暂时借调性质的，借调期间，她的薪水和其他开销由我们来承担。我们希望您和诸位董事们以及Miss Norelius本人同意我们的请求"[②]。

经过反复磋商，Miss Norelius由雅礼会任命，借调给国立上海医学院，为期六个月，从1933年9月1日或15日开始。其间有两个星期的休假。国立上海医学院提供住房。Miss Norelius起薪90美元，以后每月60墨币，另加6个月的保险金100美元，旅行费100美元[③]。

---

① 王文基：《韩芬与上海精神卫生》，潘光主编：《来华犹太难民资料汇编》，第三卷，上海交通大学出版社，2017年，第42—56页。
② F. C. Yen to Francis S. Hutchins. March 2, 1933. Archives and Manuscripts of Yale University Library, Yale-China. 108/944.
③ Francis S. Hutchins to F. C. Yen. April 14, 1933. 108/944.

1934年1月下旬，颜福庆（前排左一）与燕京大学校长司徒雷登（前排右二）等人合影。前排左二为红十字会第一医院护士长殷粹和（Eleanor Ying）。后排左一张鋆，左三任廷桂，左四高镜朗。

当颜福庆得知胡美从纽约医学研究院副院长任上退下来，暂时还没有其他岗位后，又马上向他发出邀请，请他加入上海医学院的教师队伍中。1933年5月11日，又向赫钦斯打听，Miss Gage 到上海医学院的可能性①。

为国立上海医学院争取到一笔最大的不动产

1934年4月，洛氏基金会最终同意把法租界的地产捐赠给上海医学院。这135亩土地位于劳神父路（今合肥路），由于长期闲置，当时被作为中华体育协会棒球场。看中这片地产的，还远不止上海医学院一家。好几家机构同时在据理力争，暗中较劲。苍天不负有心

---

① F. C. Yen to Francis S. Hutchins. May 11, 1933. 108/944.

人，经过长达六年锲而不舍的争取，这片土地被颜福庆得到了。

建医学院和医院的土地终于求来了。这是颜福庆从外国人口袋里为中国医学事业争取到的一笔巨大财富，当然也是上海医学院建校以来获得的一笔最大的不动产，为将来发展奠定了雄厚的物质基础。70多年后的今天，这片土地依然是医学院的根。

这笔巨大的财富到底价值多少？

上海的土地价格每年在上涨。1934年的地价，与三年前就不可同日而语了。洛氏基金会的135亩地，在1931年价值230万银圆[①]。如果全部出售，以8%的利息计算，230万银圆每年能带来18.4万到25.3万银圆的收入。三年后的1934年，这片土地的价格已上涨了近三倍，达600万银圆[②]。

在上海滩，法租界的名声不太好。在法租界工部局内也有所谓的华董，但实权在法国总领事手中。经过多位社会名流的疏通，颜福庆

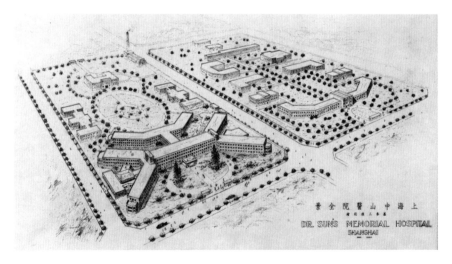

1934年设计的上海中山医院全景图。复旦大学档案馆提供。1929—1935年，中山医院先后至少有过三个设计方案，这是第二个方案。解剖学教授谭愚黎对此图纸提出意见，即主体建筑应由"Y"形改为"冂"形。这一意见被吸纳。

---

① F. C. Yen to R. S. Greene. October 5, 1931.
② 朱益栋主编：《上海医科大学六十周年校史 1927—1987》（内部发行），1987年，第23页。

才得以和法国总领事面对面地谈判。1934年8月,颜福庆向法租界当局递交了上海医学院、中山医院的建设计划。

万事就绪,只欠东风。建筑承包商也招标选定了,建筑合同也签了,图纸也设计好了。只要租界当局一纸批文,上海医事中心就动工了。

没想到,这一计划如石沉大海,被无限期地搁置起来。

土 地 风 波

1935年1月下旬,医学院、中山医院的建筑计划上交已经整整五个月了。

颜福庆实在等不及了。五个月来,法租界当局给颜福庆提出了一个又一个"技术上"的难题。

比如,1916年洛氏基金会买下这片土地时,法租界明确表示,将来实施市政建设,如果要修路,则必须绕过这片土地,以保持这片土地的完整性。但是,租界当局已经横穿这片土地修起了 Rue de Brenier Montmorand(今马当路),把土地一分为二。法租界当局显然已经认识到,当初不允许越过这片土地筑路是一个错误,妨碍了土地周围的发展。1934年12月29日,建筑计划递交四个月后,法租界当局又决定,修建第二条道路 Rue Victor Emmanue Ⅲ(今绍兴路),这意味着土地将被切割。

一块完整的土地被分割后,对建筑医学院和医院是个损失。年底,法租界当局又正式通知颜福庆,他们要联合罗马天主教当局,在法租界内建造一家350张床位的医院,希望颜福庆把建医学院和医院的地址换成其他地方。而18年来,他们从没有说起要再建医院。

所有计划都制定好了,建筑合同也签署了,建筑材料早已堆放在工地上。由于法租界当局的阻挠,这些都变成了无效劳动。

颜福庆空等了五个月。

一切都得重来!

所谓的种种技术问题,其实都是借口。阻挠上海医学院落户租界，是本位主义使然。租界内已有震旦大学医学院附属广慈医院（St. Marry's Hospital，即后来的瑞金医院），法租界和天主教当局不希望在家门口出现强有力的竞争对手。

上海医事中心的宏伟蓝图，眼睁睁地看着被延误半年之久，颜福庆愤怒了。强烈的不满在朋友面前止不住流露出来。1935 年 1 月 23 日在给顾临的信中，颜福庆忍不住发了一通牢骚，矛头直指法国总领事："法租界当局诡计多端，腐败盛行，这是人所共知的事实，而法国总领事是法租界的独裁者……"①

小不忍则乱大谋。颜福庆很清楚，不能与法租界当局闹翻。毕竟以后还得打交道，否则会遇到更多的麻烦。

退而求其次，颜福庆只能把目光转向法租界之外。采取土地置换的办法，出售劳神父路一部分土地，在其他地方购地建院。法租界当局买下了 20 多亩。余下的百余亩土地，颜福庆决定用于投资房产，建成了祥庆村和福熙村，作为医学院员工的住宅，多余的房子用来出租生息。

新的校址，颜福庆选定在华界的枫林桥，与法租界毗邻。适逢上海市政府准备从西南的枫林桥迁到东北的江湾地区，市长吴铁城帮助廉价征得枫林桥畔沈家浜的百余亩土地，又将市政府路（今平江路）的市政府办公楼和"外交部驻沪办事处"（即外交大楼，今平江路 170 弄）作为教工和护士宿舍以及幼儿园用地。

塞翁失马，焉知非福。更换了校址，工程延期了，但建筑开支却大大降低了。1936 年 4 月 15 日，国立上海医学院新校舍、中山医院同时奠基。

设计、监督上医新院舍的，是颜福庆胞弟颜连庆开的隆昌建筑公司（The Pacific Engineering Co.）。负责建筑的是汤秀记营造厂。中山医院的设计方和建筑商，是基泰工程公司（Kwan-Chu & Yang Architects）。建筑材料商以便宜市场价 15% 的价格提供了建材。②

---

① F. C. Yen to A. Gregg. January 23, 1935. Archives of SMC. LS2–215.
② 颜福庆：《国立上海医学院落成中山医院开幕报告词》，《中华医学杂志》，1937 年，第 5 期，第 579 页。

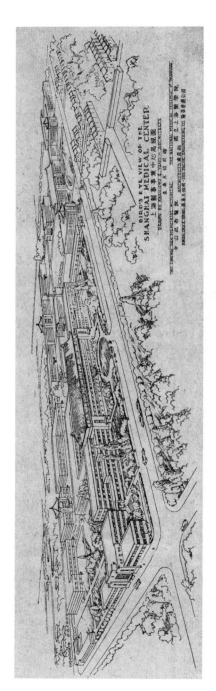

以上海医学院、中山医院为核心的上海医事事业中心鸟瞰图。中心占地100多亩。复旦大学档案馆提供。

中山医院先后至少有过三个设计方案。上医解剖学教授、前维也纳大学教授谭忧黎（Julius Tandler）对第二个设计方案图纸提出意见，指出主体建筑应由"Y"形改"┌─┐"形。最终图纸吸收了谭忧黎的意见①。中山医院之建筑计分下列各部：一为门诊部，面东背西，分设各科门诊，备装最新器械。二为病房，系三层大厦，内设最新设备，能容五百病人。三为厨房，位于病房西面，另建一宅，与各部相隔离。四为护士学校。五为住院医生宿舍。上医新院舍即院本部，为锁形三层楼大厦，全部采用钢骨水泥，取最新形式。内设各科教室、研究室、标本室、图书馆、办公室、会客室及休息室等②。

国立上海医学院起飞了

有了钱，有了地还不行，学校的水准，关键要靠培养的人才质量来检验。

颜福庆亲自抓经济、管用人。教务主任朱恒璧，雷厉风行抓教学。颜、朱两人一主外、一主内，配合默契。几年下来，学校经济上去了，教学也上去了。上海医学院进入了快车道，起飞了。

1931年6月，上海医学院首批12名学生毕业。雅号"林妹妹"的林兆耆以第一名的优异成绩留任红十字会总医院助理住院医师。院务会议决定，如林兆耆服务三年后成绩优良，将派遣出国深造。林兆耆不负众望，次年又赴北京协和医院内科任住院医生。1933年8月考取中英庚款奖学金赴英国留学。中英庚款奖学金每年给医学生的名额仅两名。在全国数十所医学院众多考生中脱颖而出，真有鲤鱼跳龙门之感。继林兆耆之后，吴在东、张毅、张昌绍等一个接一个考取中英庚款奖学金。上海医学院以无可争辩的实力，令全国医务界刮目相看。

这几位英国庚款奖学金资助的人才，日后个个都成为一流的医学家。林兆耆成为杰出的内科学家，他精湛的医术令苏联专家自愧不

---

① 郑思竞：《解剖学发展简史Ⅰ：1927—1949》。
② 朱恒璧、方子川：《国立上海医学院之回顾与前瞻》，《国立上海医学院季刊》，1936年4月，第1卷，第1期。

如,曾任上海医学院内科系主任、红十字会第一医院院长。张昌绍获英国牛津大学博士学位后,被吸收为英国最权威的科学机构——皇家学会会员,成为一代药学宗师。令上医人自豪的16位一级教授,其中有5位是自己的毕业生,全部出自第一至第五届毕业生。他们是1931级的林兆耆,1932级的杨国亮、钱悳,1934级的张昌绍,1935级的苏德隆。颜福庆留下部分优秀学生,为教师队伍补充了极为宝贵的新鲜血液。

上海医学院学生除了医术精湛外,还形成了不开业的传统。历届毕业生,大都服务于大规模的医事机关,或进修专门学术,不热衷于私人开业。每班学生在未毕业之前,各医事机关邀请的函件纷至沓来,穷于应付①。

优秀学生出自教师的精心培养。颜福庆为教师们制定了学术休假制度,使优秀的年轻教师在医学院努力工作四到五年后,都有带薪出国深造的机会。如1930年派遣蔡翘副教授赴英国伦敦大学、任廷桂副教授赴英国利物浦大学进修。一年后两人按期回校服务。1931年又

建设中的中山医院。

---

① 朱恒璧、方子川:《国立上海医学院之回顾与前瞻》,《国立上海医学院季刊》,1936年4月,第1卷,第1期。

第五章｜国人自办　一流学府　（1928—1937）

1932—1933年间，颜福庆与朱恒璧合影。沙印江提供。

派遣谷镜汧副教授、赵希昂讲师和赖斗岩三人出国进修。1934年又送应元岳到印度加尔各答英国皇家热带病研究院进修……

已有的师资，一个接一个轮番送出国深造。本校培养的最优秀的毕业生，海外学成后又陆续充实到教师队伍中，形成了良性的循环。几年经营下来，颜福庆为上海医学院建起了一支稳定的高水平教师队伍。

病床上写就的校歌

一校之校歌和校训，正如人之双眸，浓缩了学校的精气神。1934年6月，上医院务会议决定以"正谊明道"为校训。校歌则向全校师生征集，但未能征得合适的作品。颜福庆于1935年上半年向好友黄炎培求助，邀请他为上医写一首校歌。数月过去，校歌未写成。8月黄炎培盲肠炎复发，到上医教学医院红十字会第一医院治疗，手术后康复。住院时间长达42天。手术后第三天，黄炎培在病床上写成了上医校歌。出院后，黄炎培写成一篇题为《断肠续命记》的回忆性长文，详细回顾自己得病、住院、手术、康复、医生护士悉心照顾的全过程。文章把病人的痛苦写得活灵活现，把医生和护士的悉心治疗和体贴照顾也写得细致入微。黄炎培有记日记的习惯，即使在医院也没有中断，因此，这篇文章是基于患者的忠实体验，结合日记而写成的，具有很高的史料价值。同时这篇文章也堪称一篇颇富特色的病史记载。下文全部改写自《断肠续命记》，较为忠实地保留黄炎培本人的回忆，笔者仅对语序和表述略作微调：

1935年8月24日傍晚，黄炎培正在办公室为《国讯》杂志赶稿。西下的残阳仍旧热辣，办公室的自动电风扇开到最高档，仍然无法驱除闷热。黄炎培突然打了一个寒噤。关上电风扇，黄炎培忽然感到腹部微痛。6点30分，黄炎培停笔，决定回家休息。到家后，倒头便睡。"冷，热，一前一后，有秩序的来临，腹还是痛"①。第二天，黄炎培叫来外甥张仲明医师，怀疑是盲肠炎，但是需要验血后才能确定。下午朱仰高医师上门来验血，结果发现血液每立方厘米含白细胞高达12 000，而正常人的血液中一般白细胞含量为8 000左右。张仲明医师再次来诊，更加认为是盲肠炎，但是还有一点例外：盲肠炎的特征是右足不能伸直，但是黄炎培的右足却能屈伸自如。因此，黄炎培得的到底是不是盲肠炎，还不能完全确定。黄炎培的症状是"有秩序的一冷一热，冷得发抖，热得狂汗"，因此黄炎培判断可能是疟疾复发。18年前他在北京曾闹过一场很严重的恶性疟疾。

8月26日，黄炎培邀请红十字会第一医院乐文照医师上门来诊，诊断结果与张仲明大致相同。乐文照劝他住院仔细检查。如果确实是盲肠炎，"不论昼夜须立刻开刀，所以有住院的必要。"住院治疗，家人们很不愿意。黄炎培力排众议，当天下午三点左右入住红十字会第一医院。为什么会选择这家医院？黄炎培延医看病有自己的准则，在他看来，"医生治病有效，靠他亲切而用心的部分，比靠他（医学）本领，总要占到百分之五十以上"，因此"医生非有深切的交情，决不请他诊治。"这种准则，有悖于科学，但很符合常人的心态。黄炎

---

① 黄炎培：《断肠续命记》，《国讯》，1935年，第115期，第178页。下文中引文全部出自《断肠续命记》，不再一一标注。

培也自认为这种准则"当然是不通的理论","假如我做医生,替人看病,决不该讲交情。可是我做病家,不敢不请有交情的医生,到底是不肯把自己的性命做理论的牺牲啦!我入红十字会第一医院,在病的过程中,很多人反对,我却断然不疑,就为院长颜福庆博士,是我多年的朋友,而副院长乐文照医师,又是我所熟识而佩服的缘故。"

黄炎培入院的感觉跟我们今天普通人初到大医院的感觉一样。"一进门,只觉得人山人海,房屋实在太少,病人实在太多"。乐文照副院长好不容易替他安排了二楼27号病房。这是一间头等病房,在今天看来,设施和环境也不好。"怕只有十来英尺宽,十七八英尺深,只有一门一窗,窗是面西的。天气本是酷热。到下半天更热得要命。到晚,蚊虫来得大,我乡俗'八月八,蚊子大如鸭'。虽然不能像鸭一样大,到底医院里蚊子特别健康。尽管门窗都装铁纱,它们自会从间道攻打进来"。头等病房也就这条件,二等三等病房还能怎样呢?

住院后的黄炎培,症状是"寒,热,总是循环着。腹上掩护了冰袋,整天整夜似痛非痛。别人看我,总是半眠半醒,昏聩糊涂的样子。我自己只觉全部身体沉浸在'汗海'中,心头却非常清楚。"医生天天检查,天天研究,劝他开刀,但是"还不敢断然相劝",因为还没有百分之百认定是盲肠炎。是否开刀,黄炎培自己握定的方针是"非必要,决不孟浪;是必要,决不游移。"

住院第四天,即8月29日,院中邀请白良知(美国约翰·霍普金斯大学博士)医生来诊,诊断结果"认为盲肠炎的嫌疑很大",与张仲明、乐文照的诊断如出一辙。但是,白良知医师认为即使是盲肠炎,"今天尚无割之必要。"乐文照和白良知两位名医作出了相同的诊断,但是在手术时机的选择上却有所不同。

住院第五天,8月30日,病房换到30号,面积较前大一倍。

既然病因不能确诊,那就继续住院观察。住院的日子一天天过去。黄炎培的"寒热慢慢地停止了。腹痛,因冰袋掩护过久,也不感觉得了。"自8月26日住院以来,黄炎培饮食只进了稀薄的粥汤,牛奶也在禁吃之列。8月31日,黄炎培感觉寒热停止、腹痛也感觉不到了,以为症状有所改善,认为在饮食上可以稍微解放些了,就喝了半杯牛奶。结果大出所料,"腹部闹了一夜的不适"。由此让黄炎培明白,暂时的平安是靠不住的,要治病还是得下定决心,开刀。"盲肠炎即使用冰袋掩护可以收效,但是半杯牛奶,已使我闹了一夜,怕暂时的平安,是靠不住的。我总想病好以后,回复到我到处乱跑的习惯。与其将来跑到内地,忽然老病复发,束手无策,还是此时根本解决的好。"对于盲肠炎必须割治,黄炎培是有过经验的。他的大女儿六年前就在南京割治过盲肠炎,预后良好。所以黄炎培感觉"开刀毫不感觉是一件危险的事,病好以后,才知道到底非可轻视"。

住院第七天即9月1日天明,黄炎培决计开刀。上午九点半光景准备开刀。手术前需要家属在手术志愿书上签字。黄炎培夫人"万分忧惧""不许我次儿敬武签字"。经过黄炎培好友陈陶遗、穆藕初等劝慰,总算签字同意。主刀医生是董秉奇。外甥张仲明因为具有医师资格,特许旁观。

开刀前,"先换好了特别的衣服,把腹部刮得精光,把眼遮蔽了。抬进手术室,只闻得脚步往来的声音,好像环绕我左右的人很是不少。"术前用局部麻醉法,从脊椎打进一针,病人"也不觉得什么"。医生们忙碌起来,病人"只听得刀剪声清脆而繁忙"。肚皮剖开时,发现盲肠早没有了,"只见一包浓浆,幸亏外面还包着,脓虽溃而没有散。"如果脓散了,那就不可收拾了。黄炎培很幸运。盲肠炎开刀开得及时,盲肠没有腐烂,有百分之九十九的把握。开得迟,盲肠腐烂了,倒有百分之九十九的危险。

手术结束,病人被抬回病房。术后每四个小时,打一次强心针,再加注射生理盐水,"从大腿上打下很重的盐水针,注入了一千六百立方厘的盐水"。手术后第一天,黄炎培"昏聩模糊",常说昏话("常常作谵语")。验血,每一立方厘白细胞增多至一万六千。体温达39.5℃。脉搏,正常人每分钟七八十次,他多至一百四十。呼吸,常人每分钟二十,他多至四十,"喘得几乎不能接气"。尤其让他不能忘怀的是眼前所见的怪现象,"把眼一张,只见无数紫黄的丝网,满布在空际……全室都给那丝网充满笼罩着,有时把室中央的电灯做中心,上下四方缭绕着,飘拂着。把眼揉一下,还是这样。再揉一下,

第五章 | 国人自办 一流学府 （1928—1937）

还是这样。讨厌极了，眼闭了罢，只见黑沉沉的巨大的岩壁压将下来，有时几乎压到额角，忽然岩壁中间，现出裂缝，从缝隙内发现河山大地，金碧楼台，有时碧海青天，一轮明月。舒服愉快极了，一会儿，裂缝闭合了，依旧是黑沉沉的巨大的岩壁高压着。把眼一张，还是无数紫黄色丝网笼罩着。有时飘飘荡荡侵及面部，正想用手去撩拨。忽而心头清楚，认明这无非是眼花所结成的幻象。一经撩拨，他人定会说：病人又在'撮空'了。"这个症状让他刻骨铭心，黄炎培事后回忆道，"撮空和谵语，都是人病将死的征象。这个境界，我总算亲身到达过。把其中味道尝试过一番了。"手术后第一夜，"大家简直认为凶多吉少"，尤其是外甥张仲明医师暗中着急，不敢告诉家人。

住院第八天即9月2日，手术后第一天清晨，出乎大家意料，热度忽然降低，呼吸和脉搏都缓和了些。黄炎培逃过了第一道生死关。第二天开始，每天上午九时、下午四时左右，董医生亲自来洗创口，换纱布，而每天脓水总是流个不止。原来，开刀以后，吸去脓水，并没有缝口，就把成卷的纱布向创口内塞了三卷，把肚子捆好就算了。到第四五天，肠破，粪秽从创口流出，发出臭恶的气味。大家又惶急得不得了。经过董医生手术，居然好了。可是脓水还是一天一天流着。每天热度总是往来于摄氏三十八九度之间。"心头却格外清楚了"。外面许多好友，惶恐之下，不免怀疑医生的手术和医院的成绩。黄炎培"却深深地信赖着颜院长乐副院长和董医生，很坚决地把生命完全交托与他们。"

黄炎培住院后，"颜院长天天来看我，从开刀之日起，聘了两位看护（护士），一张女士，一李女士，日夜轮流服侍。医生验血，验便溺，注射这样那样，忙个不了。"黄炎培夫人、妹妹、儿女，日夜轮流守着。从入院之日起，每天总有一二十起亲友来看望。

9月4日，手术后第三天晚上，正在康复中的黄炎培感恩于医院的待遇，在病榻上创作了上医的校歌，完成了几个月前颜福庆的嘱托。校歌如下：

人生意义何在乎？为人群服务。服务价值何在乎？为人群灭除病苦。可喜！可喜！病日新兮医亦日进。可惧！可惧！医日新兮病亦日进。

噫！其何以完我医家责任？歇浦兮汤汤，古塔兮朝阳，院之旗兮飘扬，院之宇兮辉煌。勖哉诸君！利何有？功何有？其有此亚东几千万人托命之场。

校歌分两段，一共105个字。第一段写医与病之间的关系，第二段写医生的责任。第一段前面两句是意义连贯的自问自答。首句"人生意义何在乎？为人群服务。"第二句又是一句自问自答，用顶针的修辞手法，回答第一句。"服务价值何在乎？为人群灭除病苦。"两个问句，短促有力，提出了人生的终极问题，也给出了问题的答案——服务，给出了医生的使命——灭除病苦。"为人群服务"既蕴含着黄炎培倡导职业教育的理想，也完全符合颜福庆的医学理想和上医的建院宗旨。正是基于"为人群服务"的共识，黄炎培和颜福庆两人才成为莫逆之交。对医生来说，服务的落脚点在"灭除病苦"，这是医生的终极使命。第三四两句，又是前后呼应的辩证问答。第三句"可喜！可喜！病日新兮医亦日进。"写出了医学进步的喜悦和乐观之情，连用两个"可喜！"加以渲染和强调。第四句笔锋一转，接连用两个"可惧！"情绪马上转化为悲观，强调疾病给人带来的痛苦和恐惧。惧怕什么？怕的是"医日新兮病亦日进"。怕的是疾病永远在进化，医学永远在追赶疾病，但是永远赶不上疾病的进化。疾病永远在前面奔逃，医生永远在后面追赶，永远赶不上。这是医生的悲哀，这是人类的宿命。如此辩证地看待医与病之间的辩证关系和博弈关系，使得这首校歌具有了哲理的深度。

在经过了第一段的铺陈后，第二段以叹词"噫！"开头，在表示感叹和无奈的同时，引出对医生的无限期许。第二句"其何以完我医家责任？"点出第二段的主题即医生的责任。随后的四个短句略带抒情，赞美上医蒸蒸日上的医事事业。"歇浦兮汤汤，古塔兮朝阳，院之旗兮飘扬，院之宇兮辉煌"，歇浦、古塔指代上海，院旗、院宇指正在筹建中的国立上海医学院和中山医院的新院舍，用"勖哉诸君！"

相勉，暗含这两栋建筑将成为上海的医学标杆之意。最后又是自问自答的"利何有？功何有？其有此亚东几千万人托命之场！"点出了上医人的崇高使命，在于为亚东几千万人提供托命之场。

这是一首病床上写就的校歌，是一位刚从死神手中夺回生命的病人对医生的感恩之作。这里，病人与医生是"信赖"和"生命完全交托"的关系。病人信赖医生，因此将生命完全交托给医生。黄炎培的住院体验和生死考验，让这首校歌充满了真切的实感。这首校歌充满了哲理，洋溢着博大的胸怀。

这42天的医院生活，让黄炎培加深了对医生和医院的认识，"特别认识医院的难办""医生的不易满人期望，也是常有的事"。出院后，黄炎培特写"断肠续命"四个大字，制成匾额赠送给颜福庆，以示感谢。

中国的医院怎样才能自养

国内的公立医院，一般倾向于学习西方的医院，只把医院看作为平民服务的机构。事实也如此，中国大部分公立医院，隐含了慈善的性质，只是鼓励平民去接受医疗服务，而富人反而到私立医院求助。因此，公立医院大多面临生存的考验，嗷嗷待哺，而油水都流到了私人口袋中。

从长远来看，医院应该实现自养。国外已经有成功的经验。比如日本，有些医学院的附属医院，不仅能自负盈亏，而且还能留出一大笔余款支援医学院。当然，完全套用外国医学院的办法是行不通的，中国的医院要探索一条符合国情的道路。这条道路，就是既经济又节约的道路，就是用最少的投入取得最大的效益。颜福庆是这样想的，也是这样做的。

1935年颜福庆应中华医学会之邀，写了《中国医学院校和医院的经济》一文，发表在《中华医学杂志》第49卷。文章前两部分谈医院的预算和预算编制问题，由于中国的医学院、医院是一个全新的行业，水平参差不齐，要得出医院相对固定的预算，十分困难；医院要算出治疗一名病人的成本,也同样困难重重,中国确实还根本不具备讨论医学院和医院的经济情况的条件。因此,颜福庆只是罗列了国内协和、齐鲁、上医和中国香港、日本各一所有代表性医学院的预算和薪资情况,而把重点放在了总结办医院经验、提出增加医院收入的渠道方面。这是颜福庆唯一涉及医院经济的文章。

按《中华医学杂志》编辑要求,文章尽量结合实际谈。颜福庆来写此文正合适。虽然没有受过经济方面的专业训练,但是办红十字会第一医院和上海医学院的体会、经验是俯拾即来的,并不需要太多的经济学专业知识。

颜福庆写得非常实在。文章指出,开源比节流更重要,扭转亏损的局面,必须增加收入。为此,医院要改变经营策略,使医院在为平民看病的同时,也为富人服务,让富人来帮助医院,使医院能为更多的平民服务。红十字会第一医院的经验已经表明,这种转变是可能的。前面已经提到。

除了增加营业费用外,另一个收入渠道是争取政府补助和私人捐助。为了获得捐助,医务界人士首先要说服非医学专业的政府官员和百姓,尤其是必须要让政府官员深切地明白医学教育的高昂费用。医学院始终不渝的目标,是培养学生,使他们用所学的知识为大众服务。医务界必须以严肃的态度,全身心地投入这项责任重大的事业。政府应给予医学院校最低限度的,但是足够的预算开支。当然,医学院也要避免铺张浪费,避免不必要的开支。

当政府的支持已经达到最大限度后,就应该从私人手中寻求进一步的经济支持。因为医学科学是国际性的科学,以全人类的福祉为宗旨,因此从任何渠道争取支持,包括从外国得到金钱、建筑和设备,不必为此感到害羞。当然,我们不接受别有用心的、或者是有条件的帮助。医院争取私人的支持是相对容易的,因为医院确实能服务社会。

颜福庆接着介绍了上海医学院的经验。国立上海医学院成立才八年,还非常年轻。1927年创建时,白手起家,没有医院,没有校舍,没有教职员,几乎没有任何设备,只有一笔很小的维持费。每年的开办费增长并不多,如1927—1928年度,政府拨的维持费为59 700墨

第五章 | 国人自办 一流学府 （1928—1937）

在澄衷肺病疗养院接受治疗的女患者。

币，到 1934—1935 年度，维持费才增加到 216 130 墨币。

为了弥补政府投入的不足，国立上海医学院幸运地从私人渠道得到了捐助。其中最大的捐赠来自洛克菲勒基金会，从 1928—1929 年度开始，洛克菲勒基金会每年捐赠一笔大小不等的经费，到 1933—1934 年度，已经共计捐助 397 326.24 墨币。另一个捐助大户是中华教育文化基金，从 1928—1929 年度开始，每年都为国立上海医学院捐 3 万美元，到 1934—1935 年度，已经合计捐赠 21 万美元。

建筑费一项，中华教育文化基金捐了 6 万墨币，英国退还庚款基金捐了 6 万美元。此外，国立上海医学院还得到了洛克菲勒基金会提供的奖学金、设备费和科学研究的资助。

创办之初，因为没有一家教学医院，国立上海医学院不得不暂借红十字会总医院作为教学医院，至今还是如此。无论从服务，还是从经济状况来说，这家医院都取得了长足进步。对国立上海医学院来说，在经济上维持这家医院不是一个沉重的负担，除了同时在医学院进行临床教学的高年级教师由医学院支薪外，医院本身已经能自养了。

虹桥精神病疗养院鸟瞰图。

认识到经济上必须寻求私人的帮助,上海医事中心董事会应运而生。董事会由27位社会名流组成,财政部部长孔祥熙任董事会主席。董事会积极从私人争取资助,包括房地产、货币、建筑或设备,董事们都富有公共服务精神,得到了广大市民的信任。除了上述基金外,医学院还得到了16万美元经费,毗邻中国红十字会第一医院建起了现在的临时校舍。叶澄衷儿子叶子衡捐助了江湾的叶家花园,办成了肺病疗养院。虹桥(精神病)疗养院成了第三所教学医院,它的建筑费用高达27万美元。

上海医学院还与传染病医院、麻风病医院、精神病医院等机构合作,使医学院有了一系列教学医院。这几家专业性医院提供了教学设施,可供医学院教师和学生使用。

颜福庆特别强调,合作中最值得称道的是:"所有合作医院都有自己的董事会,对各自医院的经济负责。医生的薪水由医学院支付,各医院支付本院职员的薪水,只有少数人员例外。提高专业水平、任命教授则大部分由医学院负责"①。颜福庆指出,这种方式不是上海医学院的首创,而是借鉴了美国哈佛医学院和圣路易斯医学院的成功经验。颜福庆很明白,写这篇《中国医学院校和医院的经济》并非易事,因为中国根本不具备讨论这个问题的基础和条件。所以,他从最切近中国实际情况的实用的角度,完成了这篇具有较强指导性的论文。这篇论文体现了他对中国社会、经济的深切了解和同情。在文章

---

① F. C. Yen. Economics of Medical Schools and Hospitals in China. *Chin Med J*, 1935, (49): 893.

的结尾，颜福庆这样总结道："实际上，以中国百姓现有的经济水平，我们不得不从实际情况入手，充分发挥资金、人员和建筑的最大效用。当今中国的医学院和医院的经济状况，可以总结如下：'实际的、节俭的、耐心的、心甘情愿的、多种渠道的。'"

与顾临争论医学院薪水问题

颜福庆《中国医学院校和医院的经济》前两部分谈医学院校的预算数额和如何编制预算。对于医院和医学院的管理者来说，这是一个核心问题。在欧美现代化国家，医学院校或医院的经济和管理，已经较为成熟，形成了一整套较有操作性的规章制度。而对于现代医学教育起步不久的中国来说，这是一个正在探索中的、无法回避的难题，对于颜福庆来说也如此。请颜福庆来写这篇文章是最合适不过的，因为他有长达二十多年的医学教育管理经验，先后担任了十余所医院、医学院校的院长，曾担任中华医学会医学教育委员会主任委员，1934年4月又被教育部聘为医学教育委员会主任委员，因此他有足够的经验和素材来撰写。在这篇文章的第一段，颜福庆这样写道："为什么撰写这篇文章的任务会落到我的头上。一个可能的原因是，我是医学管理者，尤其是我与那些苦苦挣扎的医学院有很多联系。我正在担任一家拼命挣扎的医学院的院长，我发现这既充满刺激又充满挑战；当一家医学院没有什么额外的外部资源可以争取，内部也没有什么理由可以互相内耗的时候，当所有教职员都在大致平等的基础上被对待，那么所有教职员的精力都将集中在医学院的前途和命运上，而不是放在个人的福利上"[①]。颜福庆是带着20多年的医学院和医院管理的体会写下这篇文章的，都是甘苦之言。下文基本忠实转述这篇文章——

早在1923年，中华医学会医学教育委员会就试图确定维持一家优良医学院的最低预算。当时得出的结论是，要维持一家优良医学院的运行，每年的最低预算是50万墨币。最近，教育部通过医学

---

① F. C. Yen. Economic of Medical Schools and Hospitals in China. *Chin Med J*, 1935, (49): 887.

教育委员会重新确定了医学院的开办费（Initial expenses）和维持费（Maintenance）。医科大学的开办费为 74 万墨币，医学专科学校开办费为 30 万墨币。医科大学的维持费为 30～50 万墨币，医学专科学校的维持费为 20 万墨币。与国外同类标准相比，这个数字已经很低，但是国内所有医科大学都没有达到上述标准。

由于中国的医学院校教员的薪水标准来自国外，而不是基于中国的经济水平，因此问题变得更为复杂。外国传教士带着资金来到中国开办医学教育，为医学教育尽心尽职，对此应予以充分感谢。但是他们的薪水是基于国外的经济水准，对于中国来说，他们的薪水还是太高了。由于传教士的薪水标准几十年来一直如此，成为惯例，所以要降下来是很困难的。

如果对比中日两国医学院的预算和薪水，将揭示问题的复杂性，找到解决问题的办法很困难。颜福庆列表说明了两国各类医学院的预算、补助费用和薪水情况。他选取的案例是中国四所国立医科大学、作为教会大学的齐鲁大学医学院、北平协和医科大学、香港大学医学院、日本京都帝国大学医学院、日本东京帝国大学医学院。

首先，关于医学院的预算。这里的预算指的是除收入之外的每年总拨款。中国四所国立医科大学的预算，介于 12 万墨币（M$）至 25 万墨币之间。齐鲁大学医学院的预算为 289 949 墨币；北平协和医科大学的预算为 395 050 美元（G$）加 1 179 090 墨币；香港大学医学院的预算为 218 514 港币（$）（来自港大的预算）加上 1 414 801 港币（来自香港政府给公立的市民医院的拨款）；日本京都帝国大学医学院的预算为 1 800 000 日元（Yen）；日本东京帝国大学的预算为 1 757 000 日元。

其次，关于教职员的薪水。中国四所国立医科大学的年薪，助教在 900～1 800 墨币之间，讲师在 1 920～3 360 墨币之间，副教授在 3 600～4 800 墨币之间，教授在 4 800～7 200 墨币之间①。齐鲁大学医学院单身教师年薪为 3 000 墨币，已婚教师的年薪为 6 000 墨

---

① 颜福庆在文中说明，四所国立医科大学的薪水标准是 1930 年制定的，真正拿到最高额度薪水的只是极个别的人员。

币，再加上休假、旅行和其他津贴；北平协和医科大学助教年薪介于 1 200～3 000 墨币，Associate 年薪介于 3 200～4 800 墨币，助理教授年薪介于 5 200～6 000 墨币，副教授年薪介于 6 500～7 500 墨币，教授年薪为 8 000 墨币以上；香港大学医学院兼职讲师（Lecturer）年薪约 1 000 港币，实验室技师（Demonstrators）、导师（Tutors）、二年级助教（2nd Assistants）年薪为 2 400～3 960 港币，一年级助教（1st Assistants）到教授的年薪介于 1 600～19 200 港币之间，再加上房贴、退休金、旅行津贴等；日本京都帝国大学医学院助教年薪 890 日元，助理教授年薪为 1 890 日元，教授年薪为 3 860 日元，加上年薪 20%左右的奖金；日本东京帝国大学医学院的教职分 12 级，一级教授年薪 5 350 日元，十二级教授年薪 1 130 日元，再加上二分之一月薪的奖金[①]。从以上粗略的比较可以看出，中日两国的国立医学院的预算远低于私立医学院，而中国的医学院的师资薪资水平高于日本，中国的私立教会大学医学院的薪资水平差距很大。

  颜福庆指出，解决如此复杂的问题的唯一办法，是把医学院校的经费调节到国家能够承担的水平，只有做到这一点，医学院校才能被视为扎根中国、已经本土化了的医学院。任何在西方行之有效的筹资办法，用到中国都是行不通的。我们需要探索一个经济上适合中国的医学院校的解决办法。由于中日两国的社会经济条件较为相似，中国在这条道路的探索将从日本的经验中获益。也就是说，颜福庆认为，医学院校只有在经费上找到一条适合自己的道路，才能算是真正中国化了的医学院，由于社会经济上的相似性较多，颜福庆希望从日本的医学院校中汲取有用的经验，而美国的经验不足为据。

  颜福庆随后提及美国的经验。他指出，美国教学委员会阿奈特（Trevor Arnett）在他的著作《大学和学院的财务》(College and University Finance)中强调高校或教育机构投资的安全因素，建议教育机构应满足于低回报率。颜福庆指出，对于美国教育机构来说，这是一个明智的策略。但是对中国来说，几乎没有实用价值。90% 以上

[①] F. C. Yen. Economic of Medical Schools and Hospitals in China. *Chin Med J*, 1935, (49): 888.

的医学院校和中国教育机构都在嗷嗷待哺的夹缝中求生存，如果它们能在年底不出现赤字，就已经是异常幸运了。此外，许多医学院校正处在建设阶段，需要很多筹建经费用于建筑校园、购买设备和延聘师资。也就是说，颜福庆认为，美国医学院校的筹集经验，对于中国没有参考价值。

这篇文章引起了医务界的讨论。1935年8月8日，颜福庆把这篇文章寄给了顾临，并邀请他担任中华医学会的顾问。顾临饶有兴趣地读了这篇文章，并提出了商榷意见。两位都是经验丰富的医学教育家，但一个是美国人，一个是中国人，两人的视角和立足点还是有较大分歧的。1935年8月27日，顾临给颜福庆写了一封长信，信中感谢颜福庆为自己在中华医学会安排位置，建议南京国民政府教育部要从符合各方面需要的有序的观点来安排各项改革计划。在顾临看来，教育部的医学教育改革过于仓促，希望颜福庆能影响教育部，放慢医学教育改革的步伐；医学教育改革的关键在于加强国立上海医学院那样的医学院，使其成为并不比北平协和医学院逊色的医学师资养成所[①]。随后，顾临对颜福庆的数据提出了疑问，并详细地与颜福庆谈论协和与日本的薪水问题。

顾临在信中指出，大学教师的薪水应该适度，低薪会使有志于学术研究的有才华的人离开大学，甚至也会降低大学在社会上应有的地位。美国就正中此弊。欧洲的名牌大学至少能给全职教授较高的报酬。现在日本大学的薪水看似很低，但是东京帝国大学早期的教授薪水并不比今天北平协和医学院教授低。顾临指出，以后协和要把低年资教员的薪水降下来。事实上，协和在几年前就已经这样做了，协和经常能聘到比以前的副教授水平更高的助理教授。但是顾临指出，他很遗憾地看到，北平协和医学院教授最高薪水已经大大降低了。另一方面，考虑到上海维持一个体面的家庭所需的高额费用，颜福庆逐渐提高国立上海医学院高年资教师的薪水是有利的[②]。

[①][②] R. S. Green to F. C. Yen. August 27, 1935, Archives SMC. LS2–215.

顾临指出，日本的医学院从他们的医院获得大笔收入。日中两国的医学院的纯开支之比较是有价值的，但是没有颜福庆所写文章中提到的那样明显。而且，大部分日本教授（门诊、临床各系），甚至临床前期各系都在院外工作中挣了不少钱。但国立上海医学院教授只在院内工作，因此与日本教授间的薪水没有可比性。美国公认的眼科领袖施魏尼茨（G. E. De Schweinitz, 1858—1938）在费城每年只拿到宾州大学 1 200 美元薪水，但是这个数字对他来说毫无意义，他依靠自己的门诊，而不是依靠宾州大学的薪水来维持生计[①]。也就是说，顾临认为颜福庆以日本医学院为参照的设想是不妥当的。

顾临认为，现在中国医务界有一种倾向，企图迫使北京协和医学院把薪水降下来。颜福庆的文章中体现了这种倾向。如果这种倾向真的实现了，顾临不认为这将使北平协和医院以外的医学院校受益。因为从长远来看，在中国通过为杰出人才（outstanding men）提供高薪，这将比所有医学机构都低薪，更能吸引年轻人从医。现在协和提供给初级职位医生的薪水没有达到卫生署规定的标准，协和之所以这样做，是为了让年轻人知道，有能力、肯努力的人，成长为高级人才以后，总会有高额回报。只要社会是按照资本主义的原则组织（orgnized on a capitalistic basic）起来的，协和就不能完全忽视其他行业所设定的标准，虽然协和不能、也不屑于提供庸医和牙医在上流社会的私人诊所的高额报酬，即使是协和医学院的全职医生们挣的钱也比这些人少[②]。

从顾临这封信里，我们能感受到中国医务界已经迅速成长，并对北平协和医学院发起了挑战。作为协和的管理者，顾临身处其中，明显感受到了压力。

1921 年小洛克菲勒在协和开幕典礼上的致辞指出两个关键问题：第一，为了使协和医学院能激励中国人兴办与协和同等水平的医学院，协和的开办费应该保持在一个保守的水平。第二，期待有朝一

---

①② R. S. Green to F. C. Yen. August 27,1935, Archives SMC. LS2-215.

日，中国的医学院校中大部分教师将由中国人自己担当①。这两点，意味深长，值得玩味。小洛克菲勒的致辞，第一点意味着协和应该起到示范和引领作用，用以激励中国人自己办高水平的医学教育。第二点意味着洛克菲勒基金会没有让美国人永久控制协和的意思，也就是说，协和总有一天是要交给中国的。到底是哪一天呢？以什么方式移交呢？这是后话。但是，1935年的中国医务界领袖们，已经暗暗地提出了这个问题。这令顾临有点措手不及。

20世纪30年代中期，中外医务界对于北京协和医学院（PUMC）的办学成效已有不少评论。它无法可及的充足的经费、优异的师资、完备的设备、标志性的建筑，遥遥领先于国内甚至远东所有医学院校，是中国其他任何医学院校望尘莫及的。正因为它是标杆，所以引发医务界的热烈讨论，也引发中美两国政府相关部门的深度关切。1934年1月 Selskar M. Gun 的报告《中国与洛克菲勒基金会》(China and the Rockefeller Foundation)是一份理解美国对南京国民政府影响的重要文献，其中谈及，北京协和医学院虽然在医务界是重要的，但是它对全国范围的影响很有限（"important as it is in its own sphere, [it] has had a very limited effect nationally"）②。1924年到1933年间协和毕业生的特点可以概括为：西式生活导向，高度专业化，影响巨大，多居于北京、上海或南京。他们单独构成一个非政治性的精英群体，拥抱现代性……"学术性的协和毕业生所具有的城市化和制度化取向，的确显示出他们与普通大众之间的巨大隔阂"③。虽然协和也开始有意识地中国化，试图扎根中国，比如教师队伍逐步中国化、华裔医生开始担任重要职务、课程设置也做了调整，但是大部分协和毕业生还是身居都市，扎根中国尚浅。这是一个无法解决的矛盾，以协和精英化的培养

---

① K. Chimin Wong, Wu Lien-Teh. *History of Chinese Medicine*, 2nd ed. Shanghai: National Quarantine Service, 1936: 597.
② James C. Thomson Jr., *While China Faced West: American Reformers in Nationlist China*, 1928—1937, Cambridge, Massachusets: Harvard University Press, 1969: 131.
③ ［美］玛丽·布朗·布洛克著：《洛克菲勒基金会与协和模式》（张力军、魏柯玲译），中国协和医科大学出版社，2014年，第135页。

方式，即使协和毕业生都到了农村，也远水解不了近渴，无法满足中国农村的医疗要求。来自中国医务界主流的批评，不妨以伍连德为例。在伍连德、王吉民合著的《中国医史》中，伍连德分析了协和没有实现创办人初衷的原因，主要在于协和的管理者和教职员大多缺乏在华的经验，导致协和出现了未预料到的困境，诸如，毕业生太少、过早的专业化、过分依靠协和展开诊疗、过度依靠协和内部而没有寻求校外力量的支持，与此同时，相对高额的薪水，使协和的中国教员不愿意离开协和到政府部门或其他院校从教，即使后者提供更大的发展空间，协和教员也不愿意去[1]。这就无法达成小洛克菲勒在1921年开幕典礼所宣称的第一条宗旨。国立上海医学院倒是充分利用了协和的优质师资，用于临时补充教师的缺口，这是颜福庆高明的地方。

公医制度的完整论述

1935年11月，广州博济医院举行成立100周年纪念。颜福庆在纪念典礼上发表题为《中国医学之未来》的演讲，回顾了现代医学入华的历程，并完整地论述了公医制度。这篇演讲稿，标志着颜福庆医学思想的成熟。

1835年，耶鲁毕业生伯驾，以一名传教士的身份来到广州，并于1935年创建眼科医局（1859年命名为博济医院，1930年更名为中山纪念博济医院）。他的到来，标志着现代医学开始传入中国，到1935年已经整整100年。在现代医学入华的最初四分之三世纪，医学教育和医学服务只是私人的事业，主要由各个在华医学传道团承担。他们应有的功绩必须得到承认和正确的评价。他们帮助中国奠定了现代医学的基础，长期以来一直在推动这项事业。直到20世纪30年代，传教士和其他外国人办的医学院校和医院仍然在中国占据着重要的位置。

---

[1] K. Chimin Wong, Wu Lien-Teh. *History of Chinese Medicine*, 2nd ed. Shanghai: National Quarantine Service, 1936: 597.

颜福庆确信，100 年后的今天，现代医学已经在中国生根，已经中国化。社会对医学院毕业生的迫切需求，就是表征之一。医疗事业亟待人们去开拓。为满足国人的需要，如一味追求医务人员的数量，降低标准，反而会阻碍医学的进步。因此，未来的医学院校应注意训练合格的医学师资。优良的医学院应承担起医学师范学院之职。教育部医学教育委员会已经为志愿担任临床前期各系教师者准备津贴。虽然某些科目可能被压缩，但我们也不可能在缩短、简化课程方面走得太远。

颜福庆指出，首要问题，是提出一套适合中国特殊需要的妥善办法。公医制度（State Medicine）是唯一的解决方法。这个思想已经被政府卫生署采纳，作为一项国策。其要点在于：

"公医制是给国民提供医疗保护的有效方法，实现公医制需要一套有组织的医疗和公共卫生服务系统。在一万人口之内，设立一乡村医疗站，从事简易的医疗工作。每五到十个乡村医疗站，设一个区医疗所，从事基本的医疗卫生工作。每个县设立一个医疗中心，包括一家医院、一个简单的实验室，一个医疗行政机构，监管辖区内的医事工作。依次类推，每个省设立一个更大范围的医疗中心，监控、帮助各县医疗中心，并负责县医疗中心以外的卫生工作。在上述地方组织之上，设立一个全国的卫生行政机关，以组织和监督全国的卫生事业。在这种医疗保护体系下，才有可能合理、有效地保护所有人群的健康。为实现公医制，全国所有的医事卫生机关，应充分利用并遵循上述政策。最近十年，关注社会复兴的人们感到，各种社会复兴与建设都偏重各自的事业，没有关注各种事业的合作。在医学领域，我们决不能离开各方面的合作"①。

实现公医制需要人才。为此，各医学院必须培训各类医务人员。颜福庆认为，省立医学院应担负起这项重任，实际培训由省级医院、实验室以及县乡一级的医疗中心来承担。从事培训的医学院将由四位

---

① K. Chimin Wong, Wu Lien-Teh. *History of Chinese Medicine.* 2nd ed. Shanghai: National Quarantine Service, 1936: 801. 1935 年 8 月 11 日颜福庆在《中央日报·医学周刊》发表《中国医学教育之近状》一文，表达了同样的意见。

主任负责：理论医学系主任（包括先修科即预科、临床前期各科）；应用医学教务主任（包括内科、外科、产科、妇科等各专科），同时担任医院院长；社会医学教务主任（预防医学、公共卫生学、社会学、心理学）；医疗教务主任（护理学、产科学、药剂学、实验技术）。这些学校的学生应免收学费，但毕业后须在政府医疗机构内服务一定时间。

枫林桥建成了中国的医事中心

1937年4月1日下午2时，枫林桥边，中国医务界迎来了一场盛会。国立上海医学院、上海中山医院新院舍落成典礼暨中华医学会（与博医会合并后的）第四届年会同时举行。这场盛会引起国内外医务界高度关注，《英国医学杂志》(The British Medical Journal)对大会进行了报道。

中山医院和上海医学院新大楼，是典型的中西合璧的多层建筑。建筑体量庞大，呈左右对称布局。汉白玉栏杆、红柱、金黄色琉璃瓦歇山顶。檐下架上，施传统彩画图案。屋脊吻兽等，颇显中国明清宫殿建筑特色。楼前，是西方园林巴洛克式风格的庭院绿化和喷水池。

国立上海医学院新院舍落成、中山医院落成，也是南京国民政府和上海市政府社会建设的重要成就之一。南京国民政府和上海市政府一批高级官员应邀前来观礼。参加这场盛会的来宾，有行政院副院长孔祥熙、卫生署长刘瑞恒、教育部次长段锡朋、驻美大使王正廷、财政部次长徐堪、淞沪警备司令部司令杨虎、中央银行副总裁陈行、银行公会秘书长林康侯、上海市社会局长潘公展、市工务局长沈怡、市卫生局长李廷安、司法行政部法医研究所所长孙远方、中华医学会会长朱恒璧，以及各界名流杜月笙、刘海粟、伍连德和中华医学会会员数千人[①]。

孔祥熙、段锡朋、朱恒璧先后致辞，接着颜福庆作了《国立上海医学院落成、中山医院开幕报告》。报告列举了一系列数字：医学院

---

① 《申报》，1937年4月2日。

1937年4月1日，国立上海医学院新校舍落成、中山医院开幕、中华医学会第四届年会合影。复旦大学档案馆提供。

院舍本部占地 26 030 平方米，房屋设备价值 35 万元；附属中山医院设病床 500 张，门诊部同时可容纳 500 人，房屋建筑及内部设备价值 80 万元；药学专修科建筑费 3 万元；护士学校建筑费 4.1 万元；学生宿舍建筑费 8 万元；教职员住宅 13 万元；上述建筑费合计 143.1 万元。其中教育部拨的经费是 16 万元，其余 127.1 万元全部来自各界捐款。购买上海医学院和中山医院地基的费用，是洛氏基金会捐助的，上文已经提到。

教育部拨的 16 万元，指定用于建筑医学院院舍。所以，中山医院的建筑及设备费 80 万元，全部来自各界募捐。已收捐款约现金 60 万元，团体和个人捐款户共计达 956 户，不敷数尚有 20 万元。

护士学校校舍，由史量才先生家属捐助，命名为量才堂。药科房屋，由项松茂先生家属捐助，命名为松德堂，以资纪念。学生宿舍房屋，是向上海医事事业董事会借款建筑的。此外，叶子衡先生捐助了占地 80 亩的江湾叶家花园，改办成肺病疗养院，命名为"澄衷医院"（即澄衷肺病疗养院），成为医学院第二个实习医院。

上海医学院创校前后仅十年，就取得如此成绩，原因何在？颜福庆在报告中总结了成功的原因：

"一、同人等认定医事为社会所需要的事业，只要大家肯埋头苦干，不必多事宣传，定能博得社会的同情。如果能得社会上多数人的同情，则物质上精神上的帮助，自然源源而来。这次中山医院建筑捐（款）户达 956 户，就是一个很好的例证。此外，并蒙各方面的协助，有时间者捐助时间，有能力者捐助能力，厂家捐助材料，并且照最低价出售建筑材料，所以全部建筑，照工程（公）司估计，如以去年物价为标准，至少便宜百分之十五；以今年物价为标准，则至少便宜百分之三十。

二、我们认定医事为关系人生的科学，医师操人命生杀之权，所以延聘教员及医师的时候，必先注意其人选，学识经验，皆经严格的审查，极端慎重，因此博得各界的信仰。

三、我们认定做医师的人，须有牺牲个人、服务社会的精神，服务医界，不存升官发财的心理。如在学院或医院服务的同人，皆有此种决心，则医事事业，定有相当进步。所以医学人才的服务精神，比

1937年4月1日下午中山医院开幕式后,颜福庆陪同来宾参观国立上海医学院。前排右起第二人颜福庆,左起第一人孔祥熙、第二人宋霭龄。

较物质上的需要,其关系更为重大。"

发言完毕,在中山医院大门前举行揭幕礼。大门上扎有红绸彩带,孔祥熙偕夫人宋霭龄及各界来宾,围成半圈站在大门前。宋霭龄手持剪刀,将彩带剪断。中山医院的大门缓缓开启。上海医事中心成立了,颜福庆的理想化为现实!

湘雅学生龙伯坚发来一首七律贺诗,概括了颜福庆创建上海医事中心的十年艰辛:

记从创业艰难日,辛苦于今已十年。
悉立门墙高万仞,笑看桃李列三千。
树人树木风弥远,良相良医事倘全。
湘沪生平心血在,尽教华发欲盈颠。

此前的1936年9月,国立上海医学院新大楼率先投入使用。国内外报纸纷纷在显著位置作了报道。英文《大陆报》(The China Press) 1936年9月29日特地刊发医学副刊，在头版刊登了颜福庆的大幅照片，全文报道了上海医事中心。《大陆报》医学副刊记者这样评价：

"这所具有重大历史意义的医学院，与欧美同类医学院站在同一水平线上，是整个亚洲最重要的医学中心之一，它将成为中国新的骄傲。

"国立上海医学院大楼，9月15日投入使用，无论从规模、设备，还是它那美轮美奂的建筑来看，都可以和世界上任何一个医学院媲美而毫不逊色。"

颜福庆在回答《大陆报》医学副刊记者采访时说：

"只有激发起医学工作者的科学探索和研究精神，才能提高医学水平，保持医疗的较高水准。为此，上海迫切需要建立一个医学中心。国立上海医学院拥有医院、实验室、图书馆和其他设施，应该为医学界从业人员的自我教育、自我提高服务。它的校园可以作为会议场所，医学界同仁可以互相交谈，切磋思想；可以经常邀请顶尖的医学科学家，来此地发表演讲。所有这些都将有助于培养医学人才，为民众提供更好的医疗服务。"

从1927年创校到1937年国立上海医学院、中山医院新院舍落成，前后正好十年。这十年意味着国立上海医学院奠定了百年基业，意义非凡。奠定百年基业依靠什么？依靠全体教职员同心同德、合作无间的奋斗精神，依靠教师们不慕荣华、唯事研究的科学精神。颜福庆对这十年作了如下总结：

"我校全体教职员，同心一德，始终无间，辛苦奋斗，未尝稍懈。以上海为国内惟一之大都市，医师开业，机会极佳，苟非秉教育之精神，抱作人之宏愿，宁肯牺牲收入，闭门研修。此则十年之中，心不外骛，校内而外，惟事研究，不慕荣利之各种教授，实大有造于我校也"①。

---

① 颜福庆：《国立上海医学院之回顾与前瞻》，《国立上海医学院院舍落成纪念特刊》，1937年4月，第3页。

第六章

卫生署长　面向全国

（1938—1949）

　　整个医学教育，必须针对战时，重新调整……各医学院校，在战时至少有两种不可或缺之工作。一方面对于前后方所需要医事人员，须从事造就，而不能避免责任。同时一方面须多方设法，保留原有之教授、人才、学生及设备，以期于战事终止时，借以恢复固有之基础。上述两种工作，相关至切，宜有详细之考虑，严密之注意。如顾此失彼，即不能贯彻其应负之使命。

——颜福庆《战时医学教育问题》1938年

　　1937年卢沟桥事变后一个月，战火燃烧到上海，淞沪抗战爆发。南京、上海是国民政府统治的心脏。蒋介石制定了防御阵地战的战略方针，率领他所能掌控的最好的部队，决心不惜一切代价，保障上海这个远东最大的都市。蒋介石需要用一场大战，来巩固他新接总指挥官的名义；需要向西方列强证明，中国有决心打一场生死战，以换取他们的支持。

　　京沪、沪杭两条铁路上火车日夜不断地奔驰，一师又一师的精锐部队填补到淞沪战区。8月13日，淞沪抗战拉开序幕。在远东战争史上，淞沪抗战是继1905年"日俄战争后最大的战役，也是抗日战争中第一次最大的屠杀"[①]。作战时间3个月，双方动员的兵力达百万以

[①] 张发奎：《淞沪会战》，委员会：《文史资料选辑》，第113辑，中国文史出版社，1987年，第25页。

上，一切现代化的兵器都搬上了战场。

这是一场现代化的阵地战。日军在装备和战术技能上都占有明显优势，大量的野战炮兵配合着海军长射炮的密集火力，除了完全掌握制空权外，又在陆地战场上占据主动。而国民党军队则在战壕里，只有临时构筑的野战工事，以劣势的装备，凭着血肉之躯与敌搏斗，其牺牲之大，可以想象。淞沪战场，成了中国军人殉国的绞肉机。

哪里有险情，哪里就有红十字会，只要有伤亡，就必定有医疗救护，这是医生的天职。中国有史以来最大的医疗救护工作开始了。颜福庆激流勇进，担当了这场空前救护的总负责人，以其丰富的救护经验和杰出的组织协调才能，完成了救护工作。

上海救护委员会主席

在政府仓促应战、还无暇顾及伤兵救护的时候，红十字会承担起救护责任。上海的各大群众团体同仇敌忾，挺身而出，根据1937年春卫生署制定的《非常时期救护工作纲要》成立了中国红十字会总会上海市救护委员会（以下简称上海市救护委员会），充分显示了上海这座国际大都市强大的社会组织力。

淞沪会战还没有打响，中国红十字会总会、上海市商会、地方协会、医师公会、中华医学会、药业公会、医事教育机关等团体就联合成立了上海市救护委员会，颜福庆被推举为主席，总负责全市救护工作。救护委员会下设总务组、医务组、救护组、运输组、材料组等各组，朱恒璧任其中一组的主任干事。8月5日开始募集经费、征召救护队、设立救护医院等准备工作。

战事爆发后，救护工作顿显紧张。委员会的各团体踊跃参加各项救护工作，但救护工具极为缺乏，只能根据战区之广狭、战士之多寡，权衡需要，以确定救护方针。8月15日至25日前，救护委员会成立救护队4队、救护医院4处。8月25日后，战区日广，救护范围随之扩大，救护队增至10队，各方自动组织参加的急救队增至12

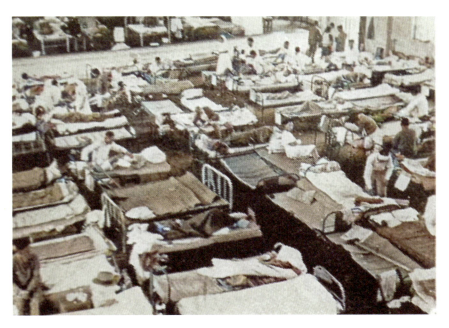

上海救护委员会组织的一家临时急救医院。

队,救护医院扩展到24处。

在颜福庆等教师的带领下,上医师生此前已经有多次战地救护的经验。在空前的民族灾难面前,师生踊跃报名参加医疗救护工作,组成了第一救护队。

第一救护队是流动手术组,邵幼善、黄家驷任正、副队长,成员有崔之义等内、外科医生、护士、药剂员20余人,在无锡郊区设立临时医院,负责收容从上海水路、陆路运来的重伤员,主要进行扩创、石膏包扎、抗感染等处理,待伤员病情稳定后再转移到后方。10月,上医师生又组织了第二救护队,纪长庚、陈化东任正副队长。第一、二救护队在上海救护委员会领导下开展救护工作,成为红十字会救护队的骨干力量。

11月中旬上海失守后,两支救护队改编为四队,撤退到内地。邵幼善、崔之义、纪长庚、陈化东分别任一、二、三、四队队长。一、三、四队乘轮船撤往汉口。第二队留守南京,一直坚持到南京沦陷前

1933年，上海市政府迁至江湾，原市政府路（今平江路）的部分市政府大楼划归上医，成为教工宿舍和子弟学校用房。图为原"外交大楼"旧址。

两天才撤退，在武汉与其他三队会师①。

从9月20日开始，上医的枫林桥护士宿舍（外交大楼）改为伤兵分发站。从前线运到上海的伤兵，少则每天300人，多则一天超千人。伤兵先进分发站，根据伤势轻重，分别处理。重者送医院，轻者暂住站内，等候火车或轮船送往后方。从9月21日到11月8日，外交大楼共计收容伤兵17 940人②。11月9日，外交大楼最后一批伤兵300余人安全转移到租界。半小时后，枫林桥沦陷。

淞沪会战三个月期间，上医的教学医院红十字会第一医院改为特约医院，中山医院改为第六救护医院。由上医负责或由上医同人领导的还有第一、二、六、二十三救护医院，后方第一、二医院，国际

---

① 朱益栋主编：《上海医科大学六十周年校史1927—1987》（内部发行），1987年，第30—32页。
② 《中华医学杂志》，1938年，第5期，第388、389页。

第一、二、四医院。以上医院于 1938 年春陆续关闭,共计收容伤员 7 000 人。自 1937 年 8 月 14 日至 1938 年 4 月 30 日,由上海市各医院收治受伤民众和士兵 19 539 人,其中由上医收治的占了总数的近 30%。

向世人控诉日军暴行

红十字是人道和中立的标志。可是在豺狼之师面前,红十字标志也失去了保护作用,无论后方还是前方的救护,都充满了危险。日军借口中方红十字救护车运载军火,对于红十字会车辆,故意穷追不舍,狂轰滥炸。上海红十字会共有救护车 30 辆,开战仅 3 周,7 辆已被日本飞机炸毁。

8 月 29 日,颜福庆对新闻界发表谈话,列举侵华日军公然违背 1929 年《日内瓦公约》,对从事人道工作的红十字会工作人员狂轰滥炸的滔天罪行:

8 月 18 日,真如红十字会医院遭日机轰炸,死伤 5 人。8 月 19 日,南翔红十字会救护队遭日机轰炸,死伤 6 人。8 月 23 日,救护队员 43 人,正在罗店拯救伤兵,突然遭日军包围。日军撕去队员白色制服上的红十字会徽章,强令队员跪下,惨无人道地加以杀害,医师、护士 5 人,当场被害……

日军还恣意攻击非战人员。8 月 17 日,日机 10 余架,袭击距沪 80 英里的南通,对美国教会医院投掷炸弹 6 枚,医院燃起熊熊大火,死中国医师 2 人、护士 2 人,伤者甚多,其中有正在值班的美籍护士 2 人。8 月 28 日,日机 12 架,袭击上海南市。南市为平民居住区域,人口稠密,绝无中国军队或阵地,日军炸弹密集轰炸南市车站附近,死无辜平民 200 余人、伤 500 余人,罹难者均为候车离沪的难民,尤以妇孺居多。8 月 30 日,日机轰炸大场镇公共汽车站,当场炸死难民伤兵 20 余人[①]。

颜福庆发表谈话的第二天,国民政府外交部向国联提出正式声

---

① 《民报》,1937 年 9 月 10 日。

明,揭露日军暴行,并将声明全文向全世界公布。

面对如此残暴的日军,颜福庆对负责的红十字会救护工作深感困难。为避开日军视线,红十字会工作人员的后方工作,大部分改在深夜进行。

10月3日开始,日军又在上海附近前线使用芥子气等糜烂性毒气……

家庭成员齐抗战

国难就是家难。颜福庆全家都参加了抗日救亡工作。

长女颜雅清1926年毕业于雅礼大学,一度在上海医学院任英语教师。20世纪30年代,伯父颜惠庆出任驻苏联大使,雅清作为侍应生前往莫斯科,在那里生活了八个月。回国后,雅清开始学习飞行技术,立志当一名女飞行员,保卫祖国领空①。经过刻苦学习,雅清果然成了中国第一批女飞行员。在首次正式上蓝天前,雅清身穿飞行服,在一架标有美国星条旗和国民党青天白日旗的飞机前拍了张照。这张

颜福庆长女颜雅清身穿飞行服在飞机前留影。飞机上有一面旗帜,写着"Miss Hilda Yen(颜雅清)Spirit of New China"。

---

① Memorandum about Miss Hilda Yen. Archives and Manuscripts of Yale University Library, Yale-China. 108/944.

英姿飒爽的照片，颜福庆非常喜欢。"文革"前一直放在办公桌玻璃板下。

抗战爆发后，颜福庆写信召唤正在美国留学的长子颜我清马上回国，参加抗战。妻子曹秀英是妇女界抗日救国领袖之一，在江湾办起"伯达尼孤儿院"，收容战时无家可归的孤儿。发动妇女缝制军衣、军鞋等军用物品，在后方支持抗战。次子颜士清患有严重的骨痨，手上、脚上烂成一个个凹陷的黑洞。士清不顾病痛，听从母亲的安排，不管刮风下雨，定时挨家挨户上门去收军衣军鞋，然后送到红十字会指定的地方。

亲家刘鸿生，是著名的爱国民族资本家，鼎力支持颜福庆，将一辆私家汽车和凯旋路100号住宅无偿让出，供救护委员会收容伤兵难民之用，还把刚从日本留学回来的六子刘念悌、七子刘念忠送到救护委员会，听候颜福庆任用[①]。

曹秀英（右一坐者）在慰问伤员。复旦大学档案馆提供。

---

① 刘鸿生给颜福庆的信，1937年8月18日。

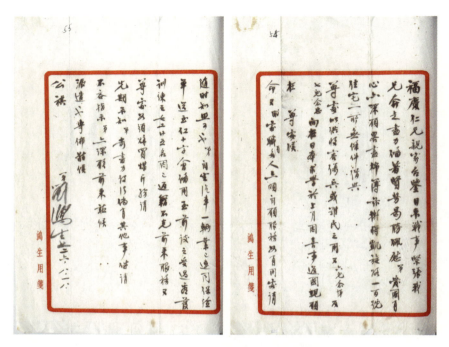

1937年8月18日亲家刘鸿生给颜福庆的信。复旦大学档案馆提供。

颜福庆一心扑在剧繁的救护事业上。从1927年创建上医开始，向外界募捐，成了颜福庆最主要的工作。长期在外募捐应酬，根本顾不上按时吃饭，也长时间不回家，严重影响了他的健康。担任上海市救护委员会主任后，心系数百万平民和战士的安危，责任更重了，工作更加繁忙了。

战时救护工作，加上长期饮食起居没有规律，颜福庆患了严重的胃病，身体非常消瘦。但他仍然抱病为抗战奔波。

国立上海医学院、中山医院火线撤退

1937年10月30日，突击大场的日军在周家宅、姚家宅两处强渡苏州河，从大场以西向中国军队的左右翼发起全面攻势，战局顿时急转直下。上海市区的中国军队侧背受敌。在南面，日军第六、第八师团于 11 月 5 日从金山嘴、金公亭等地同时强行登陆。9 日，松江沦陷。中国军队腹背受敌，败局已定。

11 月 9 日夜，一个黯淡而悲惨的黑夜。天空闪烁着稀疏的星光，没有月亮。中国军队从前线仓皇撤退。

原先自以为"东方马奇诺"的防线，终究被日寇击溃了，医院不得不紧急组织撤退。日军已经近在咫尺。临时改为第六救护医院的中山医院，失去了中国军队的保护，不得不以最快的速度撤离。

这是一场与时间的赛跑。颜福庆亲自指挥，夜以继日地抢运设备和伤病员，责成应元岳、王霖生具体负责撤退。人员和设备安全转移到红十字会第一医院后半小时，中山医院即被日军占领。耗费了颜福庆近十年心血的中山医院，开幕仅半年，工程款还没有结清，就遭到日军毁灭性的破坏。上医新校舍、澄衷医院也先后陷入敌手。上海救护委员会的各救护医院或解散，或转移到后方。

临危受命出任国民政府卫生署署长

南京国民政府成立后，为了平衡各地方实力派的力量，蒋介石吸收了反对派阎锡山入阁。冯玉祥的亲信薛笃弼不得不离开内政部。冯玉祥不甘心白白丢失一个部长的席位，因此建议蒋介石添设卫生部，由薛笃弼任部长[1]。薛笃弼在北洋政府时期任北京市长，是北京第一卫生公所的积极推动者。

卫生部在行政院是个不起眼的机构，同样，卫生部部长在国民政府行政院也是一个不起眼的职位。卫生部的设置和人事具有"因人设事、任人唯亲"的特点[2]。在南京政府存在的 20 余年间，卫生部前后作了七次大的改动，名称一再更改，从"卫生司"改为"卫生部"，又改为"卫生署"，再重新恢复为"卫生部"。级别和隶属关系也不断

---

[1] Mary Brown Bullock. *An American Transplant: The Rockefeller Foundation and Peking Union Medical College.* Berkeley: University of California Press, 1980: 152—153.
[2] 北京医科大学公共卫生学院编:《金宝善文集》(非公开出版)，1991 年，第 21 页。

调整,从内政部下面的一个司,到行政院一个独立的部,再降格为隶属于内政部,平均每三年就要大动一次。部长(署长)的任命,有时是"简任",有时是"特任"。

国民政府迁到汉口后,进行大改组。1938年2月,卫生部再次降格为卫生署,隶属内政部,距离上次变动才6个月。原卫生部部长刘瑞恒因为对国民党军队边撤退边掳掠采取放任自流态度,导致伤亡人员得不到合理处置而下台,去香港组织协和药品公司。内政部部长何键邀请颜福庆担任卫生署长①,金宝善任副署长。何键的女婿汤飞凡,是颜福庆的学生。有一种说法认为,颜福庆出任卫生署长事出突然,是汤飞凡向何键推荐颜福庆担任卫生署长②。

颜福庆受命于危难之际。继薛笃弼、刘瑞恒之后,颜福庆成为国民政府第四任(第三位)中央卫生行政机构的长官。颜福庆没有从政的野心,但是从事公共卫生,必须得到政府的帮助,这是颜福庆20多年来从事公共卫生实践得出的结论。卫生署长的职务,给颜福庆开展全国规模的公共卫生计划提供了舞台。

临行前,颜福庆将上医院务委托给教务主任朱恒璧,由朱恒璧任代理院长。

新任署长谈工作计划及统筹救护工作

1938年3月1日,中央社发表新任卫生署长颜福庆的今后工作计划③。计划分三部分。第一是恢复南京时期的全部卫生事业。针对战时的特殊情况,卫生机关大部分撤退到后方,呈现散点分布状态。卫

---

① 朱恒璧:《颜福庆创办湘雅医学院和上海医学院的经过》,复旦大学百年校庆校史编纂委员会:《校史通讯》,2004年5月5日,第27期。
② 北京医科大学公共卫生学院编:《金宝善文集》(非公开出版),1991年,第21页。这种说法没有根据。1933年进入上医担任文书的沙印江清晰地记得,1938年2月颜收到电报,电文仅四个字"颜正金副",打电报的人是汤飞凡。"颜正金副"意思是,颜福庆任卫生署署长,金宝善任副署长。见沙印江、张广蕙夫妇第一次采访记录,2007年2月1日,上海。
③ 《香港华字日报》,1938年3月2日。

生署及其卫生实验在重庆工作。公共卫生人员训练所移到贵阳卫生实验处,并在贵阳设立一个实验室,进行细菌、寄生虫及化学检验、分析工作。中央医院设在长沙,在重庆设立分诊所,在常德、桃源各设立一个手术组。麻醉药品经理处,在重庆和汉口设立办事处。中央防疫处,在长沙积极加紧制造疫苗等,并在昆明设立一个血清制造所,以供防疫之需。蒙古卫生院,移到西安,进行陕北及蒙边防疫工作。蒙绥防疫所已由归绥移出,人员派赴西北防疫处、中央防疫处,进行制造及防疫工作。其他各机关均在原地照常工作,并无停顿。

第二是防止疫情流行。各地大量难民迁移,很容易暴发疫情。本年度疫情发现甚早。国联已经派出三个防疫团,分赴华南、华中、西北,卫生署已派遣大批技术人员与国联防疫团会同工作外,同时并商请各省市政府充实现有卫生机关。当前已经组织一百支医疗防疫队,每队有医师一人、护士二人组成,拟分赴各地农村和难民收容点,办理种痘、霍乱和伤寒预防注射、传染病调查、隔离治疗等工作。经行政院核准后,即可施行。

第三是大量制造血清。根据中央社报道,颜福庆将遍赴湖南、湖北、四川等处视察,督促各地加紧卫生工作,然后转赴云南筹备使用粮食制造血清事宜。

武汉会战后,日本实施"战略、政略的航空作战",即对中国大后方的航空作战,目的在于消灭中国的航空战斗力量。1939 年 1 月开始,日机对中国大后方城市进行大规模的、持续性的轰炸,直到 1941 年太平洋战争爆发,日本将其空军主力转向太平洋战场为止,持续时间长达 3 年之久。陪都重庆成为日机空袭的重点。日军参谋总长命令空军:"攻击敌人之战略及政治中心时,要抓住良机,集中战斗力量,特别要尽力围歼敌之最高统帅及最高政治机关。"企图利用空中优势,迫使中国政府瘫痪,以达到逼降的目的。重庆是雾都,每年只有夏秋两季无雾,日机就选择在 5 月到 10 月之间对重庆实施密集轰炸①。1939 年 5

---

① 李隆基、王玉祥:《中国新民主主义革命史长编:坚持抗战 苦撑待变(1938—1941)》,上海人民出版社,1995 年,第 269、270 页。

月3日、4日的轰炸给重庆造成了巨大的伤亡。颜福庆险些丧命于这次轰炸，卫生署被夷为平地，他本人和卫生署成了这次大轰炸的直接受害者。卫生署大楼被炸毁后，卫生署改到重庆市内某医院办公，不久又迁到重庆远郊。祸不单行，新的卫生署办公地点正好位于四川省疟疾的高发地。兴建卫生署办公楼的民工有近60%感染疟疾，卫生署员工也未能幸免于难。卫生署受到重创，直到1941年春才恢复运行①。

5月13日，英国路透社报道了卫生署长颜福庆对外发布的重庆大轰炸的损失。颜福庆公布：5月3日、4日两天日机空袭重庆，导致平民死亡5 000余人，伤2 000余人，被炸毁的房屋2 931所。颜福庆又公布：抗日战争爆发迄今，中国死伤人数已超过100万人，另有600万儿童因父母遭日本惨杀或其他原因失踪而必须由国家抚养，被迫背井离乡的难民已超过5 000万人，其中1 600万人为贫民阶级，须由国家接济。颜福庆最后强调：中国极端缺乏医生和护士。中国经过训练的医生只有9 000人，经过训练的护士只有6 000人，陆军医院床位只有30万张，医务人员只有2万名②。

面对如此巨大规模的军民伤亡，救护工作成为颜福庆和卫生署最重要的工作之一。我们从颜福庆对国外报界发表的谈话中，可以感受到他面临的沉重使命和巨大压力。重庆大轰炸半个月后，颜福庆对美联社记者发表谈话，指出中国目前医药救护工作最大的困难，在于医药材料的供应匮乏。医药材料供应匮乏的最大原因在于交通运输不便和"对华财政上之不利"。颜福庆说："我人每月虽能输入若干吨之医药材料，但远不敷事实上之需求。"他举例，每一卡车的医药材料，自香港运到内地，历时须5个星期，运费需800元。颜福庆又指出，医药救护人才，在重庆方面尚足敷应用，但是其他各地对于经过训练的医药人才尚感不足。本年春季各医科大学毕业生，对于此种缺憾，当可弥补若干。此外，外籍志愿医药人才自动投效者，也有若干。但

---

① [美]华璋著，《悬壶济乱世：医疗改革者如何于战乱与疫情中建立起中国现代医疗卫生体系（1928—1945）》（叶南译），复旦大学出版社，2015年，第186页。
② 《申报》，1939年5月14日。

是医药人才的缺口还很大。颜福庆又透露：中国政府不久将在成都设立一个新药厂，以供中国关于药物方面之需要。但是新药厂的前途亦不乐观。原因在于：经费不足、人才缺乏、原材料亦成问题。所以制药工作困难重重，可以想见。虽然有些药品即可从事制造，但是"欲各种药品皆能合乎标准之大量制造，则非有待于数年之尝试不可。"颜福庆强调指出："我人之问题，不在以舶来之原料，供给制造，乃在以本国药材即原料自行制造也。否则虽能制造，仍于事实无补。"颜福庆还告诉报界：新药厂将由曾在中国30余年的加拿大传教士穆塞尔博士担任指导工作，经费则由中国政府和华西联合大学英美加各国传道机构负担①。这个新药厂，终于在1940年4月16日由行政院批准设立。也正是在这一天，行政院批准颜福庆辞去内政部卫生署长的职务。这真是一种巧合。

开辟战时西南和西北卫生新局面

随着上海、南京等大城市相继沦陷，国民政府迁都重庆，大西南地区成为中国抗战的大后方，也成为医学教育和医疗卫生事业的重镇。

大后方原来的卫生基础极其薄弱。如人口众多的四川省，幅员辽阔，南北1 100公里，东西800公里，抗战前没有任何公共卫生设施，即使省会成都也没有卫生机构②。卫生署的作用，在于督促和引导全国的卫生事业。合理调整战时医学教育布局，开辟西南地区公共卫生新局面的重任，摆在颜福庆面前。颜福庆在《战时中国的公共卫生行政》中明确地指出：卫生署坚定不移的政策，"是督促和鼓励各省市从事公共卫生的基本建设，为永久性的公共卫生事业打下基础"③。原先几乎没有任何公共卫生设施的四川、贵州、云南等内陆省份，在

---

① 《申报》，1939年5月18日。
② C. C. Chen. *Medical in Rural China: A Personal Account.* Berkeley. Los Angeles. London: University of California Press, 1989: 111.
③ F. C. Yen. China's War-Time Public Health Administration. *China Quarterly*, 1939, (4): 254.

卫生署的统筹下也开始了公共卫生建设的艰难历程。

随着医学院校内迁，东部沿海大批卫生人才也聚集到西南地区，在医务界担任各级职务。北京协和医学院、北京第一卫生公所培养的公共卫生领袖们，在西部内陆省份找到了开展公共卫生的场所。比如朱章赓，担任了贵州省卫生厅厅长，使全省的卫生面貌有了根本性的改观。

日军占领山东后，洛氏基金会华北乡村建设委员会也从山东迁到贵州，改称农村建设委员会，与贵州省政府密切合作，达成了为期五年的卫生方案，推广农村简易卫生方法，计划在贵州全省84个县进行试点[1]，具体由朱章赓领导下的省卫生厅实施。计划完成后，贵州全省将建立起从乡村卫生站、县卫生中心到省级卫生机构的基层卫生行政网络。网络的顶端是省卫生厅、省立医院、省卫生实验所、制药及医疗设备厂、卫生培训学校、贵州市卫生所等机构。计划启动的两年内，省政府将为此拨款 937 347 美元，并成立各级卫生学校[2]。卫生学校既作为医学生的公共卫生实习场所，也作为国家培养农业、卫生等建设人才的基地。

1938 年 5 月，也就是贵州省卫生厅设立后一个月，在贵阳市和定番县各创办了一个卫生示范所，作为城市和乡村卫生所的范本。定番卫生所成为贵阳医学院的卫生实习基地[3]，就像吴淞、高桥卫生模范区之于上海医学院、定县之于北平协和医学院一样。原北京第一卫生公所以及河北定县的农村卫生负责人陈志潜，主持定番卫生所。

贵州省的卫生建设成就引人注目，颜福庆在对外宣传中特别强调贵州省的经验。在卫生署的指导下，其他省市设立卫生机构，开展卫生活动，卫生状况逐步改观。同样在《战时中国的公共卫生行政》一文中，颜福庆列举了卫生署在 1938 年取得的成果：

---

[1] Mary Brown Bullock. *An American Transplant: The Rockefeller Foundation and Peking Union Medical College*. Berkeley: University of California Press, 1980: 196—197.

[2] F. C. Yen. China's War-Time Public Health Administration. *China Quarterly*, 1939, (4): 253.

[3] C. C. Chen. *Medical in Rural China: A Personal Account*. Berkeley. Los Angeles. London: University of California Press, 1989: 109—110.

第六章 | 卫生署长　面向全国　（1938—1949）

湖北省设立了八个卫生中心；

江西省用于预防流行病的拨款增至十万美元；

湖南省政府组织了九个流动卫生站，并为九个新成立的卫生中心拨款 25 万美元；

广西设立了 11 个卫生所，着手筹备省卫生厅；

重庆市政府已经设立了卫生局，在中央医院的帮助下创办了重庆市立医院，为平民提供医疗救护，市立医院还将设立妇女儿童病房；

卫生署帮助云南开展疟疾防治工作。在卫生署的帮助下，云南省卫生厅在昆明开展有成效的工作，设备优良的省立医院和门诊部即将落成①。

颜福庆还制定了卫生署 1939 到 1940 年的两年工作计划。根据计划，1939 年四川成都、自贡等大城市设立卫生局，全省新建 10～20 个卫生中心。贵州省卫生厅改组为卫生局，全省增设 10～20 个卫生中心。在云南全省范围内开展为期五年的抗疟疾运动，行政院拨专款 182 400 美元；今后三年内每年拨 50 000 美元用于研究疟疾和甲状腺肿大疾病。云南全省要增设 10～20 个卫生中心。

根据 1940 年的计划，四川、贵州、云南三省各新增九个区域性的卫生中心，发展农村卫生工作。增设公路卫生站，争取每 100 平方公里设立一个卫生站。除了云贵川三个卫生建设的重点内陆省份外，计划还考虑了西北边疆和靠近对日作战前线省份的卫生防疫问题。前线周边省份，要增加红十字会小分队和流行病预防小分队的数量。新疆、甘肃、青海、宁夏、内蒙古等边疆省份，要为卫生工作打下基础。在公路、铁路等大型工程中，医疗卫生项目要列入预算范围。两年计划还包括了加快培训医务人员，增加医疗设备和器械供应，研究营养问题，增设儿童福利机构等非常具体的方案②。

除了大西南，颜福庆对大西北的卫生防疫工作同样关切，同样做出重要贡献，为此受到国民政府的嘉奖。1939 年 10 月 21 日，国民政

---

① F. C. Yen. China's War-Time Public Health Administration. *China Quarterly*, 1939, (4): 254—255.
② F. C. Yen. China's War-Time Public Health Administration. *China Quarterly*, 1939, (4): 255—256.

府传令嘉奖颜福庆。嘉奖令全文如下:

> 行政院以内政部卫生署长颜福庆,办理陕西省卫生建设事业,卓著成绩。在豫、晋、陕、宁、甘、绥各省交通线各种重要据点,创设卫生站或卫生队,共四十余处,计用医护人员四百余名。充实陕甘两省卫生处及甘肃省立医院。在西北行营所在地,设立西北医院,设备完善。夏末陕境发生霍乱,势极猖獗,亦迅速扑灭。值此西北卫生建设机关重要之时,该署长规划进行,不遗余力,特予传令嘉奖,以资鼓励①。

统筹战时医学教育问题

抗日是一场全民族的战争。战事一开,就是人无分男女老幼,地无分东南西北,全国上下,都有守土抗战之责。抗战工作千头万绪,医疗卫生在其中占据重要地位。无论前方浴血奋战的将士,还是后方流离失所的难民和民众,均须有卫生、医疗、救护、防疫等设施。原先就极为匮乏的医务人员,更显得宝贵异常,求远过于供。战争迫切需要各医学教育机关,在最短时间内造就最大数量的医事人员。

抗战初期,医学院校一度出现了混乱倾向。有的医学院对于抗战工作非常热忱,将所有教授和学生,全部参加前后方之医疗救护工作,医学院事实上已成停顿状态。有的医学院,为保存实力,携带设备,率领师生,由甲移乙,复由乙移丙,流徙师生的生活几同难民,艰苦自不待言。而有的医学院则闭关自守,照常工作,几不知此时为抗战时期,而不注意对于国家和民族应负之责任。政府对于上述三种偏向,理应及时加以引导。整个医学教育,必须针对战时,重新调整。

1938年12月,颜福庆在《中华医学杂志》发表《战时医学教育问题》一文,对战时医学教育作了纲领性的阐述。颜福庆指出,战时医学院校须同时兼顾平时和战时两种工作,不可偏废:"一方面对于

---

① 《大公报》,1939年10月22日。参见《申报》,1939年10月22日。

第六章 | 卫生署长　面向全国　（1938—1949）

前后方所需要医事人员，须从事造就，而不得避免责任。同时一方面须多方设法，保留原有之教授人才、学生及设备，以期于战事终止后，借以恢复固有之基础。"上述两种工作，相关至切，宜有详细之考虑，严密之注意。如顾此失彼，即不能贯彻应有之使命。政府在非常时期统筹医学教育的唯一目的，是以最少数之经费、人才、设备，达到战时最高之教学效率。

如何用最经济的办法，达到战时医学教育的最高效率？颜福庆在文中提出了把全国的医学院暂时集中到贵阳、昆明、桂林等城市的思路。把各医学院校迁到大后方的大城市，相对集中办理，各校在抗战的大前提下，本着协作的精神，取长补短，同时兼顾原来的历史和传统，带动边疆省份医学教育的发展，这是应付战时需要的唯一办法。颜福庆写道：

> 如在成都一处，中央大学医学院、齐鲁大学医学院，及华西协合大学医学院，三校集中设置。又如在贵阳，则国立贵阳医学院及湖南湘雅医学院，亦已订定合作办法。以此先例言，则如昆明、桂林、广州等处，亦可使其他医学院校集中设置。兹姑拟议以国立同济大学医学院及国立江苏医学院两校迁设桂林；国立上海医学院及国立中正医学院两校，迁设昆明，与新设置[之]国立云南大学医学院集中设置。国立中山大学医学院，与孙逸仙博士医学院两校，均仍在广州，惟使其较目前更加合作。此项拟议，自属不无困难之点，因各校均有固有之历史习惯及经费来源等，使其充分合作，自非易事。但以我国在此抗战严重之时期，任何困难务须设法克服。如成都之例，以一个国立学校与两个教会设立之学校，其中且有多数外籍教授者，亦能互相合作，进行顺利，则其他各校之集中设置，自可无虑其困难也。
>
> 以上拟议之集中设置办法，尚有下列各种便利之点。
>
> 一、集中设置之后，可以以最少数之教授设备，而训练最多数之学生，以达最高之教学效率。其教授人员一部分，可使担任新添设之各项训练班。同时并可分一部人员，可从事于前后方之医疗卫生工作。

二、集中设置之办法，有恐影响于各校独立性者，此则可以保留各校原有之名称，各校学生仍由各校分别管理。惟将教课方面，集中讲授，自可无碍。

三、集中设置之办法，能影响及于久远。在我国边远省份，原少医学教育之设施，因此得推进之机会。如昆明一地，云南大学医学院新改国立，自需较完备之教授设备，以应需要。如国立上海医学院及国立中正医学院，果能迁往，虽或集中设置之时间未必久长，然以互相合作之结果，则必可予云南大学医学院以极大之协助，而使其发展为一完美之医学教育机关。且上海及中正两医学院，只系暂时集中昆明，一俟战事敉平，仍须归还设置。故亦不致有互相争胜之虞。

四、以此集中设置办法，则可使多数办理较善之医学院校，在此抗战时期，能切实贡献于重要之训练工作，并在质与量两方面，均能增加其教学效率，同时并可维持其独立生存也①。

《战时医学教育问题》一文充分体现出颜福庆的宏观医学管理思维，是他办理医学院和医院近三十年的经验之谈。文章可以总结为政府主导、高效率、独立性三个原则。针对如此困难和复杂的战争环境，需要从整体上解决，即文章中提及的"以整个医学教育为目标"，而不是东鳞西爪，仅从局部解决问题。从整体上解决则理应由政府统筹。颜福庆反复强调政府在医学教育中的核心作用，即文中所说"由政府决定一切实（际）可行之计划"，使任何国人办的医学院校遵照办理。文章提出集中设置的方案，好处在于"以最少数之教授设备，而训练最多数之学生，以达最高之教学效率"。政府主导和高效率是两个大原则。在政府主导和高效率两个大原则下，同时也要尊重各校的独立性这个小原则。各校的独立性可以通过"保留各校原有之名称，各校学生仍由各校分别管理"来实现，"惟将教课方面，集中讲

---

① 颜福庆：《战时医学教育问题》，《中华医学杂志》，1938年，第24卷，第12期，第949—951页。

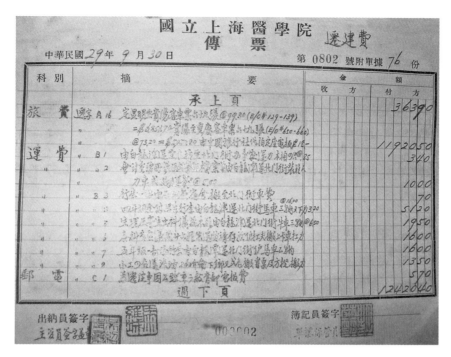

上医从昆明迁往重庆的传票。左下角盖有吴绍青的私章。复旦大学档案馆提供。

授,自可无碍。"政府统筹,尊重各校独立性,互不妨碍,堪称良策。

颜福庆的医学教育调整思路,不久即付诸实施。

一年后的1939年夏,上海医学院部分教职工,三、四、五年级全体学生以及六年级部分学生,开始艰苦卓绝的内迁。经越南海防转赴昆明,与国立中正医学院合作,在昆明郊区白龙潭的茅草屋里开展教学。公共卫生科则与云南省卫生处合作,划曲靖为卫生实验区,继续公共卫生教学的优良传统。1940年末,昆明局势吃紧,学校又辗转迁到重庆歌乐山。1941年1月,国民政府任命朱恒璧为国立上海医学院院长。颠沛流离,弦歌不辍。师生们走到哪里,就把上医精神和优良的校风带到哪里。朱恒璧又先后聘请冯德培、沈克非、陈翠贞、吴有训、周同庆、纪育沣、蒋俊儒来校任教[1],临床前期师资实力大增。

---

[1] 姚泰主编:《上海医科大学七十年》,上海医科大学出版社,1997年,第9、10页。

高年级学生内迁后，一、二年级及药科学生仍留上海坚持学习，待读完二年级后再安排内迁。临床教师大部分留在上海，维持红十字会第一医院的正常运行。至此，上海医学院事实上形成了渝院、沪院两部分①。渝院由朱恒璧任院长，沪院由乐文照负责。乐文照除了要维持沪院的教学、保护上海的校产外，还负有照顾13家内迁教师留沪家属生计的责任。

统筹战时劳工卫生问题及沿公路线设立卫生站

战时后方公路交通日趋重要，沿途缺乏卫生设施，而与此同时，战时大量劳工聚集西南地区，从事矿产开发、修筑公路、铁路、飞机场等繁重的体力劳动。平时不到一万人的小县城，由于城边修筑铁路，劳工人数一下子增至五六万人，是县城居民的五六倍，城内根本容纳不了如此数量众多的人口。劳工们在白天辛苦劳动之后，晚上只得露宿城外。住宿问题尚不能解决，医疗卫生设备就更不用说了。这类劳工的死亡率，往往高达10%②。劳工得病，不仅影响工作效率，而且影响附近地区的治安。

劳工卫生问题，引起了颜福庆的深切忧虑。为此，他在1938年12月的《中华医学杂志》上专门发表《沿公路线设立卫生站之必要性及劳工卫生问题》一文。

颜福庆举了巴拿马运河的惨痛教训。当年法国开凿巴拿马运河时，经济、技术两项均不成问题，但是没有事先预防黄热病和疟疾，大量民工得病，导致开凿运河计划功败垂成，法国不得不退出巴拿马运河工程。美国接手后，及时汲取法国人失败的教训，首先改良劳工的卫生状况，使全世界翘首以盼的巴拿马运河顺利开通。巴拿马共和国宣布独立时，运河的卫生工作仍由美国主管，卫生方面的经费也仍

---

① 姚泰主编：《上海医科大学七十年》，上海医科大学出版社，1997年，第62、63页。
② 颜福庆：《沿公路线设立卫生站之必要性及劳工卫生问题》，《中华医学杂志》，1938年，第12期，第956页。

由美国支付。

而战时劳工聚集的大西南,是疟疾等热带病猖狂的地区。据卫生署专家调查,云南南部的思茅、普洱两县,80%的人口死于疟疾[①]。由于人口大量死亡,县长频繁更换,两县的县长任期最长仅两年。在疟疾丛生地区从事苦力活的成千上万劳工,生命直接受到了威胁。

为了给劳工兄弟最大限度的医疗救护,同时也为了满足战时大量军民移动的医药卫生需要,颜福庆呼吁:从速在主要公路线上,划定区域,设立卫生站。这种卫生站,可设在公路线旁,如能设在汽车站旁边更佳。站内应有医师、护士、助理员及必备的医疗设备。除诊治劳工和附近居民外,凡公路上发生的不测事件,均由该站负责,站内还应设立病床,以备重症人员住院之用。

卫生站还负责种痘、预防注射及其他环境卫生工作。每站如能配备急救汽车、脚踏车,并组织两个巡回医疗队,则每站的工作范围可达70公里。凡有关公路附近之乡村居民的医疗卫生事宜,也可由卫生站负责。卫生站的组织和规模,大致与平常一县的卫生院相同。等到战争结束,卫生站即可改为卫生院,作为战后国家复兴、推行公医制度的先声。

颜福庆建议中央政府,先行举办实验性卫生站14所,分布路线分别是,重庆成都线、重庆贵阳线、成都西安线、贵阳桂林线、桂林梧州线、汉口长沙线、南昌长沙线各两站。在任两年内,颜福庆督促设立了公路卫生站72处,拉起了一张战时大西南公路沿线的医疗救护网络。

颜福庆指出:四川、西康、贵州、云南四省的经济建设计划,即将实施。举凡矿产之开发,重工业之举办,均将聚集大量劳工,其卫生问题,应事先筹划。因此,这也是中央政府协助西南地区开展卫生工作的最好时机。中央政府应制定法规,把卫生项目经费列入预算中。

[①] 颜福庆:《沿公路线设立卫生站之必要性及劳工卫生问题》,《中华医学杂志》,1938年,第12期,第958页。

解湘雅之困境

1938年7月,张孝骞率领湘雅医学院离开长沙,迁往桂林。不料,装载首批设备的船刚到衡阳,广西省政府就背约,以抗战胜利后湘雅医学院永远留在广西为条件,否则不予接纳。颜福庆及时出来解围,建议湘雅医学院改迁贵阳,与新成立的贵阳医学院合作,并承诺迁校费用由政府负担,湘雅欣然接受①。当时,南京的中央医院也迁到贵阳。沈克非院长和姚克方所长也支持湘雅医学院迁到贵阳。张孝骞遂决定西迁贵阳。租用西南运输处车辆,全校40多吨的教学仪器和图书资料运抵贵阳,260多名师生员工则乘车经湘西赴贵阳。辗转一个星期,于11月顺利完成西迁。

辞职赴美医治胃溃疡

颜福庆在卫生署任职刚好两年,因手下在麻醉药品问题上发生贪污行为,颜福庆引咎辞职②。1940年4月16日,行政院通过决议,批准颜福庆辞去内政部卫生署长职务。行政院同时批准卫生署设立中央制药公司,"利用国产各种原料,提炼制造,以供给医疗上之需要"。行政院任命金宝善为卫生署署长,沈克非为副署长。卫生署又改隶于行政院。颜福庆任内提出并积极推动的中央制药公司,于他辞职获准一个月后成立。中央制药公司在重庆和成都设有制药厂,从事奎宁(抗疟药)、磺胺类药物(用于治疗淋病)、砷(用于治疗梅毒)以外其他药物的大批量生产,以上三种药中国当时还没有生产能力。1941年,卫生署毒品调查科扩编,开始生产非麻醉药品,包括阿片吐根散

---

① Reuben Holden. *Yale-in-China: The Mainland Years, 1901—1951.* New Haven: The Yale-in-China Association, Inc, 1964: 222.
② 颜福庆"因处理麻醉药品不当而去职""由颜福庆派去担任麻醉药品处主任的史悠明被罢免。"见傅惠、邓宗禹:《医学界的英美派与德日派之争》,《文史资料选辑》,1985年5月,第119辑,第71页。

（用于治疗感冒和发热）、甘草合剂（祛痰药）、Blaud 丸（一种治疗贫血的碳酸亚铁丸）和阿司匹林，以及硫酸钠、吗啡、可待因以及士的宁。卫生署还鼓励私营药厂大批量生产药品[①]。

在卫生署长任内，颜福庆虽然不能事必躬亲，但还遥领着国立上海医学院院长职务，朱恒璧还只是代理院长。1940 年 4 月，颜福庆与朱恒璧在重庆进行了一次长谈。颜福庆郑重其事地把上医交给了朱恒璧。次年一月，国民政府教育部正式任命朱恒璧为国立上海医学院院长。

离开官场的颜福庆，已经 58 岁了。多年劳顿造成的胃溃疡，此时已经越来越严重。

1940 年 5 月，脱离羁绊的颜福庆由重庆取道香港赴美，住进了纽黑文医院，这是他当年实习过的医院，是母校耶鲁大学医学院的教学医院。

经诊断，颜福庆的胃溃疡已有恶性癌变的征兆，必须要手术才能根治。按医院时间表，手术安排在 1940 年 6 月 18 日。手术前一天，

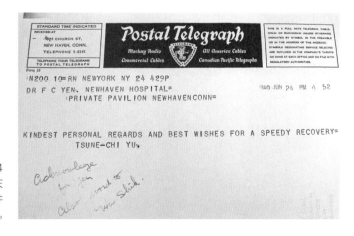

1940 年 6 月 24 日，友人给颜福庆的慰问电报。原件藏耶鲁大学图书馆。

---

① 金宝善：《1940—1942 年的公共卫生工作》，美国医药援华会 21 号档案柜，卫生署，金宝善，1942—1943，转引自［美］华璋著，《悬壶济乱世：医疗改革者如何于战乱与疫情中建立起中国现代医疗卫生体系（1928—1945）》（叶南译），复旦大学出版社，2014 年，第 193 页。

雅礼会执行秘书罗伯特·A.史密斯（Robert Ashton Smith，1938—1943年任雅礼会执行秘书）前去看望。看到雅礼会的美国同事，颜福庆感到格外亲切，告诉史密斯，他已经做好了手术前的准备，从容接受治疗。还顺便叫史密斯回复胡适大使①。

颜福庆的胃部被切除了五分之三。手术是由颜福庆的耶鲁同班好友布诺做的，非常成功。不到一个月，就恢复了体力，已经可以到 Suffild（位于美国康涅狄格州哈特福德县的城镇）旅行了。出院后，颜福庆住进了纽约第57大街西118号"北方大旅馆"719

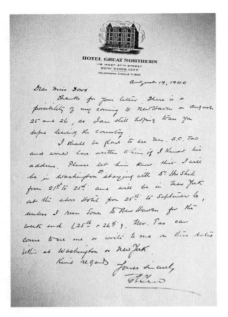

1940年8月19日，颜福庆出院后给友人的亲笔信。原件藏耶鲁大学图书馆。

房间。除继续休养外，颜福庆还打算去拜访盖尼贞等湘雅老同事。

9月中旬，颜福庆收到湘雅医学院院长张孝骞的信。除了慰问以外，更是通报湘雅近况，希望颜福庆能帮助湘雅争取到雅礼会的经济支持，渡过难关。信中说：

"乘此机会匆匆写上几句。祝贺您手术后平安康复。在手术前，我不敢写信打搅您。经过专家的手术，您的消化系统毛病已经彻底治愈，我十分高兴。我衷心地希望，您回国的日程不会耽误很久。

这里的一切进展顺利。湘雅改为国立，教育部还没有正式发文。但是最近下发给我们的文件中已经使用了'国立湘雅医学院'的名称。我期待湘雅医事中心能尽快组织起来。为此，我在考虑最近去一趟湖南。现在我在昆明，与K. Y.和H. P.商谈合作方案……"②

---

① R. A. Smith to Hu Shih. June 28, 1940. 108/944.
② H. C. Chang to F. C. Yen. August 6, 1940. Kunming, 108/944.

帮助湘雅渡过难关

1940 年,湘雅虽然已经改为国立,但是在当年不能得到政府的拨款,经济异常困难。因为政府的年度财政预算是从每年的 1 月 1 日开始的。国立湘雅医学院的经费,要到 1941 年 1 月 1 日才纳入政府的预算。

颜福庆知道张孝骞面临的经济困难,10 月 28 日专程给雅礼会执行秘书罗伯特·A. 史密斯写信,希望雅礼会能给予湘雅资助。不管多少,雅礼会的资助对困境中的湘雅是一种激励[1]。

三天后,颜福庆就收到了罗伯特·A. 史密斯的回信:

"谢谢您 10 月 28 日热情洋溢的来信。10 月 25 日雅礼会董事会执行委员会举行了一次会议,投票决定每月给湘雅医学院 200 美元的补助,对此您将会十分高兴。顾仁的电报、张孝骞最近的来信,促使董事们在收到湘雅详细的预算报告之前作出这项补助的决定。董事们希望,这笔小小的补助能帮助张孝骞,使他在得到政府的拨款之前渡过难关。我很乐意地提醒您,这笔补助,多多少少和您的建议有关,是采纳了您的建议。给湘雅的 2 400 美元补助,没有任何附带条件。

10 月 30 日举行的雅礼会经济委员会会议上,我给与会委员朗读了您的信。委员们决定,应该给顾仁写信,争取他的同意,将剩余的 1 800 美元用于医学事业。顾仁已经在长沙与张孝骞进行了商谈,他可能会带来最好的消息。

董事们异常焦急地要帮助湘雅医学院。这点我相信,Dr. Loberstine 在昨天与您讨论时已经告诉您了。作为 Dr. Loberstine 与您讨论的结果,我期盼着听到任何他们采取行动的消息"[2]。

---

[1] F. C. Yen to Smith. October 28, 1940. 108/944.
[2] R. A. Smith to F. C. Yen. November 1, 1940. 108/944.

出席基督教海外医学联合会

抗战爆发后，医学院校纷纷内迁到大西南。全国的医学教育布局发生重大变化。战争旷日持久，教会医学院的海外援助基本断绝，嗷嗷待哺，几乎濒临绝境。为了延续命脉，私立的、教会的高等院校纷纷要求改为国立，掀起所谓的"国立化运动"。前面提到的湘雅就是一例。在所有西方国家中，美国最重视在华的高等教育，在中国的教会医学机构数量也最多，受战争的冲击也最大。

国民政府、中国各界领袖，以及基督教传教士领袖对整个基督教在华医学事业的看法如何？其实施的战时卫生方针，对基督教在华医疗卫生事业的未来有何影响[①]？诸如此类问题，引起了美国基督教海外医学联合会（Christian Medical Council for Overseas Work）的兴趣。颜福庆是中国基督教医学教育事业的领袖，对此问题自然极为关注；而且他是制定全国医疗卫生方针的首脑之一，刚刚从卫生署长的位置上退下来，是回答上述问题的最佳人选。乘颜福庆在美就医之便，该会于 1940 年 8 月 21 日向颜福庆发出邀请。邀请函是由该会会长胡美发出的。颜福庆计划 9 月 5 日返回中国，胡美抓住了颜回国前最后一天的空档。会议的主席除了胡美外，还有卡斯廷特博士（Dr. Castinght）。

9 月 4 日，基督教海外医学联合会会议在纽约第五大街 156 号召开，会议从上午 9∶30 开到中午 12∶30。与会者提出自己关心的问题，颜福庆一一作了回答[②]。

颜福庆指出：中国的医疗卫生事业，主要包括医院工作和医生培训两方面。中国需要更多受过良好训练的医务人员，需要对医务事业的有效领导。现在中国的注册医生还不到 10 000 人，注册的护士尚不足 9 000 人，这个人数，远远不能满足中国对医生的巨大需求。这就

[①] An Invitation. August 21, 1940. 108/944.

[②] Memorandum Regarding Conference with Dr. F. C. Yen Under Auspices of Christian Medical Council for Overseas Work. September 4, 1940. 108/944.

是中国医务事业目前面临的最大现实。

怎么解决？颜福庆回答：国立化运动是最好的解决办法。因为国立医学院校能用最少的人员、使用最低的成本，培养出最多的医务人员。中国政府已经开始了国立化运动，公立医院正在不断建立，为公立医院培养医生的实验性医学院正在组织。抗战推动了国立化运动的进程。全国的、各省市和农村的卫生方案正在实施。

颜福庆谈到，对于基督教海外医学联合会来说，最关心的是医学传道事业在中国的地位。迄今为止，海外传道团最重要的贡献，是帮助中国人认识到了现代医学的重要性，其中，基督教会办的医学院起了很大作用。现代医学要满足中国的需要，依靠的是高质量的医学院，也就是说政府要创办更多的优质的医学院校，但这并不意味着要取代各传道团办的医学院校。中国要实施更大规模的医疗卫生方案，各教会医学院必须和中国政府合作。当然，与政府办的医学院相比较，各教会的医学院只有维持与之相同或者更高的水准，才能在政府的医疗卫生方案中保持领先地位。还有一点很重要，即教会医学院拥有更雄厚的经济实力。战争直接推动了两者合作的步伐。以湘雅为例，颜福庆简要地回顾了湘雅医学院的国立化过程，强调指出，与湘雅类似的医学院，应鼓励其国立。

颜福庆总结说，中国对医学院和医院的需求是如此之巨，在我们这一代，要满足中国的需求，几乎是不可能的。关心教会医学院的人，重要的是考虑：必须与政府机构合作。

回沪担任国立上海医学院沪院教授

1940年底，颜福庆从美国回到香港。

一年后，太平洋战争爆发，香港沦陷。颜福庆和三哥颜惠庆同时在香港。颜惠庆被日寇捕押，颜福庆同时被日寇监视。福庆全家十余口人借居在嘉道理的两栋房子内。雅清带儿子陈国伟、女儿陈国凤住在小房，福庆夫妇、湘清、瑞清、我清住大房。福庆养了一只鹦鹉、一只猴子。外甥女陈国凤生于1932年，属猴。国凤是福庆第二、第

1941年左右，美前任驻华大使纳尔逊·T. 詹森（Nelson T. Johnson）离职返国经香港时，驻港领事设宴招待大使，莅请一批知名华人出席作陪。后排右五颜福庆、右一王晓籁、右四林康侯，前排右一刘瑞恒、右三王正廷、左一杜月笙。复旦大学档案馆提供。

三代中唯一学医的后代。

1942年5月，颜福庆回到上海，担任上医沪院教授。当时日寇已经占领上海公共租界、法租界，原先的孤岛也不复存在了，上海全部领土被日军占领。英法美等各交战国在上海的所有机构、企事业单位，包括医院全部被日军接管。红十字会第一医院是唯一没有被日军占领的医院。

沪院乐文照聘请周诚浒为教务主任、王霖生为总务主任，想尽种种办法维持教学、保护医院财产。起初借用同德医学院上课，后又返回红十字会第一医院，只上课不悬挂校牌。1942年夏，上海医务界一帮投机分子垂涎红十字会第一医院和院中财产，欲借日本人势力来夺取医院①。消息传来，在红十字会第一医院教职员工中引起一阵恐慌。

为商讨对策，上海医学院留沪部分教授召开了一个紧急会议，出

---

① 颜福庆：《自传》，1950年。

第六章｜卫生署长　面向全国　（1938—1949）

1940—1941年颜福庆全家在香港嘉道理山（Kadoorie Hill）前合影。左起颜福庆、颜湘清、颜雅清、颜雅清之子陈国伟、颜我清、曹秀英、颜瑞清，曹秀英前小女孩为颜雅清之女陈国凤。

席的有颜福庆、乐文照、周诚浒、张鋆、高曰枚等。大家分析了日寇接管红十字会第一医院后的几种后果。

第一，沪院随时被迫停课。第二，日寇要红十字会第一医院继续办下去。但红十字会第一医院人员的出路摆在面前。高年资医生可外出开业，没有什么问题。但这些医生很少。其他职工为生活起见，将会继续留在医院，受日伪雇佣。第三，迁往重庆人员中，有13户家属留沪，日伪接管后，这些家属将如何维持生计？第四，财产、设备将遭受损失。第五，国立上海医学院被迫注册。

大家认为，如果注册以后，伪教育部不派人来接管、不调动人事、一切工作照旧，不妨先去注册，以观后效。目的是一定要保护好红十字会第一医院。会议通过决议，派周诚浒、乐文照到南京注册，要求伪教育部不要派人来、不要调动人事、一切工作和制度如旧[①]。

---

① 乐文照：《我与颜福庆的交往》（题目为著者所加），1969年1月12日。

注册以后，日伪没有再企图接管红十字会第一医院。伪教育部没有派人来沪院，人事也不更动，医学教育得以继续进行，医院继续开办。在沦陷时期，沪院和红十字会第一医院曾救治过受伤的地下工作者，还掩护参加新四军的吴之理、章央芬在医院进修，并帮助新四军购办药品[①]。

汪伪政府企图利用颜福庆在医务界的威望，诱逼他担任医务方面职务。伪上海市卫生局官员陆承之，多次引诱他投靠日伪政府，出席"大东亚医务卫生会议"，并许愿委任高官，都被颜福庆借故回绝。

1940—1941年颜福庆与曹秀英在香港合影。

妻子曹秀英去世

1943年3月21日，妻子曹秀英因中风去世，终年62岁。

曹秀英是基督教女青年会的骨干。那天下午两点，要去八仙桥青年会开会。午饭吃到一半，手突然不听使唤，筷子伸到了碗外，脑卒中（中风）突发。秀英再也没有醒过来。曹秀英肥胖，多年来一直患有高血压。

颜福庆马上通知附近的亲戚顾庆禄、吴惠芳夫妇。顾、吴赶到福开森路24号（即今武康路40弄4号，现为徐汇区文物保护单位。与唐绍仪宅毗邻），在客厅焦急地等待，颜福庆在房间里抢救，给秀英做人工

[①] 参见乐文照：《我与颜福庆的交往》（题目为著者所加），1969年1月12日；吴之理：《一名军医的自述》，华夏出版社，2004年，第10页；章央芬：《自豪的回忆》，华夏出版社，2004年，第69、70页。

呼吸……大约下午2点，秀英去世①。

曹秀英生前非常有爱心，乐于做善事。曾经有位家境艰难的教友，无力抚养两个年幼的女儿，但她能弹一手好琴。秀英就把家里的"斯坦维"牌钢琴借给她。有了这架钢琴，教友靠教钢琴谋生，两个女儿都受到了良好的教育，嫁了好人家。这架钢琴一借就是30年，直到"文革"前才还回来。

国难家难，接踵而至。秀英辞世前，次子士清因多年的骨痨告别人世，做父亲的无能为力，只能眼睁睁地看着30来岁正当壮年的儿子离去。继士清后，妻子也接着走了。老年丧偶，颜福庆不胜悲伤。

曹秀英遗像。

麻将席上促成的婚姻

两个女儿雅清、湘清都已出嫁，儿子我清、瑞清兄弟还没完婚。秀英去世，家里少了个内当家的，乱作一团。按照老上海的习俗，家里有人去世，要娶回媳妇来"冲喜"。也巧，长子我清已经30出头，到了成家立业的年纪。颜福庆就把找媳妇的任务交给了湘清。

湘清已经嫁给刘鸿生的大儿子刘念仁，人称"刘家大嫂嫂"。湘清喜欢搓麻将，有个麻将搭子王太太，湘清唤她叫"王家大阿姐"，名叫高越英，是沪上著名留日牙医高长顺（时任江阴同乡会会长）的长女。高越英的四妹高舜华，正待字闺中。高舜华毕业于光华大学，精通英语，容貌秀丽，当年曾是中西女中的校花。在一次搓麻将闲聊时，湘清说起我清找对象之事，王家大阿姐便推出四妹舜华。经双方撮合，这一年冬天，舜华嫁到了颜家。

---

① 吴惠芳采访记录，黄振信、颜志渊整理，2006年11月。

1945 年 7 月 15 日，中国牙科医学夜校第二届毕业典礼合影。前排右三颜福庆。复旦大学档案馆提供。

婚礼的女傧相为宋庆龄表妹倪吉贞，男傧相为刘鸿生次子刘念义。婚后第二年，舜华生下一对双胞胎女儿。由于早产，双双夭折。做爷爷的颜福庆很伤感，他叫人把这对过早离开的小生命制成标本，供医学教学和研究之用。2014 年，在上海医学院人体标本陈列室改建成人体科学馆时，经颜志渊辨认，这一沉睡了 70 年的双胞胎标本，重现世人面前，她们不仅以大体老师的身份接受观众的瞻仰，也是颜老为医学事业无私奉献的人间大爱的真实写照。

长孙颜志渊出生

1945 年 2 月，阴历 1944 年 12 月，舜华早产，又生下一对双胞胎。

1946—1947年颜福庆在美国与师生聚餐。前排左二张孝骞、左三颜福庆,后排右起第一人顾庆祺、第四人顾学箕、第五人邵幼善。

1946—1947年颜福庆(左一)在美国与湘雅同事顾仁(左二)、胡美(左三)、张孝骞(右一)合影。

小生命在娘胎里才 7 个月，就过早地来到人间，老大一出生就夭折了，老二也很危险。颜福庆当机立断，要求接生的妇科专家唐淑之将小生命送到红十字会第一医院，放在人工暖箱里。不幸中的万幸，老二总算活了下来。舜华奶水少，颜福庆就托刚生了女儿不久的崔之义太太傅家芬给孙子喂奶。

颜福庆给长孙取名为"志渊"，希望长孙像颜渊那样有德行。颜福庆对长孙疼爱有加。舜华分娩住院时，天天去医院探望，问这问那。他太想抱孙子了！

这里还有个小故事。某天晚上，颜福庆照例前去医院看媳妇。已经过了医院探望时间，新来的印度门卫不让进去。颜福庆只好打道回府。次日，颜福庆叫人唤来那名印度门卫，不但没有责备，反而称赞他忠于职守，当场奖励他一双皮鞋。此事曾被老上医传为佳话。

抗战胜利后，国民党军队企图接收中山医院作军医医院。颜福庆闻讯后，立即与上海警备司令部交涉，并且先期让学生搬进中山医院住宿，使军队无从下手，为上海医学院顺利接收中山医院创造了条件。1946 年 5 月，上海医学院渝院分批从重庆复员回上海，颜福庆继续担任公共卫生学的教学工作，一直到解放。

1947 年 3 月 29 日，颜福庆在纽约出席张治道婚礼，以男方主婚人身份在一块粉红色缎子上签字。张治道提供。

第七章

老骥伏枥　风雨同舟

（1949—1966）

> 团结中西医的方针，虽然现在双方已经互相团结合作了，但这还仅仅是第一步。我们的目的，是要把中西医贯通起来，使〔之〕成为中国的科学医学，以丰富世界医学。但如何达到这目标，到现在还缺乏正确可靠的方法。
>
> ——1957年颜福庆在全国政协二届三次全体会议上的发言

> 新中国的教育制度和医药卫生事业，已经从为达官显贵和富商巨贾服务转变为人民大众服务了。看到医学教育有着极其远大的前途，给我很大的鼓励，加强了我的信心和决心。我不但决定不退休了，相反倒工作得更加勤奋了。
>
> ——1956年颜福庆对台湾广播稿

1949年4月21日，毛泽东发布"向全国进军的命令"。23日午夜，解放军攻克国民党统治大陆22年的中心南京。5月23日夜，陈毅发出向上海总攻的命令。经过3天激战，5月27日凌晨解放上海。这座100多年来被列强作为侵略中国"桥头堡"的大城市，掀开了新的一页。

5月25日，上海的天空依稀响着枪声。经历了战争洗礼的十里洋场，散发着呛人的硝烟味。一辆吉普车从丹阳急速驶入上海，车上坐着中国人民解放军上海市军事管制委员会卫生处处长崔义田。新上海的卫生行政,在上海全境还未解放时,就拉开序幕了。

新上海的卫生行政

战伤外科专家、医学教育家崔义田(1906—1989),毕业于奉天小河沿盛京医科大学(即辽宁医学院),主攻外科。崔义田同班同学宫乃泉,为学好英语,在英文字典封面上写着"我要吃掉你",以此自勉。毕业后,宫乃泉、崔义田先后加入了新四军,成为新四军卫生工作的拓荒者,中国人民解放军华东军区和华东野战军卫生部的正、副部长。20 世纪 50 年代,华东卫生部的一系列重大举措,如上海市医药卫生部门的接管改造、同传染病和寄生虫病做斗争、调整沿海和内地的医学教育布局,以及组建重庆医学院等,主要就是由盛京医科大学这两位高才生负责实施的①。

5 月 28 日,上海全境解放的第一天,接管工作开始。崔义田在接受《上海医事新闻》采访时指出,接收"以不妨碍原有工作的继续进行为原则","一切工作照旧,原班人马照旧"。接收的物资,"由各该机构组织委员会自行保管,在军管会方面,只不过去一两个人清点监督而已"②。国立医学院校,由文教会接收,卫生部协助。医学学术团体以及教会医院,解放军当时的政策是"不予干预"。

崔义田还初步阐述了今后上海医学发展的方针。上海是大都市,尤其是工业中心,工人就有 100 多万。今后医学行政的重心,在于劳工的健康。要施行一种合乎中国情形,能配合当地特殊环境的方法,不一定要采取英美的方法,也不一定采取苏联的方法③。这个思路,与颜福庆数十年孜孜以求的理想是完全合拍的。

---

① 《崔义田传略》,编委会:《崔义田纪念文集》,人民卫生出版社,1996 年,第 1—14 页。
② 《谈今后上海医学施政方针——与崔部长谈话》,《上海医事新闻》,1949 年 6 月 1 日,第 15 卷,第 11 期。转引自:编委会:《崔义田纪念文集》,人民卫生出版社,1996 年,第 377 页。
③ 《谈今后上海医学施政方针——与崔部长谈话》,《上海医事新闻》,1949 年 6 月 1 日,第 15 卷,第 11 期。转引自:编委会:《崔义田纪念文集》,人民卫生出版社,1996 年,第 378 页。

新生的政府对颜福庆这位医务界耆宿给予了充分的尊重，视他为军管会卫生处的座上宾。崔义田多次邀请上海的老医学家出席座谈会，其中就有颜福庆。经过近十年深居简出的生活，颜福庆重新出山。公医制和预防医学的理想，再次在这位68岁老人的心头燃起。他又看到了实现抱负的希望，把满腔的热情寄托于新生的人民政府。作为上海医事事业董事会的总干事，他把董事会的财产全部移交给了人民政府。人民政府也把他作为医务界的一面旗帜，在虚心听取意见的同时，也通过他争取其他医务界同仁的支持。

1952年6月，颜福庆率上海医务界慰问团赴东北，慰问抗美援朝志愿医疗手术队成员。

8月下旬，上海市军事管制委员会批准成立上海医学院及其教学医院临时管理委员会，任命宫乃泉为主任委员，颜福庆为副主任委员。在新中国的防治血吸虫病、抗美援朝等医务界一系列重大活动中，我们再次看到颜福庆忙碌的身影。颜福庆还走上讲台，为医学生开课，讲授"医学概论"。

颜福庆又让在美国纽约州立大学专攻国际政治的儿子颜瑞清回国参加建设，改行学医，继承自己的衣钵。颜瑞清听从父亲的召唤，在上海市防痨协会工作。同时回国的还有颜雅清的女儿陈国凤。

指导新中国第一位下矿井的女医生

在医学院内外，人们习惯性地尊称颜福庆为"颜老"。

1950年9月，华东卫生部、劳动部决定成立淮南煤矿安全卫生检查组，卫生检查由上海医学院负责。这项任务，公共卫生科主任苏德隆交给了卫生工程师杨铭鼎、毕业生王篯兰和实习生罗益勤。

王篯兰还是刚从上海医学院毕业的小姑娘,扎着麻花辫,戴副眼镜,满脸书卷气。苏德隆叫王篯兰先去向颜老请教,说颜老是我国矿山卫生和钩虫病调查的先驱,曾在南非金矿和江西萍乡煤矿实地工作过,发表过很有影响的调查报告。要去见老院长,王篯兰的心情十分紧张。事后她对这个场景有生动的回忆:

"在颜老的办公室里,他让我坐在他的对面。我说明了来意。他十分亲切地告诉我:'煤矿矿下的卫生状况极差,矿工所患的疾病,特别是钩虫病非常严重。矿工在矿下的工作十分艰辛。手上拿着铁锹采煤。矿下的通风极差,温度和湿度都很高,地上潮湿泥泞。矿下没有厕所,矿工只得在巷道和采煤区随地大小便。粪便中的钩虫卵在高温高湿条件下,很容易孵化成幼虫。幼虫会穿透人的皮肤,然后进入血液到达肺部,经支气管到消化道,发育为成虫。成虫在肠黏膜上吸血,最后使人发生贫血,患钩虫病。因此,你们到淮南煤矿,要检查矿工的贫血情况及粪便中的钩虫虫卵。调查结束后,一定要向矿领导提出淮矿的卫生条件改进意见和预防措施。相信你们会获得成功的。'接着,颜老要我到图书馆查阅他1918年和1920年发表在英文版《中华医学杂志》上的两篇文章。颜老给我指明了调查方向和工作步骤。我看颜老非常忙,赶紧道谢告辞"①。

随后,王篯兰随着安全卫生检查组去淮南煤矿。一开始,矿上领导不允许王篯兰下矿,他们迷信"女人下矿,矿要塌"。在矿井附近有窑神庙,矿工下矿前要先去拜窑神,保佑平安。经杨铭鼎教授再三说明,才让王篯兰下矿井。所幸煤矿不但没有塌,反而增加了产量。

第一次安全下井后,王篯兰又多次下矿调查,圆满完成了预期任务。一个月后返校,向颜老作了口头汇报。看到年轻的女学生不怕艰苦,下井调查,取得初步成果,颜福庆异常欣慰,笑眯眯地说:

"你们第一次摸清了淮南煤矿矿上和矿下的卫生状况,并向矿区领导提出了具体建议和预防措施,打好了基础,以后还应继续去检查

---

① 王篯兰:《难忘颜老的教诲》(手稿),2006年12月24日。

上医青年教师王簃兰在淮南煤矿井下测量温湿度。王簃兰提供。

预防措施的落实情况,实实在在地改进矿区的卫生状况,使矿工钩虫病发病率降下来"①。

上海医学院卫生科牢记颜老的嘱托,此后继续与淮南煤矿密切合作。在1950年到1992年的42年里,卫生科及以后的公共卫生学院先后12次派人深入淮南煤矿调查,使该矿的卫生条件有了实质性改善,钩虫病、煤矽肺、舌炎、口角炎等煤矿常见病发病率逐年降了下来。

从颜福庆早年的萍乡煤矿钩虫病调查,到新中国成立之初杨铭鼎、王簃兰等人的淮南煤矿卫生调查,体现了一种精神上的延续性。

拓展校园,争取东安路以西土地

1952年1月,华东卫生部任命宫乃泉为上海医学院院长,颜福庆、黄家驷为副院长,成立院务委员会,其中颜福庆主管基建。上医临管会随之结束。

上海医学院东西两部的中轴线东安路,20世纪50年代叫东庙桥路。东庙桥路以西,也就是今天复旦上医西区一带,那时还是一片农田。

---

① 王簃兰:《难忘颜老的教诲》(手稿),2006年12月24日。

从 1936 年上海医学院在枫林桥落成，到 20 世纪 50 年代初，校本部的面积没有任何拓展，而师生人数已成倍上升，原有空间已经局促不堪。作为主管基建的副院长，争取土地的重任又落在颜福庆身上。

颜福庆心中有一幅上医的宏伟蓝图：先争取东安路以西土地，然后以东安路为中轴线，设计西区建筑，使全校呈东西对称状。西区的主体建筑七号楼，要和东区一号楼对称，建筑风格要一模一样，也要覆盖具有皇宫气派的琉璃瓦。今后，学校的大门就开在东安路口。颜福庆把这个校园规划制成了模型。根据模型，扩建后的校园，前门正对肇嘉浜路，后门直达斜土路，西面出口是宛平路，东面毗邻枫林路。

为了争取西面的土地，颜福庆整天扑在市里。在市府的支持下，上医终于如愿以偿地得到了土地，建成了一字排开的六、七、八号三幢大楼。六号楼，当时作为图书馆，现在是上医文化中心和院史馆所在地。七号楼，过去是基础部，现在是基础医学院各教研室。八号楼，一直是公共卫生学院。由于经费的限制，七号楼屋顶没有盖琉璃

颜福庆（右二）与陈同生（右一）、钱悥（左一）、胡懋廉（左二）在讨论校园发展规划。

瓦。上医从东向西拓展，体现了历史的延续。如果不是颜福庆决心向市里争取，就不会有今天东安路以西的校区①。

筹建重庆医学院的缘起

重庆医学院（简称重医）的筹建不是在一两年内就完成的，它更像一场接力赛，一场涉及卫生部、高教部、上海市、重庆市、上海第一医学院共计两个城市、五个部门的统筹协调的异地接力赛。从1955年4月起，上医向重医派遣各类人员、支援各类物资的工作历时长达5年，总计共调入415人，其中教师、医师260人，教辅、医技60人，护理52人。这些人中，不仅有24位资深的教授、副教授，还有一大批高年资讲师和许多优秀的年轻助教。到1957年底，除了中央统一分配来重医的毕业生外，全校师资90%都是由上医调配的。在办学物资方面，上医倾其所有，毫无保留地支持从零起步的重医。上医的仪器设备、图书资料，大到大型显微镜，小到昆虫针插标本，凡有两套的，都支持重医一套。甚至重医解剖教研组最初用于教学的400具尸体，也是1956年从上海运到重庆的。1956年4月，上医图书馆支援重医原版外文书刊和影印书刊近5 000册，此后又陆续整理出部分图书杂志和新到期刊，请分批赴渝的教师带往重医图书馆和附一院图书馆。上医还报请上海市委医教协调小组，由医教协调小组出面请上海第二医学院、第二军医大学清理重复、过期的医学书刊捐给重医，解决重医图书、期刊严重匮乏的困难。上医分迁部分力量创建重医，这一做法被形象地称为"母鸡下蛋"。因为"母鸡"的强大，初创的重医从诞生起就站在了较高的起点上。1956年6月，重医第一任教务长陶炽在第一期招生简章上介绍重医，题目就叫做《老有基础的新学校》。新重医的厚实基础，既来自上医30年积淀的办学理念和优良传统，又来自上医配备的优秀师资队伍，更来自上医毫无保留的物资支持。重医建成后，相隔几千里的两所医学院，都是学校与附

---

① （佚名）采访录音，2003年7月。

属医院紧挨在一起,连学校大门前道路都拥有相同的名字——医学院路①。这大概也是全国仅有的两条"医学院路"。

重庆医科大学杨现洲研究员查阅大量原始档案,撰写了史料翔实的考证性文章《颜福庆与重庆医科大学的创建》②,较为清晰地梳理了颜福庆与重医筹建的大致过程,笔者再补充和插叙若干史实,让颜福庆对筹建重医的贡献事迹更加丰满些。

一所新学校的诞生,如同一个新生命的孕育和降生。新生命的孕育和降生,彷徨和阵痛都是难以避免的。筹建重医,从中央大政方针的制定,到高教部制定最初方案,卫生部的具体指导,再到上海第一医学院和重庆市政府诸多部门的具体落实,是一个环环相扣的联

1954年,颜福庆参加人民代表大会代表选举。复旦大学档案馆提供。

---

① 杨现洲、裴鹏:《颜福庆与重庆医科大学的创建》,金力、袁正宏主编:《福佑人群　颜风长庆:颜福庆教授诞辰140周年纪念文集》,复旦大学出版社,2022年,第87—89页。
② 该文已经收入金力、袁正宏主编:《福佑人群　颜风长庆:颜福庆教授诞辰140周年纪念文集》,复旦大学出版社,2022年,第71—92页。

动过程。建设重医虽然不属于"一五"计划的165个重点项目之一，但是重医的建设是"一五"文教事业五年规划的一部分，直接受到"一五"计划不断修改的影响。与交大的内迁一样①，重庆医学院的筹建充满了曲折。

由于统计资料不齐全，国内资源状况不明，难以掌握原有企业的生产能力，同时从中央到地方各级部门都缺乏编制经济建设计划的经验，因此我国第一个五年计划[《中华人民共和国发展国民经济的第一个五年计划（1953—1957）》]的编制只能采取"边制定、边执行"的办法，它是"不断进行修订、调整、补充"的过程，前后"历时四年，五易其稿"②，才形成"一五"计划草案。"五年计划四年成"③，毛泽东这句评价形象地说明了"一五"计划制定的长期性。1951年春，中央财经委员会开始试编第一个五年计划，经过长达四年的反复修订，1955年3月31日中国共产党全国代表大会原则通过了五年计划草案。7月31日第一届全国人民代表大会第二次会议正式审议并通过了"一五"计划。也就是说，通过第一个五年计划的时候，该计划已经执行了三年，距离完成仅剩下两年。与"一五"计划的编制特点类似，"文教事业五年规划"也是边制定、边执行，不断修订、调整、补充，才最终成形。正因为筹建过程中充满不确定性，所以在操作过程中给上医和重庆方面带来很大的难度，甚至导致工作停滞数月之久（1955年6月至8月）。颜福庆在这个复杂的建设工程中，利用他丰富的阅历和医学院建设的宝贵经验，再次发挥了他人所无法替代的主心骨的作用。如果没有颜福庆，今天的上医和重医很可能是另一番样子。

1955年是我国生产关系发生深刻变化的一年。这一年夏季以后，农业的社会主义改造出现急速变化，全国形成迅猛发展的农业社会主义合

---

① 关于交通大学西迁，参见西安交通大学档案馆编：《交通大学西迁纪念册》，西安交通大学出版社，2016年。
② 中共中央党史研究室：《中国共产党历史》（第2卷），中共党史出版社，2011年，第203页。
③ 中共中央文献研究室编：《毛泽东年谱（1949—1976）》（第二卷），中央文献出版社，2013年，第355页。

作化浪潮，随之也带动资本主义工商业、手工业的社会主义改造大大加速。1955年夏季和1956年上半年的合作化运动，用一日千里来形容也不为过。1955年3月，中国共产党全国代表大会召开，通过了《关于中华人民共和国发展国民经济的第一个五年计划草案的决议》。重医等建方案的最初提出正是在1955年3月底，即"一五"计划草案通过之际。

1955年3月30日，高教部党组向国务院二办①主任林枫和周恩来总理提交《关于沿海城市高等学校1955年基本建设任务处理方案的报告》。报告根据中央编制五年计划的方针和沿海城市基本建设一般不再扩建、新建的指示，重新研究了沿海城市高等教育的分布情况和今年的基本建设任务。报告指出："根据保证完成全国高等院校原定招生计划，基本上停止或削减沿海城市高等学校的基本建设任务的原则，经与各有关方面协商结果，采取减少沿海城市高等学校招生任务，适当缩小今后的发展规模，并配合国民经济发展的需要，特别是按照新工业基地的分布情况，相应地扩建内地学校，提前在内地增建新校等措施，全盘安排，逐步调整。"报告分为削减部分，增加部分，实际减少的招生人数、基本建设面积和投资三个部分。关于削减部分，全国15个城市②共削减基本建设面积414 467平方公尺，削减投资5 543万元。上海市的削减分量最重，共削减基本建设面积102 604平方公尺，占全国削减总基本建设面积的24.76%。削减投资1 409万元，占全国削减投资的25.42%。沿海15个城市削减的基本建设面积和投资用于内地建设13所新的高校。这13所新校包含两所医学院校，即"将北京医学院药学专业迁至太原新建药学院；将上海第一、二两个医学院部分专业和师资迁至重庆附近新建重庆医学院"。这份报告还指出，"将上海复旦大学在重庆设分校"③。

---

① 国务院二办于1954年底成立，协助总理掌管文化部、高等教育部、卫生部、新华通讯社、中央广播事业局的工作，主任为林枫。
② 十五个城市分别为上海、广州、厦门、青岛、大连、福州、天津、唐山、沈阳、济南、南京、杭州、镇江、苏州、北京。
③ 西安交通大学档案馆编：《交通大学西迁纪念册》，西安交通大学出版社，2016年，第51—53页。

3月31日，林枫将《关于沿海城市高等学校1955年基本建设任务处理方案的报告》呈送给陈毅副总理，4月2日，陈毅签发意见"送陈云副总理核示"。4月7日，陈云副总理批示："这一件的主要任务是沿海城市的大学内迁，共有十三起几十个学校或专科。据林枫同志说，这是政治局那次听陈毅同志报告上海情况后工厂学校内流的方针拟定的。林枫同志认为：（一）内迁后对原五年计划的毕业生和招生人数稍有妨碍，但无大妨碍；（二）用母子学校的办法（即分校）可以动员沿海学校的教员去内地；（三）与西北、西南同志商量，认为现定基建计划可以完成，困难不大，不致影响内迁。""此外本件内容是削减基建和拨款（比原计划）。""我认为可以同意林枫同志和高等教育部党组的意见。"陈云同志最后批注，将报告送刘少奇、朱德、彭真、邓小平审阅后退回国务院总理办公室。

阅读林枫提交的报告，有几点值得注意。首先，上海第一医学院迁校的最初方案是由高教部党组提出并报国务院批准的，而不是由卫生部党组提出的。自新中国成立到"文革"之前，医学教育一直是高教部进行宏观管理，业务工作以卫生部管理为主。教育上带有共性的方针、政策、规划及规章制度的制定和统一安排的工作，由高教部负责。医学教育的具体业务管理，则以卫生部为主。高教部和卫生部虽有大体分工，但在重大问题上，两个部采取协商的方法互相配合，在取得统一的意见后，再向下布置[1]。上医从1953年4月1日起由中央卫生部直接领导[2]。从管理角度来看，高教部和卫生部对上海第一医学院都有一定的管理权，对于迁校之类的重大决策，高教部和卫生部需要统筹协调。在以往所有关于上医西迁的论述中，均未能对卫生部对于上海第一医学院迁校问题所起的作用作合理的解释。其次，最初方案是上海第一医学院和第二医学院两个医学院的部分专业和教师迁到重庆，而不是上海第一医学院的部分专业和教师迁到重庆。也就是

---

[1] 朱潮、张慰丰编著：《新中国医学教育史》，北京医科大学、中国协和医科大学联合出版社，1990年，第2页。
[2] 编委会：《上海医科大学纪事（1927—2000）》，复旦大学出版社，2005年，第115页。

说,最初的方案和最后的结果有很大的不同。为什么会产生这个结局?计划和结果之间产生较大的偏差,原因何在?

筹建工作的初期阶段

在接到迁院指示的前一年,即1954年11月,上医成立基本建设委员会,颜福庆任主任委员,刘海旺、陶煦任副主任委员①。所以,迁院这件大事,就与颜福庆不可分割地联系在一起。上医接到迁院指示后,马上开始行动。当时上医院长位置空缺,由林枫任代理院长②。总务长刘海旺于4月11日专程赴北京卫生部接受任务。与此同时,副院长李文赴北京参加4月14日至30日召开的高等工业学校和综合大学校院长座谈会,与会期间李文向卫生部领导请示迁院问题。刘海旺从北京接受任务后随即到重庆联系建院工作。4月26日,刘海旺与重庆市城建委等相关部门举行专题会议。这次会议的纪要记载:"中央决定上海第一医学院搬来重庆,在重庆建立重庆医学院。医学院的规模将容纳4 200名学生,须设置2 100张病床,除重庆原有病床1 000多供学生实习,需要再建1 000张病床的医院……工程要求今年作一部分,明年完成大部分,以便明年暑假从上海搬来,后年完成全部工程……由上海第一医学院、中央卫生部与市有关单位组成建校委员会,报市委和中央卫生部批准。"

高教部最初的方案,到此已经转变为更加具体的方案。具体的方案已经与最初方案有了较大的变化。最初方案"将上海第一、第二两个医学院部分专业和师资迁至重庆附近新建重庆医学院",变成"上海第一医学院搬来重庆,在重庆建立重庆医学院。"也就是说,迁校

---

① 编委会:《上海医科大学纪事(1927—2000)》,复旦大学出版社,2005年,第121页。
② 1949年6月至8月,崔义田作为上海市军管会军代表接管上医。1949年8月至1951年12月,宫乃泉担任上海医学院及其教学医院的临时管理委员会主任,颜福庆为副主任委员。1951年12月,华东卫生部任命宫乃泉为上海医学院院长,颜福庆、黄家驷为副院长,上医临时管理委员会结束。1953年12月,宫乃泉调离,中央人民政府任命林枫为代理院长,李文、颜福庆、黄家驷为上医副院长。1956年6月,陈同生担任上医党委书记兼院长。

的只有上海第一医学院，上医要全部迁到重庆，"上海第一医学院搬来重庆"，而不涉及上海第二医学院。新建的重庆医学院的规模也确定了，是容纳 4 200 名学生，与此配套，设置 2 100 病床。因重庆原有病床 1 000 多张，因此需要再建设有 1 000 张病床的医院。工程进度也明确了，即迁校前后三年，今年完成一部分，明年完成大部分，后年全部完成。迁校领导机构也明确了，即"由上海第一医学院、中央卫生部与（重庆）市有关单位组成建校委员会，报（重庆）市委和中央卫生部批准。"

4 月下旬，刘海旺在重庆市枣子岚垭犹庄巷 10 号（今重庆医科大学附属儿童医院附近）选中一幢房屋，准备租用作建院的办公场所。颜福庆在刘海旺的来信上批示"同意，可租 2—3 年"①。犹庄巷 10 号由此成为"重医创业的起点"②。

重庆和上海双方同时开展工作。刘海旺在重庆开展工作的同时，上海市委也开始交通大学、上海第一医学院等高校的内迁工作。4 月 28 日下午，上医召开扩大的院务会议，作迁院动员。院务委员会委员和附属医院、各系、各教研组负责人 60 余人参加会议。黄家驷副院长报告中央要求沿海高校内迁的背景和上医迁院的有关要求。强调迁院是光荣的任务，上医迁往重庆，1955 年有 15 000 平方米的建筑任务，计划办学规模为 4 200 名学生，初步考虑分两年搬完，1956 年搬基础部，1957 年完成迁院工作③。

就在上医召开扩大的院务会议作迁院动员的同一天，在北京开会的副院长李文写信给颜福庆、黄家驷，汇报卫生部副部长贺诚对迁院问题的指示。贺诚交代上医的任务是先将 4 000 人的新型医学院建起来，任务仍为 4 000 人，病床为 2 000 张。但是贺诚副部长指出，这

---

① 《关于筹建重庆医学院的往来信件及重庆医学院建院委员会 1955 年工作情况报告》，复旦大学档案馆藏档案，档案号 1955-7-21-161。
② 金力、袁正宏主编：《福佑人群　颜风长庆：颜福庆教授诞辰 140 周年纪念文集》，复旦大学出版社，2022 年，第 80 页。
③ 上海第一医学院院务委员会第二次会议记录（1955 年 4 月 28 日），复旦大学档案馆藏档案。

些数字"尚系大概指标""在建院迁院过程中看情况发展而定""至于增减也不过三五百人而已"。因此，李文在信中强调，总体布局应该以 4 000 名学生和 2 000 张床位为依据。贺诚副部长还对新建校舍是集中建筑还是分散建筑、建筑的层高、选址与工业区的关系等均有指示。建议大楼不宜分散，宜集中建筑，采用流水作业法以提高效率且便利师生工作。医院今年可以不建，明年再建，今年先集中修建教学大楼①。贺诚虽然对学生规模的指标还不确定，但是上医全部迁到重庆是明确的。

5 月 16 日下午，卫生部医学教育司季钟朴司长到重庆，当晚季钟朴听取刘海旺汇报重庆医学院筹建情况，第二天上午查看拟作为校址的潘家坪地块。下午带刘海旺见重庆市副市长陈筹，争取到了建院的一块高地。刘海旺在给颜福庆等人的信中说，"总地盘他（季钟朴）看了以后未提什么意见，就是帮助给我们解决了一块高地。原来（重庆）市建委不给高地,我们要,就找陈副市长解决了"②。季司长指示，迁院工作要借鉴同济医学院的经验，要做好充分动员工作。还带来卫生部的最新指示，上医的护士学校也要迁到重庆③；重庆医学院今年的建院计划指标从 15 000 平方米压缩为 12 000 平方米④。季钟朴的意见，与上个月卫生部的指示又有变化，具体表现在两个方面。第一，1955 年的建院指标从 15 000 平方米压缩到 12 000 平方米，减少了 3 000 平方米。第二，上医的护校也要迁到重庆，此前没有提到护校迁到重庆。季钟朴到重庆，落实了原先无法解决的地块问题，迁校首先要解决的地块问题初步落实。

---

① 1955 年 4 月 28 日李文给黄家驷、颜福庆的信，《关于筹建重庆医学院的往来信件及重庆医学院建院委员会 1955 年工作情况报告》，复旦大学档案馆藏档案，档案号 1955-7-21-161。
②③ 1955 年 5 月 19 日刘海旺给李文、颜福庆、黄家驷的信，《关于筹建重庆医学院的往来信件及重庆医学院建院委员会 1955 年工作情况报告》，复旦大学档案馆藏档案，档案号 1955-7-21-161。
④ 1955 年 5 月 16 日王耕野、茅中、杨丹给李文、颜福庆、黄家驷的信，《关于筹建重庆医学院的往来信件及重庆医学院建院委员会 1955 年工作情况报告》，复旦大学档案馆藏档案，档案号 1955-7-21-161。

除了刘海旺，上医还派出了从事基建工作的王耕野、茅中、杨丹三位工作人员到重庆。5月16日王耕野等三人给李文、颜福庆、黄家驷三位副院长写信，寄出新建院的地域位置图、新建院址地形及周围交通环境图，信中提出总地盘布置问题上几个难题尚待解决。首先是院址地形问题。重庆市城建委给新建学校指定的是一个东西北三面环山的洼地，山上已给军区征用。重庆气候酷热，夏天多北风，洼地对新建一所学校是不合适的。王耕野等提出的意见是洼地和山地适当搭配。为了与重庆市城建委保持友好关系，以他们三人的身份很难直接向对方提出要求。第二是计划宿舍超过了标准。因为中央是按照解决85%的宿舍计算，而我们计划的是100%。按照中央拨给4 200名学生任务及1 000张病床，我们计算共需建筑面积307 420平方米，土地计822亩。学校教职员宿舍超出了30 000平方米。医院宿舍因无标准尚无法估计超过与否。第三是迁院机构迄今尚未正式成立，对外联系师出无名，导致目前开展工作很不方便。为了避免造成返工浪费，王耕野建议院方将重医筹备工作分成"学校"和"医院"两个部分，以便提供及审查设计资料和计划方案。鉴于以上三个比较复杂的问题，尤其是地盘布置及地域确定问题，将直接影响教学效果，王耕野在信中恳请上医"院长能亲自来渝踏看并做出指示"，以俾遵照办理，早日完成迁院计划[①]。

接到这封信后，李文和黄家驷两位副院长于5月22日赴重庆，考察拟建校址和重庆市的医院情况。5月25日，重庆市召开重庆医学院建院委员会成立大会，任白戈市长到会讲话。会上宣布由颜福庆任重庆医学院建院委员会主任，重庆市城建委主任程占彪、上医院副院长李文、上医总务长刘海旺任副主任。6月9日，重庆市建院委员会印章启用。至此，重庆医学院建院工作进入实质性的推进阶段。颜福庆担任了主任，他的任务更艰巨了。

[①] 1955年5月16日王耕野、茅中、杨丹给李文、颜福庆、黄家驷的信，《关于筹建重庆医学院的往来信件及重庆医学院建院委员会1955年工作情况报告》，复旦大学档案馆藏档案，档案号1955-7-21-161。

刘海旺在完成总体图、设计任务计划书后，于5月底回到上海。在刘海旺、王耕野等前期工作的基础上，以颜福庆为主任的建院委员会马不停蹄地推进迁院工作进度。6月2日，上医召开院务委员会临时会议，专题审议《重庆医学院建院任务书》。在讨论到重庆医学院的建筑如何设计时，颜福庆提出专门成立基建设计小组，负责研究和确定不同建筑的结构布局、内部设计和总体部署。根据颜福庆提议，学校部分（基础部）基建设计小组由陈海峰、徐丰彦、杨铭鼎、陶煦、谷镜汧、庄鸣山、苏德隆、李亮、林飞卿等组成，医院部分基建设计小组由林兆耆、胡田成、钱悳、崔之义、胡懋廉、王淑贞、陈翠贞等组成。这两份名单上大体都是资深的基础和临床专家，保证了设计工作的专业性。

全国文教工作会议的新精神

1955年上半年召开了两次与教育文化事业有关的重要会议，一次是4月份召开的全国综合大学和高等工业学校校院长座谈会，一次是5月19日至6月10日召开的全国文化教育工作会议。全国文化教育工作会议上就提高高等教育质量问题展开深入讨论，观点有分歧。大家都同意今后应该着重提高质量的方针，但有人认为，我国的技术力量十分薄弱，目前培养高级建设人才仍应首先保证数量，然后才能谈到质量。也有人认为，提高质量就不能同时照顾数量。在新生录取标准等具体要求上有偏急偏高的情绪。关于文教事业的合理部署、统筹安排问题，由于会议提出今后全国文化教育事业应该从国防观点出发，结合经济发展，作新的部署，今后几年内，沿海城市的文教事业，不应该再进行重大的基本建设，因此部分沿海地区代表流露出消极情绪，误认为今后完全不要发展。会议还传达并讨论了中央关于全面开展厉行节约的指示。根据中央精神，对文教部门后两年半的基本建设投资和经常费标准作了修订。据初步估算，基建方面仅降低单位面积的造价和面积的定额方面。各文教部门后两年半可节约国家资金33 000余万元。降低经常费的标准，可节约22 900余万元。另外，这次削减事业计划尚可减少 31 000 余万元①。

6月23日,《人民日报》在头版头条发表社论《正确贯彻当前文教工作的方针政策》,对全国文化教育会议提出的在地区上合理部署、统筹安排的方针作了说明。社论指出:"合理部署主要是要求今后的发展应按比较合理的计划进行,只有个别十分必须的单位才须由沿海迁至内地,并不是要大搬家或大调整。"这句话分量很重,很有针对性,直接批评当时许多沿海的学校纷纷要内迁的实际情况,给大拆大并大搬家的现象一个警醒。另外,4月份召开的全国综合大学及高等工业学校校院长座谈会也传达了同样的信号。6月4日《高等教育部关于综合大学及高等工业学校校院长座谈会的传达内容的通知》也指出:"为了密切配合经济建设——特别是新建工业的分布和适应国防形势的要求,将沿海高等学校的发展规模适当缩小,在内地筹建必要的新校,进行一次院系调整,是必要的。但同时也必须注意充分发挥沿海学校的作用,不要在调整迁并的过程中人力物力方面造成浪费"②。

综合大学及高等工业学校校院长座谈会、全国文化教育工作会议同时传达出类似的信息,对重医的筹建工作,包括单位面积造价、面积定额、学制、招生名额等诸多方面直接造成影响。筹建工作更加复杂了。于是,6月至8月,筹建工作进入了徘徊状态,甚至进入了僵局。

筹建工作陷入僵局

进入僵局的信号最初是刘海旺发回来的。全校上下正在紧锣密鼓地推进迁校的过程中,在北京送审《重庆医学院建院任务书》的刘海旺于6月15日写信给李文和颜福庆,告知在北京听到中央最新精神的消息,即为了适应过渡时期的要求,除了重工业投资不降低标准

---

① 《中共中央批发林枫同志在全国文教工作会议上的报告给各地党委的指示》(1955年9月16日),何东昌主编:《中华人民共和国重要教育文献(1949—1975)》,海南出版社,1998年,第511—516页。
② 何东昌主编:《中华人民共和国重要教育文献(1949—1975)》,海南出版社,1998年,第469页。

外，其他一切文教事业均须围绕新的精神办理。为贯彻节约精神，高教部的意见是不再强调远景，重医的基建定额和造价标准将大量降低。关于迁校问题，中央方针也有变动，正在考虑除学校人员和教学设备外，医院的一切设施均原地不动。刘海旺信里谈到的都是全国文教工作会议的精神。鉴于这些都是原则性的大问题，刘海旺提议颜福庆专程到北京来一趟，直接与卫生部部长面谈①。

接到刘海旺的信后，颜福庆于6月23日专程赴京拜访卫生部。卫生部召集上医迁院专题会议，卫生部党组书记、副部长徐城北，副部长贺诚、崔义田，医学教育司司长季钟朴和人事司、财务司的司长出席，和颜福庆一起讨论。卫生部领导强调，中央决定在四川办两所医学院，除了四川医学院，还要建重庆医学院。上医整体迁到重庆，还是由上医负责在重庆建立分院，"可以再考虑""请上医与上海市有关方面协商"。关于上医迁院，卫生部在4月和5月之间的意见一直是全迁。在中央方针变动的大背景下，卫生部的意见也开始变得模棱两可了。因此，6月到8月的三个月里，迁校工作陷入了徘徊时期。

虽然中央方针有所变动，但是工作还得继续。在拜访卫生部结束之后，7月初，颜福庆马上飞到重庆，勘察校址，推进建校工作。重庆市委书记曹荻秋、市长任白戈先后会见颜福庆，对上医迁往重庆表示热烈欢迎，并主动提出把老市府的房子作为医院用房，同时也再次提出上医把护士学校也一并搬到重庆。颜福庆听取了建院委员会副主任程占彪、刘海旺以及上医基建科王耕野等人对前期工作的汇报并现场察看拟建校的地块。花甲之年的颜福庆冒着高温，前往当时还是荒坡的拟建校址考察，随后确定重庆医学院选址潘家坪（今重庆医科大学袁家岗校区）。把之前方案中医学院在山下、医院在山上的布局做了对调。颜福庆认为，将医学院放在歇台子的半山坡上，靠近潘家坪招待所（今渝州宾馆），把未来的综合医院（今重庆医科大学附属第一医院）布置在靠近两九公路的山下洼地，更为合理。

---

① 《关于筹建重庆医学院的往来信件及重庆医学院建设委员会1955年工作情况报告》，复旦大学档案馆藏档案，档案号1955-7-21-161，第113、115页。

第七章｜老骥伏枥　风雨同舟　（1949—1966）

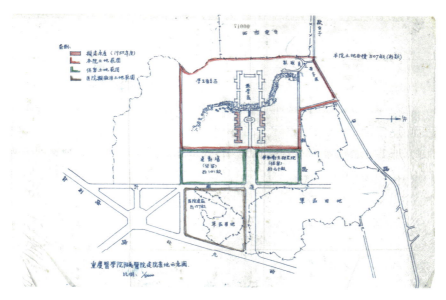

重庆医学院附属医院建院示意图。复旦大学档案馆提供。

勘察完校址后，颜福庆召集了重庆医学院建院委员会首次会议，重庆市城建委、市建筑工程局、市设计院负责人和建院委员会成员参加了会议，颜福庆代表建院委员会与重庆设计院签订了委托设计合同。这次会议后，重庆方面的筹建工作进度加快。7月中旬王耕野写信给颜福庆，汇报设计工作进度，催促上海及时给出意见，以加快建院进度。信里指出，颜福庆来重庆召集建院委员会首次会议以后，建院工作取得进展，各部门的工作进度加快，"颜院长在此召开建院委员会后，各部门都主动来督促我们"[1]。信中指出，重庆的建院工作加速了，但是上海的配合不够。"上海没有肯定意见，我们不敢决定问题。请你们抓紧时间及时指示我们工作。"中央方针变动，导致基层不知所措。重庆方面加快进度，但上海因面临更加复杂的局面放慢了工作的节拍，反而跟不上重庆方面的工作节奏了。

---

[1]《关于筹建重庆医学院的往来信件及重庆医学院建设委员会1955年工作情况报告》，复旦大学档案馆藏档案，档案号1955-7-21-161，第27—30页。

与陈同生商妥保全上海医学院方案

正在迁院工作陷入僵局的关键时期，一个重要的人物出现了。由于他的到来，迁院工作问题得到了妥善的解决。他就是华东统战部副部长陈同生（1906—1968）。1955年6月底陈同生到上医，担任党委书记兼院长。

陈同生原名张翰，1906年生于湖南常德一个殷实的小康之家。祖父进士出身，父亲开米行。陈同生1926年入党。此后20余年，主要从事左翼文艺、新闻工作。1950年8月，任华东局统战部副部长。1954年华东局撤销，陈同生主动要求到大学工作，1955年6月被任命为上海第一医学院党委书记兼院长，1963年调任中共上海市委统战部部长、市政协副主席，仍兼上海第一医学院院长。1968年1月26日，被"四人帮"残酷迫害致死①。

陈同生初到校，就遇上如此棘手的迁校问题。颜福庆向陈同生分析了搬迁的利弊得失：如果整体搬到重庆，那么上海第一医学院将连根拔起，离开上海。就像东南医学院、同济大学医学院整体内迁一样。这也意味着，上海医学院的校名即将消失，这块金字招牌将不复存在。离开上海，是广大上医师生员工所不愿看到的。其中还有比颜福庆更揪心的吗？从湘雅到协和，经过18年的积累，最终才到上海创办了上医。苦心经营了30年，才有今天的成就。学校整体搬到重庆，校名消失，颜福庆是无论如何都不忍心答应的。从硬件上考虑，医学精密仪器经不起长途运输，仪器搬迁与重新购买，成本是一样的。从软件上考虑，医学院与教学医院是共生的鱼水关系。离开了教学医院，医学院也不能生存。几十年来，上医与中山医院等教学医院以及周边居民，已经形成良性互动关系，谁也离不开谁。上医单独搬迁，很难适应。从历史和现实两方面综合考虑，上海需要上医这所高

---

① 陈修良：《陈同生生平纪略》，陈淮淮编：《戎马书生——陈同生纪念文集》，2003年，第624—631页。

颜福庆与陈同生,清茶一杯,促膝谈心。

水平的医学院,上医要继续在上海办下去[①]。颜福庆的意见,陈同生都一一记在心里。

陈同生身为党委书记,如果不执行党中央的统一部署,这不可能。如果执行吧,就如同颜福庆分析的那样,得不偿失。此时的决断,就需要大智慧了。在这关键时刻,如果没有强有力的领导班子,如果没有班子的和衷共济,如果没有高瞻远瞩,如果没有深谋远虑,那么,具有光荣历史的上海第一医学院的命运,将会完全改变。留上海,或去重庆?命悬一线间。经过党委的慎重考虑,最终达成了妥协方案:采用"母子校"的办法。

制定两种建校方案

8月上旬,卫生部向上医发来电报,催促学校加速内迁工作。同时,国务院二办批准本年度在重庆的基建任务增加 12 500 平方米,连

[①] 参见王生洪《在纪念陈同生同志诞辰100周年座谈会上的讲话》以及其他与会者的发言,2006年6月。

同原来的 15 000 平方米，共 27 500 平方米，任务十分紧迫和艰巨。陈同生和颜福庆等人一边积极推进重庆基建工作，一边为保留上医、建设分校的方案努力。8 月 24 日，上医院长办公会议再次讨论重庆医学院建院问题，一致赞同在重庆建立分院的方案。上医党委审议通过了《关于上海第一医学院在重庆建院或迁院的意见》[①]，分别于 8 月 30 日、9 月 1 日报送给上海市委和卫生部党组、高等教育部党组。

富有戏剧性的插曲是，9 月 4 日《文汇报》在头版头条刊发新华社消息《十一所新建高等学校进行筹建工作》，仍然写道："上海第一医学院将迁至重庆，建立重庆医学院"。说明对于上医迁校问题，其他部门还不知情，国内主流新闻机构还是坚持原来的观点。迟至 9 月 20 日出版的高教部《高等教育通讯》1955 年第 12 期，还刊登题为《十一所高等学校正在积极进行筹建工作》的消息，指出"一批新建的高等学校建校方案已经国务院批准。现在，各主管部门都已成立筹备机构，积极进行筹建工作。""上海第一医学院将迁至重庆，建立重庆医学院"[②]。这说明高教部到 9 月 20 日仍然认为上医全迁。《高等教育通讯》同一期发表高教部张健的文章《为完成高等教育第一个五年培养干部计划而奋斗》，倒是指出了院校迁移的复杂性。张健文章指出：由于合理部署高等学校地区分布必须进行院系调整和个别学校的内迁工作，将"使部分已经初步走上轨道的学校又要遇到较大的变动，有些教师原是习惯于沿海城市生活的，一旦调到内地会在个人生活上感到一些不方便，内地新建学校在基本建设、师资调配、教学设备的补充以及交通运输等方面，定会遇到许多的困难"[③]。

《关于上海第一医学院在重庆建院或迁院的意见》（下文简称《意见》）第一段分析了"全院迁移"和"抽出一部分力量在重庆建设一个

[①]《关于上海第一医学院在重庆建院或迁院的意见》，重庆医科大学馆藏档案（复制件），档案号 1996-XZ11-13-04。

[②]《十一所高等学校正在积极进行筹建工作》，《高等教育通讯》，1955 年，第十二期（总四十四期），第 612、613 页。

[③] 张健：《为完成高等教育第一个五年培养干部计划而奋斗》，《高等教育通讯》，1955 年，第十二期（总四十四期），第 612、613 页。

新院"两种方案的利弊，字数不多，一共才413字，却以事实和理性分析了第二种方案的优越性。《意见》开篇指出："在重庆建立一个医学院，并由我院负责，已由中华人民共和国卫生部明确指示，我院也正在进行设计工作，准备在今年第四季度施工。究竟是我院全部迁移或我院在上海的任务不变但抽出一部分力量在重庆建设一个新院，中央尚未最后确定。"接着指出："我院慎重考虑，认为从我院本身来着想，全院迁移的困难较小。如抽调力量建立新院，则一切设备均须新制，人力亦分散，困难较多。"也就是说，如果我们只是站在上医的角度考虑，"全院迁移"困难较小，抽出部分力量建新院困难大。言下之意是我们不能从上医的局部利益考虑，而是要从全局、从国家利益角度来考虑迁校问题。这就烘托出上医人分析问题的高度和站位。一般来说，在提交上级的报告中如果有两种或两种以上的方案可供选择，总是把理想方案放在第一位。《意见》把"全院迁移"作为第一方案，是基于此前卫生部的意见，是尊重上级主管部门的意见，同时也表明了上医党委服从上级的态度。《意见》随后用两个严肃的事实证明了第一方案的不科学性，从反面证明了第二方案即保留上医同时抽调力量在重庆建立新院的合理性。"但从国家需要来考虑，在第一个五年计划中，全国需发展六个新的高等医学院校，在重庆建立一个新的医学院，也早已纳入中华人民共和国卫生部的计划。如果我院全部迁移，就需另建一医学院才能符合国家计划。其次，如我院全部迁移，全部教学人员和大部分医疗人员必须迁往重庆。我院在上海有六个附属医院，共有病床1 700张，每周门诊人数6 475名。这一繁重的医疗任务，上海市卫生局所属医院是否能全部担起来？如力量仍有不足，就必然影响上海市人民的医疗保健工作。"也就是说，如果"全院迁移"就会产生两个不利的后果。第一，得再新建一个医学院，因为根据"一五"计划全国需要建设六个新的高等医学院校。搬走一个上医，就得再建一个新医学院，这就是做无用功。第二，上医在沪有六个附属医院，共有病床1 700张，每周门诊人数6 475名。如果上医全部迁移，那么上海市卫生局所属医院能否承担这些巨大的医疗工作？如果不能承担，就必然影响上海市人民的医疗保健工作。这是两个强有力的反问，有一五计划的根据，有医疗数据的根据，因此具有无可辩驳的力量。经过上述否证之后，《意见》最后指出，"根据以上理由，我们认为保留上海原有任务，同时抽调力量在重庆建立新院较为合理。"

《意见》提出，"在中央未作最后决定以前，我们仍作为两个方案提出。"第一方案是全迁，即全院迁往重庆。药学系不迁，交由上海第二医学院领导。其中特别强调，"医疗系迁往重庆时，很多医院的设备为教学所必须，应带往重庆，希望在今年九、十月间，中华人民共和国卫生部派员来上海与我院及上海市卫生局及其他有关方面洽商决定原则。"第二方案是分迁，即抽调儿科系全部和医疗系部分力量，建立重庆医学院。

中央批准分迁方案

上海市委收到《意见》后于 9 月 26 日向中央做了报告，建议采用第二方案。陈同生于 9 月下旬赴京。在中共七届六中全会的空隙，陈同生向总理汇报了上医迁校工作面临的僵局。根据陈同生自京返沪后在上医院务委员会第六次会议上的讲话记录，周总理并不知道上医全迁重庆的方案。4 月初周总理圈阅的高教部《关于沿海城市高等学校一九五五年基本建设任务处理方案的报告》提出的是"母子校"的办法。对上医党委提出的抽调部分力量在重庆建院，既保留上医同时在内地又建设一所医学院的方案，周总理予以肯定。

有了周总理明确的指示，下面的事就方便了。10 月 6 日，卫生部党组派医学教育司季钟朴司长、人事司陈源琛副司长、计划财务司周洪生司长与陈同生一起，对抽调上医部分力量在重庆建立重庆医学院的方案进行具体的研究，确定了领导干部配备、筹备委员会组建、学院领导关系等重要原则。10 月 10 日，卫生部党组向中央上报《关于抽调上海第一医学院部分力量在重庆建立重庆医学院的方案（草案）》[①]。草案同意上医党委提出的第二方案并简要说明了理由：

---

① 重庆医科大学馆藏档案（复制件），档案号 1986-XZ11-16-03。

第七章 | 老骥伏枥　风雨同舟　（1949—1966）

我们重新研究了上海第一医学院党委对该院在重庆建院或迁院两个方案的建议，考虑结果认为：第二方案即抽调上海第一医学院部分力量在重庆建院比较更为合理。如上海仍保留第一医学院，重庆增加一个医学院则既可更多地培养卫生干部又能照顾上海市的医疗力量，不致因迁院而受到很大影响，同时也不违背高等学校合理布署，沿海城市基本建设一般不再新建与扩建的方针。

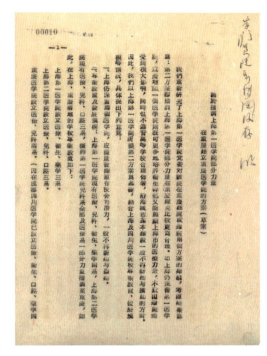

《关于抽调上海第一医学院部分力量在重庆建立重庆医学院的方案（草案）》。右上角是陈同生的批示："李颜黄院长传阅后存　同生"。复旦大学档案馆提供。

10月27日，陈同生主持召开上医院务委员会第六次会议，报告在北京请示工作的情况，通报了抽调力量建立重庆医学院的方案①。陈同生说，这个方案已经征得上海市委、卫生部等部门的同意，正在报请国务院批准，可以在系务会上传达。陈同生通报抽调方案主要内容包括：

1. 上海第一医学院儿科系全部、医疗系部分迁重庆。上海第一医学院设医疗、卫生、药学三系，重庆医学院设医疗、儿科二系。

2. 上海第一医学院负责新建重庆医学院的任务，负责调派熟悉业

---

① 《1955年10月27日上海第一医学院院务委员会第六次会议记录》，复旦大学档案馆藏档案。

务的副院长一名，医疗系、儿科系主任各一名，和全部课程的各教研组主任。重庆医学院未完全建成之前，院长由上海第一医学院院长兼任，以便于人员调配。

3. 重庆医学院所需要的高级教师及教学行政领导干部，应主要从第一医学院调派并尽量做到专任。

4. 重庆医学院的各种教学与医疗设备一般需新制，但如果第一学院有剩余可以调拨则应尽量调拨，以资节约。需要自行制备的教材，第一医学院有关部门人员应负责制备。

5. 请重庆市委、上海市委及上海第一医学院考虑加强重庆医学院筹备委员会的工作，积极负责筹划基建、干部教师调配、设备采购等工作。上海第一学院应即着手制订为重庆医学院逐年调配干部和教师的计划。

6. 重医所需教学人员由上医抽调 2/3，其他单位抽调 1/3。行政人员重庆市给其配备 2/3，从上医抽调 1/3。

7. 组建重庆医学院筹备委员会负责重庆方面的建院工作。颜福庆任主任委员，副主任两人，一为刘海旺，另一人由重庆市派任[①]。

这一抽调方案是在陈同生的领导下，颜福庆等上医人深思熟虑得出的，反映了上医人整体的智慧。这一方案决定了上海和四川、重庆的医学高等教育基本格局，直到今天，可谓意义深远。上医分出部分力量建设重医后，上海、重庆三家医院的专业设置及发展规模如下。上海第一医学院有医疗、儿科、卫生、药学四系，上海第二医学院设有医疗、儿科、口腔三系。将上海第一医学院的儿科系全部、医疗系的部分迁重庆，重庆医学院设有医疗、儿科两系。为什么？因为成都的四川医学院已设立医疗、卫生、口腔、药学四系。以上各种专业设置在西南、华东地区的分布上较为合理（三校规模略）。

11月5日，中央向上海市委、四川省委和重庆市委发出《复上海第一医学院在重庆建院或迁院的问题》电文："高教部、卫生部

---

① 杨现洲、裴鹏：《颜福庆与重庆医科大学的创建》，金力、袁正宏主编：《福佑人群　颜风长庆：颜福庆教授诞辰140周年纪念文集》，上海：复旦大学出版社，2022年，第79、80页。

党组已提出了'关于抽调上海第一医学院部分力量在重庆建院的方案'。中央认为：调上海第一医学院部分力量在重庆建院的意见是妥当的"①。至此，上医"分迁"建设重医的方案经中央批准正式确定。

1956年《全国卫生事业规划》中提出了"母子校"的具体方法，内容如下：

> 新建学校皆指定一到两个原基础较好的学校负责筹建。新旧两校的关系可称"母子校"的关系。母校应负责配备子校的正副院长，正副系主任（不足部分由其他学校补充），全部教研组的主任，各级教师，（以）及在可能范围内配备一部分教学辅助人员及行政人员，并参加新校的筹建工作。母校于分出子校的前一年，根据所负担子校的规模增加一定的编制，由高教部和卫生部分批逐年分配给一定数量的毕业生，以便按时抽出高年师资。
>
> 新建学校所在地的省市应负筹建新校的主要责任，并负责为新建校规划实习基地，同时尽可能在所属医疗、防疫等事业中挑选适宜于教学的技术人员和聘请当地有学问的中西医师参加到教学工作中去。

1955年3月31日，国务院二办主任林枫最初提出"母子学校"的说法，但只是一个概念，还没有具体实施的操作办法。1956年《全国卫生事业规划》则提出了完整的"母子校"的具体方案。方案明确规定了母校的职权。母校职责在于配备子校从校长到教研组主任以及各级教师、部分教辅人员和行政人员。母校因输出大量师资和行政人员到子校，因此也要"输血"。方案规定母校在分出子校的前一年，增加一定的编制，分配一定数量的毕业生，作为人员的补偿。方案也规定，子校所在各省市的主要职责，在于负起筹建新校的主要责任，为新建学校规划实习基地，挑选适宜的技术人员参加教学工作。母子校对于筹建新校是一个很好的办法。如果对比上面的具体方法和10

---

① 重庆医科大学馆藏档案（复制件），档案号1986-XZ11-16-04。

月27日陈同生在上医院务委员会第六次会议上通报的抽调力量建立重庆医学院的方案就会发现，两者是高度一致的。可见上医的方案最终被中央吸收和采纳，成为全国性的指导性方案。或者可以说，上医分出部分力量建设重医的做法，为卫生部的"母子校"政策提供了具体的案例和经验，对于中国的医学教育乃至高等教育事业都是富有启发意义的。这里有颜福庆的一份功劳。

20世纪50年代，上医还先后支援建设了山东医学院、大连医学院、新疆医学院、中国医学科学研究院、解放军医学科学院等兄弟单位。毋庸讳言，一次次支援外单位，使上医的实力不可避免地受到了影响。

参加全国政协二届二次全体会议并发言

1956年1月，中共中央在北京召开关于知识分子问题的会议，刘少奇主持会议，周恩来代表中共中央作《关于知识分子的报告》。周恩来在报告中指出，我国知识界的面貌已经发生根本变化，知识分子中间的"绝大部分已经成为国家工作人员，已经为社会主义服务，已经是工人阶级的一部分"。他强调，社会主义建设除了必须依靠工人阶级和广大农民阶级的积极劳动外，还必须依靠知识分子的积极劳动，"知识分子已经成为我们国家的各方面生活中的重要因素"，并提出在知识分子中大量吸收党员的计划，争取在1962年做到党员占高级知识分子总数的三分之一左右。周恩来还分析了世界科学技术迅速进步已经把我们抛在后面的现实，他强调，在社会主义时代，比以往任何时代都更加需要充分地提高技术、发展科学和利用科学知识。科学是关系国防、经济和文化各方面的有决定性的因素。现代科学技术正在一日千里地突飞猛进，人类正处在一个新的科学技术和工业革命的前夕。我们必须急起直追，"向科学进军"。周恩来在报告中提议组织力量，制定1956—1967年科学技术发展的愿景规划。

周恩来的报告极大地激发了全国知识界的爱国热情和报国激情。1956年成为我国科学界的春天。在中共中央的号召下，高教部、卫生部纷纷行动起来，制定十二年规划。1956年2月，高教部制定了

《高等教育十二年规划（草案）》。上海第一医学院于 1956 年 4 月 25 日制定了《上海第一医学院十二年规划纲要（初稿）》，提出了振奋人心的规划草案。该草案指出，根据卫生部指示，上海第一医学院作为母校，于十二年内负责建立如下四所高等医学院校，即 1956 年建立重庆医学院，1958 年建立武汉药学院，1961 年建立上海第一医学院新建分院，1964 年建立重庆医学院新建分院；在 1956—1957 学年上半年内建立与逐步健全院、系学术委员会、教学法委员会及院务委员会的组织及工作，并切实执行《高等学校标准章程》《学校系的工作》等章则，建立学校两级制的领导制度。在实行两级制领导后，系能真正担负起全面领导教学、培养师资和科学研究工作。草案还指出，整顿附属医院，贯彻《卫生部关于改进临床医教关系的指示》《高等医学院校附属医院工作暂行条例》，加强本院对各附属医院在教学、医疗、人事、政治思想、总务行政工作上的全面领导，改进与加强附属医院党政的领导，深入进行医院制度的改革。在 1959 年前都能成为本市在医疗技术、医疗作风和医疗制度上最好的医院，达到提高医疗质量，逐步减少以至在第二个五年计划内基本消灭医疗责任事故。为了不断提高教学、医疗质量与解决危害人民健康最大的疾病及世界医学中共同性的问题，必须十分重视科学研究工作，并把科学研究工作与教学、医疗改革工作及师资培养工作有机地结合起来。要求尚未达到国际医学水平的几门主要学科，在十二年内基本上达到国际医学水平，对已有的几门基础较好的并接近国际医学水平的学科，在十二年内要对世界医学作出创造性的贡献[①]。

1956 年对颜福庆来说也是不平凡的一年。这一年一月底，他以社会救济代表的身份出席了全国政协第二届第二次会议并积极建言献策。2 月 7 日《人民日报》第 7 版刊登了颜福庆在这次会议上的讲话。发言谈的是医学教育问题。颜福庆说："我是一个知识分子，终身为医学教育服务；先在湖南湘雅医学院工作了 18 年，以后在上海医学院工作 28 年，两校共 46 年，至今我仍在办医学教育的事业，因此我

---

① 《上海第一医学院十二年规划草案（初稿）》，1956 年 4 月 25 日。

想来谈一谈对医学教育的问题。"

发言充分肯定了新中国成立以来，尤其是"一五"计划以来在医学教育方面所取得的巨大成就。"根据第一个五年计划，要培养高级卫生干部 31 800 人，到 1957 年，全国高等医校的在校学生将有 56 400 人。我们不但要发展原有的医校，同时还须建立六所新医校。到 1957 年将共有 39 个，到 1967 年全国共有 84 个医学院。每一所医学校在校学生，一般是三千、四千人，如此庞大的规模，在资本主义国家几乎是不可想象的，而在社会主义性质国家已成为做得到的事了。"发言指出，摆在我们面前的任务是艰巨的，因为我们不仅要担任教学工作，同时还要担负医疗工作，我们的任务是双重的。要做好这些工作，有赖于全体医务工作者共同努力。发言在肯定成绩以后指出，医学教育工作在过去和现在的工作中所存在的缺点应尽力地克服纠正。发言列举了下列缺点："我们队伍里有不少人对已经来临的建设高潮，还缺乏精神上应有的准备，有些人还存在着资产阶级唯心思想，有些人仍然抱着纯技术观点，把业务脱离政治。医务工作人员还没有全面规划，统一安排，统一分配，发挥他们的潜力，如在上海还有一部分有教学研究能力的开业医师，还没有吸收进来。团结中西医的工作做得较差，至于接收祖国医学遗产，也只能算才开始，许多工作还没有做。每年毕业生中还有少数人仍留恋于大城市生活，不愿意到各地的工厂、矿山、农村和遥远的边疆去等。总之，我们是落在形势发展的后面了，这说明了我们对社会主义的认识还不够，存在着右倾保守思想。我们必须把这些缺点纠正过来！"

发言谈到了上海第一医学院的现状。上海第一医学院"很光荣地接受了中央所交给我们的一切任务"。新中国成立以来，上医分配一部分高级教员去协助各地兄弟医学院校。去年为建立新疆医学院，"我们很愉快地配备该校所需要全部高级临床教员"，现在"我们又接受了建立重庆医学院的任务，而上海原有的教育任务不减少，这个双重担子，我们已经挑起来了。"发言还指出，在支援各兄弟医学院校的同时，我们必须注意到质量。"要提高教学质量，教师们必须进行研究工作，但因他们都忙于教学业务，没有时间去做研究。今后我们必须重视这项工作。把教学和研究工作密切结合起来，一方面为了提高教学质量，另一方面又能结合实际，配合工业、农业生产的需要。"全国政协二届二次会议期间，援建重医的工作还处于筹划过程中，医务人员的调动还没有开始，颜福庆在讲话中只是代表上医作了表态，即上医已经挑起了"建立重庆医学院的任务"和"上海原有的教育任务不减少"这"双重担子"。但是他已经发现，接受了中央交给上医的任务后，教师们忙于教学业务，没有时间做研究。因此他在发言中提醒，教师们要重视研究工作，哪怕在支援各兄弟医学院校的同时，教师们也不能放松研究工作。

与毛泽东共话湘雅旧事

1956年2月5日，颜福庆以社会救济代表的身份赴京参加全国政协二届二次会议。2月5日，毛泽东主席在北京接见并宴请全国知识分子代表，颜福庆是其中之一。宴请时，颜福庆就坐在毛泽东左边的主宾席。这是有意安排的。毛泽东一直没有忘记30多年前颜福庆对杨开慧的帮助，一直心存感激。

话还要从"五四"时期说起。当时颜福庆已是大名鼎鼎的湘雅医学院院长、湘雅医院副院长，而毛泽东还是一名图书馆的管理员。

一天，颜福庆正在办公室。助手进来告诉他，有位姓毛的青年要见颜院长。这位青年的妻子刚生了孩子，得了妇科病，需要住院，但是没有钱。所以来请求院长帮忙，希望给予免费治疗。当时湘雅医院是有免费病床的，但是须经过院长的批准。

颜福庆在办公室见了这位"拿着油布伞"的青年书生。听完来由后，颜福庆答应了青年的请求。未收分文，治好了他妻子的病。这位青年就是毛泽东，他的妻子是杨开慧。

这是颜福庆在长沙经历的一件极普通的小事。类似无偿给人治病的事，颜福庆不知干了多少回。所以，这件事也根本没有放在心上[①]。

---

① 黄振信第二次采访记录，2006年11月22日，上海。

可是毛泽东没有忘记。

宴会上，毛泽东一坐下就对身边的颜福庆说：

"三十年前，在湖南湘雅医学院时我就认识你了。"

颜福庆大吃一惊，有点拘谨地回答说：

"我一点印象也没有。"

"当时你是一个大名鼎鼎的医学院院长，我还是一个无名小卒。"毛泽东风趣地说。

"在你院长室旁边的一幢房子里，门口挂了一块牌子，写着'马列主义研究小组'。我当时经常朝这房间里走，在里面搞活动……"

毛泽东兴致勃勃地回忆起"指点江山、激扬文字"的长沙青年时代，当年他编辑《新湖南》、创办文化书社等活动，就在湘雅医学院里面。湘雅学生龙伯坚、张维、李振翩就是当年从事新文化运动的亲密朋友。

回想狂飙突进的"五四"时代，湘雅医学专门学校等湘雅下属机构，成了传播西方先进思潮的大本营。1919年6月3日，湖南省学生联合会成立，首任会长就是湘雅医学专门学校第四届学生张维。"五四"时期有影响的刊物《湘江评论》，是学联的机关报，主编是毛泽东。湘雅医学专门学校学生龙伯坚（龙毓莹）、李振翩、张维等，创办了《学生救国报》，后改为《新湖南》周刊。办刊的经费，是学生们从伙食费里节省下来的。湘雅学生吃饭，每顿每桌原先有六碗菜，为了凑钱办刊，学生主动提出减少两碗菜。《新湖南》周刊提出六大办刊宗旨：提倡新道德、提倡改造家族制度、提倡男女平权、提倡劳工神圣、提倡平民教育、提倡灌输卫生常识。每期印刷1 000份，除了在省内发行外，远销北京、江浙一带。

《新湖南》出至两期后，龙伯坚请毛泽东来湘雅接手任主编。当时《湘江评论》已经被张敬尧查封。《新湖南》继承了《湘江评论》的战斗精神，抨击时弊，宣传马克思主义，出至第九期，又被张敬尧查封。毛泽东接编《新湖南》期间，写文章、稿件编辑工作，就是在湘雅医学专门学校龙伯坚等人的宿舍内完成的，因此对湘雅怀有感情。

第七章 | 老骥伏枥　风雨同舟　（1949—1966）

1956年初，毛泽东与颜福庆（左）在餐桌上共话湘雅旧事。

　　毛泽东侃侃而谈，颜福庆在一边认真地听着，边听边回忆，不时地回答毛泽东提出的问题。

　　"共产党就在你眼皮底下活动，你当时为什么不干预呢？那个时候湖南的斗争很激烈的。"

　　"你有个秘书叫什么名字？我现在记不清了。他现在哪里？我一直跟他失去联系，很想跟他见面。"

　　颜福庆答道："我没有觉察到，不知道。我的秘书，我也记不清楚了"①。

　　两人边吃边谈，宴会的气氛十分融洽。摄影师把这个场景拍了下来，给上医留下了一份珍贵的历史记录。

　　这张与毛泽东主席亲切交谈的照片，上医非常珍惜，请一位画家画成油画，"文革"前一直挂在东一号楼大厅里。上面提到的李振翩，毕业后成为一名美籍病毒学家，为中美两国恢复邦交作过贡献。

---

① （佚名）采访录音，2003年7月。

登高一呼，发展九三学社

颜福庆原先是无党派人士、虔诚的基督教徒。1956年4月，在中国共产党"长期共存、互相监督"的统战政策鼓舞下，颜福庆欣然加入九三学社。

根据1956年4月9日填写的颜福庆《九三学社社员登记表》，颜福庆加入九三学社的介绍人是卢于道和王祖骥。卢于道（1906—1985）于1926年从国立东南大学毕业，后赴美国芝加哥大学留学，1929年获得神经解剖学博士学位，是颜福庆1929年赴美以副教授职位引进上医解剖学科的杰出人才。此后卢于道相继入中央研究院和复旦大学工作。1946年卢于道在重庆参加九三学社组织的创建工作，曾长期担任九三学社上海市委主任委员。新中国成立后，颜福庆和卢于道因同在人大、政协参政议政的缘故，两人又经常相聚在一起。彼时，颜福庆尚是一名无党派人士。1956年2月，颜福庆在北京参加全国政协会议回到上海后，就萌生了参加民主党派的愿望。而卢于道等上海九三学社领导也在争取其加入九三学社，正如颜福庆入社申请表中"介绍人意见"一栏所记载："颜福庆同志经我社数年争取，于最近表示愿以余年带头加入我社，团结医务界人士为社会主义服务，并正为我社谋发展，拟请提前批准。""总社意见"栏内写着："同意。1956年4月16日。"从这张登记表可见，颜福庆于1956年4月9日经九三学社上海市委批准入社，一星期后又经九三中央批准。加入九三学社让颜福庆有了组织的依靠，使他倍感兴奋。而卢于道作为他昔日伯乐的入社介绍人，则成为九三学社发展史上的一段佳话，九三学社同仁至今仍然津津乐道。

扩大组织之前，全上海医务界的九三学社社员仅寥寥7人，组成一个医务小组。颜福庆的加入，如同在医务界树立起一面"九三"的旗帜，上海第一医学院、上海第二医学院以及其他医务界的骨干纷纷聚集到麾下，"九三"大家庭在短期内呈几何等级地增长、壮大。在九三学社上海分社，颜福庆是年龄最大的老前辈，人们都尊称他"颜老"。

第七章 | 老骥伏枥　风雨同舟　（1949—1966）

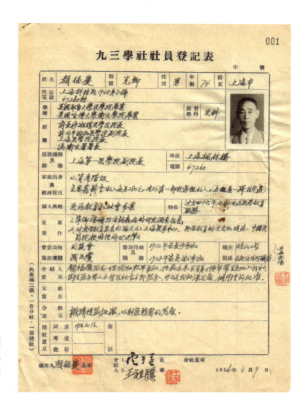

1956年4月9日填写的颜福庆《九三学社社员登记表》。原件藏九三学社上海市委员会。

1956年下半年，九三学社中央要求，上海分社在9—12月至少发展500人。上海分社在调查研究、排队摸底后，制定了"争取关键人物"的发展方针。因为在一个单位发展了关键性人物，就有了"旗帜"，就能带动群众，便于发展其他对象。

为推动九三学社社务的发展，颜福庆不顾年老体弱，亲自出马，登高一呼，把周围的同行、后辈都鼓动起来，加入九三学社，壮大学社力量。这一举动，一时被传为佳话。

九三学社老社员苏怀一清晰地记得，1956年九、十月间，当时苏怀一刚调入九三学社上海分社工作不久，颜福庆自费邀请百余位沪上名医，在茂名南路政协文化俱乐部（今花园饭店）聚餐。"在宽松、友好和叙旧的气氛中，颜老侃侃而谈，以自己的切身体会，宣传中共的统一战线方针、知识分子政策，转而讲述九三学社的历史、性质和作用，说得娓娓动听，引起一片掌声"①。

在颜福庆的感召下，上海一大批著名西医和他的学生、同事如荣独山、苏德隆、郭秉宽、王淑贞、林飞卿、董承琅、谷镜汧等纷纷加入九三学社。一年后，医务界的"九三"成员，从原来仅有7人的医务小组，发展到拥有81人的大支社，分布在全市22个医务单位②。颜福庆所在的上海第一医学院，成立了第一个医学院的"九三"支社，成员发展到58人③，成为"九三"在上海医务界的大本营。当时的上医党委书记兼院长陈同生同志，风趣地对颜福庆说：

"在我们上医，九三是除中共之外的第二大党！"

从1956年到1966年"文革"爆发，上医"九三"支社经过四次换届改选，颜福庆德高望重，四次连任主任委员。当时的副主任委员是王有琪、王淑贞，委员有叶英、雷学熹、荣独山、戴天右、袁开基、刘大椿、王鹏万、徐荫祺、陈化东等。颜福庆带领社员自觉接受上医党委的领导，从参政党角度，对学校的医、教、研各项工作积极建言献策，真正做到了与共产党"肝胆相照"。

九三学社上海分社由于发展方针正确，社员人数达到历史最高水平。从1956年2月底的159人，增加到1957年2月底的1 195人。排除调进调出和死亡人数，一年内新发展社员达1 066人，是一年前原有人数的6.5倍。基层组织从2个发展到46个。除音乐学院、政法学院、戏剧学院外，有16所高校建立起基层组织。全市15个区，有14个区建立了基层组织④。在党的统战政策引导下，九三学社上海分社壮大了力量，实现了历史性的大发展。这里面，就有颜福庆的功劳。

---

① 苏怀一：《热心社务的老前辈——记颜福庆同志在上海九三的点滴回忆》（手稿），2006年11月4日。
② 《上海分社一年来的发展组织工作》（1956年3月至1957年2月），上海市档案馆，C53-1-78，第97页。
③ 颜志渊：《回忆我的爷爷》（手稿、简报合订本），2006年。
④ 《上海分社一年来的发展组织工作》（1956年3月至1957年2月），上海市档案馆，C53-1-78，第96页。

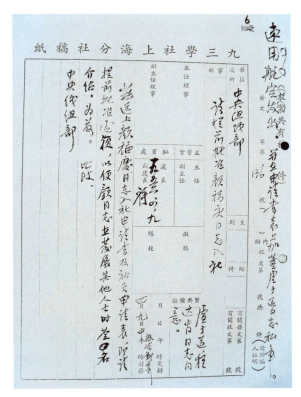

1956年4月9日,九三学社上海分社主委卢于道介绍颜福庆入社,这是九三学社上海分社写给九三学社中央组织部的报告。底稿藏上海市档案馆。该报告显示1956年4月9日由航空邮寄北京九三学社中央组织部。由于《九三学社社员登记表》中卢于道没有盖章,所以该报告右边空白处提示:请卢于道加盖私章。

把医学科学提高到国际水平

1956年8月18日,《解放日报》发表颜福庆的文章《把医学科学提高到国际水平》。文章指出,医务工作者是人民健康的保卫使,而医学教育正是培养和训练人民健康保卫使的。我们培养出来的医生的质量好或不好,都直接关系到人民的健康和社会主义建设。我们深感本身责任重大。颜福庆将自己从事医学教育47年的经验总结为如下几条:第一,要有远景规划。要把医学院建成名副其实的高等学府,就必须有远景规划。主要的教学大楼及实验室、研究室、图书馆等建筑都须有较高标准。第二,要慎重考虑学制和教学计划。医学教育的学制和教学计划是属于纲领性的问题,应该有一个久远的计划,这就须慎重考虑。制度和计划一经确定，就应该成为严格遵守的法令。如非必要，决不轻易变更，不然就会遭致混乱。第三，要很好地培养师资。师资培养须有久远的计划。培养人才是百年大计，不能一蹴而就，必须有足够数量的医药各科毕业生作为后备力量以供培养。第四，医药技术人员不要随便调动。过去上海地区有很多技术人员派往外地。现在上海须大发展，就感到人才不够。第五，学生课程负担不应过重，也须加倍注意。第六，学习苏联经验，须结合实际。我们要避免采用不科学的方法，把苏联先进经验强搬硬套。这篇文章结合自己毕生从事医学教育的经验，总结了新中国成立以来医学教育的经验得失，委婉地批评新中国成立以后医学教育缺乏远景规划、机械学习苏联经验、学制频繁更动、大拆大并医学院校、医药技术人员调动频繁等问题，对于总结新中国成立以来七年间的医学教育经验有直接启示意义。全文照录如下：

把医学科学提高到国际水平

我一生服务于医学教育，47年来未尝中辍，兹愿就医学教育问题发抒己见。

上海是商业海口、是国际贸易的中心，同时也是文化、教育、科学、艺术的重要中心之一，因此在整个国家中占着重要的地位。听了柯庆施同志的报告，明确了工业生产的方针是"充分利用，合理发展"，我想随着工业生产的发展，文化教育、卫生事业，必然相适应地发展的。我院师生员工，今后一定要加倍努力，迎接更繁重的任务。

今后我院的任务已经有了明确规定，到1960年在校学生数将达4 200人，并须担任培养教学师资、科学研究和临床专业人才（包括研究生、专业进修员等）五六百人，还须增辟临床床位，建立专科医院，如胸科、精神神经病、流行病等专科医院，以期开展科学研究工作，适应教学和医疗的需要。

要发展医学教育，办好医学院校，我认为首先须注意到以下几点：

1. 要有远景规划

要把医学院建成为名副其实的高等学府，就必须有远景规划，应该依照总的学生发展数有一相应的基地，要有总的地盘规划，每年可随学生数之递增而逐步建造，其中主要的教学大楼及实验室、研究室、图书馆等建筑都须有较高标准，造价应较一般为高。为了节省费用，其他福利房屋和宿舍等，则可采用简约建筑，甚至临时建筑。能省的就省，必不可省的就用，总之都求其用得其当。

2. 要慎重考虑学制和教学计划

医学教育的学制和教学计划是属于纲领性的问题，应该有一个久远的计划，这就须慎重考虑。中央现召集国内专家在修改教学大纲并拟定12年规划，制度和计划一经确定，就应该成为严格遵守的法令。如非必要，决不轻易变更，不然就会遭致混乱。例如1952年举办专修科，缩短了医药各科的修业年限，教员花了很大的力量为专修科编写讲义和教学大纲，单独搞成一套，开出了课程，有的甚至把好的学生录取入专修科，可是办了两三年大部都停止了。这对于正常的五年制医学教育就影响很大。又如解放之初医科学制原为六年，后来从六年改为五年，其间曾经过很大的努力。近来又有意见要恢复六年制，每一种制度的变更，我们都必须采取一系列的措施来适应这一变更，这其中就牵涉很多，细节就很复杂，看似简单，配合它就须进行细致的规划。我认为目前不应普遍更动，最好选几所医校重点试行。

3. 要很好的培养师资

至于师资培养，也须有久远的计划。我们知道，培养人才是百年大计，不能一蹴而就，必须有足够数量的医药各科毕业生为后备力量以供培养，过去两年统一分配到各医学院校的毕业生极少，这就是培养人才方面的严重脱节现象。今天最大缺乏就是助教这一阶层，像今年依照教育计划，上海第一、二两医学院就需要500左右的毕业生作为师资培养（包括学院助教和临床医师），而现在所能分配到的则不足100人，距实际需要还很远，我院也担任着培养师资、研究生、专业进修的任务，数量不少，这工作是必需的，我主张也可选几校重点进行，对重点院校应给予相当设备和人力。

4. 医药技术人员不要随便调动

过去上海地区有很多技术人员派往外地。现在上海须大发展，就感到人才不够。据我了解，今天上海市技术人员和教师之缺乏已经达到相当严重的程度，医药师资护士和技术员则更缺，因此希望今后对上述人员勿予随便调动。

中央号召提高教学质量，指示首先要在办好学校、搞好业务的基础上来进行研究工作，以提高教学质量。这方针很对，可是目前存有严重偏向，教师们都要求提高业务水平，注重研究工作，准备做研究生、写副博士论文，往往把教学工作放在不是主要的地位。中级技术人员都要考大学，这些就影响到教学工作的正常进行。我觉得这一切都须有正确的安排，把提高本身业务水平和搞好教学工作很好结合起来，尽量避免矛盾，使能有效地达到提高教学质量的目的。

5. 学生课程负担不应过重

此外对学生负担过重问题，也须加倍注意。医科学生整个课程很重，六年课程压缩到五年，除了医学基础科学，还有政治、外文、体育，并须增加中医课程。因此无论怎样精简，能省之处就不多。中医课固然重要，但须逐步进行，授课钟点可酌予减少。

6. 学习苏联经验须结合实际

再谈谈学习苏联先进经验，这是个很重要的问题。几年来在这方面有了很大成绩，今后还须进一步向苏联学习，但学习苏联一定要结合中国的实际。苏联专家的报告中介绍了苏联宝贵经验，但也不止一次地强调此点。我们要避免采用不科学的方法，把苏联先进经验强搬硬套。正如沈克非院长在"百花齐放、百家争鸣"座谈会上所说，我们应当认真学习巴甫洛夫学说，但不能把一切的医学科学变为一个大脑皮层主义。这是一针见血的批评，同时我们也须向其他国家包括资本主义国家学习。医学是世界人民的公器，它是几千年来人类所创造的综合成果，只要切合我们的需要，对我们有利，我们就加以接受。像我国现正号召向中医学习，这将形成一种风气，我相信，经过穷年累月，在辛勤劳动和艰苦发掘之下，我们将从宝贵的祖国医学遗产中取得丰硕的成就，以丰富世界医学科学。总之，在接受祖国医学遗产和进行世界学术交流方面，我们的斗争应该是科学与非科学的斗争，真理与非真理的斗争，只要是科学的，合乎真理的，我们就接受。

今天放在我们面前的工作非常繁重，尤其是医务工作者，因为医务工作者是人民健康的保卫使，而医学教育正是培养和训练人民健康保卫使的。我们培养出来的医生的质量好或不好，都直接关系到人民的健康和社会主义建设。我们深感本身责任重大，必须加倍努力，加强团结，展开批评，展开学术上的自由争论，发挥创造性的劳动，以期为祖国培养大量优秀的建设人才，为保卫人民健康，为把我国医学科学提高到国际水平，加速推进社会主义建设而共同努力。

对台湾广播

1954年12月，美国和台湾方面签订所谓《共同防御条约》，台海局势骤然紧张。中国人民解放军海陆空三军严阵以待。1955年1月，浙江前线部队向大陈岛的外围据点一江山岛发起攻击，全歼蒋介石军队千余人，一举解放一江山岛。接着，相继解放大陈岛、渔山岛、披山岛等浙江沿海岛屿。解放台湾问题提上议事日程。1956年1月，周恩来在全国政协二届二次会议上宣布，我们除准备在必要的时候用战争方式解放台湾，还要努力用和平方式解放台湾。在同年6月召开的一届人大第三次会议上，周恩来又作了关于解放台湾的报告。台湾问题，一下子成为全国关注的焦点。

1956年9月15日，九三学社中央特地发出了《关于加强对台湾广播宣传工作的通知》。决定从9月开始，社内每月安排三到四人参加对台广播，"扩大和平解放台湾政策的思想影响，激发台湾方面人士的爱国热情,为和平谈判创造条件。"上海分社首批确定复旦大学余日宣、上海第一医学院颜福庆、上海第二医学院倪葆春三人参加广播。

颜福庆接到任务后,精心准备,反复推敲,最后定下了长达2 700余字的广播稿。在中央人民广播电台特派记者李枫和九三学社上海分社杨羽白、苏怀一陪同下,亲自到位于北京东路外滩的上海人民广播电台录音。

> 台湾的医务界的同道们、朋友们:
> 　　今天我能有机会通过广播向你们讲话,我内心非常愉快。我是一个老医务工作者,在台湾的同道们,不少是我过去的老同事。我被爱国心和责任感所驱使,觉得有向你们广播的必要。我愿诚诚恳恳地向你们倾吐我的肺腑之言。

亲切、祥和的简短问候之后,颜福庆用"浓重的上海乡音并略带几句普通话"①,愉快地和昔日的老同事、老朋友们谈心。称赞老一辈医务界同道们,都心怀"发展医学科学、为中国人民灭除疾病的痛苦"这一共同的崇高目标,把毕生精力投入到中国的医药卫生事业。经过几十年努力,到今天已经有了收获,已经为祖国培养出有用的医学科学人才,现在都成为大陆医药卫生的骨干,深受人们欢迎。大陆医药卫生工作后继有人,这些是和老一辈医务同道们当年辛勤劳动和苦心栽培分不开的,应该引以自慰与自豪。

颜福庆和老同事、朋友们谈起自己在旧中国办学的经历:

> 回想当年我从外国留学回来,看到旧中国的贫穷落后的状况,看到广大人民患病得不到治疗,我就努力创办医校医院,发展中国的医学教育。当时我曾经想建立一个"上海医学卫生中

---

① 苏怀一:《热心社务的老前辈——记颜福庆同志在上海九三的点滴回忆》(手稿),2006年11月4日。

1957年，上海第一医学院东一号楼与中山医院大楼全景。复旦大学档案馆提供。

心"，又创议过"公医制度"。但中国医学教育，办了五六十年，总共只训练了医师18 000人，以中国人口之多，3万人还得不到一个医生。穷人生病，仍然是无医少药。我办上海医学院，办了20多年毕业生只500人左右，在校学生最多时也不过是500人，离开我的理想目标还是很远很远。

颜福庆用一系列对比，展示了新中国成立以来医药卫生工作取得的成绩：

> 新中国成立7年来，情况就大不相同了，为了从根本上改变我国经济的落后状况，我们现正建设重工业，随着重工业的建设，文教和卫生事业也有了蓬勃的发展。上学年高等学校的在校学生就有近30万人，今年新学年开始，又将远远地超过此数，并且建立了新院校多所，增加新的专业，改革了学制。上一学年的全国医学院校的在校学生计27 000人，较1949年已经高出373%。根据第一个五年计划，要培养高级医药卫生干部31 800

人，到1957年全国医学院校的在校学生将达56 400人，这些数字只包括医本科学生，若再加上师资、研究生及各种专业人员训练，就还须加上5%到10%。全国医学院校现有33所，到1967年将增至84所，每所学生为3 000到4 000人。上海第一医学院在解放后短短7年，就有毕业生1 700人，学校规模扩大了好几倍，现在在校学生有3 000人，真正成了上海的医学中心，不但理想变为现实，而且远远超过理想，我院将发展到4 200人。如此庞大的计划，是前所未有的。这正说明了我国医学事业的飞速进展。说明政府对医药卫生工作的重视。

我过去的一班老同事，其中包括了年老的同道，绝大部分现在都在国内工作，大家都精神焕发，比解放前工作有劲得多了。现在祖国面貌已经焕然一新，全国人民在一心一意从事于国家的建设，各方面都在迅速发展。你们是热爱祖国、渴望祖国的富强，我想你们听得［到］这些好消息，一定非常兴奋，愿意把自己的力量贡献于祖国伟大的建设事业。

就拿我个人来说，我虽为医学教育服务了47年，但前40年是在旧中国工作的。在解放之初，当时我已年近70，因此就想退休。我在旧中国的40年，成就是很小的，但尽管这些微小成就，在解放后却受到政府和人民的尊重，受到医界同人的热烈爱戴，更其重要的是，我看到新中国的教育制度和医药卫生事业已经从为达官显贵和富商巨贾服务转变为人民大众服务了。看到医学教育的发展有着极其远大的前途。这些都给我很大的鼓励，加强了我的信心和决心。我不但决定不退休了，相反倒工作得更加勤奋了。在新中国"人民教师"和"人民医师"称号的本身就意味着智慧和荣誉，他们受到人民普遍的尊敬。现在政府号召向科学进军。12年内要把我国的各种科学提高到国际水平，把落后的中国改变成科学先进的国家。由于国家建设的迅速的发展，现在各方面都感到人才缺乏，尤以高级的医学专门人才更加缺少。

颜福庆又和老同事、朋友们谈起了知识分子的待遇，介绍了党的

第七章 | 老骥伏枥　风雨同舟　（1949—1966）

"双百方针"：

　　你们离开祖国多年，不但对新中国的现状有了隔膜，甚至有某些顾虑。在你们当中，有的已经在国外成家立业，生活安定，职业、地位和待遇都比较优厚，教学研究的设备也好，考虑回国后是不是也能得到这些呢？这些顾虑是难免的，设备问题也是你们所最关心的，今天全国科学界响应政府号召向科学进军，要培养高级专门人才，就得开办高等学校，对于高等学校物质上的供应，如教学建筑、教学研究所需要的仪器设备图书，等等，政府都大力支持，尽力解决，绝不像旧中国时代的办学，要向外到处募捐，教学设备左支右绌。今天的情况完全不同了。

　　至于待遇，对于高级知识分子，政府更是照顾周到，衣食住工作条件，子女教育等都不用担心。政府看到教学人员的工作忙，没有时间做研究工作，高等教育部和卫生部最近特为［地］召集了一系列的会议，邀请教授和科学研究人员参加，采取了有效措施，保证他们的教学与研究时间，并且进一步改善他们的工作条件，充实研究设备、加强和扩大图书馆。

　　自从政府提出"百家争鸣"的方针，全国学术界出现了朝气勃勃的现象。百家争鸣是我国古有的学术的优良传统，远在春秋战国时代，诸子百家，各派学说，风起云涌，在我国过去的文化学术史上写下极其辉煌的一页。"百家争鸣"成为学术发展的一种推动力，政府提出这一口号，是绝对正确的。可能你们对这还不够了解，把"百家争鸣"看作是一种对个人的斗争，不免存有顾虑。其实百家争鸣完全［是］通过反复辩论以阐明真理的一种研究方法，是科学与伪科学的斗争，真理与非真理的斗争，只有互相争鸣，慎思明辨，我们才能发见［现］真知和创见，才能把我国的科学迅速地向前推进，它对我们，的确是有鼓舞和推动作用的。

　　总之，我们的努力目标是很明确的，这就是要把我们的国家建设成为繁荣幸福的国家。这是非常艰巨的任务，我们必须发动一切力量来建设祖国，你们都是热爱祖国、热爱科学的有志之士，今天看到祖国一片欣欣向荣的气象，一定会闻风兴起，毅然归国，希望你们把有用的精力和卓越的才能，投到祖国建设中来。

在全国政协二届三次会议上的呼吁

1957年3月，颜福庆在政协第二届全国委员会第三次全体会议上作了《贯彻执行卫生政策四大方针》的发言，发言刊登在1957年3月25日《人民日报》第12版。发言充分肯定了一年来我国社会主义建设事业的进步，工商业已经全部公私合营，农业和手工业已基本完成合作化，医务事业也有了很大进展。现在全国已有医药高等院校39所，与1955年相比，新建了八个医学院，其中中医学院有四所[①]，私立医院基本已经改为公立，床位增加了。不少开业医生加入公立医院，成为国家医务干部。我们虽然取得了上述成绩，但是医务事业"仍然赶不上形势的发展，远落在人民需要的后面"[②]。颜福庆发言谈了四点。

第一点谈卫生工作中的一些缺点。颜福庆指出，根据卫生政策的四大方针（预防为主、面向工农兵、团结中西医、卫生工作与群众相结合）来检查，就不难发现我们工作中的"许多缺点，甚至错误"。第一，关于预防为主的方针。医务工作者还存在着"注重临床而忽视预防的倾向"。高中毕业生都愿报考医疗系，不愿考卫生系。"这种思想还极为普遍。"各地卫生行政干部"同样是注重临床"。卫生防疫站的重点工作是防疫，包括环境卫生、劳动卫生、学校卫生、营养卫生等经常性卫生监督，流行病的调查防治，消毒杀虫和预防性卫生监督，保健组织，等等，工作范围很广。上述工作是医学院卫生教育的重点。但是，颜福庆发言指出，"从省市到各地的卫生防疫工作，我

---

① 1956年在北京、上海、广州、成都各成立一所中医学院。中医学院的教学业务由卫生部医学教育司和中医司共管，以医学教育司为主。随后，各省纷纷成立中医学院。1958年全国先后建立了13所中医学院以及数以百计的中医学校和中医进修学校。截至1962年全国高等中医学院共有19所，另有3所西医院校设立中医系，在校生达9 000余人。朱潮、张慰丰编著：《新中国医学教育史》，北京医科大学、中国协和医科大学联合出版社，1990年，第47页。
② 《贯彻执行卫生政策四大方针》，《人民日报》，1957年3月25日。

们感到普遍的质量低。""只做些一般化的爱国卫生运动和除四害的工作,而工作不深入,不能配合预防性的卫生建设。""妇幼保健站的目的是保护妇婴健康,但在工作中也产生同样情况。"颜福庆指出,上述问题产生的"主要原因是缺乏卫生专业人才"。但是另一方面又出现了另一种"特殊现象""据说去年医学院卫生系毕业生实际为各卫生行政和防疫单位接受的就不多",而这些毕业生正是学了上面许多卫生专业课程,是良好的卫生防疫科学专业人才,正是各卫生单位求之不得的人才。事实正相反,"大家都要临床医务人员""这证明社会上对卫生预防医生的重视还很不够。有的医学教育家甚至提出办卫生系是否太早的意见,这显然也是错误的。"第二,关于面向工农兵的方针,颜福庆发言指出:"这方面工作也做得较差,能到工厂、农村去服务的医生就不多。对职业病的调查研究也不够深入普遍"。第三,团结中西医的方针,"虽然现在已经互相团结合作了,但这还是第一步。我们的目的,是要把中西医贯通起来,使〔之〕成为中国的科学医学,以丰富世界医学。"颜福庆随即指出,"但如何达到这目标,到现在还缺乏正确可靠的办法。"第四,卫生工作必须与群众相结合,这方针是确定不移的。"而我们对于卫生宣教工作,还做得不够普及。例如禁止吐痰运动,是防痨的最有效的措施。防治沙眼也必须很好组织群众,从事推广。但这些工作未能广泛展开。"

第二点谈加强教学人员的政治思想教育。颜福庆发言指出,这一年来知识分子本身"在起着重大变化",党和政府向知识分子提出了更明确的方针,即向科学进军、提高政治水平。"向科学进军现在已经到了高潮。"知识分子都热情地响应这一伟大号召,积极参加,重视研究工作,争取在12年内把我国的科学提高到国际水平。这些都是好现象。"但同时也出现了某些偏向。"例如,有的教学人员就要求脱产进修,要考副博士学位。有不少护士和技术员也不安于位,想考大学。颜福庆指出,"这些要求上进的心情都是好的,不过我们的主要任务是办教育,培养师资,在目前极端缺乏医务和教学人才的情况下,丢开教学来搞研究,就不妥当。这些都说明我们的政治思想(觉悟)还不够高,要纠正这些偏向,就必须加强思想教育,认清首先服从国家利益的主要方面。科学技术不过是一种工具,而政治是我们的指南,有了高度的政治觉悟,才能充分发挥科学技术的效能,才不会迷失方向。我们知识分子,多数都能体会到这一点,表现在近一年来有不少医务工作者,科学教育工作者,加入了共产党,更多的加入了民主党派,积极参加系统的政治学习,在集体组织中,扩大了政治生活。"

第三点谈统一调配医务人员。颜福庆指出,无论兴办什么事业,总离不开人力、物力两大因素。我国的社会主义建设正在大规模地进行,我们必须"增加生产,厉行节约",要把增产和节约统一起来,要在不妨碍生产的情况下尽量地节约。人力和物力的节约都很重要。"但就医务来说,则人力的节约就更其(加)重要。因为现在医务界不能适应客观形势需要,主要就表现在人力缺乏方面,我们应就人力作通盘筹划,统一调配。"颜福庆举例指出,上海市近来有80多个医务单位由私立改为公立,其中有医院60所,化验所20个。这些医院一般都是床位较少,而医师较多。因为尽管麻雀虽小,但须五脏俱全。人力配备不能减省。如果合并成为较大的医院,一定可以节约不少人力。各企业单位的医院,其中有些还未充分发挥潜力,医务人员也较多,应将多余人员抽调出来作适当调配。

前面三点都是宏观地谈,第四点谈上海第一医学院应在现有基础上整顿巩固。颜福庆发言指出,上海第一医学院在两年前曾准备前往重庆,遂一度停止发展,去年复经中央确定不但要在上海继续办下去,而且还须继续发展,新建的重庆医学院,所需教学和医务人员,完全由我院负责调配。其次还须支持新疆医学院。这许多任务是非常艰巨的。颜福庆随后指出上海第一医学院承担上述艰巨任务之后的现状。"我院现有学生三千一百七十八名,附属医院六所,病床一千六百九十五张,尚有护校和干校。而全院教学人员只有四百七十六人,以此有限的人力,要担负教学医务研究的任务,又须提高教学质量,是有困难的。因此产生不良的现象,影响到教学人员的健康。据最近统计,在七十六个高级教授中,患病者就有十一人,占14.1%,其中有半休有全休,也有带病从公的。根据政府政策,认为过去事业发展得太快,必须暂缓发展,要利用今年一年的时间,就现有基础加以整顿巩固。把提高质量列为一项中心工作。这完全是正确的，而且是非常必要的。欲达成这一目的，首先必须巩固基本队伍，要这只母鸡能够生蛋，首先就要充实和培养它的孕育机能。因此我院除了培养本科学生之外，还必须注意到师资及专业进修人员的培养。这工作过去已经在做，以后要有步骤有计划地做，列为本院中心工作之一。"作为医学院的创办人，颜福庆很明白，如此大规模的人员调动，尤其是基本队伍的调动，对上海第一医学院这只"母鸡"是伤筋动骨的。颜福庆的话说得很委婉，但是我们还是能够体会到其中隐含的意思。75岁的颜福庆还在为上医的发展而担忧啊。如果对比一年前他在政协二届二次会议上的发言，我们发现，颜福庆发言最后都谈到了上医的现状，但是政协二届三次会议上的发言，已经表露出明显的隐忧。他为上医多次支援兄弟医学院后自身实力大为削弱而开始担忧了。从颜福庆发言的内容和语气来看，政协二届三次会议是很民主的，有什么谈什么，委员们发言都很直率，优点和缺点都直言不讳。

政协二届三次会议上，颜福庆还联合唐午园、石筱山、连瑞琦、冯少山、邓裕志、孟目的、董竹君、李达潮，作了题为《医药工业应该集中领导和管理》的联合发言，发言内容发表在《人民日报》1957年3月18日。联合发言首先指出了医药工业在我国的极端重要地位，"一个国家六万万人民的保健事业，在世界上找不到前例的。"并亮出了观点，即"医药工业的集中管理是国务院考虑的一个很重要的问题。"旧中国的医药工业处于依赖帝国主义，偏于加工制造的半殖民地状态，新中国医药工业所继承的基础是很薄弱的。

联合发言第一部分是"医疗器械工业的发展仍然受到限制"。新中国成立七年来，中国的医药工业已经取得较大进步，"基本改变了半殖民地的状况""在利用本国工业基础发展制药工业，配合卫生工作方面所揭櫫的'预防为主、治疗为辅'的原则，和为工农兵大众服务的方向，在医药工业方面确定以'制造原料为主、制剂为辅'的方针，从基本上脱离帝国主义的依赖，做到独立自主，大部分药品和医疗器械逐步做到自给自足。"例如，抗生素、磺胺类药品、生物药品及大型爱克斯光机、显微镜都做到自给，磺胺类药品更做到了自足。

"但是医药工业目前还是分散管理的,这就限制了它的发展,而且因此碰到了许多人民内部的联系不够,互相矛盾的具体事实。"例如,医药工业管理局原属轻工业部,现又改属化学工业部,虽然比前者合理些,但是化学工业部重点不在医药工业,想要重点发展就有困难;医疗器械工业过去属轻工业部医药工业管理局领导,根据数年的实际经验,认为对于医疗器械工业的发展有限制,现改归第一机械工业部领导,但第一机械工业部也不能重点地发展医疗器械工业,故将医疗器械看作附属业务。例如过去医药管理局所属上海国营精密医疗器械厂,制造爱克斯光机及各种电疗机械,现拨归一机部,就将一部分改造为机器上的仪表,一部分改造为电机材料,这样就妨碍了爱克斯光机及各种电疗机的发展。同时在分散领导下机构庞大、人员过多,造成浪费。联合发言指出,如将上海医药公司与医药工业公司合并,精减人员,"最少可省一半。"

联合发言第二部分是"中西药分散管理也不便于全面安排"。联合发言指出了中药的重要性,"中药是中国几千年的文化遗产,也是中国人民几千年来与疾病作斗争的武器,目前我国80%以上的人民的健康保障还是依赖着中药。"联合发言指出,目前我们对中药的性质的认识还不到位,中药的归口管理单位也不到位。"中药的生产任务"原属中华供销合作社总社中药材管理局,现改为附设在商业部门的中国药材公司办理。无论是供销合作社总社还是中国药材公司,都是把中药当作一般的生产品。联合发言强调,"中药不是一般生产品",并对中药重新作了定性,指出中药"是农业的副产品,也是手工业生产,是人民健康的重要武器,不是一般生产品"。因为中药不是一般的生产品,所以"药材公司属于商业部门也不适宜"。西药和医疗器械的归口管理也不合理。当时的西药管理部门属于化学工业部,医疗器械属于第一机械工业部。而中药的管理却在商业部。三个关系密切的行业本该属于同一机构统一管理,却分别属于三个不同的机构分头管理,导致的后果是"在业务方面既收不到团结互助之效果,而互相学习交流经验也有了隔阂,在生产计划安排上尤其感到困难。"联合发言指出,上海草拟的医药工业第二个五年计划"只是个三分之一的计划",只有西药的材料,没有中药和医疗器械的材料,是不合理的。联合发言还举出了更多医药工业分散导致的不合理现象。例如,去年在上海中药断档的有50余种,连生地市面上也买不到,因为合作社只片面注意增产粮食而忽略中药的种植;商业部门只片面地重视利润,压低中药收购价格而又忽视了人民与疾病作斗争的需要。还有封山为了保护森林,但又妨碍了农民的采药,以致影响药农的生活。这几种矛盾造成中药的缺乏,致使人为的一部分中药生产停止,也是中药西药生产局部的、片面的观点,无统一领导所造成的。再看中药对外贸易不统一的现象,去年麝香天津出口(每千克5 500元),而上海却是进口(每千克5 690元);又如青霉素钾盐,贸易部门每瓶(十亿单位)进口价为140元(包括报关运输检验),而给生产部门要算1 040元一瓶,这种矛盾现象都是医药工业无统一领导机构所造成的。

联合发言积极呼吁:根据统筹兼顾、适当安排的方针,"中药与西药和医疗器械管理一定要在一个机构里"。因此,联合发言第三部分讨论了"建议设立医药工业部门集中领导管理"问题。

联合发言指出,中国医药公司属于商业部也有讨论的必要。药品、医疗器械是人民保健事业的武器,应当与生产部门连在一起,这样"不仅对统筹兼顾、产销平衡有好处",而且"对于节约资金、减轻人民负担也有极大的好处"。发言举例,20万单位青霉素钾盐,每瓶价给供销处或转发给国家医院是五角五分,而经过医药公司就要八角一分(批发七角一分)。一瓶青霉素钾盐通过商业部门医药公司一转手,就给人民增加了二角六分的负担。其他药品,如由工业部门直接出售,也可比通过商业部门出售给人民减少18%的负担。"这从工业部门角度来看是给国家多上缴了18%的利润,更主要的却是给人民减少了负担。"因此"我们建议将商业部门的医药公司也拨归医药工业部统一管理"。总之,医药工业的分散管理,无论从社会主义建设中医药工业的要求来看,还是从人民的保健事业来看,都是不利的办法。因此,联合发言建议,将化学工业部医药工业管理局、第一机械工业部医疗器械管理局、卫生部药政司、商业部中国医药公司、中国药材公司、医药工业原料供应、医药用玻璃、医药工业设计院、医药工业科学研究院（着重中间品试制）和毛主席指示节育问题所需要设立的节育药品生产机械（如避孕油膏、如意袋、子宫帽等）等医药重点部门全部集中起来，由国务院设立医药工业部集中领导管理，以达到精简机构，节约人力、物力的目的，这不仅对六万万人民的保健事业有很大的好处，而对于社会主义建设也有极大的利益。

向科学进军的献礼："九三"社员科学研究工作展览会

1956年1月，全国知识分子会议在北京召开。周恩来在报告中向全国知识界提出了一个伟大的任务：急起直追，力求在不太长的时间里赶上世界先进水平。为此，国家制定1956—1967年科学发展远景规划，并发出振奋人心的口号——"向科学进军"。

为响应这一号召，北京、天津两地民主党派尝试着举行了"社员科学著作展览会"，邀请当地市委书记和其他负责同志前来参观，并参加游园、联欢和聚餐，取得了良好的效果。许多民主党派成员亲身体验到党和政府对科学研究工作的重视，对科学家们的亲切关怀，感到无限兴奋。天津的教授们兴奋地说："这次展览会是空前的"[①]。

1956年冬，九三学社上海分社在吸取经验后，决定效法北京、天津的经验，也举办"社员科学研究工作展览会"。颜福庆参与领导，精心筹划。经过半年的准备，展览会征集到316位会员上千件展品，分四个展厅陈列，充分展示了九三学社上海分社强大的科研力量。

第一展厅，是数学、物理、化学部分。陈列着复旦大学陈建功、陈传璋、赵丹若、顾翼东等人的著作和论文。著名数学家陈建功把近年来的论著、讲义、译文共计15件送来展览，居316位参展者之最。论文《具有极光滑的境界曲线之区域上的解析函数用它的法巴级数之蔡查罗平均数均匀地来迫近它》，曾在1955年罗马尼亚第四次数学会

[①]《民盟、民进、九三三个民主党派天津地方组联合举办"向科学进军"展览会的经验介绍》（草稿），上海市档案馆，C53-2-28，第7—9页。

和苏联全苏第三次数学会上宣读。

　　第二展厅，是生物化学、农业、医药、生物、地理部分。科学院生理生化研究所王应睐、邹承鲁的论文《琥珀酸脱氢酶的研究》，1954年曾在比利时举行的国际化学家大会上作报告，他们两人提取的琥珀酸脱氢酶的纯度和活力，比美国人辛格所提取的高50%。医学方面，展出上海第一医学院、上海第二医学院各科专家倪葆春、叶衍庆、董承琅、荣独山、顾恺时、董方中、苏祖斐等人的论著。董承琅有关心脏方面的论文曾被英美奥等国的医学书籍广泛引用。叶衍庆关于祖国正骨科的科学成就，顾恺时有关肺切除、全胃切除手术，李杏芳关于低温麻醉，董方中关于门静脉吻合术等论文都各有新意。徐宝彝医师制作的"肝内管状系统"的30具实物标本，对推进肝脏手术有显著作用。还有科学院丁光生等有关药物的研究论文等。

　　第三展厅，是机械工程、电机工程、土木建筑、历史、财经部分。展件有交大造船学院陈大燮、周志宏、杨槱、陈学俊、许应期等人的论文、著作、讲义和教材，有归霖工程师设计、利用木材制造的小型螺旋式水泵图样。市机电工业局胡汝鼎发明的矢量、重对数双面尺。同济大学教授杨钦、谢光华等人关于给排水、暖气、通风的著作，陈从周关于我国古典建筑苏州园林的研究，著名建筑师陈植、哈雄文、汪定曾等人设计的建筑图样。

　　第四展厅，是冶金、语文、文艺及其他部分。展出科学院陶瓷冶金研究所严东生等制成的用来代替硬质合金刀的瓷刀。从事我国古典文学研究的陈子展教授、从事拉丁文研究的谢大任教授的著作和讲义等。

　　这真是九三学社上海分社实力的一次大检阅。上海各主要高校、科研院所众多一流的专家学者加入"九三"。"九三"人才济济，事业蒸蒸日上，从展厅陈列中看得清清楚楚。

　　1957年5月5日，展览会举行预展。

　　那天上午，下起了小雨。中共上海市委书记处书记魏文伯一早来到永嘉路389号九三学社上海分社。由于事先没有接到通知，分社领导还没到场，在场工作人员感到有点措手不及。即使打电话给卢于道主委或笪移今副主委，时间也来不及。因为卢于道住在复旦大学，笪移今住在虹口同心路，赶过来太远了。怎么办？

有人想到了颜老。因为颜老是老前辈，住得又比较近。就电话告知颜老。

"颜老接到电话后，立即驱车赶来。一进门便和魏文伯招呼握手，并连连致歉。魏书记一见这位70多岁的老人匆忙赶来，也觉得很过意不去，就说，'今天不是九三的社庆吗？我是来祝贺的，也顺便来参观展览，先睹为快！'两人拉着手，边走边谈边看，有说有笑，气氛十分融洽"①。

参观结束后，魏文伯书记为展览题了词：

"当前我国正处在文化、技术革命时期，九三学社科学展览会对于组织和推动科学的发展，发挥科学家的积极因素，为社会主义建设服务有很大作用"②。

事后，在场的同志们都说："如果没有颜老马上赶来接待，'九三'不是失礼了吗？颜老真是位热心人"③。

这一天，上海市教育界、科学界、文艺界人士彭康、冯德培、张江树、蔡叔厚、何秋澄，民主党派地方组织负责人沈致远、周谷城、吴艺五等70多人，也参观了展览会。科学院生理化学研究所所长冯德培说："展览会作为鼓励展开学术活动的一种办法很值得研究。祝这个展览会不但在'九三'社员中发生好影响，而且还在广大学术界发生好影响。"民盟上海市委主任委员沈致远说："展览会对兄弟党派的科学家，对于整个上海科学文化界是一个极大的鼓舞和推动。"上海规划建筑管理局副局长蔡叔厚说："展览会是科学队伍的检阅，是向科学进军的雏形，也是对青年科学家的启发。"

展览会取得了圆满的成功。

---

①③　苏怀一：《热心社务的老前辈——记颜福庆同志在上海九三的点滴回忆》（手稿），2006年11月4日。
②　展览会宣传组编印：《九三学社上海分社社员科学研究工作展览会》（油印简报），上海市档案馆，C53-2-28，第36页。

"新年老人来了!"

1956年除夕,上海第一医学院第二学生餐厅。

师生济济一堂,等待除夕晚会节目的开始。突然,主持人宣布:"新年老人来了——"

全场顿时欢呼雀跃,掌声雷动。

只见"新年老人"在主持人搀扶下,缓缓登上大厅中央临时搭起的平台。"新年老人"一身红装,镶着白边,点缀着金花,眉毛胡子都粘着棉花,显得格外耀眼。

老人微笑着转身挥手,向簇拥在四周的师生频频致意,散发糖果。接着发表了简单的新年祝词。

致辞完毕,老人脱帽卸装。这一刻,大家屏住呼吸,想亲眼看个究竟——

颜福庆(右一)与李静一(右二)、钱悳(右三)、黄家驷(右四)、胡懋廉(右五)、林春业(左一)、王乐三(左二)等与苏联专家罗吉奥诺夫及其夫人。

颜福庆慰问下乡学生。

上海第一医学院1956级儿科毕业同学合影。前排左七颜福庆,右四陈翠贞。

卸装后站在大家面前的，竟是慈祥的颜老院长！

现场一下子打破沉寂，歌声、笑声、欢呼声融成一片，喜庆的气氛达到高潮。

看似寻常最奇崛，成如容易却艰辛。除夕晚会的安排，隐含着以陈同生同志为首的上医党委的一片苦心。20世纪50年代中期，社会上已经基本没有圣诞节的欢庆和平安夜的祝福。这一除夕晚会的安排，让师生们又惊又喜，至今还让当时参加晚会的人们记忆犹新。当年亲临其境的朱世能等56至60级学生，回忆起这个除夕之夜，不禁发出这样的感慨："颜老，您就像圣诞老公公那样呵护着我们"[①]。

畅谈"教授治校"问题

1957年的春天是个不平常的春天。

这年4月25日，复旦大学物理系教授、九三学社上海分社社员王恒守在《文汇报》发表了关于"教授治校"的文章。复旦大学生物系教授张孟闻也接着写了一篇，发表在《文汇报》上。上海提出"教授治校"问题后，北京和全国高校都在讨论这个问题，引起了党内有关同志的高度重视。4月30日，毛泽东主席也提到过这个问题。

紧接着，九三学社中央开展关于高等学校"教授治校"和学校党委制等问题的讨论。为了更深入地征集有关方面意见，要求上海分社也邀集高教方面有代表性的社员开展座谈。

上海分社接到总社的通知后，于5月20日邀请社内高教界部分同志，就此召开了一次座谈会。除了分社主任委员卢于道、副主任委员笪移今、秘书长洪铭声等社领导外，出席座谈的有：上海第一医学院副院长颜福庆，教授袁开基、荣独山；第二医学院院长倪葆春；财经学院副院长褚凤仪；复旦大学教授王恒守、刘咸；华东师范大学教授薛德焴、郑勉；华东纺织工学院教授谭声乙、诸楚卿；交通大学教授许应期；同济大学教授黄家骊等。

---

① 朱世能：《他就像圣诞老公公那样呵护着我们》（手稿复印件），2006年11月19日。

座谈会由分社副主任委员、复旦大学教授笪移今主持。与会者大多有长期从事高等教育的丰富经验,对新旧两种高等教育管理体制都有切身的体会。颜福庆与各位代表畅所欲言,把多年来积压心头的心里话都说出来了。这是一次真诚地为新中国高教事业出谋划策的难得的会议,会上深入地探讨了自1952年高等教育体制改革调整以来高等教育得失成败的经验。

大家的谈话围绕两个方面展开:第一,高等学校的管理制度有哪些自身特点,应该采取何种形式?党委治校体制有哪些缺点?第二,对"教授治校"的一些看法,它有哪些优缺点?总的结论是:目前高等学校存在的主要矛盾是缺乏科学的运作制度,没有确保教师的权利。

最先发言的是王恒守。他指出,所谓"教授治校",并非新名词,早在"五四"时期就已经提出了,现在还可以用,将来还是要向这个方向走的。要办好一个高等学校,当然要依靠群众,主要依靠教授。党委制和党委是两件事情。

华东师范大学薛德焴第二个发言。他指出,我们今天要改革,首先要确定是以行政为重呢,还是以教育为重。假如以教育、研究为重,我们要提倡"教授治校",因为教授对学校的教学和研究是最有经验的,教授治校仍旧要党来领导,并不是反对党的领导。他还举了狼孩的例子来说明,我们的教育有历史的传统的关系,不能一下子全部推翻,另起炉灶,如果完全不依照历史传统,那么我们的教育就要变成不是中国的教育了。

财经学院副院长褚凤仪同意王恒守所讲的"教授治校"的精神,但是这个名称很容易引起人们的错觉,很容易引起否定党的领导的感觉。"教授治校"这个提法是否妥当,应该研究。褚凤仪指出,改变党委制和党退出高等学校,是两件事情,不要混同起来,改变党委制并不是要党委退出高等学校,过去清华大学的评议会曾经发生垄断情况,我们将来要避免这种情况,所以不仅党委方面在政治思想上要做领导及团结的工作,并且对学生方面、教职员方面,还要党委起很大的作用。现在党委在高等学校中,最大的缺点,就是有"以党代政"

的现象。

复旦大学刘咸发言指出,"教授治校"是个优秀的制度,过去清华的评议会对学校方针大计的决定,对整个学校良好学习与研究空气的营造,曾经发挥了很大的作用。这种制度是优秀的,但是也有缺点。一些威望很高,在校历史很久的教授,不免把持了学校。例如化学系是大系,经费抢得多一些,小的系就排在后面了。但是这种情况,在现在就不会发生,因为一方面有党的领导,另一方面有群众监督,缺点可以避免。"教授治校"不等于否定党的领导,党是领导整个社会主义事业的,当然也包括高等学校在内。不过党的领导最主要的是方针政策,不是每一个细节都要去管到,都要自己去做。如一个学生的升级、出洋等,教授了解学生最清楚,由教授来安排,就最好了。教授治校,范围较小,应该说是教师治校。"我看教师治校的制度迟早会来的,可以有步骤地来改变,先重点试验,然后大家一同走上这一条路。"

华东纺织工学院谭声乙等人也先后发言,赞成"教授治校"的精神。

1952年院系调整后,上海各高校党委领导体制是与全国一样的,但是具体情况因校长、书记的领导水平而各有差异。复旦、华东师大、财经学院等校存在的问题,上海第一医学院就不那么突出。上海第一医学院出席的三位代表都先后发了言。继荣独山、袁开基之后,颜福庆结合自己的亲身经历发言:

> 20多年前我负责一个医学院,推行教授治校制,但是因为教授的贡献在于教学工作,对行政财务兴趣不大,你要叫科学水平高的教授担任副院长或系主任,他不愿意,他们兴趣是担任教学、研究工作。因此,要办好学校,教授们应多负一些责任,这是对的,但要他包下来,决定学校的一切,有问题,值得我们考虑。
>
> 如果校长只想到行政方面,而不关心教学的重要,那么这个人就不配做校长。校长应该掌握教学政策,不一定要科学水平很高的教授来担任校长。行政部门如何为教学服务,在过去是不够

的，如薛老所说。

我们有一个院务委员会，只管行政，不大管教学研究。另有一个学术委员会却起了很大的作用。讨论与决定一切有关教学研究问题，所有教研组主任都参加，由一位副院长领导。

关于［挑选］留［校］学生问题、毕业生分配问题，我建议以后都要经过大家讨论，适当选择。在改革教学方面，我们办教育的人，最怕的是变得太快，今天变了，明天又变。这很不好。最要紧的是有一个比较成熟的制度，较长时期的执行，困难可以少些。不成熟的，情［宁］愿保守一点。

目前实行教授治校制度，还值得研究。现在我们可以用一种过渡的办法，或者加强校务委员会，或者加强学术委员会都好，根本上要由多数的教授参加。

目前关键问题和上面有关系，和高教部、卫生部有关系，教授们要办好学校，基本上要从上面解决问题，上面不解决问题，下面是没有办法的。我建议在卫生部内成立一个'医学教育委员会'，由全国 30 多个医学院代表组成，这样可以有广泛的代表性，卫生部才能真正了解到下面的情况，下面有了问题，也容易得到解决。

校务委员会该管什么？学术委员会该管什么？应该明确一下，尤其应该加强学术委员会的权力，如［挑选］留［校］学生、毕业生分配、招生等等问题，学术委员会应该有权决定，这是目前可以做到［的］一种过渡形式。我也赞成校长由教授中选举出来①。

上医 30 周年校庆时为颜福庆祝寿

1957 年是上海第一医学院 30 周年校庆，同时又是颜福庆 75 岁寿辰。8 月，陈同生提出结合校庆为颜福庆祝寿，上报卫生部请示。卫生部给国务院第二办公室发出卫教字 903 号文件，提出举行校庆时为

---

① 九三学社上海市委 1954—1959 年有关高教问题座谈会记录，上海市档案馆，C53-2-26，第 24、25 页。

颜先生祝寿不妥当,但是"考虑到(对)颜先生这样长期一贯积极为医学教育事业而努力的医学教育家予以名誉和精神上的鼓励,对从事领导医学教育工作的党外人士有鼓励作用",经卫生部与陈同生、黄家驷两位正、副院长研究,"请求建议由国务院发给奖状以资鼓励。"上海第一医学院党委为颜福庆祝寿的提议,充分体现了陈同生对颜福庆办学贡献的尊重和对老上医历史传统的尊重。该文件原件如下:

> 国务院第二办公室:
> 　　上海第一医学院副院长颜福庆先生,是我国著名的医学教育家及卫生学家,在医学界享有威望。几十年来,他热忱服务于医学教育事业,孜孜不倦,对现湖南医学院及上海第一医学院的前身湘雅医学院和上海医学院的创办与发展,尤多贡献。在1911年和1917年他即曾从事鼠疫与钩虫病的防治工作,并在湘雅医学院开设公共卫生课程,系属我国首创。1915年,在建立我国医学界自己的组织"中华医学院"时,颜先生起了创导作用,并当选第一任会长。抗日战争时期,曾多次组织抗日救伤工作。解放后,颜先生任上海第一医学院副院长。1955年起任全国政协委员,积极参与社会政治活动和社会改革运动,在人民群众中有良好影响。
> 　　颜先生生于1882年,今年是他75岁寿辰,又值上海第一医学院三十周年校庆(九月十二日)。该院本拟结合校庆为他祝寿事,经我们研究,在举行校庆的同时为颜先生祝寿认为不妥当,并考虑到(对)颜先生这样长期一贯积极为医学教育事业而努力的医学教育家予以名誉和精神上的鼓励,对从事领导医学教育工作的党外人士有鼓励作用。经我们与该院陈同生、黄家驷党员正副院长研究,请求建议由国务院发给奖状以资鼓励。如钧院考虑不能颁发,是否可由我部发给。在该院校庆时,我部并拟派一副部长前往参加。是否有当,请速予批示①。

---

① 《为本院副院长颜福庆同志申请表扬或奖励的报告》,复旦大学档案馆藏档案,档案号1957-23-171,第35页。

9月12日，上海第一医学院举行30周年庆祝大会，上海市委书记陈丕显致贺词，颜福庆报告学院院史。在回答记者提问时，颜福庆说："解放后8年胜过解放前22年的发展，是做梦也没有想到的奇迹。证明共产党不但能领导高等学校，而且领导得很出色。"该日《解放日报》发表记者曹玉和对颜福庆的采访，以《不平常的三十年——第一医学院校庆前夕访颜福庆先生》为标题发表在《解放日报》第二版。

音乐和桥牌爱好者

繁忙的工作，使颜福庆很少有时间发展业余爱好。音乐和桥牌，就算是两大业余爱好了。

在教会环境长大的人，从小受到圣乐的熏陶，喜欢音乐是很自然的。颜福庆从海内外收集了不少唱片。除了"圣母颂""圣诞歌"等圣乐之外，还有古典音乐、爵士乐等。柴可夫斯基的"天鹅湖"、比才的"斗牛士之歌"、美国电影《魂断蓝桥》插曲"友谊地久天长"，还有一首"船歌"，这些都是颜福庆和妻子曹秀英生前爱听的曲子。

每逢晚餐后或休息天，颜福庆喜欢打开留声机，放上自己爱听的唱片，让一家人围坐着静静欣赏。听着听着，他还会随着音乐吹起口哨，或用脚尖打拍子，完全陶醉在音乐中。他对长孙志渊说："音乐能陶冶情操，驱除烦恼，提高修养，甚至还能治病。"

颜福庆爱热闹。20世纪五六十年代，上医九三支社常常在颜福庆家里举行活动。老教授们大多喝过洋墨水，生活习惯和活动方式保留着欧化的痕迹。正事议完后，往往举行家庭舞会。有时男宾多于女宾，找不到舞伴的男宾，颜福庆就罚他抱着沙发靠垫跳一曲。颜福庆自己不跳舞，只是在边上欣赏。

听外国音乐，家里开舞会，在"文革"中成了罪状。有人贴大字报，说"颜福庆过着腐朽的资产阶级老爷生活"。抄家时，志渊眼睁睁地看着红卫兵将一大包唱片敲碎后，抛进垃圾箱，痛惜不已。要知道，这些都是老人从国外带回的经典音乐唱片呀！

打桥牌，是颜福庆的另一爱好。不过这种打牌的机会实在太少，

第七章│老骥伏枥　风雨同舟　（1949—1966）

1959年前后与家人在一起。左起高舜华、颜志渊、颜我清（戴墨镜者）、颜志旋、颜福庆、颜志凯、颜志宏、颜瑞清、黄振信（怀抱颜志伟）。

多半是暑期在外地度假消遣时才打的。沈克非、李家耿（李鸿章后裔，原麻风病医院院长）、大女婿陈炳章、侄女颜斐雯等都是福庆的固定牌友。儿孙辈如瑞清、我清、志渊等都成为福庆的家庭桥牌搭档。有一次，颜福庆与亲朋好友去雁荡山旅游，沈克非与李家耿对座为伴，颜福庆和长子我清为伴。那天颜福庆手气好，一直赢牌。高兴之余，把随身携带的"朗生"打火机送给了我清。

晚年最爱"金铃子"

走进颜福庆家的客厅，就看见一只金属鸟笼，养着一对虎皮鹦鹉。客厅一角，养着一缸热带鱼。

颜福庆从小喜欢动物，学医后因为要解剖，更是离不开动物。喜欢动物的兴趣，到老不衰。在他影响下，儿孙辈也一个个喜欢动物，家里养过狗、猫、羊、鸡、乌龟、蝈蝈等很多动物，简直成了动物的乐园。

其中有一条名叫"芙琪"的黑背狼犬，是湘清出国前留下的。养了几年后，颜福庆怕狼狗咬人惹祸，差厨师阿二牵去送给上医动物房，志渊舍不得"芙琪"离开，为此曾暗暗流泪。

家里还养过一只名贵的烟灰色波斯猫，颜福庆叫它"司莫吉"。"司莫吉"很奇特，两只眼睛的颜色是不同的。每天以小鱼拌饭为食，生前享福不浅。后来，"司莫吉"被养老送终，埋在花园内。

新中国成立初期，家里还开过"大生养鸡场"，养有"婆罗门""莱克亨""芦花""澳洲黑"等洋种，以及"狼山黑""浦东鸡"等土种。颜福庆从美国带回一本养鸡的专业书籍，要颜我清学习后，仿效"科学养鸡法"饲养。我清在花园内建造了一排鸡舍，隔成鸡棚，聘请专家指导，开起了"大生养鸡场"，一度小有名气，引来不少养鸡爱好者参观和购买。

不过，颜福庆晚年最钟爱的小动物伴侣是"金铃子"和蝈蝈。在他枕头下，总放一只装着"金铃子"的牛角小盒。老伴去世早，老人夜里无眠，"叽叽叽叽叽"的叫声，陪伴他进入梦乡，仿佛闻到了江湾乡下的泥土气息，回想起无忧无虑的时光……

"公公要把囡囡的头发梳直了"

早晨剃胡须时，老人喜欢和孩子们玩"大花猫游戏"。老人会抹了肥皂跑过来亲孙子的小脸，孩子们的脸上也粘上了雪白的肥皂泡沫，老的小的都成了大花脸。

"妈妈，妈妈，快来看呀！公公把肥皂涂到我脸上了！"孩子们故意惊慌失措地大喊大叫。

看着孩子们天真的神情，老人咧着嘴，笑了。

这是志凯、志宏、志伟、志宾兄弟们记忆深刻的一大快乐游戏。

志旋是唯一的孙女，老人对她更是疼爱有加。志旋天生卷发，老人时常把小志旋抱到膝盖上，用梳子一遍又一遍地给她梳头，一遍又一遍地说："公公要把囡囡的头发梳直了。"

老人很少在家。如果老人回家了，孩子们总喜欢跑到爷爷房间里去。看见爷爷坐在一张摇椅上，孩子们就一齐用力地摇啊摇，把老人摇得哈哈大笑。孩子们的母亲振信听到老人的笑声后，会来把孩子们赶走，叫孩子们不要打搅公公的休息和学习。

有时，孩子们到爷爷房间里，老人会打开饼干盒，拿出糖果、点心分给孩子们吃，一起来玩的邻居小朋友也会分到一份。特别是三年困难时期，物资缺乏，老人是高级知识分子，国家特殊照顾，食物是配给的。振信总是留下一部分给老人，但只要老人一回家，毫无疑问，就会把自己的那份食品给孩子们分享。还对振信说，孩子们正在长身体，要注意营养，东西应该给他们吃，不必留给我吃。但老人也教育孩子们，不能贪吃，也不能吃得太饱，这样对胃不好。孩子们从小和爷爷在一起，享受了许多爱，许多快乐①。

"我希望你和湘清一起回来"

两个女儿颜雅清、颜湘清，在美国多年，她们的生活状况，令老人牵挂。上了年纪的人，谁不希望团团圆圆？老人是多么希望爱女回到身边，共享天伦之乐呀！

雅清的女儿陈国凤（Doreen），1949年与瑞清一起回国，后来考入北京协和医科大学。毕业后，留在协和任研究员。1959年，20万人在北京郊区修建密云水库，需要筹建一所有200张床位的医院，国凤被派往密云水库，成了该医院的一名医生。外孙女参加工作，成了一名光荣的人民医生，颜福庆十分欣慰。

1960年7月20日，颜福庆专门给雅清去信，把外孙女参加工作的好消息告诉她。信的开头就说，"你女儿国凤在新中国生活得很好。"

接着话题一转，马上问雅清，"听说你在美国生活得不很愉快，希望回到祖国来发展？"

细心的父亲也想到了女儿的顾虑，担心回国后找不到合适的工作。颜福庆在信中开导女儿，回国后有多种选择，既可以去学校教

---

① 颜志凯、颜志旋、颜志宏、颜志伟、颜志宾：《回忆亲爱的公公》（手稿复印件，题目为著者所加），2002年。

1959年，颜福庆在英文杂志《中国建设》上发表《今日之医学教育》，向国际友人介绍新中国的医学教育成就。

书，也可以去当英文报刊的编辑等，不愁找不到合适的工作：

"你回来是不难找到合适工作的。英文在中国已经成为一门重要的外语了，小学、中学和大学都缺少英文教员。目前英文出版的报刊已有多种，例如《中国建设》《中国评论》等。"

"我希望你和湘清一起回来。你们可以华侨的身份回国，能得到政府的优待"①。

在给雅清写完信后，福庆接着又给湘清和湘清的丈夫刘念仁写信，向他们介绍国内近两年来的动态，劝说他们也回到大陆来。

带着溥仪的《我的前半生》去香港

1961年8月17日，阴历七月十八。颜福庆80岁了。许多客人前来祝贺。

---

① 劝说 Hilda 等人回国的信摘要，1960 年 7 月 20 日。

陈同生不在上海，还在新海连市（今连云港市）休养。这一天，陈同生起得特别早。天刚亮，早锻炼已经结束，陈同生对身边的李建军说："今天是颜老的生日。"说完，草拟了祝寿电文"恭逢华诞，敬祝长寿。——同生"，叫李建军马上到邮电局发给颜老①。

接到电报，颜福庆心里暖洋洋的，当众把电报念给客人听，把喜悦与大家分享。细微处见真情，宾主都切身感受到了陈院长的关怀。春风化雨，润物无声。这是陈同生高超的统战艺术的细微表现。

三年困难时期，老百姓吃饱饭已显得奢侈，更何况过生日。家里人只是礼节性地为颜福庆举行了仪式，招待一下前来祝贺的同事和亲友。陈同生的电报，让这个略显简单的生日变得不同寻常。

1962年，颜福庆从北京开完人民代表大会回来，市委统战部已经批准他到香港。这次香港之行，不是为了出公差，而纯粹是为了调解湘清的家庭纠纷。

黄振信当时刚三十来岁，是上海滩上的时髦女性，喜欢烫头，喜欢穿新式衣服。香港很时尚，振信很好奇，也想跟着一起去。既然不是公出，媳妇这个要求也不算过分。可颜福庆没有答应，告诉她"不要去"，去了"影响不好"。

振信虽然有点不高兴，但善良的儿媳也理解公公。平常颜福庆总是告诫儿媳，要注意影响。他不允许自己的儿媳跟别人相比有什么不一样，要穿一般人的衣服，打扮得跟一般人一样，不能太特别。

颜福庆从北京带回一大摞文件。其中有一份是末代皇帝爱新觉罗·溥仪的《我的前半生》草稿，这是溥仪在人代会上的发言稿。颜福庆觉得溥仪的例子太好了，共产党竟然能把一个皇帝改造成自食其力的普通人，真了不起！他从心里佩服共产党。把《我的前半生》带到香港去，正好，可以教育香港人，向那里的人们宣传党的政策，动员那里有成就的医生回大陆报效祖国。可是过海关时，这份材料却被扣下了。

---

① 李建军：《忆在陈同生同志身边工作的日子》，陈淮淮编：《戎马书生——陈同生纪念文集》，2003年，第141、142页。

到了香港，私事没办成，因为湘清没有应约来香港。可是香港之行没有白跑一趟。

外甥舒昌誉博士当时也在香港，他在回忆中提到，"颜福庆舅舅"见到香港各界上层人物，特别是医务界的许多老朋友。老校友们都挽留他，劝他不要再回大陆。而颜福庆坚决表示了对共产党的信心，宣传共产党把大陆治理得如何好：

大陆没有贪污腐败、铺张浪费，实行公费医疗制，人人都能看病，共产党已经把他的公医制理想大大地发扬光大。一个强大的国家正在东方升起……

儿媳黄振信回忆起这件事时说："他（颜福庆）处处以国家利益为重。他佩服共产党，觉得共产党好，他的事业在中国。他的心就在上医。他别的东西都不在乎。他对这个国家是忠诚的，对自己的事业是忠诚的，全心全意扑在他的医学事业上。这真是无可非议的。……作为儿媳，我知道他的的确确一心一意想到的就是上医，就想把上医办好"①。

"文革"前与女儿的最后一封信

从香港回来，颜福庆已经是 81 岁的老人了。

生老病死是自然规律，医学家也不能逃避。八十开外，颜福庆得了慢性支气管炎、肺气肿和视神经萎缩症。从此，须借助放大镜才能读书看报。1965 年春节，颜福庆的慢性支气管炎又发作了②。

1966 年 1 月 28 日，农历正月初八。距离"文革"爆发不到四个月。颜福庆亲手给在美国马里兰州孤身一人的湘清写了封长信，捎去新春的问候，并询问生活近况。随信还寄了几张贺卡，叫湘清分发给其他在美国的亲友们。

这是父女俩近一年不通音讯后第一次通信。

---

① 黄振信第一次访谈记录，2006 年 11 月 14 日，地点：上海龙华颜志渊家中。
② Dorothy Yen Lieu to F. C. Yen, February 8, 1965.

第七章│老骥伏枥　风雨同舟　（1949—1966）

接到信，湘清百感交集。过完年，爸爸已经84岁了！可老人家还念念不忘女儿的私事！四年前，爸爸为了劝说自己妥善处理婚姻大事，专程从大陆赶到香港，可是湘清自己却最终没有到香港与老父亲见面。失望之余，颜福庆带着遗憾回到上海。

原谅我吧，爸爸！湘清心里不断地在自责。从1965年春节到现在，又一年过去了。由于国内政治不稳定，这一年，大陆和海外的通信竟至完全中断。湘清在美国的朋友，同样没有从大陆得到亲人的任何消息。湘清也不敢给大陆写信，生怕给远方的亲人带来不必要的麻烦。对亲人的思念，只有在对往事的回忆中咀嚼了。

颜湘清。

美国的华人，依旧保持着过春节的习俗。湘清在收到久违的家信后，给父亲回了一封长信：

我最亲爱的爸爸：

相隔这么长久了，我们互相杳无音信。接到您1月28日亲手写给我的长信，我无法用语言来形容我的喜悦。我的信，请我清或瑞清读给您听，省得您用眼。请您一定要听从医生的建议。您已经80多岁了，不能与您年轻时相比。您要待在家里，尤其是冬天，您更要待在家。不要再读书看报了，不要再做任何劳神费力的事了。我很高兴，有王姐（保姆——作者注）在身边照顾您，还有您非常疼爱的孙辈们时刻在您身边，您不会感到孤寂①。

---

① Dorothy Yen Lieu to F. C. Yen. Silver Spring. February 4, 1966.

"文革"前颜福庆(右二)与老友赵晋卿(右三)、潘志铨(左三)等游太湖。

湘清同时还给我清、瑞清兄弟写了封信:

"我们失去联系交关辰光[很长时间]了。我深感遗憾。回想当年,我们兄妹三人在一起,是多么地亲密……"

湘清在信中自责没有对爸爸尽到应有的孝心,希望兄弟俩好好照顾父亲,让他安享晚年。

这封2月4日写的信,于次日从美国银泉(Silver Spring)寄出,13日到达上海。

湘清独自一人生活在美国,虽然物质条件非常优裕,就是没有孩子。老人一直在为湘清考虑。在老人的二子二女中,瑞清家人丁最兴旺,有五个孩子。老人做了瑞清、振信的思想工作:湘清没有孩子,你们家的孩子最多,能不能给湘清一个?

振信答应了。老人了却了一桩心事。后来,振信的第四个孩子就过继给了湘清,使晚年的湘清心上不虚,膝下犹存。

第八章

晚际坎坷　无怨无悔

（1966—1970）

> 我为什么要自杀？我问心无愧，我不会自杀的。
>
> ——颜福庆

1966年，颜福庆已经是84岁的老人了。

这年春，长孙颜志渊在上海近郊的崇明县参加社会主义教育工作队。一天，志渊休假回家。老人把他唤到自己房间里，关上房门，表情严肃地说：

"恐怕运动又要来了，到辰光我挡也挡不住。我把存款提前分给你们几个孙儿吧！"

说完，即把户名已经写着"颜志渊"的2 000元存折交给志渊。

老人又拿出一本30年代的《上海医事事业董事会纪念册》，里面有孔祥熙、宋子文、杜月笙等人的照片。嘱咐志渊赶快撕碎，扔到垃圾箱内。同时撕毁的，还有一张爱女颜雅清身穿飞行服，在一架标有星条旗和青天白日旗飞机前的留影。雅清在解放前出国定居，加入了美国籍，后来在联合国人权组织任职。老人怀念大女儿，照片多年来一直压在卧室内书桌的玻璃下。撕毁前，老人再一次端详大女儿的照片，不舍得撕掉。目睹此情此景，志渊一阵心酸。

凭着多年的经验，老人预感到，一场无法抗拒的灾难性政治运动，就要降临了。这些东西留着，迟早是个祸根，不如早点销毁。

颜福庆不幸言中了。"文革"爆发，他首当其冲，成了"靶子"，遭受了无数次批斗，被整得死去活来。

"是，我是洋武训！"

6月2日晚，上医贴出了第一张大字报《一医党委是革命的吗？》两天后，大字报的矛头就指向了"资产阶级专家和权威"。经授意，有人贴出了批判颜福庆的第一张大字报，"揭露"颜福庆在上医九三学社搞所谓的"裴多菲俱乐部"。批颜的大字报由此一哄而起。从医学院路的正门口，到东安路后门，密密麻麻贴满了充满火药味的大字报。今天的"福庆路"两边，临时安装了芦席棚和电灯泡，专门用来张贴大字报。从6月2日到5日，全校贴出了5 000余张大字报，62人被点名批判。

一张张大字报，给老人扣上了一顶又一顶吓人的帽子："汉奸""卖国贼""医务界的反动祖师爷""美国特务""现行反革命""洋武训"等，其中任何一条罪名都足以判死罪。

这些莫须有的罪名，可怜的老人有的连意思也搞不懂。比如"裴多菲俱乐部"，老人就不明白。志渊告诉他，"裴多菲俱乐部"是"反党小集团的大本营"。老人听明白后长叹一声，说："实在冤枉。我想把自己的家给民主党派作组织生活场所用，还招待点心。有时党员干部也来听听大家的心里话和好的建议。从来没有讲反党反社会主义的话。怎么成了'裴多菲俱乐部'了呢？"

至于"洋武训"一条罪名，连"武训"是何许人也，老人也不明白。志渊告诉他，武训是为办学而不惜四处奔走募捐的山东老夫子。老人明白了，若有所思地点点头，说："是，我是洋武训。"在所有罪名中，老人唯独对"洋武训"表示认可。

批判的温度随着季节继续升高。8月10日前后，开始歇斯底里的大会批斗。

八月酷暑天，老人被戴上高帽子游街，脖子上挂一块木牌，写着"我是混蛋"，或在批斗台上搞"喷气式"。台下，群众高呼着震耳欲聋的口号。空中，回荡着高音喇叭刺耳的声讨。汗水沿着脸颊"吧嗒吧嗒"滚落，84岁的老人成了大花脸，模样惨不忍睹。

志渊是在校大学生，也是被人瞧不起的"狗崽子"，老人被勒令去接受大会批斗，常常由志渊或弟妹搀扶他进场，也少不了挨唾沫和冷拳。批斗结束后，陪斗的家人一身唾沫、墨汁，皮肤上青一块、紫一块。

批斗完了，把老人接回家，儿孙们总想找些话安慰老人，但又不知说什么才好。总是先给老人家倒杯茶，拧把热毛巾给他擦擦，让老人坐下休息休息。老人也看出儿孙们心里难过，有时反而安慰他们说："不必把这些事放在心上。我从前在湖南时看到过痞子造反也是这样乱搞的。"饱经风霜的老人，在自己受到非人的折磨的时候，努力保持长辈的尊严，不让儿孙们难过。听了老人的话，家人们的眼泪只好流在心里。

"阿弟，我们睡'榻榻米'了"

1966年8月31日，几卡车红卫兵开到肇嘉浜路687弄8号，强行闯进颜福庆家的大门，抄家开始了。到9月20日前后，上海无线电四厂、上海第一医学院、结核病防治所的造反派、首都红卫兵"联动"等，先后闯进颜宅抄家六次以上。

红卫兵们指望抄到"黄金美钞""金银财宝""变天账""枪支弹药"及巨额存款。翻箱倒柜之余，进而挖墙壁、撬地板。红卫兵找到了几只保险箱，如获至宝。逼着老人交出钥匙。老人称"钥匙早已丢失了"。红卫兵不死心，竟拿来重磅铁榔头，拼命敲开。其中确有美钞、房契等。那是老人的私房钱和私房地契。抄家完毕，红卫兵把颜家子孙三代押往大门口，批斗一顿，带着战利品，扬长而去。

抄走的东西，有些给了收据，有的连收据也不给。事后统计，给收据抄去的东西有：定期存款34 250元，公债2 000多元，股票55多万元，银圆六块，珍珠一串，金表带一条，宝石46粒，钻戒一只，金鸡心三只，冰箱一个，地毯五条，进口机器脚踏车（轻型摩托车）一辆，装满物品的衣箱十只，装满物品的手提箱七只，呢料三匹，衣服 134 件。

经过六次洗劫后，颜家已经空空荡荡。连床也没有了，只留下床垫，径直放在地板上，权当床用。老人对志渊说："阿弟，我们现在成日本人了，睡'榻榻米'了。"老人用手指指自己的头，说："什么都能抄走，知识抄不走。以后你有机会，还是要多读书……"

"我问心无愧，我不会自杀的。"

1968 年秋冬，工宣队进驻颜宅，将老人隔离审查，派人日夜三班看守。老人的房间成了禁地，不许亲人探望。屋内常常传出谩骂声、口号声，朗读毛主席语录声更是不绝于耳。夜深人静时，住在楼上的亲人们会听到老人一阵阵的咳嗽声、上厕所时蹒跚的脚步声。

隔离前，工宣队把老人的房间翻了个遍，连床头抽屉里的小剪刀、药片都收走了，怕他自杀。没有剪刀，老人连指甲也剪不成了，指甲留得长长的。

有一次，一名工宣队员厉声问道："老家伙，你为什么不自杀？"

老人平静地回答："我为什么要自杀？我问心无愧。我不会自杀的。"老人因这番话，被斥为顽固不化，又挨了一顿狠斗猛批。

老人经不起折腾，健康每况愈下。有一次，老人肺气肿发作，呼吸困难。瑞清、振信夫妇用藤椅把老人抬到离家不远的中山医院急诊室。挂号后，医生们看到"颜福庆"三个字，不是马上给老人吸氧气，而是叫老人和家属们等着，先去向工宣队请示该如何处理这位特殊的病人。最后，医生们只是给了些药，打发了事。住院更不用提了。家属要求借个氧气瓶，到家里给老人吸氧，也遭到拒绝。

医生的轻蔑和草率，使振信怒火中烧，准备豁出去和他们评理。但被老人制止了。老人吃力地伸出手，示意儿媳妇：

"我们回家吧。"

振信的眼泪霎时流下来。

以后，老人拒绝再到医院去。他对自己一手创建的中山医院绝望了。老人需要的药和氧气，都由瑞清设法从其他地方配了带回家给老

1969年秋，儿媳黄振信给卧病在床的颜福庆修剪指甲。这是颜福庆生前最后一张照片。颜志渊摄。

人服用和使用。老人最疼爱的小儿子瑞清，在老人生命的最后岁月做了随身医生。还有一位有正义感的好心人曾冒险相助，他就是中山医院的李华德医生。

1968年底，长孙颜志渊被下放到苏北。临行前向已经卧床的爷爷告别。此时，志渊已经好几个月没有见到爷爷了。

"文革"前，老人虽然已经84高龄，但身板硬朗，思路清晰，走路根本不要人搀扶，除了轻微的老年慢性支气管炎和肺气肿外，没有什么病。"文革"开始到1968年底，经过两年多时间的无情打击和残酷迫害，老人已经被折磨得骨瘦如柴，卧床不起。蓬散的白发，长长的白须，与此前判若两人。志渊看在眼里，疼在心里。风烛残年的老人，哪里还能经得起这般的折磨？

在虎视眈眈的工宣队员监视下，志渊强忍住眼泪，向老人告别："爷爷，你要保重！"

说完，志渊再也忍不住，眼泪夺眶而出。

送给长孙的结婚礼物

1969年中秋，志渊回上海探亲，带回苏北土产老母鸡和鲫鱼，孝敬老人。

老人和小儿子住在一起，生活起居都由瑞清夫妇照顾。那天，振信烧了一桌饭菜，有红烧鸡肉、鲫鱼汤、炒鸡蛋、菠菜，子孙三代团聚在一起，打了一次"牙祭"。"文革"期间，荤菜已经很少上颜家的餐桌，桌上有鸡肉和鱼肉，算是相当丰盛了。

老人舀了一勺鲫鱼汤，细细品尝了一番，对坐在旁边的志渊说："好鲜！好久没吃到这么鲜的鱼汤了。"接着又一口气喝了好几勺。

这顿饭，老人吃得格外香。志渊看着十分欣慰。

那年深秋，志渊出差东北途经上海，把自己准备结婚的消息告诉老人。几经抄劫，原本殷实的家，已经找不出像样的结婚礼物了。但是长孙结婚，做祖父的一点儿礼物都没有，也说不过去。情急之下，老人想起还有一套衣服。他让人从箱子里拿出一套崭新的毛料中山装，对志渊说："这套衣服是我1961年到香港时穿的，以后几乎没穿过。送给你当新郎官时穿吧！"

最后一个早晨

1970年11月29日，早晨。

初冬时节，寒气逼人。上海的气温降到了5摄氏度。天阴沉沉的。

老人的住处和上医仅一墙之隔。上午，围墙的一部分突然坍塌了。这是不祥的预兆。孩子们很好奇，一个个都出去看热闹。

老保姆过来告诉瑞清夫妇，说老人在床上大便失禁了。老人卧床以来，这是第一次大便失禁。

瑞清、振信马上来到老人床前，把老人扶到房间边的卫生间，让他坐在抽水马桶上。老人看上去支持不住，上身慢慢往下倒。保姆拿来凳子和枕头，让老人垫着枕头，趴在凳子上。

振信发觉老人的脸色不大好，就和瑞清把老人重新扶到床上。

问老人，有什么不舒服？

老人摇摇头，没说话。

又问老人，要不要到医院去看看？

也摇摇头。

第八章 | 晚际坎坷　无怨无悔　（1966—1970）

家人向颜福庆遗体告别。颜志渊提供。

慢慢地，慢慢地，老人好像睡着了，再叫他也没有反应。

瑞清给老人搭脉，脉搏已经停止了[①]。

1970年11月29日上午11时。老人卸下一生的"重担"，平静地辞世。终年88岁。一代医学巨星陨落了！

老人生前立下的捐献遗体供医学研究的遗愿，在当时恶劣的政治气候下，也没能实现。

[①] 黄振信第一次访谈记录，2006年11月14日，地点：上海龙华颜志渊家中。

第九章

正谊明道　名垂青史

八年后的 1978 年 11 月 29 日，颜福庆逝世八周年忌日。上海龙华革命公墓大厅举行了颜福庆骨灰安放仪式。当时，十一届三中全会将开未开，全国的政治气候已是"大地微微暖气吹"。

这天上午，雨后转晴。龙华革命公墓大厅内庄重肃穆。大厅正中挂着一副挽联："献身医学六十载　鞠躬尽瘁；今蒙昭雪获平反　英灵堪慰"。全国人大常委会副委员长宋庆龄、许德珩，卫生部副部长钱信忠，中共湖北省委第一书记陈丕显送了花圈[①]。上海市革委会、市委统战部、市政协、上海第一医学院、九三学社上海分社等机构和生前友好赠送了花圈、花篮和挽联。

八点多钟，上海市革委会、市教育卫生办公室、市委统战部、市政协的负责人，在沪全国人大代表、政协委员，九三学社上海分社和其他民主党派、市工商联以及市基督教青年会的同志来了，上海第一医学院、上海第二医学院、上海中医学院、第二军医大学等校的生前好友来了。仪式还没有开始，五百多人把整个大厅都站满了，不少人只好站在大厅门口。

上午九点，上海第一医学院副院长李静一宣布骨灰安放仪式开始。市教育卫生办公室副主任舒文主持追悼会。上海第一医学院党

[①]《文汇报》，1978 年 1 月 18 日。

第九章｜正谊明道　名垂青史

1978年11月29日上午颜福庆骨灰安放仪式现场。前排上海市革委会文教组负责人杨恺（左一）、上海第一医学院党委书记吴立奇（左二）、上海第一医学院原党委书记王乐三（左三）、生前友好刘靖基（左四）、吴若安（左五）、卢于道（左六）等。

颜福庆骨灰安放仪式后，家属在上海第一医学院东一号楼前合影。前排右一为上海第一医学院党委统战部副部长黄真瑜，二排左一为基础医学部主任郑思竞。

委书记吴立奇致悼词①。低沉哀婉的哀乐响起,全体人员为颜福庆默哀。默哀毕,上海第一医学院党委书记吴立奇致悼词。悼词肯定了颜福庆在医学教育方面的卓越成就,称他是一位爱国知识分子、爱国教育家,并代表上海第一医学院党委,再一次郑重宣布为颜福庆平反昭雪,推倒一切不实之词,恢复名誉。

悼词最后称:"我们要学习颜福庆同志把毕生精力献给医学教育事业的崇高精神,学习他工作认真负责、坚忍不拔的创业精神,严谨的治学态度和平易近人的作风。在新的长征中,更加奋发努力,把颜福庆同志倾注了很大心血的上海第一医学院建成名副其实的高质量的

上医校园内的颜福庆塑像。

---

① 《文汇报》,1978 年 1 月 18 日。

重点学校，以此告慰颜福庆同志。"

致悼词过程中，不少人在频频拭泪，会场传出低声啜泣。为颜福庆理了30多年发的王师傅禁不住号啕大哭。白发苍苍、拄着拐杖赶来的湘雅早期学生吴绍青、周诚浒，与逝者志同道合，奋斗了几十年，站在前排，老泪纵横。站在前排的还有王乐三、朱益栋、王有琪、徐丰彦、苏德隆、郑思竞、刘文英、应元岳等，他们有的是颜氏学生，有的是合作多年的同事，和颜氏情深谊厚，他们为颜氏晚年的悲惨遭遇而痛心，为平反昭雪而庆幸。吴立奇致完悼词后，颜志渊代表家属致答词，感谢党和政府为颜福庆洗雪冤屈，恢复名誉。

会后，家属们排成长队，颜福庆的曾孙、曾孙女手捧小花圈走在最前面，长子颜我清捧着遗像、次子颜瑞清手捧骨灰盒跟随其后，离开大厅缓缓走向革命公墓。颜福庆的骨灰从此安放在龙华烈士陵园革命干部骨灰存放室。

黄振信（左）、颜志渊在颜福庆美国纽约的墓地上合影。

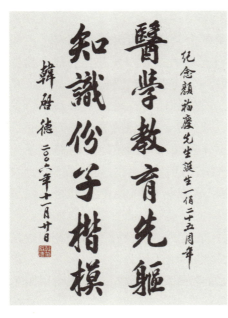

中国科学院院士、中国科协名誉主席韩启德题词。

"死者长已矣,生者常恻恻。"20世纪80年代中期,颜瑞清夫妇把颜福庆夫妇的部分骨灰,移到美国纽约北郊一座美丽的公墓里。墓碑上刻着:

"颜福庆博士是上海第一医学院的创始人,我们永远怀念他。"

1997年,上医举行70周年校庆,东一号楼对面草地上矗立起颜福庆的全身雕像。

2005年,复旦大学举行百年校庆,枫林校区颜福庆雕像前面的东西向道路,被命名为"福庆路"。

2011年,《颜福庆传》英文版出版后,颜福庆外孙女陈国凤(穿红衣者)自美返上医,与作者钱益民(右二)、颜志渊(右五)等合影。

附录一

颜福庆年谱

1882 年（清光绪八年） 出生

7 月 18 日（农历）：生于上海江湾一个清贫的基督教牧师家庭。先生姓颜，名福庆，字克卿。父亲颜澍隆，母亲吴氏。颜澍隆之父清源公，母亲沈太夫人，生有二儿一女。长子颜永京，字拥经。次子颜如松，字澍隆。

1889 年（清光绪十五年） 七岁

2 月 6 日：颜澍隆因感染伤寒去世。留下三子二女：颜桂英、颜明庆、颜福庆、颜连庆和颜俪英。父亲去世后，颜福庆寄养于伯父颜永京家中。

颜永京为美国圣公会的华人先驱，毕业于美国建阳学院，1862 年回国。先后为武昌、上海两个圣公会区域打下基础，是武汉文华书院、上海圣约翰书院的创办人。颜永京是颜惠庆、颜德庆之父。

1894 年（清光绪二十年） 12 岁

入圣约翰书院读中学。

1895 年（清光绪二十一年） 13 岁

10 月：颜惠庆启程赴美留学。

本年：颜明庆从圣约翰书院毕业。

1896 年（清光绪二十二年） 14 岁

圣约翰书院创办医学部，以上海同仁医院为教学和临床实习场所。同仁医院创办人吴虹玉牧师，系颜福庆之舅。

1898 年（清光绪二十四年） 16 岁

伯父颜永京去世。

圣约翰书院中学毕业。开始为期一年的医学预科教育。

1899 年（清光绪二十五年） 17 岁

成为圣约翰书院医学部第二班学生。

1900 年（清光绪二十六年） 18 岁

颜惠庆从美国留学回国，在圣约翰书院任教。

1902 年（清光绪二十八年） 20 岁

美国耶鲁大学学生组织雅礼会。

1903 年（清光绪二十九年） 21 岁

圣约翰书院医学部毕业。入上海同仁医院当实习医师。

与曹秀英在教堂举行婚礼。曹秀英 1882 年 2 月 27 日生于上海一富裕的基督教家庭。

1904 年（清光绪三十年） 22 岁

在同仁医院实习。应清政府之召，赴南非约翰内斯堡德本·路德波特金矿当华工矿医，时间为一年。

长女颜雅清出生。

1905 年（清光绪三十一年） 23 岁

从南非返回上海，华工集体赠送一枚金质纪念章。

1906 年（清光绪三十二年） 24 岁

赴美入耶鲁大学医学院深造。

雅礼会胡美在长沙西牌楼创设雅礼医院。胡美毕业于美国约翰·霍普金斯大学医学院，日后成为颜福庆的挚友，两人共同开创了湘雅医学事业。

1907 年（清光绪三十三年） 24 岁

留美期间，曾参加孔祥熙、蒋廷黻等创办的"诚志社"。

1909 年（清宣统元年） 27 岁

3 月 12 日：雅礼会执行委员会决定，任命颜福庆为筹备中的雅礼大学医学教员，同时兼任雅礼学堂教员。为期两年。薪水为 1 200 美金。另加 100 美金的孩子抚养费、美国到长沙的旅费。两年后如双方同意，可以续约[①]。

6 月：以优异成绩毕业，获医学博士学位（M. D.）。同时荣获优秀博士毕业生和坎贝尔金质奖章提名。被吸收为美国自然科学会成员。

7 月：赴英国利物浦热带病学院进修。

10 月：长子颜我清出生[②]。

12 月：获得热带病学学位证书（D. T. M.）。颜福庆是该校第六届 25 名毕业生之一。

1910 年（清宣统二年） 28 岁

1 月 31 日：回到上海。

2 月：在胡美带领下，赴汉口出席中华博医会大会，成为该会第一个男性中国会员[③]。

---

① Unknown to F. C. Yen, March 16, 1909. Archives and Manuscripts of Yale University Library, Yale-China. 107/938.

② 颜我清的出生年月，以上海吴淞区教育局颁发给颜我清的退休证为准。

③ Leavens to Holden. November 5, 1952. In: Reuben Holden. *Yale-in-China: The Mainland Years, 1901—1951*. New Haven: The Yale-in-China Association, Inc, 1964: 73; K. Chimin Wong, Wu Lien-Teh. *History of Chinese Medicine*. The TienTsin Press, LTD, 1932:402.

2月27日：到达长沙，开始在雅礼医院坐诊，并在雅礼学堂教授卫生学。

4月13日：长沙饥民爆发抢米风潮，颜福庆一家三口躲过一劫，新家被洗劫一空。

12月1日：次子颜士清出生。

本年：雅礼医院的门诊量已达1 000人次[①]。

1911年（清宣统三年） 29岁

春：应两湖总督之召，紧急赴武汉，总负责京汉铁路沿线鼠疫防治，成功地阻挡了鼠疫在京汉铁路沿线的蔓延。湖北防疫公所授予奖牌一枚。

6月：被雅礼会任命为永久会员[②]，成为该会第一个与美国成员享有同等地位的中国人，开创了雅礼会的先例。

10月：武昌起义爆发后，颜福庆与曹典球、聂其焜、朱廷利等，组织中国红十字会湖南分会。颜福庆被推为会长。会址设在雅礼医院。

12月：湖南都督谭延闿拨公款在东茅巷仕学馆建红十字会医院，颜福庆兼任院长。

本年：胡美返美募捐。

1912年（民国元年） 30岁

春：长沙基督教青年会成立，会址在浏正街聂其焜家中。颜福庆被推举为会长，黄瑞祥、曾季融、梁家驷、王海玕、刘云珊为董事，聂其焜为名誉总干事，穆格新为总干事[③]。

5月9日：二女儿颜湘清出生。1913年至1918年，曹秀英还生下三女芬清，出生和死亡年月不详。

[①] F. C. Yen to Sallman. Changsha. April 2, 1911. 107/938.
[②] F. C. Yen to Sallman. Changsha. September 2, 1911. 107/938.
[③] 冯崇毅：《长沙基督教青年会的创始与活动》，《湖南文史资料》，第30辑，湖南人民出版社，1998年，第15页。

本年：在雅礼医院坐诊，在雅礼学堂教授卫生学①。

在长沙加入中国同盟会。

1913 年（民国二年） 31 岁

本年：湖南省政府与雅礼会签订为期十年的合约，组织"湘雅医学会"董事部，合办湘雅医学专门学校、湘雅医院和护士学校。颜福庆任中方董事。合约上报北京政府时被驳回。

1914 年（民国三年） 32 岁

春：颜福庆、胡美赴北京，争取北京政府支持合作办学。政府当局提出，外国私人团体与省政府合作办学，国内尚无先例，建议以民间团体与雅礼会合作。因此，颜福庆邀集在京湖南籍人士组织湖南育群学会，北京政府总统顾问章通骏、颜福庆分别任正副会长。由该会出面与雅礼会订立合约。

4 月 23 日：北京政府国务院通过湘雅合约。

6 月：北京政府教育部、内务部批准湖南育群学会立案。

7 月：湖南巡按使公署批准湘雅合约。21 日，育群学会代表曹典球、雅礼会代表胡美签订《湖南育群学会 美国雅礼会合办湘雅第一次合约》。

8 月：湖南巡按使公署拨长沙潮宗街房屋，作为湘雅医学专门学校临时校舍。

9 月 1 日："湘雅医学会"董事部选定颜福庆为湘雅医学专门学校校长，胡美为湘雅医院院长。

12 月 5 日：湘雅医学专门学校招考第一班新生 12 名，编为预科一年级。

12 月 8 日：湘雅医学专门学校举行开学典礼。以湘雅医院为实习医院。

本年：洞庭湖上发现血吸虫病，引起颜福庆对公共卫生的高度

---

① Yali Certificate to Li Chang, March 22, 1912.

重视。在湘雅医学专门学校创设预防医学系，亲自任主任，教授预防医学。

1915 年（民国四年） 33 岁

2月：赴上海出席博医会年会。宣读论文《与中国人合作医学教育的一例》，以湘雅医学专门学校为例，说明与中国人合作办医学教育应注意的各个问题。论文后来发表于《博医会报》第 31 卷第 3 期。

2 月 5 日：伍连德、颜福庆、俞凤宾、萧智吉等 21 位出席博医会大会的代表聚餐，共同发起成立中华医学会。选举产生中华医学会最早的六位职员，颜福庆为会长，伍连德为书记，会计刁信德，庶务俞凤宾，协助员曹丽云、萧智吉。职员负责起草《中华医学会例言及附则》及筹备次年在上海举行的首次大会[①]。成立会后，学会发起征集会员，232 名医生入会[②]。

8 月 20 日：在长沙市卫生公署监督下，雅礼医院派颜福庆对长沙街头一具无名尸体进行解剖。颜福庆在解剖前作陈述，说明尸体解剖对医学教育的极端重要性[③]。湖南省官方尸体解剖由此发端。

9 月 9 日：湘雅医学专门学校第二学年开始。招考新生两班，编为预科一年级及补习科。补习科专为补习英语而设，一年后成绩合格升入预科。至此，全校有学生三班，共计 39 人。所有课程都用英文传授。医校在教育部立案，定名为"私立湘雅医学专门学校"。护校更名为"湘雅护病讲习科"。

10 月 17 日：美国洛氏医学社社长、社员考察湘雅医学专门学校。考察后决定，从当年起补助湘雅医学专门学校常年费。

10 月 18 日：湘雅医院在长沙北门外麻园岭举行奠基典礼。

---

① C. Voonping Yu. Minutes of the First Meeting of the National Medical Association of China. Nat Med J, 1915, (1): 30—31.

② K. Chimin Wong, Wu Lien-Teh. History of Chinese Medicine. The TienTsin Press, LTD, 1932: 443.

③ K. Chimin Wong, Wu Lien-Teh. History of Chinese Medicine. The TienTsin Press, LTD, 1932: 437.

11月25日：湘雅学生青年会成立。

本月：中英文合刊的《中华医学杂志》创刊。颜福庆在创刊号发表《中华医学会宣言书》，提出学会的宗旨是"巩固医家交谊、尊重医德医权、普及医学卫生、联络华洋医界"。《中华医学杂志》1916年3月出版第2期，此后到1923年，杂志为季刊，1924年开始改为双月刊。

本年：湘雅医院购置X光仪器[①]。

1916年（民国五年） 34岁

2月：中华医学会第一次大会在上海基督教青年会举行，各地80多位代表与会。颜福庆做主席发言，对会务作纲领性阐述。发言呼吁维护医生的荣誉和尊严。学会首创公共演讲制度，颜福庆做首场演讲，题为《医家之责任》。大会选举产生新一届职员，伍连德出任第二任会长。颜福庆担任新设的公众卫生部委员。

4月20日：获中华医学基金会（China Medical Board）资助，前往美国哈佛大学医学院进修公共卫生学，本日启程赴美。离任期间，湘雅医学专门学校由胡美代理校长。

9月：《中华医学杂志》第3期刊登颜福庆的演讲稿《医家之责任》。文中指出，"吾医界同人，定当晓然于大者、远者，不当务其小者、近者。施诊疗病，乃小者、近者之事也。其所谓大者、远者，乃对于人民尽开导启发之责，教其所不知，匡其所不逮，使健康生存之正义，充塞两间。""是以今日之医学家，当以我所知，力谋普及，防病于未然，不仅在疗治于已病……是在政府与人民、与医界团结一气，各尽职责。"

9月：中华医学会与博医会、中华基督教青年会联合组织卫生教育联合会，在《中华医学杂志》等报刊刊登悬赏征文启事，以期引导全国青年学子注重公众卫生，研究改良之方法。

---

① Edward H. Hume. *Doctor East, Doctor West: An American Physician's Life in China.* New York: W. W. Norton & Company, Inc, 1946: 230.

1917 年（民国六年） 35 岁

1 月：中华医学会与博医会在广东联合举办第二次大会。大会决议，请求政府严禁吗啡进口、设立医事行政部。大会修改中华医学会章程，改选职员。颜福庆继续担任公众卫生部委员。

2 月：经颜福庆向谭延闿争取帮助，本月长沙北门外电厂开始为湘雅医院供电。

本年：获哈佛大学医学院公共卫生学证书（C. P. H.）。

与洛氏基金会国际卫生委员会合作，开始在萍乡煤矿开展钩虫病调查。

在《国际卫生学报》（Bulletin of International Health Board）发表《萍乡安源煤矿钩虫病的控制和教育》。

1918 年（民国七年） 36 岁

本年：在萍乡煤矿继续钩虫病调查。

在《中华医学杂志》第 4 卷第 3 期发表英文《湖南萍乡煤矿钩虫病感染报告》。

1919 年（民国八年） 37 岁

8 月：与胡美商议聘请朱恒璧来校任讲师，为期一年[①]。

本年：幼子颜瑞清（Victor）出生。

1920 年（民国九年） 38 岁

2 月：中华医学会联合博医会在北京举行第三次大会。颜福庆出席大会，并当选为医学教育委员会委员[②]。

2 月：本学期从事眼科教学和临床工作，决定专攻眼科[③]。

6 月 26 日：湘雅医院院长胡美回美任 1920—1921 年度纽黑文雅

[①] E. H. Hume to F. C. Yen. August 7, 1919. 58/68.
[②] F. C. Yen to Hume. March 6, 1920. 107/939.
[③] F. C. Yen to Hume. April 3, 1920. 107/939.

礼会总秘书，颜福庆兼任湘雅医院院长。

8月：美国洛氏医学社捐款建筑的医预科、物理、化学、生物实验室落成。预科两班迁入新校舍。

本年：在《中华医学杂志》第6卷第2期发表英文调查报告《江西安源萍乡煤矿钩虫病的控制》。

从本年起，美国平民基金社补助湘雅医院常年费。

1921年（民国十年） 39岁

6月18日：湘雅医学专门学校、雅礼大学和护士学校举行第一届毕业典礼。雅礼会按照美国康涅狄克州宪章，授予十位毕业生医学博士学位，以示与美国医学院毕业生同等程度。他们是张孝骞、萧元定、徐维达、任廷桂、高镜朗、梁鸿训、彭治朴、汤飞凡、吴绍青、应元岳。张孝骞的成绩、论文均为十人之冠。

8月：颜福庆偕夫人曹秀英和长女雅清赴美。此行系获中华医学董事会资助，赴美国进修眼科一年。先后去纽约、波士顿、费城和奥地利维也纳医科大学考察。同行的有湘雅医学会董事部执行干事赵鸿钧。

胡美回长沙，兼任湘雅医学专门学校校长。

11月：美国教育考察团考察后认定：在华的与美国有关的医学院校中，湘雅医学专门学校与北京协和医学院质量最高。中国医学教育界从此有了"北协和，南湘雅"的定评。湘雅声誉鹊起。

本年：长女颜雅清入美国史密斯大学[①]。

1922年（民国十一年） 40岁

6月29日：湘雅医学专门学校举行第二届毕业典礼。周诚浒、周自培、朱润深、谢志光、谢葆霖、桂雄五、刘斯仁、卢永春、区斯深九人获医学博士学位。

---

① 《公务员任用审查表》，1927年7月19日填写，复旦大学档案馆藏档案，LS2-600，第57页。

湘雅校友会成立。

8月25日：伦敦会、遁道会、圣公会、复初会和雅礼会代表，在牯岭举行筹建华中大学第三次会议。决定华中大学选址武昌，成立临时理事会负责筹建工作。颜福庆当选临时理事会成员①。

8月：颜福庆自美国返校任事。

9月25日：胡美返美募捐，颜福庆兼任湘雅医院院长。

本年：颜福庆被母校耶鲁大学授予名誉文学硕士学位（M.A.）。

1923年（民国十二年） 41岁

6月19日：湘雅医学专门学校举行第三届毕业典礼。钱慕韩、李启盘、刘泽民、龙毓莹四人获医学博士学位。

9月26日：湘雅医学专门学校开始兼收女生。

1924年（民国十三年） 42岁

2月：颜福庆在中华医学会第五次大会（南京）发表演讲，题为《我们在医学教育界的位置》。提出，中华医学会宜联合东南各医疗和教育机构，在上海建立第一流的医学院。呼吁中华医学会成立永久性的医学教育委员会，研究这个提议的可能性②。英文演讲稿发表于《中华医学杂志》第10卷第1期。

6月7日：湖南当地少数人冒充湘雅医学专门学校毕业生，招摇撞骗，并散布谣言，企图阻止湘雅"应得之省经费"。颜福庆致函中华医学会，请求声援。本日，中华医学会致函教育部总长、次长，为湘雅医学专门学校正名，恳请教育部主持正义③。

6月17日：湘雅医学专门学校举行第四届毕业典礼。毕业生有张维、张四维、赵希昂、陈世彬、戴孟群、谭世鑫、王雪赓、姚克方、尤彭龄九人。

---

① 马敏、汪文汉主编：《百年校史：1903—2003年》，华中师范大学出版社，2003年，第28页。
② 《中华医学杂志》，1924年，第1期，第35—38页。
③ 《本会消息·本会复颜博士》，《中华医学杂志》，1924年，第4期，第334、335页。

7月：颜福庆、朱廷利、赵鸿钧（赵运文）、章克恭等红十字会理事，接受湖南慈善公所总董沈克刚、龙绂瑞、俞藩馥等提出的合组医院的建议。10月10日，红十字会医院改名"仁术医院"，设病床30张。由慈善社团每年资助银400元。"仁术医院"成为湖南省的防疫医院，承担有关红十字会的灾疫救护工作，颜福庆任院长[①]。

本月：中华医学会医学课程标准委员会审定，湘雅医学专门学校程序合格，准予注册备案，为全国七所注册医学院校之一。

1925年（民国十四年） 43岁

5月8日：湖南育群学会与雅礼会签订湘雅续约。根据续约，湘雅医学专门学校收归中方办理，湘雅医院仍由中美合办。学校更名为"湘雅医科大学"。续约为期十年。

6月3日：湘雅医科大学学生罢课两天，声援五卅运动。

8月16日：湘雅医科大学举行第五届毕业典礼，毕业生有李振翩、董秉奇、桑沛恩、杨景衢、袁道共五人，被授予医学博士学位。李振翩成绩、论文均第一。

本月：北京国务院、内政部、外交部、教育部及湖南省省长公署、内政教育各司准予湘雅续约备案。

9月21日：曹典球当选湘雅医科大学董事长，龙绂瑞当选湘雅医院董事长。

12月：中华医学会湖南分会在长沙成立。颜福庆、张四维、王耀、张维、骆传荣、谭世鑫、周诚浒、李启盘、龙毓莹、李学义、刘兰生、刘辅察、朱恒璧13人为会员。颜福庆、朱恒璧、王耀、张四维、刘辅察为执行委员，朱恒璧为委员长[②]。会址设于湘雅医院内。

1926年（民国十五年） 44岁

2月：16日至22日，中华医学会第六次大会在上海西藏路时

---

① 《长沙市红十字会大事记（1908—1968）》。
② 《本会消息·湖南支会之成立》，《中华医学杂志》，1925年，第2期，第202页。

疫医院举行。颜福庆与陆锦文、汤铭新、刁信德担任大会提名委员。在大会第四天的英语学术会议上，颜福庆提出，用英国退还的庚款之一部分，建设我国的公共卫生事业，深获与会者赞同，大会决定成立"促进中国公众卫生委员会"，由本届执行委员和前任五位会长组成①。颜福庆的大会英文发言稿《利用英国庚子赔款提高中国公众的健康》发表于《中华医学杂志》第 12 卷第 2 期。

本月：中华文化教育基金委员会决定，补助湘雅医科大学经常费三年，每年银三万元，另一次性补助建筑费 15 000 银圆。

6 月 1 日：湘雅医科大学与颜福庆签订为期一年的聘任合同，湘雅医科大学（甲方）聘颜福庆（乙方）为教授，月薪 600 银圆。曹典球代表甲方在合同上签字②。

6 月 22 日：湘雅医科大学举行第六届毕业典礼，本届毕业生有姜本宽、谢少文、刘经邦、刘崇恩、潘泰阶、伍善同六人，被授予医学博士学位。

6 月：美国洛氏医学社继续补助湘雅医科大学，时间为五年，每年五万元。

本月：广东革命政府北伐军抵湘。湘雅医科大学组织临时伤兵医院。

7 月：湘雅医科大学校舍扩建，加建一层，延长东部，并改建护病学校。工程在暑假竣工。

11 月：湘雅医院发生工潮，湘雅医科大学、护校相继发生学潮。

本月：湘雅医院门诊处落成。

12 月 15 日：颜福庆离开长沙赴汉口。除了白良知和 Houston 外，胡美等大部分外籍教职员也纷纷回美国。湘雅医科大学校长由朱恒璧代理。湘雅医院院长由白良知代理。18 日，护校盖校长辞职，曹典球兼任护校校长。离开长沙前，颜福庆把愿意留在中国的个别美籍教员推荐到北京协和医学院和广东医学院。

---

① 《本会消息·促进中国公众卫生委员会》，《中华医学杂志》，1925 年，第 2 期，第 200 页。
② 复旦大学档案馆藏档案，LS2-219，第 6 页。

1927 年（民国十六年） 45 岁

1 月 15 日：受大革命影响，湘雅医院收入骤降，而医院职员提出了增加工资的强烈要求。鉴于医院的维持费不久将告罄，雅礼会决定，从本日起关闭湘雅医院①。

2 月 2 日：湘雅维持会成立，决定湘雅医院于 2 月 7 日开始门诊。

2 月 6 日：湘雅医科大学宣布，春季不能开学。高年级学生多转入或借读上海、北京的医学院校。

5 月 31 日：北京协和医学院任命颜福庆为副院长，年薪为 11 500 墨币（或 5 750 美元）。从本年 7 月 1 日起，任期一年②。

6 月 16 日：率领国际红十字会小分队赴武汉，从事伤兵救护工作。救护工作于 7 月 30 日基本结束③。

本月：国民政府教育行政委员会决定，在江苏试行大学区制度。将原国立东南大学等九所公立院校合并，组建国立第四中山大学。张乃燕任校长。

颜福庆与中华教育文化基金会、洛氏基金会、圣约翰大学达成协议，在 1927—1928 年度给予上海医学院以支持④。

本月：长女雅清与陈炳章举行婚礼。

7 月 1 日：颜福庆在协和医学院的任期开始。

7 月 12 日：第四中山大学校长张乃燕聘请颜福庆为医学院院长，即日莅临视事。颜福庆暂委乐文照代理，指定湘雅首期毕业生高镜朗、任廷桂参加医学院筹建。颜福庆自己负责经费预算、教师聘请等事宜。

7 月 18 日：江苏教育厅督学汪懋祖，函请颜福庆等接收江苏医学专门学校。

7 月 21 日：地处吴淞的原国立政治大学 28 亩校址，划归医学院为建院地址。颜福庆偕乐文照、牛惠生、高镜朗前去接收。

---

① Hume to F. C. Yen. January 12, 1927. Archives of PMUC. No 3587.
② Minutes of The Peking Union Medical College. May 31, 1927. Archives of PMUC. No 3587.
③ F. C. Yen. Report of the Work of the Red Cross Unit in Wuhan. *Chin Med J*, 1927, (8).
④ F. C. Yen to Palmer Bevis. June 17, 1927. 108/943.

9月14日：颜福庆到北京协和医学院任职。

本月：第四中山大学医学院筹备就绪。

10月2日：湘雅医院维持委员会成立，推选王子玕任代理院长。

本月：参与筹备中华医学会第七次大会。由于时局动荡，在北京的中华医学会筹备成员决定，暂时组织执行委员会和秩序委员会，颜福庆任执行委员会主席、秩序委员会委员。林可胜任秩序委员会主席。

12月9日：陪同美国洛氏基金会代表爱伦·格莱博士参观第四中山大学医学院。

12月27日：开始代理协和医学院宗教和社会工作部负责人。

本年：在《中华医学杂志》发表《国民政府应设中央卫生部之建议》[1]。

在《博医会报》第41卷第8期发表《武汉红十字会小分队报告》。

1928年（民国十七年） 46岁

1月：在北京出席中华医学会第七次大会。会议决定，合并中华民国医药学会、博医会，组织统一的医事机关；原先中英文合刊的《中华医学杂志》按中、英两种文字分别出版。大会决定成立合并委员会，颜福庆与刘瑞恒、俞凤宾、方擎、刁信德、侯希民任委员。推伍连德为英文版《中华医学杂志》正编辑，陈永汉、颜福庆为副编辑。大会重新改选了卫生委员会，颜福庆与胡鸿基、金宝善、方擎、胡宣明、孔宪武、梅贻琳当选新一届委员[2]。

2月：第四中山大学医学院改称"江苏大学医学院"。

3月：江苏大学医学院开设产科医院（江苏妇女医院），孙克基任院长[3]。医院于次月开诊。

5月：江苏大学医学院又改称"国立中央大学医学院"。

6月4日：颜福庆到上海，就任国立中央大学医学院院长。

7月：国立中央大学医学院成立公共卫生科，颜福庆兼任主任。

---

[1]《中华医学杂志》，1927年，第4期，第229—240页。
[2]《本会消息·本会第七次大会记略》，《中华医学杂志》，1928年，第1期，第67页。
[3] 朱益栋主编：《上海医科大学六十周年校史 1927—1987》（内部发行），1987年，第8页。

中华教育文化基金会资助三万元。

8月1日：本日起接管中国红十字会总医院，为医学院教学医院①。

本月：在中兴路18号创建"吴淞卫生公所"，聘请公共卫生专家胡宣明任主任。在实验区内大力推行卫生宣传教育，结合门诊医疗，逐步开展疾病预防、环境卫生、妇幼保健、口腔卫生等工作。规定每个医学生都须在实验区内轮转实习一个月。吴淞卫生公所比"平民教育促进会"在河北定县创办的农村卫生实验模范区还要早。

9月8日：北京协和医学院代理院长顾临致函颜福庆，原湘雅医学专门学校教授白良知决定加盟中央大学医学院②。

10月29日：中国红十字会总会北平分会成立，颜福庆与毕桂芳、江朝宗、汪大谐、何其巩被推举为名誉会长。

12月28日：被聘为中央卫生委员会委员。

本年：委托法医学专家林几起草《拟议创立中央大学医学院法医科意见书》③。

1929年（民国十八年） 47岁

1月16日：为恢复湘雅医科大学，颜福庆赴湘，上海的院务由朱恒璧代理。

1月27日：湖南育群学会特别会议决定，改组湘雅医科大学董事会、湘雅医院董事会，推举陈润霖为湘雅医科大学董事长，曾约农为湘雅医院董事长，胡元倓（子靖）为育群学会会长，王子玕为湘雅医科大学校长；继续开办湘雅医科大学。

4月15日：美国洛氏基金会决定，资助国立中央大学医学院26万元，分四年拨付。

5月：上海特别市政府卫生局局长胡鸿基公布《上海特别市政府卫生局　国立中央大学医学院合办吴淞卫生模范区组织大纲》，上海

---

① F. C. Yen to R. S. Greene. July 4, 1928. Archives of PUMC. No 3587.
② R. S. Greene to F. C. Yen. September 8, 1928. Archives of PUMC. No 3587.
③ 黄瑞亭：《中国现代法医学发展史述评》，《法庭科学杂志》，1995年，第1期。

特别市政府每年负担模范区经费 5 320 元①。

6 月 11 日：颜福庆致函中央大学校长张乃燕："医预科 3 年毕业或理科修业 2 年，再修毕 5 年医学本科，应按照美国医科大学及本国北平协和医学院规定，给予博士学位。"

6 月 15 日：出席吴淞卫生模范区第一次委员会议。会议商讨了模范区组织大纲和办事细则。

同日，致函协和医学院顾临，拟请协和陈克恢来医学院担任药学副教授②。

6 月 19 日：吴淞卫生模范区举行第二次委员会会议，出席者为颜福庆、岑德彰、胡鸿基。会议决定模范区各科主任名单：区主任梅贻琳、总务科主任梅贻琳、检查科主任（暂缺）、化验科主任汤飞凡、副主任林国镐、统计科主任梅贻琳（兼）、防疫科主任邓真德、保健科主任高镜朗、医务科主任邓真德（兼）。"委员会会议定于每月第一及第三个星期三下午二时半在吴淞卫生模范区办事处举行"③。

6 月 30 日：中华教育文化基金董事会第五次年会决定，从本年起，补助国立中央大学医学院九万元，分三年支付。

7 月：颜福庆倡议筹建"规模宏巨、设备齐全"的国人自办综合性医院，使之成为"上海医事中心"和"医学教育中心"，此即中山医院最初之设想。印制宣传册等发起准备，至迟在本月 15 日已经开始④。

7 月 26 日：颜福庆启程赴檀香山出席泛太平洋外科会议。在 8 月 14 日至 24 日举行的会议上，颜福庆作题为《中国之医学教育》的报告。会后赴美国本土。先后在檀香山、旧金山、芝加哥、波士顿、纽约等城市为筹建中山医院募捐，频繁与多所医学院、基金会和大公司洽谈，寻求医学院的合作伙伴并延聘教师⑤。

---

① 上海特别市政府卫生局公函，第 1345 号，1929 年 5 月，复旦大学档案馆藏档案，LS1-18。
②④ F. C. Yen to R. S. Greene. June 15, 1929. Archives of PUMC. No 3587.
③ 吴淞卫生模范区第二次委员会会议记录，复旦大学档案馆藏档案，LS1-18。
⑤ 颜福庆在上海中山医院发起人会议上的发言，1931 年 1 月 17 日。复旦大学档案馆藏档案，LS2-123。

9月6日：下午二时，吴淞卫生模范区举行成立大会。卫生部长薛笃弼、次长刘瑞恒，上海特别市市长张群莅会讲话。

本年：担任1929—1930年雅礼会副会长①。

1930年（民国十九年） 48岁

2月6日：陪同北京协和医学院代理院长顾临考察中央大学医学院。

6月15日：雅礼会召开年会，颜福庆再次当选该会1930—1931年度副会长②。

7月12日：产科主任孙克基突然辞职。颜福庆本日致函顾临，请求协和紧急支援，在8月1日前派人支援产科教学和门诊③。

7月24日：兰安生致函颜福庆，国联卫生组织官员费伯将于8月18日离开华沙来华，计划访问哈尔滨、大连、北京，中途访问南京，费伯提出在北京和颜福庆会谈④。

7月28日：致函北京协和医学院代理院长顾临，再次请求协和派一名产科教师来医学院授课，时间从9月15日到次年2月15日。此前颜福庆说服协和的杨崇端医师来医学院授课两个月⑤。

1931年（民国二十年） 49岁

1月17日：中山医院发起人会议在上海银行公会召开。国民政府要员孔祥熙、孙科以及沪上政、学、商、医各界名流27人莅会。颜福庆报告发起经过。会议宣告上海中山医院筹备会成立，计划向社会各界募捐100万元。颜福庆被推举为总干事。一周后，筹备会召开第一次常务委员会，决定成立48个募捐队，开始向社会各界大规模募捐。

---

① Reuben Holden. *Yale-in-China: The Mainland Years, 1901—1951*. New Haven: The Yale-in-China Association, Inc, 1964: 292.
② F. C. Yen to Palmer Bevis, July 23, 1930. 108/944.
③ F. C. Yen to R. S. Greene. July 12, 1930. Archives of PUMC. No 3587.
④ J. B. Grant to F. C. Yen. July 24, 1930. Archives of PUMC. No 3587.
⑤ F. C. Yen to R. S. Greene. July 28, 1930. Archives of PUMC. No 3587.

3月6日：应沪江大学医预学会之邀请，颜福庆作题为《现代医学教育的趋势》的演讲，指出：逐步减少医科年限，培植服务公众的医生，注重在预防医学，是现在的医学教育之趋势①。演讲经顾学箕整理，发表于上海《民国日报》。

5月24日：国立中央大学医学院"师生医学研究会"创办《医学》季刊。发表师生论文多篇。颜福庆撰写《发刊词》："大学之所以为大学，为世界学术之交接点，全国文化之中心区，教学者不仅为学子之导师，亦为世界学术之介绍人；就学者不独为孜孜求学之士子，亦应准备为将来国家之主人翁。故师生之间，能一致奋发，殚精竭尽，以求学术之精进，复进而以所得所知贡献于社会，则导师尽其先知先觉之能事，学子得学成致用之训练，而大学亦克尽厥职矣。且医学在世界正在突飞猛进，在我国仅属萌芽方起，一般社会，诸待启迪，而世界新知，尤须移植。斯刊之作，一以发扬新医之科学精神，一以介绍世界之最新进步，目标准确，不致无的放矢，故喜而为之叙。"

6月12日：林兆耆等12人毕业，是为中央大学医学院第一届毕业生。

7月18日：中山医院与江海关签订合约，江海关捐助中山医院银53 000两，设立一所专为海关职员服务的"江海关病室"②。

7月25日：国立中央大学医学院经济委员会第四次常务会议在中国红十字会总医院举行，刘瑞恒、钱新之、张乃燕、刘鸿生、刁信德、朱恒璧、乐文照、张錂等出席。颜福庆汇报医学院、第一实习医院、吴淞卫生模范区近况以及上海中山医院筹备情况③。

8月12日：前往南京，出席医学教育委员会第二次会议。

9月3日：中国基督教青年会全国执行委员会在上海召开紧急会议，决定成立全国救济委员会，颜福庆被推举为委员。

9月9日：致函北京协和医学院代理院长顾临，介绍上海八处可

---

① 《民国日报》，1931年3月16日，第三张，第二版。
② 《江海关、上海中山医院合约》，复旦大学档案馆藏档案，LS2-123，第118、119页。
③ 复旦大学档案馆藏档案，LS1-111。

供选择的医学院校址，提出现在地价昂贵，不是买地的时机，再次请求洛氏基金会把天文台路的土地捐给中央大学医学院[①]。

10月7日：被聘为中国救济水灾委员会卫生防疫组顾问委员。

10月31日：自本年7月1日起至今，中山医院筹备会第二阶段筹款结束，共计募集银圆82 815.1元，规元30 800两。此前第一阶段筹备会共筹得银圆40 679.68元，规元261 450两。至此，筹委会共计募集银圆300 194.69元，规元42 076两5钱[②]。

10月：教育部批准华中大学校董会立案注册。24人组成的校董会，作为华中大学的集体法人，对校务、资产、税收等负全面的责任。颜福庆被推举为校董会主席[③]。

12月8日：国民政府教育部核准湘雅医科大学立案，更名为"私立湘雅医学院"。

12月31日：内政部、卫生署为颜福庆颁发医师证书。

本年：参加国际性的宗教组织"规矩会"（又称美生会）。

1932年（民国二十一年） 50岁

1月28日："一·二八"事变中，吴淞校舍及吴淞卫生模范区全部被毁。医学院基本科暂借圣约翰大学校舍上课。

2月：淞沪抗战爆发后，上海组成市民地方维持会，支援十九路军。颜福庆任维持会委员，主持医疗救护工作，全院师生踊跃参加。

4月6日：国立中央大学医学院经济委员会常务会议在中国红十字会总医院举行。颜福庆在会上报告，吴淞校舍完全被毁，无法修复。医学院基本科现暂借圣约翰大学校舍上课，终非长久之计，拟在第一实习医院西面购地二亩一分七厘八毫，建住房十幢，作为医学院

---

① F. C. Yen to R. S. Greene. September 9, 1931. Archives of Shanghai Medical College (SMC). LS2–215.

② Second Report of Contributions to Dr. Sun's Memorial Hospital (From July 1 to October 31), 1931. Archives of SMC. LS2–123: 39.

③ 马敏、汪文汉主编：《百年校史：1903—2003年》，华中师范大学出版社，2003年，第49、50页。

临时校舍。会议决定，由颜福庆全权办理医学院购地建屋事宜①。

4月20日：与博医会合并后的中华医学会举行执行委员会首次会议，推举颜福庆为医学教育委员会主席。

6月30日：中国红十字总会授予颜福庆"一·二八"战事救护奖章和证书。

8月：国立中央大学医学院改组为独立学院，改名为"国立上海医学院"。国民政府教育部部长朱家骅颁发聘书，聘请颜福庆为院长。

10月1日：医学院临时院舍完工，投入使用。原吴淞旧址，以六万的价格转让给同济大学。但临时校舍空间逼仄，正式院舍的筹建提上日程。

12月9日：中华医学会医院标准委员会召开第一次会议，颜福庆、朱恒璧、白良知等七人出席。会议决定，详细调查国内医院现状，编成表格，比较研究后，制定出医院最低标准。

12月10日：国立上海医学院经济委员会第一次年会。颜福庆任主席，报告学校改组经过、学院建筑、教务、计划等事项②。

12月26日：颜福庆陪同美国洛氏基金会代表勘察江湾叶家花园。

1933年（民国二十二年） 51岁

1月19日：颜福庆被商务印书馆聘为"大学丛书"委员会委员。

1月：叶子衡捐赠江湾叶家花园土地80余亩，作为创办肺病疗养院之场所。

2月14日：中国红十字会华北救护委员会成立，刘瑞恒任主任委员，颜福庆与姜文熙为副主任委员。

2月：受上海地方协会委派，颜福庆会同黄炎培等赴热河、赤峰一带，视察伤兵救护工作，历时两周。

3月14日：喜峰口、古北口失守，伤兵日多。学校临时院务会议决定，本校师生组成救护队，16日由颜福庆带队北上参加伤兵救护。

7月5日：美国洛氏基金会补助将于1934年7月1日期满。本

---

①② 复旦大学档案馆藏档案，LS1-111。

日，颜福庆向洛氏基金会格莱提出申请，自次年7月1日起，再补助两年，每年补助五万元；另由上海医学院、洛氏基金会、中山医院和澄衷肺病疗养院合组"上海医事中心保管人董事会"。

8月5日：中华医学会派颜福庆、牛惠生拜会国民政府行政院长汪精卫、立法院长孙科，面陈《国医馆条例》不能成立之理由。

9月18日：颜福庆在上海医学院作开学报告，以"自责、自治、自重"勖勉学生。

10月22日："私立上海医事事业董事会"在叶家花园宣告成立。成立大会通过《私立上海医事事业董事会简章》《私立上海医事事业董事会议及办事细则》。推选孔祥熙担任第一届董事会主席，颜福庆为总干事。

11月17日：在上海公共租界公部局注册，获得公共租界内开业医生的资格。

11月：上海市卫生局发起的"中国预防痨病协会"在上海成立，颜福庆任会长。协会在防治结核病的宣传、疫苗（卡介苗）接种等方面成就卓著。为普及预防结核知识，1934年到1936年间，颜福庆等医界名流在上海福音广播电台开辟防痨讲座[①]。

12月：私立上海医事事业董事会发布《澄衷医院募捐启事》，计划向社会各界募集肺病疗养、精神病疗养院扩建经费129 900元[②]。

本年：参加上海地区"扶轮社"，任主任委员。"扶轮社"为联络中美友谊的社团，每周聚餐一次，餐后由各行业会员举行报告会。该社1937年后无形解散。

1934年（民国二十三年） 52岁

3月31日：中华医学会第十届大会（合并后第二次大会）在南京召开。以牛惠生会长名义所作的大会演讲中指出，"历经颜福庆医师、朱恒璧医师之努力，得将洛氏基金会捐予上海医事中心董事会之

---

① 张大庆：《中国近代疾病社会史（1912—1937）》，山东教育出版社，第133页。
② 复旦大学档案馆藏档案，LS2-218。

上海天文台路基地内划出三亩土地，作为本会辟新会址之用，将来新会所即筑于国立上海医学院附近，其中可分设图书馆、议事厅、研习所、委员会办事处及总秘书处等室"①。

4月5日：国民政府教育部医学教育委员会第二届第一次会议，推举颜福庆为主任委员。

4月11日：美国洛氏基金会决定，将上海天文台路（今建国东路）闲置的135亩土地赠给国立上海医学院，以建造新校舍和中山医院②。

6月1日：上医第二家实习医院"澄衷肺病疗养院"落成，床位140张，开始收容男女肺科病人。颜福庆担任首任院长，聘钱慕韩为副院长。后增设小儿肺科，成为我国第一个为儿童设立的肺病疗养机构。

6月16日：颜福庆偕卫生署长刘瑞恒、国际卫生委员会委员兰安生赴湘雅医学院考察。

7月："管理中英庚款董事会"聘请颜福庆担任该会"第二届留英公费生考试"阅卷人③。

8月：向法租界当局递交建筑上海医学院和中山医院方案。租界当局以种种理由，拖延五个月仍未批准④。

9月3日：被聘为国民政府中央医院调查委员会委员⑤。

10月1日：第九届远东热带病医学会议在南京举行，为期一周。20余国家派代表出席。行政院长汪精卫任大会名誉主席。颜福庆任大会副主席。朱恒璧任大会秘书长。汤飞凡、谷镜汧递交了论文⑥。

10月23日：美国洛氏基金会上海天文台路土地移交手续在纽约办理⑦。

11月：被上海市政府聘为市立医院筹备委员会委员⑧。

12月29日：法租界当局决定，在其租界内开办一家有350个床

---

① 《中华医学杂志》，1934年，第4期，第464页。
② 编委会：《上海医科大学纪事（1927—2000）》，复旦大学出版社，2005年，第36页。
③ 复旦大学档案馆藏档案，LS2-216，第1、2页。
④ F. C. Yen to A. Gregg. January 23, 1935. Archives of SMC. LS2-147.
⑤⑦ 编委会：《上海医科大学纪事（1927—2000）》，复旦大学出版社，2005年，第37页。
⑥ 《中华医学杂志》，1933年，第3期，第435页。
⑧ 编委会：《上海医科大学纪事（1927—2000）》，复旦大学出版社，2005年，第38页。

位的医院,并在洛氏基金会土地上开辟第二条马路。要求颜福庆在法租界外置地建医学院①。

1935年(民国二十四年) 53岁

1月22日:颜福庆向法国总领事递交出售洛氏基金会土地报告②。

2月:"管理中英庚款董事会"聘请颜福庆担任该会"第三届留英公费生考试"校试委员,担任医学各科的命题和阅卷事宜③。

6月:苏德隆以第一名的总成绩从上医毕业,获金质奖章,留校任助教。颜福庆推荐他到上海县颛桥乡办理农村卫生所,作为上医的一个教学基地。苏德隆日后成为我国公共卫生学的一代宗师。

7月26日:颜福庆被国民政府教育部聘为教育部医学教育委员会常务委员会委员。次月,又被聘为教育部医学教育委员会护士教育专门委员会、助产教育专门委员会委员。

7月31日:在枫林桥购得第一块土地④。

8月1日:致函顾临,希望顾临能给教育部部长王世杰写信,对短期内在南京、武昌成立新的医学院提出商榷意见。顾临在北平协和医学院院长的任期于6月30日到期,8月9日离开北平,颜福庆又与朱恒璧、牛惠生商量,邀请顾临担任中华医学会顾问⑤。

11月2日:出席合并后的中华医学会第三届大会,适逢广东博济医院创立100周年暨总理开始学医及革命运动50周年纪念大会,颜福庆发表题为《中国医事事业之前途》的演讲⑥。倡导建立"公医制度"。

12月20日:刘湛恩、颜福庆等28位上海各界基督教徒代表联名发表《上海各界基督徒对时局宣言》:"我们相信一个民族有它

---

①② F. C. Yen to A. Gregg. January 23, 1935. Archives of SMC. LS2-147.
③ 复旦大学档案馆藏档案,LS2-216,第3—5页。
④⑤ F. C. Yen to R. S. Greene. August 1, 1935. Archives of SMC. LS2-147.
⑥ K. Chimin Wong, Wu Lien-Teh. *History of Chinese Medicine*. 2nd ed. Shanghai: National Quarantine Service, 1936: 799.

人格的尊严，有它生存的权利。最近华北的事件清楚地告诉我们：'九·一八'以后的忍辱、妥协、迁让，不特没有满足侵略者无厌之求，并且快要把我们的民族沦于万劫不复的地位。因此，我们站在真理的立场，主张全国的民众，一致起来，对于分裂领土的企图，对于欺骗麻醉的手段，对于一切的威胁与压迫，坚决地作勇敢的反抗。我们爱和平，但我们更爱公道；我们不愿做无谓的牺牲，但我们也不惜为真理与正义而流血。我们决定尽我们的力量，去作这个伟大的反抗运动的后盾"①。

12月：教育部批准上医设立牙医专修科。

本年：在《博医会报》第49卷第9期发表《中国医学院校附属医院之经济》《中国医学教育之过去和现状》。

本年：丁福保邀请颜福庆出任虹桥疗养院院长。上医师生百余人，在颜福庆引导下参观该院。同时出席的有美国哈佛大学医学院生理学教授凯能博士、芝加哥大学前校长胡敦博士、北平协和医学院生理学教授林可胜博士、圣约翰大学教务长马立斯博士，还有伍连德博士、黄子方博士等②。

本年：颜雅清作为中国代表出席日内瓦国际联盟妇女会议③。

1936年（民国二十五年） 54岁

4月15日：国立上海医学院新校舍、中山医院同时奠基。发行《奠基典礼特刊》，颜福庆为特刊撰写绪言。工程由汤秀记及森泰营造厂承包建筑④。

4月26日：《国立上海医学院季刊》创刊号出版。颜福庆撰写发刊词。

6月1日：当选中国心理卫生协会第一届监事⑤。

---

① 中华基督教青年会全国协会：《同工》，1936年1月15日，第148期。
② 高毓秋：《丁福保年表》，《中华医史杂志》，2003年，第3期。
③ 复旦大学档案馆藏档案，LS2-600，第57页。
④ 《本院消息一束·建筑新院舍》，《国立上海医学院季刊》（创刊号），1937年4月。
⑤ 编委会：《上海医科大学纪事（1927—2000）》，复旦大学出版社，2005年，第45页。

9月20日：松德堂、量才堂奠基。颜福庆在奠基典礼上发言。

9月：国立上海医学院新校舍落成，基础医学各科迁入新校舍上课。开办药学专修科，宋梧生任药科主任。

10月30日：被教育部聘为国立中正医学院设计委员会委员①。

12月：中山医院落成，临床各科迁入上课。松德堂、量才堂相继竣工，分别为药学专修科和护士学校教学用房。

1937年（民国二十六年） 55岁

4月1日：国立上海医学院新校舍暨中山医院举行开幕典礼。同时举行中华医学会第四届大会、中华麻风病学会第三届大会、中国医史学会"第一次中国医史文献展览"。各界人士千余人参加典礼。国民政府行政院副院长孔祥熙、教育部次长段锡朋、中华医学会会长朱恒璧先后致辞，颜福庆报告筹建经过。

6月29日：颜福庆、兰安生、朱恒璧、李廷安等在南京路新亚饭店出席医师研习所公共卫生沙龙。

8月27日：全面抗战爆发，日军进攻上海，军民伤亡惨重。颜福庆签署布告：国难当头，全校同仁，应共济时艰，极力维持正常工作，如有紧急工作，应立即到岗，不得推诿，不得随意请假。教育部下拨经费短缺，各医院收入大减，全校各级人员从本月起减薪。

8月29日：对报界发表谈话，控诉日本侵略军公然违背1929年《日内瓦公约》，多次用飞机轰炸正在从事伤兵救护的红十字会工作人员②。

8月：出任中国红十字会上海市救护委员会主任，总负责上海的救护工作。全校师生员工积极参加前线救护和伤兵医院工作。

10月9日：为推进救护工作，中国红十字会总会市救护委员会组织设计委员会、筹募委员会。本日，两委员会在中汇大楼举行联席会议，颜福庆出席并报告会务情形③。

---

① 编委会：《上海医科大学纪事（1927—2000）》，复旦大学出版社，2005年，第47页。
② 《民报》，1937年9月14日。
③ 《新闻报》，1937年10月10日。

11月：上海沦陷，医学院、中山医院被日军侵占。

本年：写信召唤正在美国留学的长子颜我清回国参加抗战。

1938年（民国二十七年） 56岁

5月：就任国民政府卫生署长。离职前将上医院务委托给朱恒璧。

6月8日：致函北平协和医学院林宗扬，以远东热带病协会华北分会副主席的身份，推荐林出席在河内举行的第十届远东热带病大会①。

11月：颜福庆到云南视察公共卫生，向内迁昆明的国立上海医学院学生发表讲话：本校迁滇目的，为内地专门人才缺乏，同学借此机会，报效国家……须不避劳苦，抱定一人当数人之事之宗旨，……志在大城市开业，或专在大医院行医者，实甚错误。即使不在抗战时期，大多数同胞亦在水深火热中，急需我们援助②。

12月：颜福庆在《中华医学杂志》发表《战时医学教育问题》《妇婴卫生工作之重要性及其推进方案》《沿公路线设立卫生站之必要及劳工问题》三篇文章，对战时医学教育、妇婴卫生、劳工卫生等问题提出纲领性思路。

1939年（民国二十八年） 57岁

8月16日：湘雅医学院推举张孝骞为院长。

8月：据本月出版的《中华医学杂志》载职员名录，颜福庆担任监察委员会委员、医院标准委员会主席、医事教育委员会主席、教会医事委员会委员、精神病学委员会主席、救护委员会委员，另担任中华医院事业学会会长③。

12月9日：湘雅医学院因经费匮乏濒临停办。本日张孝骞赴重庆，向教育部要求将私立湘雅医学院改为国立。为此，张孝骞联合湘雅校友发动"国立运动"。颜福庆出面联合湘雅医学院董事会，使湘

---

① F. C. Yen to C. E. Lim. Hankou. June 8, 1938. Archives of PUMC. No 3587.
② 编委会：《上海医科大学纪事（1927—2000）》，复旦大学出版社，2005年，第58页。
③ 《中华医学杂志》，1938年，第8期，第1011—1013页。

雅顺利由私立改为国立，摆脱了困境[①]。

1940 年（民国二十九年） 58 岁
4 月：朱恒璧应约飞赴重庆，与颜福庆会谈。

5 月：辞去卫生署长职务，取道香港赴美就医。经诊断为胃溃疡，并有癌变的征兆。

6 月 28 日：在纽黑文医院手术，割去胃部五分之三。手术非常成功，不久康复。

9 月 4 日：应胡美之邀，颜福庆出席在纽约召开的美国基督教海外医学联合会，就基督教在华医学事业的未来和与会者进行交流。

1941 年（民国三十年） 59 岁
1 月：从美国返回香港。

国民政府教育部任命朱恒璧为国立上海医学院院长。

12 月：珍珠港事变后，香港被日军占领。颜惠庆被日军捕押，颜福庆同时被日军监视。

1942 年（民国三十一年） 60 岁
5 月：从香港回到上海，担任上海医学院（沪部）教授。

本年：开始担任上海基督教青年会董事。

1943 年（民国三十二年） 61 岁
4 月 21 日：妻曹秀英因脑卒中（中风）去世，终年 62 岁。

本年：长子颜我清与高舜华结婚。

1944 年（民国三十三年） 62 岁
4 月：出任宏恩医院董事。

---

① 刘笑春、李俊杰等主编：《湘雅人物》，湖南教育出版社，1994 年，第 7 页。

1945 年（民国三十四年） 63 岁

2 月：长孙颜志渊出生。

本年：开始担任中华圣公会救主堂董事。

1947 年（民国三十六年） 65 岁

1 月：赴美国考察，上海医事事业董事会总干事职务由中山医院院长沈克非代理。

3 月 29 日：在纽约一教堂，以男方主婚人身份出席张治道的婚礼。

本年：孔祥熙辞去上海医事事业董事会董事长一职，由颜惠庆继任董事长。

1949 年（民国三十八年） 67 岁

5 月：上海解放前夕，与颜惠庆、黎照寰、赵朴初、陆干臣、李思浩等各界人士组成临时救济委员会，颜福庆任常务理事兼医学组主任，对稳定社会治安起了重要作用。

6 月：上海人民政府筹备召开市科学会议，颜福庆任筹委会委员。

7 月 3 日：军管会和市政府召开如何开好科学会议座谈会，颜福庆应邀出席并发言。

7 月 9 日：军管会卫生处宣布，接管原"上海医事中心"所有财产，包括国立上海医学院、肺病中心诊所、中山医院、中国红十字会第一医院和澄衷肺病疗养院等在内。军管会卫生处长崔义田兼军事代表，下设工作小组分别进驻上述单位。11 日，军管会开始到中山医院办公[①]。

8 月 25 日：上海医学院及其教学医院成立临时管理委员会（简称临管会），宫乃泉任主任委员，颜福庆为副主任委员，朱恒璧等 19 人为委员。

9 月："国立上海医学院"改称"上海医学院"。

本年：在美国留学的幼子瑞清、外孙女陈国凤应颜福庆敦促，回国参加建设。

[①] 复旦大学档案馆藏档案，目录号 14，案卷号 6，第 28 页。

1950年　68岁

8月17日：中华全国自然科学专门学校联合会在清华大学举行，颜福庆出席并当选委员。

11月：担任华东军政委员会文化教育委员会委员。

12月7日：上海医学院及其教学医院临管会召开常委会，讨论抗美援朝、保家卫国运动的组织领导与具体工作推进事宜。决定成立抗美援朝联合委员会，由颜福庆、朱恒璧、黄家驷等11人组成，颜福庆任主任委员。委员会议定四项任务：第一，组织自愿医疗手术队，动员各医院同仁和同学自愿参加。第二，募捐药品、器械和慰劳品。第三，推动私立医院及开业医师等参加工作。第四，请陈化东教授主持急救训练。请沈克非、李存仁研究1 000张病床的伤兵医院所需之人员及器械等配置①。

本年：参加上海中苏友好协会、上海教育工会。

新中国成立初期，颜福庆带领上医师生到上海郊区和浙江嘉兴，为解放军指战员突击治疗血吸虫病和核黄素缺乏症。

1951年　69岁

1月14日：华东卫生部、上海市卫生局和上海医务界人士2 000余人，在大光明戏院举行政治报告会，颜福庆在会上说："上海医务工作（者）目前已经组成三个志愿手术医疗队，将于25日启程为志愿军及朝鲜人民军伤病员服务"②。

1月23日：上海医务工作者抗美援朝委员会在市府大礼堂举行盛大欢送会，欢送即将出发的志愿医疗手术队，149个单位赠送了锦旗，手术队全体317位成员被披上大红花。颜福庆发表讲话指出，由各科有经验的专家组成的手术队，携带大批医疗器械和设备去战场服务，这不仅是上海市医务工作者抗美援朝的实际行动，也是医务工作者的光荣③。

---

① 周容：《上医人情系祖国——上医抗美援朝志愿医疗队纪实》（打印稿），2007年，第1页。
② 周容：《上医人情系祖国——上医抗美援朝志愿医疗队纪实》（打印稿），2007年，第4页。
③ 周容：《上医人情系祖国——上医抗美援朝志愿医疗队纪实》（打印稿），2007年，第5页。

1月24日：下午四点一刻，上海医务工作者抗美援朝委员会在北火车站广场举行盛大的欢送仪式，欢送志愿医疗手术队赴朝。颜福庆、崔义田致欢送词，黄家驷代表手术队全体成员发言[①]。

1月：本月开始到次年3月，上海医学院先后组织三批共154人参加抗美援朝手术医疗队，赴东北前方为志愿军服务，为抗美援朝的医疗救护作出巨大贡献。

6月12日：颜福庆任团长，带领上海医务界慰问团赴东北，慰问抗美援朝志愿医疗手术队。

11月26日：中国人民保卫儿童委员会在北京成立，颜福庆、陈翠贞为委员。

12月：华东卫生部任命宫乃泉为上海医学院院长，颜福庆、黄家驷为副院长。临管会随即结束。

1952年　70岁

1月：28日开始，美军在朝鲜战场发动细菌战。上海市科协、医务工作者抗美援朝委员会召开座谈会，细菌学家林飞卿、药学家张昌绍等专家出席。颜福庆主持会议，黄家驷做总结发言，号召医务界在需要时上前线去。随后，上海市科技界、医务界组成细菌战防御委员会，林飞卿、沈克非、黄家驷、钱悳、颜福庆等90人被推举为委员[②]。

2月23日：上海市各界人民代表2 000余人，在震旦大学大礼堂举行欢送会，欢送即将出发的上海市第二批抗美援朝志愿手术医疗队。颜福庆在会上致辞[③]。

10月："上海医学院"改称"上海第一医学院"。

1953年　71岁

12月3日：中央人民政府任命李文、颜福庆、黄家驷为上海第一医学院副院长。次日，院长宫乃泉调离学校。21日，林枫被任命为

---

① 周客：《上医人情系祖国——上医抗美援朝志愿医疗队纪实》（打印稿），2007年，第5页。
②③ 周客：《上医人情系祖国——上医抗美援朝志愿医疗队纪实》（打印稿），2007年，第7页。

代理院长。

12月10日：据中央人民政府政务院《关于修改高等学校领导关系的决定》，上海第一医学院改由华东行政委员会卫生部领导。

1954年　72岁

5月1日：幼子颜瑞清与黄振信在上海锦江饭店举行婚礼。

11月2日：上海第一医学院成立基本建设委员会，颜福庆任主任委员，刘海旺、陶煦为副主任委员。

本年：以社会救济代表身份当选第二届全国政协委员。

1955年　73岁

10月25日：陈同生担任上海第一医学院党委第一书记。

10月27日：上海第一医学院成立重庆医学院筹备委员会，开始筹划建设重庆医学院，颜福庆为主任委员[①]。

11月：前往四川实地勘察，选择重庆医学院校址。

1956年　74岁

2月：出席全国政协二届二次会议，其间受毛泽东主席接见并宴请。

4月：加入九三学社。

6月1日：上海第一医学院发行院刊，颜福庆撰写发刊词。

9月2日：九三学社上海分社第五届委员会举行第一次会议，选举正副主任委员、秘书长及各委员会委员，并讨论工作计划。卢于道当选主任委员。笪移今、周行健、毛启爽当选副主任委员。洪铭声当选秘书长。颜福庆当选常务委员兼科学文教工作委员会主任[②]。

9月15日：九三学社中央委员会宣传部发出《关于加强对台湾广

---

① 筹委会成立的时间，据王乐三回忆是1955年4月。见王乐三：《团结知识分子的典范——怀念陈同生同志》，陈淮准主编：《戎马书生——陈同生纪念文集》，2003年，第133页。

② 九三学社上海分社秘书处编：《上海社务简报》，1956年9月12日，上海市档案馆，C53-1-86。

播宣传工作的通知》，要求九三学社利用文教科学工作者聚集的优势，加强对台宣传的力度，每月派三到四位社员参加对台广播。号召台湾科学文教界朋友，站到爱国主义旗帜下来，为解放台湾，实现祖国完全统一而努力①。上海分社确定颜福庆、倪葆春、陈植、褚凤仪、王应睐、周行健、李林、张汇芝、余日宣、张家祉等近期参加对台广播。

9月：9—10月间，在茂名南路政协文化俱乐部，自费邀请一百多位沪上名医聚餐，宣传中国共产党的统一战线方针、知识分子政策②。

10月12日：九三学社上海第一医学院分社举行筹备会。颜福庆主持并发言。毛启爽代表分社宣布，颜福庆、徐荫祺、王有琪、叶英等四人为支社筹备委员。

10月21日：颜福庆主持九三学社上海分社科学文教工作委员会。决定设立社员著作展览会筹备处，负责展出资料的征集、分类、整理及布展等工作。

11月4日：上海第一医学院30周年院庆筹备委员会举行第一次会议，陈同生为主任委员，颜福庆等任副主任。

本年：颜福庆与沈克非、黄家驷、胡懋廉、钱悳、张昌绍、荣独山、徐丰彦、谷镜汧、林兆耆、吴绍青、杨国亮、陈翠贞、苏德隆、王淑贞、郭秉宽被评定为一级教授。上海第一医学院一级教授人数遥居全国各高校前列。另有22人被评为二级教授。

英国文化教育代表团访问上海。颜福庆陪同。代表团成员、英国利物浦大学校长赠送颜福庆相关书籍③。

1957年　75岁

1月6日：九三学社上海分社成立上海第一医学院支社，本日举行成立大会，选举颜福庆、王有琪、王淑贞等11人为首届委员会委

---

① 九三学社中央委员会宣传部：《关于加强对台湾广播宣传工作的通知》[（56）总联字第594号]，上海市档案馆，C53-1-85，第4页。
② 苏怀一：《热心社务的老前辈——记颜福庆同志在上海九三的点滴回忆》（手稿），2006年11月4日。
③ 复旦大学档案馆藏档案，LS2-911。

员，颜福庆为负责人。当时上海第一医学院支社共有社员 61 人。

5 月 5 日：九三学社上海分社举行"社员科学研究工作展览会"预展，颜福庆陪同中共上海市委书记处书记魏文伯参观展览。

5 月 20 日：九三学社上海分社邀请该社高教界部分同志，座谈关于目前高等学校的管理制度、形式和教授治校问题。颜福庆出席会议并发言。

9 月 12 日：上海第一医学院举行 30 周年庆祝大会，上海市委书记陈丕显致贺词，颜福庆报告学院院史。在回答记者提问时，颜福庆说："解放后 8 年胜过解放前 22 年的发展，是做梦也没有想到的奇迹。证明共产党不但能领导高等学校，而且领导得很出色。"

1958 年　76 岁

12 月：当选九三学社中央第五届委员会委员。

1958 年至 1964 年当选为九三学社上海分社第六、七、八届副主任委员。

1959 年　77 岁

3 月 15 日：中央卫生部副部长钱信忠一行 15 人考察上海第一医学院，在中山医院召开大型座谈会。18 日，上海第一医学院被确定为全国 16 所重点高等院校之一、卫生部重点高校之一[①]。

4 月 14 日：颜福庆与沈克非、胡懋廉、王淑贞赴北京，出席第二届全国人大和第三届全国政协会议。

6 月：在英文杂志《中国建设》(*China Reconstructs*) 第 8 卷第 6 期发表《今日之医学教育》一文，向国际友人介绍中国医学教育的最新进展。

12 月 17 日：九三学社上海分社医务界人士座谈"一年来社员情况变化及目前存在问题"。出席的有第六人民医院杨思源，江宁区中心医院院长徐瑞和，第一医学院眼科教研组主任郭秉宽、放射学教研

---

① 王乐三、李兰馨：《往事漫忆》，文汇出版社，2004 年，第 59 页。

组主任荣独山,第二医学院微生物学教研组主任余㵪①。颜福庆任主席并发言。

本年:当选第二届全国人大代表、第三届全国政协委员。

1960 年　78 岁

6 月:九三学社上海分社主任委员卢于道提出"配合年会活动进行九三学社工作"的新思路,得到有关方面党组织的赞同。一年后,九三学社上海分社常委会决定,设立"医药界年会临时工作委员会",请毛启爽指导委员会工作。委员会设委员 16 人,由九三学社中担任各分科学会筹备工作正副组长的社员组成,颜福庆任主任委员②。

7 月 20 日:颜福庆致信在美国的两个女儿,希望她们一道回国参加祖国建设。

本年:嘱咐亲属,去世后将遗体捐献给上医,供尸体解剖之用。

1961 年　79 岁

8 月 28 日:颜福庆 80 寿辰。陈同生院长从外地发来贺电。

本年:颜福庆赴香港。在港期间,向上医校友详细介绍国内形势和母校发展情况,以老师和老院长的身份,动员他们回国观光、定居,参加社会主义建设。

1963 年　81 岁

8 月 3 日:九三学社上海分社 41 人出席交流会,学习中共中央九评苏共中央公开信。颜福庆作题为"对修正主义本质的认识及核武器看法的转变"的发言。许应期、汪鸿鼎、高景仰、刁有道、王有琪、陈守实、陆铭声、陈植也分别发了言③。

---

① 上海市档案馆,C53-2-38,第 76 页。
② 《九三学社上海分社医药界年会临时工作委员会工作计划(草案)》,上海市档案馆,C53-1-90,第 1 页。
③ 九三学社上海分社大组交流会情况汇报,1963 年 8 月 3 日,上海市档案馆,C53-2-46,第 205 页。

8月29日：出席九三学社上海分社座谈会，讨论曹荻秋书记反苏修的报告。到会会员25人，颜福庆在会上发言①。

1964年　82岁
8月：王乐三当选上海第一医学院党委书记②。

本年：向党委提出退休，党委挽留。

当选第三届全国人大代表。

1965年　83岁
2月：春节期间，慢性支气管炎复发。

1966年　84岁
6月1日：《人民日报》发表社论《横扫一切牛鬼蛇神》，接着连续发表社论，鼓吹大鸣、大放、大字报、大辩论，揭发、批判、打倒所谓"资产阶级代表人物""资产阶级反动学术权威"。

6月2日：晚，上医贴出第一张大字报"一医党委是革命的吗？"两天后，大字报的矛头就指向了颜福庆等"资产阶级专家和权威"。

8月10日：上海第一医学院召开声讨大会，批斗颜福庆等四人。颜福庆被戴上高帽，胸前挂牌游行。

8月31日：本日开始至9月20日前后，上海无线电四厂、上海第一医学院、结核病防治所的造反派和首都红卫兵等先后来抄家六次以上。红卫兵挖墙头、撬地板，抄走大量存单、现金、港币、股票、家电、衣服等。

11月：北京高干子弟组成的"联动"红卫兵组织上门抄家，未抄到东西。颜我清、颜瑞清被毒打。

---

① 九三学社各个时期社员思想动态综合材料，1960—1966年4月，上海市档案馆，C53-2-46，第218、219页。
② 王乐三、李兰馨：《往事漫忆》，文汇出版社，2004年，第59页。

1967 年　85 岁

1 月 24 日：造反派成立权力机构"上海第一医学院临时管理委员会"，宣布校内全面夺权成功。

1968 年　86 岁

9 月 12 日：上海第一医学院召开"高举毛泽东思想伟大旗帜，彻底批判'上医校庆 30 周年'大会"。大会诬陷颜福庆为"文化特务"，污蔑 1957 年 9 月举行的校庆 30 周年纪念活动，是"一起反革命翻案事件"，是"替颜福庆树碑立传"①。

冬：工宣队进驻颜福庆家里，对其实行隔离审查。此后，颜福庆卧床不起。

1969 年　87 岁

秋：长孙颜志渊结婚前回上海探亲，颜福庆以毛料衣服相赠。

本年：长女雅清在美国去世。

1970 年　88 岁

11 月 29 日：在家含冤去世，终年 88 岁。

1978 年

4 月 12 日：中共上海第一医学院委员会作出《关于颜福庆同志问题的复查结论》："经复查，颜福庆同志历史清楚。在'文革'中对他的'审查'是错误的。为此，撤销 1973 年 7 月 3 日原市革委会的批复。"

10 月 4 日：中共上海市委员会批复市委复查办公室："沪委复（78）字第 102 号报告悉。市委同意对颜福庆同志的复查报告和结论，撤销 1973 年 7 月 3 日原市革委会'对颜福庆同志不戴反革命帽子，

---

① 编写组：《中共上海医科大学党史大事记（1949—1987）》（内部发行），1993 年，第 118 页。

作人民内部矛盾处理'的批复。"

11月19日：上午9时，上海第一医学院在龙华革命公墓大厅举行"颜福庆同志骨灰安放仪式"，彻底为颜福庆平反昭雪，恢复名誉。骨灰重新安放在龙华烈士陵园革命干部骨灰存放室。

1994 年

颜福庆半身塑像在湖南医学院（原湘雅医学院）落成。

1997 年

颜福庆全身塑像在上海医学院落成。

2004 年

又一尊颜福庆半身塑像在长沙中南大学湘雅医学院新校区落成。

2005 年

复旦大学枫林校区颜福庆塑像前东西向道路命名为"福庆路"。

2007 年

9月：钱益民、颜志渊著《颜福庆传》由复旦大学出版社出版。

2011 年

4月：钱益民、颜志渊著，张强译《颜福庆传（英文版）》(*Fuching Yen – A Pioneer of Chinese Modern Medicine*)由复旦大学出版社出版。

附录二

江西安源萍乡煤矿钩虫病的控制[①]

颜福庆著 黎 健译 王籽兰校

按语：1917年，颜福庆申请到洛氏基金国际卫生委员会的资助，花了22个月时间，进行了萍乡煤矿的钩虫病调查及控制，写出了27 000字（中译文）的两篇论文《江西安源萍乡煤矿钩虫病的控制》和《湖南萍乡煤矿钩虫病感染报告》。论文是颜老在公共卫生领域的代表作。论文以翔实的现场调查研究为基础，提出了具体入微及可操作的防治措施。调查唤醒了矿工们的卫生意识。经过治疗，钩虫感染率从81.6%降到39.5%，减幅为42.1%。该论文不仅是我国工业卫生史上开拓性的杰作，也是世界工业卫生史上尚未见到的文本。现在我们把其中的一篇介绍给读者。

——王籽兰

在萍乡煤矿进行钩虫病控制的工作对我们很有意义，因为它代表着在中国进行的首次此类工作。这项运动是在洛克菲勒基金会国际卫生委员会的建议下发动的，并且在该委员会资助下进行。我们知道这个慈善委员会的活动遍布世界各地，它多年来致力于钩虫病的控制和消灭，今天我们看到了它持之以恒的劳动的成果，特别是在美国的南部各州。有很多种原因使钩虫病被该委员会从许多种疾病中挑选出来

[①] 原文系英文，发表于《中华医学杂志》，1920年，第6期。

以显示清洁的环境卫生的价值。

钩虫病是一种我们已经完全了解了的疾病，这些知识都是建立在科学调查的基础上。钩虫的生活周期已于1895年由Loss研究清楚，现在我们先讲讲钩虫从虫卵发育为成虫的不同阶段的过程。当有虫卵的粪便被随便堆积时，虫卵便会感染土壤，在适当的温度和湿度条件下发育成幼虫，从而导致感染。幼虫主要通过皮肤进入身体，在进入体内时会引起"着地痒（钩虫痒病）"，在体内它通过血液循环到达肺，然后到达支气管，在咽喉部支气管的最上端它穿过会厌部，进入食管，最后到达肠，在这里成熟产卵，并对宿主构成损害。有了这些全面的知识，我们就能找到对于钩虫的治疗和预防方法。

另一个选择钩虫病的原因是消灭钩虫运动可以显现清洁的环境卫生的价值，同时具有许多间接的益处。抑制钩虫能降低多种疾病，如伤寒、痢疾、霍乱和其他肠道感染的发病率。预防钩虫病主要是搞好环境卫生，预防肺结核则主要是搞好个人卫生，因此两种方法的结合就构成了整个预防医学的领域。

此外，一项成功的消灭钩虫的运动也可以向社区展示卫生的经济价值。普通的社区居民对于清洁的环境卫生没有长久的兴趣是可以预料到的，除非对于他们付出的努力可以直接、快速地看到效果。如果有贫血的钩虫病人能重新成为一个强壮的社区成员，这将会是一个长期流传的故事。

但是，为了在中国也产生同样的效果，一项成功的消灭钩虫运动必须被限定在一定的地域范围内。人的粪便作为肥料的普遍使用，控制土壤污染的法律的缺乏，极度的无知、粗心、冷漠，农村地区的贫穷以及由于隔离造成的不能就医等多种原因会使全国范围内的运动既昂贵又不可行。当挑选一个有限的地区来进行这项工作时，由于下列原因，把首次工作放在煤矿里进行是相当明智的。

1. 钩虫感染在煤矿里是普遍和非常严重的。

2. 在一个一定程度上处在煤矿官员控制下的有着广泛钩虫感染的社区，治疗和预防钩虫病的措施将得到更为有效的执行。

3. 该项运动的经济价值将会得到完全的展现，矿工治愈钩虫病后增加的赚钱能力会得到矿工的欢迎；并且治愈后增加每人的煤产量，也同样受到资本家的欢迎。

4. 在中国，煤矿工业刚刚开始发展，如果老煤矿在这个早期能够免除钩虫感染的危害，在将来挖掘的新煤矿也能够幸免于钩虫感染，这将对于整个煤矿产业带来无可估量的前景。

作为国内第一个消灭钩虫运动试点的萍乡煤矿，位于中国中部湖南省和江西省交界处，是煤炭储量丰富的地区之一。据估计，在17.4平方英里的煤矿特许开采区内，有超过4亿吨煤，在目前的年产100万吨煤的产量下，可以开采400年。煤矿由汉冶萍公司经营了22年，该公司同时拥有汉阳钢铁厂、大冶钢铁厂和大冶铁矿。仅萍乡煤矿就投资1 550万两白银，用了12 000个雇工，其中70%是井下的矿工。

矿井的一般布局

矿井覆盖很大一片区域，井下的工作被分为两个主要的部分：竖井部和横坑部，每个部分各有5个水平。

1. 主横坑在山谷中水平进入山体，有1.5英里长。它装备了有轨电车，是主横坑的主要运输工具。5个横坑的水平面都高于山谷的水平面。最高的水平面靠近山顶，这里可以做出口通往地面。主横坑的分支是一些横向的巷道，它们与许多的斜坡连接。在这种方式下，所有的水平面都能相互联系起来。

2. 竖井垂直下降到500英尺深，它的5个水平面都低于地面水平。

煤矿的地面部门也非常庞大，除了医院、行政办公室、公寓部、仓库外，它还拥有2个煤矿洗涤处、焦炭蒸馏罐、车间、泵站、砖厂，这些都是用机器操作的。

整个煤矿每月需要300 000两白银来运转，雇用了12 000个雇工，年产煤100万吨，焦炭25万吨。

有利钩虫感染的因素

萍乡煤矿的地理位置、地质构造和气候条件都有利于钩虫的感染，煤矿里的条件是钩虫病传播的理想条件。

1. 煤矿里的温度常年都较高。即使有良好的通风系统，2 个风扇在矿井入口处将压缩空气导入，并经山体对面的两处出风口排出，每分钟引进空气 2 300 立方米，横坑部的温度很少低于摄氏 25.59 度，竖井部则很少低于摄氏 28.9 度。湿度也非常高，达到平均 97.7%。此外，由于井顶部和周边一直有水滴落，矿井内常年潮湿、泥泞。无论在哪里挖煤，都要喷水以免煤尘着火。井下没有厕所，粪便沉积在潮湿的地面、排水沟和煤车上，甚至分布在矿井的各处。排水沟中的水被矿工用于洗涤和饮用。在这样潮湿、泥泞的地方，矿工必须 12 小时轮班工作，由于井下很热，他们不仅是光着手脚，而且没有任何衣服。在一些很狭窄的地方，矿工必须用各种蜷缩的姿势工作，完全赤裸着身体，并且与高度感染的土壤接触。此外，矿工一天只吃一餐饭。随着新的感染不间断地进入矿井，有利于钩虫幼虫发育的温、湿度，以及没有保护的工作条件，使得矿工们暴露在受钩虫感染和重复感染的最大危险之中。一些官员仅仅偶尔进入矿井，并且有很厚的靴子和手套保护，也被发现感染钩虫，感染的严重性由此可见一斑。有时候，在潮湿地面上坐上一会，也会引起"着地痒"的症状，这是由于身体与湿衣服接触所致。

地面上感染的来源

1. 供水：煤矿供水的独特系统构成了钩虫感染从井下传播到地面的重要渠道之一。所有工业和家庭用水都来自矿井。降落在山上的雨水，通过山坡上许多稻田排走后，吸收进入土壤，最后通过岩石中的裂缝和矿层里的断层进入煤矿。用这种方式，矿井就像一个优良的截流井一样，富集了大量的落在山体上的降雨。水分先在较浅的土矿井中聚集起来，这些浅的土矿井只能在靠近并且与地表黏土层平行的矿层的露头处开采。在萍乡煤矿范围内有超过 300 个这样的土矿井，其中有 12 个仍然在开采。没有大功率的泵和机器，土法采煤不允许深入地下挖掘。一旦矿井被水淹，就只好被放弃，在别的地方开始挖掘新的矿井。有时候这些水淹的矿井被煤矿的矿工挖通，则导致大量水渗入煤矿。这些土矿井的卫生条件非常缺乏，温度常常在摄氏 30 ~ 35 度（华氏 86 ~ 96 度），湿度为 100%。深 0.5 ~ 1 英尺的泥水覆盖整个矿井，当和粪便、尿液混合后，便形成了一个适合钩虫和其他寄生虫生存的良好环境。

到达矿井里的水在通道两侧的不同水平的敞开的排水沟中聚集，最后流向最低水平的蓄水池。从这里被以每小时 625 立方米的速度泵送到地面，再经由水管输送到地面不同的部门。技术和家庭用水都从这个来源获得。在枯水季节，水必须从 15 英里外用火车运来。因此，水在到达矿井前就可能已经被污染，到达矿井后，水又被井下的洗涤污物严重地污染。当水由敞开的排水沟导向地面时，还会受到进一步的污染。例如，医院就建立在排水沟上，排水沟把水排往煤炭洗涤处时，病人的排泄物也一同排去。而且，由于在一年中的某些时候缺水，洗涤处的水被一遍遍地重复使用，这必然会导致更多的污染。因此煤矿的供水在钩虫感染的传播上扮演了重要的角色，特别是从矿井到地面的过程。

2. 厕所：矿工居住的 5 所公寓都有一个带坑的厕所。虽然它们在大小和保养维护上有所差异，建筑原理都大同小异。在跨越整个砖砌的粪坑上，铺着 2 英寸 × 10 英寸的木板，两块木板之间平行留有长长的开口便于粪便和尿落入粪坑。由于整块木板都是干净的，不用担心会弄脏木板和矿工的脚。厕所是用砖砌成的，没有窗户，通过墙上和屋顶上的洞来通风。在厕所后面，粪坑向后墙延伸 2 或 3 英尺，清淘工可以从这里清淘出厕所中积存的粪便。虽然这种厕所被改进以适应人们的习惯，但是防蝇防臭的困难还是很大。1 个厕所中的粪便被煤矿自己的菜园使用，其余 4 个厕所中的粪便则拖往在村中的集粪池卖给周围的农民。煤矿周围的乡村是重要的农业地区，主要种植水稻，因此对于肥料的需求是相当大的。随着粪便的价值增加，在整个矿区出现了大量的厕所。几乎住在煤矿和农村的每个家庭都有一个厕所。这就对钩虫从煤矿向周围农村传播构成了一个重要的促进因素。虽然有许多厕所，但很多不讲卫生的雇员仍旧喜欢随地大小便，比如一些依靠收集煤矿中的垃圾为生的苦力和孩子。此外，收集、运输、贮藏及销售粪便的方法尚不能令人满意，这也会产生钩虫感染扩散的可能性。

3. 两个浴室也为钩虫和其他皮肤感染提供了可能。它们只是用砖砌成的两个很大的池子，下班后矿工从矿里出来后，就过来洗澡。池子里的水每天换两次，但是由于有许多矿工使用浴池，并且这些矿工还有用池子里的水洗工作服的坏习惯，水从来都不干净。幸运的是，这两个浴室仅供矿工使用，使钩虫感染的传播对地面的工作人员不会造成很大的危险。

4. 由于显而易见的原因，钩虫感染在煤矿地面工人会有较高的感染率。菜园的园丁中较高的钩虫病发病率是由于他们与受感染的粪便接触。在煤矿洗涤处，是由于没有保护措施的手去挑选湿煤以及从机器中来的喷水。在煤灰堆积场，是由于长时间的赤脚浸在水和煤灰的混合物中。在砖厂，则是由于手和染有钩虫的湿的黏土接触所致。

以上这些是我们在萍乡煤矿所进行的初步调查发现的目前存在的条件。作为调查的结果，我们向汉冶萍公司董事长认可的煤矿当局提出了明确的防治钩虫感染的建议。在这项工作中，国际卫生委员会和煤矿都承担了明确的责任和支持。国际卫生委员会负责提供人员、装备、检查和治疗钩虫病必要的药品，煤矿则负责提供必需的卫生改良，并拨款 20 000 美元用于这项工作。在国际卫生委员会撤走工作人员后，萍乡煤矿将成立一个永久的卫生部来接管这项工作。有了这些了解以后，我应国际卫生委员会的要求发起了这项工作，并在前 3 个月里负责指导这项工作，后来，兰安生博士来协助我。除了主治医师外，工作队还有 4 名在现场培训的会使用显微镜的技术人员，2 名负责保管国际卫生委员会所使用的检查和治疗记录的职员，2 名负责照料前来治疗的钩虫病人的护士。

工作计划

由于有许多年的钩虫防治工作及取得的丰富经验，国际卫生委员会在防治钩虫方面发展了两个不同的方法——诊疗所法和加强法。加强法是在一个有限的地区内进行工作，努力给予彻底的检查和治疗，直到全部病人治愈。它高度重视依靠提高工作地区内的卫生条件来预防再感染。诊疗所法更为广泛，覆盖一个更大的地区，它不是尽力在工作地区内检查和治疗每个人，也不强调卫生条件的改善。诊疗所法是在一个地区建立一个诊疗所，并在一定的时期内为自愿前来检查和治疗的病人服务。在萍乡煤矿，我们采用了一个改良的加强法，强调对煤矿的卫生条件改革，但是由于大范围的传播和矿工治愈后又面临再度感染的事实，所有的矿工只要有可能都接受检查，对发现有感染的矿工给予治疗。当第一轮工作完成后，又开始进行第二次的检查和治疗。这种改良的方法看来最适合煤矿的需要，它可以对漏掉了第一轮检查的矿工、再度感染的矿工及在第一轮检查后感染的矿工等进行检查。控制矿工的腹泻及矿工的经常变换工作岗位可以帮助吸引更多的矿工参加检查。

教育工作

没有一项教育运动作为钩虫防治的先导，在中国或其他国家大规模地钩虫防治运动就不能得到很好的开展。

大部分钩虫病人仍然感觉身体不错，有能力从事他们的日常工作。如果没有关于钩虫病的先觉知识，很难预料他们会主动前来接受检查和治疗。如果这种病的病因、症状、感染的方式和危险没有深深扎根于他们的头脑中，也不可能使他们对这项工作有长期的兴趣。再者，钩虫防治运动的目标是很有教育意义的。有了这些观点，教育工作先于常规运动进行，并且在运动开始后的很长时间里一直坚持下来。教育工作由一系列演讲组成，配以幻灯片、图片、严重感染的病人和钩虫标本作为例证。各组矿工在他们工头的带领下轮流来听演讲。这些演讲在行政大楼里举行，劳工被允许进入大楼提升了他们的自尊，促使他们参加这些演讲，而活动开展以前他们是不被允许进入行政大楼的。当他们听完演讲后，兴趣还很高时，马上要求他们提供标本来进行检查。当他们离开礼堂时，则发给每人盛标本的容器和宣传单。当被感染的矿工来医院接受治疗时，这时又会举行一场配以图片的演讲，在演讲结束时，发给每人一本描述了钩虫病各个阶段的知识的小册子，以供病人在医院里面看。煤矿里处处，特别是在公寓和其他矿工聚集的地方，都张贴了有图片和文字的海报。在教育运动持续了大约2周后，煤矿的主管发布了一道命令，正式宣布钩虫防治运动开始。整个教育工作共进行了39场演讲，发放了6 611张传单、821张海报和6 606本小册子。为了消除对运动有怀疑的人的疑心，还将活的钩虫幼虫放在煤矿卫生部办公室的显微镜下，邀请他们观察幼虫在镜下的运动，可以看到它们在视野里活跃地运动。

收集标本的方法

收集标本需要大量的仔细的工作。整个煤矿被分为不同的部门。对于地面的雇员，工作相对要容易一些。部门主管首先列出一份他手下的所有雇员的名单，交给卫生部，再登记在由国际卫生委员会设计的常规记录本上。每人被给予一个编号，以便在以后可以根据该号码确认身份。每个盛标本的容器上都标明了编号、姓名、所属部门，容器交给各部门主管来分发，标本收集完毕后再交回卫生部，检查结果报告给部门主管。那些发现有钩虫感染的人则发给装在信封内的药物，并有如何服药的说明。没有被感染的人则发给一个证明标签来证明他们没有被感染。收集标本和给予治疗的方法很快被发现不太令人满意，有很多漏洞。有些不愿接受检查的苦力，将以前被检查为未被感染的人的标本冒充他们自己的标本交上来。我们也不能确定病人是否按照服药说明服用发给他们的药物。为了克服这些弊端，矿工被要求亲自到卫生部来采集标本，并交给一位专门负责的工作人员。对于井下的矿工，采集标本的工作则更困难一些，负责井下矿工亲自来卫生部采集标本的是他们的队长，但是由于他们对手下矿工的权威有限，并且矿工一天内有12个小时在井下工作，不能很快地采集他们的标本。有时为收集全20或30人的一队矿工的标本要花上1周或2周的时间。

对于新来的矿工，强制检查执行得要比那些老矿工严格。新来的矿工不能分配住所，也不允许下井工作，除非他能出示卫生部给予的未感染钩虫的证明。当一个矿工要离开他原来的开采队，想加入到别的队里时，他也被认为是一名新矿工，在他被允许重新工作前，必须满足新矿工的所有要求。这项规定的严格执行有效地确保了矿工们来接受检查与治疗。

检查技术

一项能很好地满足目的的实验室方法必须符合下列条件：

1. 它应该能在尽可能短的时间内处理大量的标本；同时不影响准确性。

2. 它的技术应该简单，对于操作人员的技能要求不高，因为他们以前都没有接受过实验室的培训，都是由我们在现场加以训练的。

3. 它应该具有消除由于操作人员的粗心和不诚实造成的差错的能力。

鉴于这些要求，每份标本做成3张涂片，由3名显微镜技术人员同时进行检查。对于阳性结果由一位更有经验的检验人员来证实。为了这项工作，我们至少需要4位显微镜技术人员，其中一位负责。这位检验负责人制备好3张涂片后，分别发给3位助手去检验，一旦找到虫卵，由负责人来确认并记录结果。与此同时，其余3人继续检查另一人的标本，直到所有的涂片都被检查完毕。所有的阴性标本放在一起，直到20个人的标本都收集了，然后对它们进行离心，再用同一方法检查一遍，如果6张涂片都是阴性，这份标本才被认定为阴性。这6张涂片有3张是离心前的，3张是离心后的。我们使用的一个离心机是由Bausch和Lomb提供的，价值9美元。它是手工驱动的，具有2种速度，有一个圆锥形头，能容纳20根玻璃试管。这些试管两头都是开口的，但装有软木塞。通过使用离心法，将近10%的用直接涂片法不能发现的病人可以得到检出，这是一个很有意义的方法。4名显微镜技术人员每天工作6小时，一天可以处理70份标本。培训使用显微镜来检查钩虫卵和其他肠道寄生虫的人员的工作不是特别困难，使办公室人员都熟悉实验室工作是很有益处的，这样的话他们就可以互相替换，以减轻可能的视力紧张。

治疗药物

麝香草酚和藜属植物是治疗钩虫的药物。头2个月给予麝香草酚，而后则用藜代替。使用麝香草酚时，将它研磨成细细的粉末，和同等分量的奶糖混合起来装在胶囊里。Washburn 博士通过药物实验，发现当将麝香草酚和奶糖混合后，治愈率会升高，当两者以相同的量混合时药效可达到最大。成人的最大剂量是 60 颗粒。虽然知道麝香草酚会产生毒性症状甚至引起死亡，但是我们没有观察到发生毒性反应的病人。用麝香草酚来治疗不太合适，因为它要求治疗前后要清肠，并且治疗期间要禁食 18 小时，因此有必要在医院接受观察。

如使用藜时，则不要求预先清肠，且对饮食没有限制。矿工抵制钩虫治疗的主要原因是由于清肠及禁食引起的虚弱，所以用藜代替麝香草酚后，这些反对意见在相当程度上消失了。据报告藜对钩虫病有很好的治疗效果，可以消灭 99% 的虫，而且不难服用。此外，藜还可以杀死其他肠道寄生虫，如蛔虫、痢疾阿米巴。藜的剂量是 1.5 毫升，放进胶囊里或者和糖混合服用。一次最小剂量相当于普通滴瓶的 2 滴。下面的表格显示了 2 种药物的相对效果：

表 1　藜的治疗效果

治疗批次	治疗人数	治愈人数	治愈率
1	1 000	310	31
2	690	374	68.4
3	316	276	96
4	40	26	98.6
后来的或未治愈的	14		100

表 2　麝香草酚的治疗效果

治　疗	治疗人数	治愈人数	治愈率
1 和 2	450	277	61.5
3	173	75	78.2

续表

治 疗	治疗人数	治愈人数	治愈率
4	98	79	95.8
后来的或未治愈的	19		100

治疗方法

在防治运动的开始阶段，治疗药物直接发给病人，但是这种方法很快发现没有效果并且浪费，因为很多病人实际上并不吃药。后来，所有的病人被要求在专门建立起来照顾钩虫病人的医院里接受治疗。然而，甚至是在直接监督情况下，仍有一些病人不肯吞下药，一旦护士走到下一个病人那时，他们就趁机把药吐掉。因此作为激励，在防治运动初期，在医院接受治疗的病人每天补贴400分钱，并且在医院接受治疗的3天里都给予全工资。后来，补贴减少到200分，到最后当接受治疗时不给予任何补贴，吃完最后一次药后他们就出院。矿工们下午4点到6点钟之间从井下上来后就到医院去住院，当进入医院后，每人发给1本钩虫病的小册子供在医院期间看。然后护士开始她的演讲，配以挂在走廊上的图片进行宣传。在此之后，每个病人服用2盎司硫酸镁，不能吃晚饭，直接上床睡觉。第2天早晨6点，服0.75毫升藜，8点钟再服第2次，剂量也是0.75毫升。如果服用麝香草酚，40颗粒被分成3份，6点、7点、8点各服用1/3。10点钟服用第2剂硫酸镁，如果在2小时内没有什么反应则再服一次。

服用硫酸镁很重要，特别是用藜治疗时，如果藜在肠内保留太长，会发生吸收，并产生毒性症状。我们观察到2个病人服用藜发生的毒性反应。这2个病人是服药治阿米巴痢疾，但是没有立即服用泻药。一个病人出现胃肠刺激、头痛、耳鸣的症状，并且发生持续超过10天的耳聋；另一个病人是2岁的小孩，于服药24小时内死亡。

在治疗与再检查之间，有必要注意一件事情，国际卫生委员会的经验显示没有被驱出的雌性钩虫，在药物的毒性作用下，停止产卵一段时间，所以从最近接受过治疗的病人采集的标本中没有检出虫卵不是已经治愈的决定性证据。因此，对一些病人不能宣布为治愈，除非2个标本（一个是采自最后一次治疗后的7天，另一个采自最后一次治疗后的14天）都被检出为阴性。我们这次在治疗后只检查了一次，但是治疗与检查之间的间隔都没有少于10天。

结果归纳

下列图、表反映了接受检查和治疗的雇员的总人数以及总的感染率和分部门的感染率：

表3　江西萍乡煤矿钩虫感染的检查、治疗情况及感染率、治疗率

	检查人数	钩虫感染		治疗	
		人数	感染率（%）	人数	治疗率（%）
井下	18 608	10 568	56.79	6 908	66.31
地面	3 553	1 845	51.925	1 421	77.02
总计	22 161	12 413	56.12	8 329	67.09

表4　3 353名接受检查的地面雇员分部门的感染情况

部　　门	检查人数	钩虫感染	
		人数	感染率（%）
电站	176	83	47.15
车间	402	149	37.06
洗涤处	357	190	53.22
焦炭蒸馏罐部	360	164	45.55
地面工厂	654	275	42.06
堆煤场	76	40	52.63

续 表

部 门	检查人数	钩虫感染	
		人数	感染率（%）
土法炼焦炉部	1 026	704	68.61
砖厂	37	21	56.75
菜园	66	61	92.42
公寓部	185	90	48.64
官员	214	68	31.77
总计	3 553	1 845	51.92

表5　5 883名接受检查的井下矿工分部门的感染情况

部 门	检查人数	钩虫感染	
		人数	感染率（%）
主横坑1	158	74	46.85
主横坑2	773	338	43.72
主横坑3	201	85	42.28
主横坑4	259	110	42.47
主横坑5	502	238	47.41
主横坑6	487	268	55.00
主横坑7	393	177	60.41
主横坑8	649	290	46.68
主横坑9	378	195	51.58
主横坑10	319	134	42.00
主横坑11	206	82	39.80

续　表

部　门	检查人数	钩虫感染	
		人数	感染率（%）
主横坑 A	81	50	61.73
研究工作部	148	63	42.58
总计	4 554	2 104	46.20

部　门	检查人数	钩虫感染	
		人数	感染率（%）
竖井 1	151	56	37.08
竖井 2	147	66	44.90
竖井 3	175	48	27.42
竖井 4	130	50	38.46
竖井 5	170	87	51.18
竖井 6	258	120	46.51
竖井 7	162	59	36.42
竖井 8	136	74	54.41
总计	1 329	560	42.13

表 6　地面和井下工人第 1 次检查时的钩虫感染情况

部　门	检查人数	钩虫感染	
		人数	感染率
井下	3 880	3 165	81.6
地面	3 553	1 845	51.92
总计	7 433	5 010	67.40

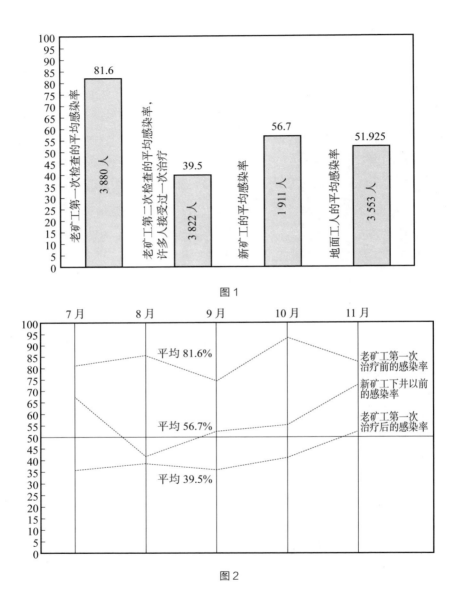

图1

图2

卫生改善

虽然检查和治疗构成了整个工作的一个重要部分,最终控制并消灭钩虫病必须依靠卫生条件的改善来消除一切传染源。为了这个目的,公司拨款20 000美元用于改善卫生条件,这一行动在主管医生认为是必需的。我们能够做成的事情有：

1. 在煤矿建立一个永久性的卫生部来管理一切与卫生有关的事宜。在钩虫防治运动移交给煤矿之前，由国际卫生委员会的人员指导这个部门的工作。

2. 在井下提供厕所。这可能是我们能引进的最重要的一项改革。开始设想在有铁轨的地方使用可以运输的厕所，在地势低下的、难以到达的地方则用提桶解决。我们设计了一个厕所车并进行试验，但是由于在保持它的干净及运输时防止它泼溅方面存在困难，使这种厕所的普遍采用不太实际。因此在煤矿里专门使用一种新型提桶，它们是椭圆形的，用木头或镀锌铁做成，涂上焦油，配上合适的盖子和提手，再编上号码。每队的主管发给 2 个桶子并对它们负责。该队里的一名矿工被派每天将一个干净的桶子提进煤矿，并把用脏的桶子提出煤矿。由专人负责的专门设置的放桶的房间用来收集、清洗并分发桶子。现在有超过 300 个桶子在使用。

3. 在地面修建新的厕所。5 所公寓楼都修建了新的厕所。这些厕所根据使用的人数多少在大小上有所变化。厕所用屏风来防蝇，通过烟道来排出臭味。在矿工蹲坐的每个座位上装有 2 个突起的搁脚和 1 个盖子，当使用者一离开座位时，盖子自动盖上开口。厕所的地板和粪坑都用水泥砌成。5 个厕所中有 4 个是坑型，另 1 个是桶形的。虽然桶形的厕所需要更多的人来保养维护，但发现它在防蝇防臭方面更令人满意。负责放桶的房间的人员同时负责管理厕所。除了这些新厕所，很多小厕所进行了改造、改良或关闭。

4. 环卫工人的组织。至今，煤矿的粪便的收集与运输是由林业部领导下的 10 到 12 名人员组成的清淘队负责。由于对这些人员的管理十分松懈，整个工作是在一种随便的方式下进行的，导致了一些厕所不会被定期清淘的结果。当由环境卫生部负责这项工作时，整个系统被重新组织和协调，制定了每个人员规定的路线，他要对环境卫生部负责，负责他分管区域内的所有厕所的保养维护。

5. 粪便的储存。在中国对于钩虫病的有效控制必须依靠找到一个令人满意的处理粪便而又不减少它作为肥料的价值的方法。那些用消化的方法或使用可以破坏粪便的肥料价值的化肥来净化粪便的方法在中国是不可行的。Stiles在研究钩虫幼虫的易感性实验中发现受感染的粪便可以通过储存来消除它的有害性。在热带气候下，储存6个月的时间足以杀灭钩虫幼虫和其他肠道寄生虫。有鉴于这项观察及储存可以增加粪便的肥料价值的事实，我们尝试使用这一简便的粪便净化方法。用砖和水泥修建了8个封闭型的坑，每个可以储存在一个月内收集到的所有粪便。8个坑可以使6个坑内的粪便不受干扰地储存，一个坑中的粪便正在做肥料使用，而另一个则用来装新鲜的粪便。在每一个月末，已经储存满6个月的坑中的粪便被取出来做肥料使用。但是我们的实验结果相当令人失望。去年12月，当做完最后一次检查后，活的钩虫幼虫仍然在所有的储粪坑中发现，第一个坑中的粪便已经储存9个月了。定期的每2周的检查仍在继续，以确定杀灭幼虫的时间长度，如果确实有可能杀灭的话。但是我担心相当长的储存时间会使这种处理粪便的方法在中国的普遍应用变得不可行。

6. 一些大的、代价比较高的环境卫生问题，如水供应、排水系统、污水处理等受到了环境卫生工程师的注意和仔细的研究，他是煤矿特别雇用来负责环境卫生的。煤矿很快将面临水供应的问题。现已定购了一台大功率的汽轮机，将在年内到货，因为目前的水供应是不够的。在设计新系统时，对所有可以获得的水源做一个彻底的研究非常重要，以确保新的水源可以免除污染。

遭遇的困难

考虑到矿工们的无知及他们对卫生福利和环境卫生的极度漠视与缺乏兴趣，我们遇到了一定的反对意见。当几千名工人集中在一个封闭的区域内，他们之中一些想要阻碍这项运动的居心不良的人可以容易地挑起大家的反对来扼杀这项运动。在运动的开始阶段，只有1—2个部门的雇员反对治疗，他们在地面到处张贴布告，叫工友们不要去接受治疗。他们声称药物会使身体明显变虚弱，最后会使使用者失去生育能力，这是外国人要灭绝中国人的诡计之一。后来，当强制实行检查与治疗时，大概400名矿工开始使用暴力攻击环境卫生部。但是，这些反对只是孤立的、间歇性的，并不能代表矿工们对这项运动的普遍态度。即使如此，在煤矿进行钩虫防治运动还是有一些真正的困难的，主要如下：

1. 矿工的半合同体制。在这种体制下，队长从煤矿得到一份工作合同，自己去雇用一队矿工，煤矿当局对这些矿工的控制只能通过队长来间接实现。通常他们是按日雇用的。在这样的系统下，矿工们会经常变化，或者从一个采矿队转到别的采矿队去。因此，使那些感染钩虫的矿工不太可能持续接受治疗。

2. 虽然钩虫感染通常都发生在矿工当中，但是很难找到晚期病人来显示钩虫病危害的严重性。生活在煤矿中的所有病人仍然能够做日常工作，虽然效率降低了。那些不能再工作了的病人则送回家里去度过他们的余生，血红蛋白测验可以用来表明轻度感染的特点。钩虫病的危险性还没有在普通人的心目里留下深刻的印象。

3. 这项运动的经济价值也没有能完全显现出来。公司由于效率低下的管理及缺乏诚信造成的损失非常大，而从钩虫防治运动中获得的收益很小。此外，在这种合同工作体制下，公司对每人的产量并不十分感兴趣，而是对煤矿每天的总产量感兴趣。

4. 煤矿钩虫感染的相当广泛的程度暴露了矿工们有再度感染的危险，出于这个原因，甚至一些煤矿官员也拒绝费那么大劲去治疗他们。在和一位德国工程师交谈中，他就声称治疗不会有什么效果。

煤矿当局的合作

煤矿官员对这次钩虫防治运动给予了很大的支持。在所有的公开演讲中，煤矿主管或总工程师都到场主持。总工程师碰巧也曾被感染过，在这些演讲中，常常会以他自己为例来证明治疗的效果，最后以展示曾经寄生在他肠中的钩虫来结束演讲。无论什么时候遇到困难，各部门的领导都会在一起开会来商议解决问题的办法。当要求提出正式的布告时，煤矿主管都会给予发布。在专门雇佣环境卫生工程师之前，负责车间的工程师帮助设计及监督所有的环境卫生设施的建设。钩虫防治运动给煤矿各个部门增加了许多工作量，并干扰了他们的正常工作，但他们都给予了热情的、免费的帮助。

财政上，萍乡煤矿拨款 20 000 美元用于支持这项行动的开支，自从去年 7 月开始,它一年给予环境卫生部 8 748 美元的预算拨款。

取得的成果

通过这项运动取得的成果主要有:

1. 唤醒了矿工在一般环境卫生,特别是钩虫病方面的意识。虽然这项工作并没有得到矿工们完全的赞同,至少每个人都掌握了关于钩虫病的一些知识,这会使将来的工作越来越容易开展。

2. 钩虫感染率从 81.6% 下降到 39.5%,减幅为 42.1%。当然,如果感染源没有被消灭的话,这种减少很可能是暂时的。

3. 所有井下工人接受强制检查与治疗,对于新来的矿工更重要。

4. 井下提供提桶,地面建造卫生厕所。

5. 成立了一个永久的环境卫生部,有自己的工作人员、医院、将近 9 000 美元的年度预算,任命一名环境卫生工程师为该部的主管,他是一名麻省理工学院的中国毕业生。

有了这些成果,我们认为由国际卫生委员会和萍乡煤矿付出的努力和经费是非常值得的。煤矿里钩虫病的最终控制将需要多年的持续付出,虽然我们已经花了 22 个月的时间来组织这项工作,但要达到使煤矿所有的雇员更健康、更强壮、更有朝气的目标,就应当使这项工作一直持续地开展下去。

附录三

中国医学教育的过去与未来[1]

颜福庆著　钱益民译

今年九月，是彼得·伯驾创建广东医院100周年。伯驾是耶鲁毕业生，以一名传教士的身份来到中国。他的到来，标志着现代医学开始传入中国，至今已经整整一个世纪。在现代医学入华的最初四分之三世纪，医学教育和医学服务只是私人的事业，主要由各个在华医学传道团承担。他们的功绩必须得到应有的承认和正确的评价。他们帮助中国奠定了现代医学的基础，长期以来一直在推动这项事业。事实上，直到今天，传教士和其他外国人办的医学院校和医院仍然在中国占据着重要的位置。

我们高兴地看到，中国政府已经认识到管理医学事业的责任，为医学教育设计了一个全国性的方案。政府对医学教育的兴趣，首先表现在1933年5月颁布的一个官方文件中，文件敦促有条件的大学和学院设立医学院。现在全国共有四个国立医学院，在政府的鼓励和支持下，它们取得了快速的进步。在本卷《中华医学杂志》出版以前，第五所国立医学院，即中央大学医学院即将开办。事实上，教育部计划在中部、西部、西北部等区域建立国立的医学院，每个省至少要建一所医学院。因为缺少资金，加上更为匮乏的合格的医务人员，阻碍了新的医学院的建立。对医学教育进展缓慢考虑最多的是教育部。为

---

[1] 本文原为英文，发表于《中华医学杂志》，1935年，第9期。作者当时的身份是中华医学会医学教育委员会主席。

了满足迫切需要，教育部采取了补救措施，去年补助各私立大学，今年继续补助，按比例把相当一大笔补助费用于合格的医学院校。

近几年，为了早日实现其医学教育计划，教育部已经采取了一些重要步骤。在中国政府邀请下，1929年国际联盟派费伯（Faber）来华，调查中国医学教育，并提出了一个报告。费伯报告和建议最大的成效是，极大地刺激了中国医学教育家的兴趣，使他们严肃地思考和计划。费伯报告的直接结果是，1933年教育部任命了一个医学教育委员会。委员会的几名中国医学教育家感到，必须坐到一起，组织起来，深入地讨论和思考医学教育问题。

今年六月，教育部颁布了一个医学课程标准，这是医学教育委员会要处理的一件困难而细致的工作。只要粗略观察中国的医学教育，人们就会发现，国内各式各样的医学院校都有，如此参差不齐的医学教育，在其他任何国家都是不允许的，因此任何一种医学课程标准，在实施中都会受到阻碍。课程标准的草案只是临时性的，肯定不完善，目标是给中国的医学教育提供一个标准，使现有的医学院达到所需的标准。课程标准开列的课程和设备，对教师和教育行政人员都是有参考价值的。强调医学中预防医学的一面，把社会学、心理学之类的课程纳入课程表，是为了培养更好的医生，因为未来的医学必须是治疗、预防和社会关系三者的结合，未来的医生必须掌握这些知识。医学教育委员会又设立护士教育、助产教育两个分支委员会，委员会的范围因此更加拓展。明年计划实施毕业后培训工作，并且把医学课本翻译成中文。在医学教育委员会的指导下，教育部已经任命了一名专职的执行秘书，以实现教育部的这些设想。

毕业后继续教育（Post-graduate teaching）在几个医学中心已经开始进行，或者叫"进修课程"（Refresher courses）或"医学毕业生实践课程"（Practical courses for graduates of medicine）可能更恰当。南京的中央医院就是其中之一，毕业生可以在内科、外科、妇科和产科、公共卫生科轮转实习两年，对于本科教育中训练不够的毕业生，证明是有益的。卫生署在南京举行的健康教育进修课程，是毕业后继续教育领域另一个非常重要的进展。在北平，北平协和医学院多年来一直提供阶段性的医学各专科的进修。去年共有 150 人接受了这些培训。在上海，中华医学会与几个医学院和研究机构合作，为医学毕业生提供进修的机会。去年已经提供了五门进修课程，共有 100 名毕业生报名参加进修。

另一个显著的特征，是与实验性的医学院相结合。迄今为止，中国所有的医学院还是沿袭传统的模式，许多医学院直接模仿外国的医学院，没有考虑中国的经济和社会条件以及中国特殊的需要。在实验医学院进行试验性教学，使未来的医生无论在心理上还是专业上都能适合国人之需要，这是必需的。我们越早建立符合自己国情的医学院，我们就能越快地清除现在中国现代医学叫做"西医"的耻辱。

从彼得·伯驾入华开始，医学教育家就开始了上述探索。医学教育最早是外国传教士开始的，接着有博医会之类的组织接手开展医学教育。中国人认识到自己应该在医学教育领域占有一席之地，那是后来的事情，但是毕竟已经提出来了。1932 年，中华医学会与博医会合并，统称中华医学会，它不分国籍，把国内所有医务工作者团结起来。它下属的医学教育委员会、公共卫生委员会、出版委员会、学术委员会已经积极倡导并推动了医学教育。中华医学会的贡献显著，意义深远，但是它只是私人的组织，只能施加道义上的影响而缺乏强制力。令人欣慰的是，我们的政府已经承担起这个责任，正在以各种方式尽力推动医学教育。中外私人团体不仅应该与政府的政策一致，而且应该利用各自的影响来支持政府。

中国无疑急需更多的医生。大城市需要医生，内地和农村更需要医生。我们需要愿意生活在农村、过乡村百姓同样生活，并且甘愿领取贫穷农民能支付得起的报酬的医生。我们需要现有的医学院招收更多的学生。各地都在呼吁要创办更多医学院，但是，除非我们能给予学生足够的训练，否则我们只能背上"江湖医生"、冒牌医生的骂名。我们需要更多的医学院，但是，除非我们拥有合格的并且乐于医学教育的教师，否则我们只能延误而不是加速中国现代医学的进步。这一点，我们希望政府给予慎重考虑。

主要参考文献

一、档案

重庆医科大学档案馆藏相关档案。

复旦大学档案馆藏档案，LS1，LS2，LS3，LS4，LS6，LS7。

国联档案，Health Organization，C. H. 960。

湖南省档案馆藏相关历史档案。

上海市档案馆藏相关档案，C53-1，C53-2。

耶鲁大学斯德林图书馆手稿和档案部，YJC81A21 1902/03—1913/14，YRG27-F RU457。

耶鲁大学图书馆手稿和档案部，RU # 232，Yale-China，Box107—108，Folder 938—944；Box 58，Folder 68。

中国医学科学院（中国协和医科大学）档案室藏相关档案，3587（1），3587（2）。

中华医学会藏相关档案。

中南大学湘雅医学院档案馆藏校史档案，标号 LY，MW。

中山医院档案室藏相关档案。

二、同事、学生、家属、亲友、下属回忆

戴天右：《杰出的中国医学教育家——记上海医科大学创始人颜福庆教授》，《上海医科大学七十年——校友回忆录》，上海医科大学出版社，1997年。

戴天右:《颜福庆传略的有关参考史料》,1985年。
黄帼英:《忆颜老》(题目为著者所加,时间不详)。
黄炎培:《断肠续命记》,《国讯》,第115期,1935年。
黄振信:《回忆亲爱的父亲》(手稿),2002年。
赖斗岩:《忆本院首任院长颜公福庆》,《国立湘雅医学院季刊》,1943年。
乐嘉铭:《先父乐文照与上海医学院事迹述要》(手稿,题目为著者所加),2007年5月。
乐文照:《我与颜福庆的交往》(手稿复印件,题目为著者所加),1969年1月12日。
凌敏猷:《从湘雅到湖南医学院》,《湖南文史资料选辑》第23辑,湖南人民出版社,1986年。
戎恭炎:《从上医顺利进入"211工程"项目看颜老创办上医的丰功伟绩》(手稿),2006年。
苏怀一:《热心社务的老前辈——记颜福庆同志在上海九三学社的点滴回忆》(手稿),2006年11月4日。
王乐三:《回忆颜老》(手稿,题目为著者所加),2006年11月3日。
王簃兰:《难忘颜老的教诲》(手稿),2006年12月24日。
吴石适:《我家与宋庆龄名誉主席家关系》(手稿复印件,时间不详)。
吴之理:《纪念上海医科大学七十周年校庆和创始人颜福庆院长》,《上海医科大学七十年——校友回忆录》,上海医科大学出版社,1997年。
颜湘清:《忆吾亲爱的父亲颜福庆博士》(手稿),2002年。
颜志凯、颜志旋、颜志宏、颜志伟、颜志宾:《回忆亲爱的公公》(手稿,题目为著者所加),2002年。
颜志渊:《回忆我的爷爷》(手稿、剪报合订本),2006年。
佚名:《忆颜老》(手稿,题目为著者所加,时间不详)。
余传霖:《缅怀老院长颜福庆先生》(手稿),2007年4月。
张孝骞:《湘雅医学院的缘起和变迁》,《湖南文史资料选辑》第23辑,湖南人民出版社,1986年。
张孝骞、应元岳:《怀念湘雅创始人之一颜福庆》,《湖南文史资料选辑》第 23 辑，湖南人民出版社，1986 年。
《中华医学会创始人颜福庆教授逝世三十周年纪念特辑》，上海市医学会会讯，总第 119 辑，2001 年 1 月。
朱恒璧：《朱恒璧教授谈上海医学院的历史》（打印稿复印件），1980 年 6 月 20 日。
朱世能：《他就像圣诞老公公那样呵护着我们》（手稿复印件），2006 年 11 月 19 日。

三、采访记录（口述史料）

顾锡杰采访记录，颜志渊记录整理，2002 年 11 月 4 日，上海。
黄振信第一次采访记录，2006 年 11 月 14 日，上海。
黄振信第二次采访记录，2006 年 11 月 22 日，上海。
乐嘉铭（乐文照之女）采访记录，2007 年 6 月 1 日，上海。
沙印江、张广蕙夫妇第一次采访记录，2007 年 2 月 1 日，上海。
沙印江、张广蕙夫妇第二次采访记录，2007 年 4 月 5 日，上海。
沙印江、张广蕙夫妇第三次采访记录，2007 年 4 月 6 日，上海。
吴惠芳采访记录，黄振信、颜志渊记录整理，2006 年 11 月，上海。
吴之理、章央芬采访记录，2006 年 10 月 12 日，北京。
张治道第一次采访记录，2006 年 9 月 7 日，治道楼。
张治道第二次采访记录，2006 年 9 月 20 日，治道楼。
邹桂莲采访记录，2007 年 4 月 12 日，上海。

四、资料、报刊

Abraham Flexner. *Medical Education in the United States and Canada: A Report to the Carnegie Foundation for the Advancement of Teaching. Bulletin Number Four.* Boston: D. B. Updike, The Merrymount Press, 1910.
Address and Papers Dedication Ceremonies and Medical Conference: Peking Union Medical College, September 15—22, 1921, Peking: [S. N.], 1922.
Bulletin of Yale University 1906—1910, Department of Medicine,

Published by Yale University, New Haven, Connecticut.

China Reconstructs

Lee T'ao. Some Statistics on Medical Schools in China for the Year 1933—1934. *Chinese Med J*, 1935, 49: 894—902.

Prospectus: The Incorporated Liverpool School of Tropical Medicine, Liver-pool University Press, 1956.

The China Medical Journal（《博医会报》）

The China Press Hospital Supplement（《大陆报·医院副刊》）

The Chinese Recorder（《教务杂志》）

The Story of Yale in China, Yale-in-China Association.

Yen FC. A Case of Fibroma of the Parotid. *J Am Med Associat*, 1915: 1238.

Yen FC. American University Men in China: Modern Medicine. *The American University Club of Shanghai: American University Men in China*. Shanghai: the Comacrib Press, 1936: 107—115.

Yen FC. An Example of Co-operation with the Chinese in Medical Education. *China Med J*, 1917, 31: 218—224.

Yen FC. China's War-time Health Administration. *China Quarterly*, 1939, 4: 243—258.

Yen FC. Economics of Medical Schools and Hospitals in China. *Chinese Med J*, 1935, 49: 887—893.

Yen FC. Medical Education in China, Past and Precedent. *Chinese Med J*, 1935, 49: 930—933.

Yen FC. Medical Training Today. *China Reconstructs*, 1959, 8: 30—32.

Yen FC. Medicine of the Future in China. *Chinese Med J*, 1936, 50: 155—158.

Yen FC. Our Place in the Field of Medical Education. *Nat Med J*, 1924, 10: 35—38.

Yen FC. Report of the Work of the Red Cross Union in Wuhan. *China Med J*, 1927, 41: 728—734.

Yen FC. Report on Hookworm Infection, Pingsiang Colliery, Hunan. *Nat Med J*, 1918—1919, 4: 81—87; 1919—1920, 140—145.

Yen FC. Report on the Health of Changsha for the Six Months of Ended, 30 September 1911. *China Med J*, 1912, 26: 358—362.

Yen FC. Some Problems of Public Health. *People's Tribune*, 1938, 23: 113—119.

Yen FC. The Control of Hookworm Disease at the Pingsiang Colliery, Ngan Yuan, Kiangsi. *Nat Med J*, 1920, 6: 71—92.

Yen FC. The Hsiang-Ya Medical College. *China Med J*, 1926, 40: 748—753.

Yen FC. The National Health Administration During War-Time. *People's Tribune*, 1938, 27: 45—48.

Yen FC. The Progress of Medical Education in Hunan, China: A Report of the Huan-Yale College of Medicine and Hospital. *China Med J*, 1921, 35: 114—122.

Yen FC. The Use of the British Boxer Indemnity for Promotion of Public Health in China. *Nat Med J*, 1926, 12: 171—175.

编委会:《上海医科大学纪事（1927—2000）》,复旦大学出版社，2005年。

编委会:《上海医科大学六十周年校庆医院今昔（1927—1987）》（内部发行），1987年。

编委会:《上海医科大学志（1927—2000）》,复旦大学出版社，2005年。

编委会:《中共上海医科大学党史大事记（1949—1987）》（内部发行），1993年。

编写组:《南京大学史》,南京大学出版社，1992年。

邓家栋主编:《中国协和医科大学校史（1917—1987）》,北京科学技术出版社，1987年。

复旦大学校史研究室:《校史通讯》

《高等教育通讯》

郭晓燕、王建国、严忠娥:《上海医科大学六十周年校庆简况介绍1927—1987》（内部发行），1987年。

国立上海医学院编:《上医月刊》

《国讯》

何东昌主编:《中华人民共和国重要教育文献（1949—1975）》,海南

主要参考文献

出版社，1998年。

湖北省档案馆编：《汉冶萍公司档案史料选编》，中国社会科学出版社，1994年。

《湖南文史资料》

华山医院编：《光荣与梦想——华山医院百年纪事》，复旦大学出版社，2007年。

华山医院院史编写组：《光辉的历程：华山医院院史》（内部发行），1997年。

黄家驷主编：《中国现代医学家传》（第1卷），湖南科学技术出版社，1985年。

孔本瞿主编：《上海医科大学七十年——校友回忆》，上海医科大学出版社，1997年。

刘笑春、李俊杰、翁学东主编：《湘雅人物》，湖南教育出版社，1994年。

刘笑春、李俊杰主编：《湘雅春秋八十年》，中南工业大学出版社，1994年。

马敏、汪文汉主编：《百年校史（1903年—2003年）》，华中师范大学出版社，2003年。

《民报》

南京大学高教研究所编：《南京大学大事记（1902—1988）》，南京大学出版社，1989年。

《上海文史资料》

上海医科大学卫生系、淮南矿务局卫生处：《淮南煤矿卫生调查研究专辑1950—1985》，上海医科大学印刷厂印刷，1986年。

《上海预防医学杂志》

《申报》

《文史资料选辑》

《新闻报》

徐忠、姜庆五、苏竹君主编：《苏德隆教授诞辰一百周年纪念集》，上海第二军医大学出版社，2006年。

杨现洲编：《创办重庆医科大学档案史料初编》（初稿）。

姚泰主编：《上海医科大学七十年》，上海医科大学出版社，1997年。

叶孝理主编：《上海财经大学校史》，中国财政经济出版社，1987年。

张安明、刘祖芬：《江汉昙华林——华中大学》，河北教育出版社，2003年。

《中国红十字会月刊》

《中华医史杂志》

《中华医学杂志》

周容：《上医人情系祖国——上医抗美援朝志愿医疗队纪实》（打印稿），2007年。

朱益栋主编：《上海医科大学六十周年校史 1927—1987》（内部发行），1987年。

《自然辩证法通讯》

五、传记

Hume EH. *Doctors East, Doctors West: An American Physician's Life in China.* New York: W. W. Norton & Company, Inc, 1946.

Shu CY. *The Rev. Mr. Y. K. Yen, M. A.* Unpublished. Time unknown.

Wu Lien-Teh. *Plague Frighter: The Autobiography of A Modern Chinese Physician.* Cambridge: W. Heffer & Sons LTD, 1959.

编委会：《崔义田纪念文集》，人民卫生出版社，1996年。

编委会：《话说老协和》，中国文史出版社，1987年。

陈淮淮编：《戎马书生——陈同生纪念文集》，《上海文史资料选辑》2003年，第3期，总第100辑。

陈雁：《颜惠庆传》，河北人民出版社，1999年。

刘似锦编：《刘瑞恒博士与中国医药及卫生事业》，台湾商务印书馆，1989年。

［美］浦爱德：《在中国的童年》，辽宁人民出版社，1996年。

钱益民：《李登辉传》，复旦大学出版社，2005年。

［美］乔纳森·斯潘塞：《改变中国》（曹德骏等译），北京三联书店，1990年。

王士良编著:《朱恒璧传》,复旦大学出版社,2005年。
吴英恺:《医务生活六十年1927—1987:吴英恺回忆录》,上海科技出版社,1990年。
吴之理:《一名军医的自述》,华夏出版社,2004年。
颜福庆履历表及自传,1950—1952年。
颜惠庆:《颜惠庆自传——一位民国元老的历史记忆》(吴建雍等译),商务印书馆,2003年。
张治道:《张治道传略》(打印稿),2006年10月。
章央芬:《自豪的回忆》,华夏出版社,2004年。

六、论著

Abraham Flexner. *Medical Education: A Comparative Study*. New York: The Macmillan Company, 1925.

Aston TH, ed. *The History of the University of Oxford*. v. 1—8.

Brooks Mather Kelley. *Yale: A History*. New Haven and London: Yale University Press, 1974.

Bullock MB. *An American Transplant: The Rockefeller Foundation and Peking Union Medical College*. Berkeley, Los Angeles, London: University of California Press, 1980.

Chapman NE, Plumb JC. *The Yale-China Association: A Centennial History*. Hongkong: The Chinese University Press, 2001.

Chen CC. *Medicine in Rural China: A Personal Account*. Berkeley, Los Angeles, London: University of California Press, 1989.

George Wilson Pierson. *Yale college: An Educational History 1871—1921*. New Haven: Yale University press, 1952.

George Wilson Pierson. *Yale: the University College 1921—1937*. New Haven: Yale University press, 1955.

Harold Balame. *China and Modern Medicine: A Study in Medical Missionary Development*. London: United Council for Missinary Education, 1921.

Hastings Rashdall, ed. *The Universities of Europe in the Middle Ages.* v. 1—3.

Jonathan Spence. *To Change China: West Advisers in China 1620—1960.* Penguin Books, 1980.

K. Chimin Wong, Wu Lien-Teh. *History of Chinese Medicine*, 2nd ed. Shanghai: National Quarantine Service, 1936.

Reuben Holden. *Yale-in-China: The Mainland Years, 1901—1951.* New Haven: The Yale-in-China Association, Inc, 1964.

Richard Hofstadter, Metzger WP. *The Development of Academic Freedom in the United States.* New York: Columbia University Press, 1955.

Samuel Eliot Morison. *Three Centuries of Harvard 1636—1936.* Cambridge, Mass. and London: The Belknap Press of Harvard University Press, 1936.

陈邦贤：《中国医学史》，商务印书馆，1947年。

戴天右、顾学箕、陆培廉：《颜福庆的预防医学教育思想》，《上海预防医学杂志》，2002，（14）：553、554。

丁福保：《西洋医学史》，上海医学书局，1914年。

董黎：《中国教会大学建筑研究》，珠海出版社，1999年。

高晞：《颜福庆：一生为了中国医学的现代化》，《复旦校刊》，2005年9月7日、14日，第651、652期。

韩启德：《医学的温度》，商务印书馆，2021年。

胡成：《迈向智识世界主义：洛克菲勒基金会在中国（1914—1966）》，台北联经出版事业股份有限公司，2024年。

贾箭鸣：《交通大学西迁：使命、抉择与挑战》，西安交通大学出版社，2015年。

金力、袁正宏主编：《福佑人群 颜风长庆：颜福庆教授诞辰140周年纪念文集》，复旦大学出版社，2022年。

［意］卡斯蒂廖尼：《医学史》，程之范主译，广西师范大学出版社，2003年。

李安山：《非洲华侨华人史》，中国华侨出版社，1999年。

主要参考文献

李廷安：《中外医学史概论》，商务印书馆，1947 年。

刘明：《韩芬（Fanny G. Halpern）与上海现代心理卫生的开拓（1933—1949）》，苏州大学硕士学位论文，2021 年。

刘志胜、黄珊琦编：《颜福庆博士在湖南》，中南大学出版社，2024 年。

［美］罗伯特·K. 默顿：《社会研究与社会政策》，林聚任等译，北京三联书店，2001 年。

马伯英、高晞、洪中立：《中外医学交流史》，文汇出版社，1993 年。

马堪温：《东西方医学交流及相互影响》，许美德、潘乃容主编：《东西方文化交流与高等教育》，南京师范大学出版社，2003 年。

［美］玛丽·布朗·布洛克著：《洛克菲勒基金会与协和模式》，张力军、魏柯玲译，中国协和医科大学出版社，2014 年。

史静寰：《狄考文与司徒雷登——西方新教传教士在华教育活动研究》，珠海出版社，1999 年。

王启元、于业礼主编：《近世中国的医学与士人》，复旦大学出版社，2024 年。

王文基：《韩芬与上海精神卫生》，潘光主编：《来华犹太难民资料汇编：杰出人士》，上海交通大学出版社，2017 年。

［美］威廉·科克汉姆：《医学社会学（第七版）》，杨辉、张拓红等译，华夏出版社，2000 年。

西安交通大学档案馆编：《交通大学西迁纪念册》，西安交通大学出版社，2016 年。

张大庆：《中国近代疾病社会史（1912—1937）》，山东教育出版社，2006 年。

张慰丰：《张慰丰医学史文集》，东南大学出版社，2023 年。

赵厚勰：《雅礼会在华教育事业研究（1906—1951）》，华中师范大学教育学院博士学位论文，2006 年 5 月。

朱潮、张慰丰编著：《新中国医学教育史》，北京医科大学、中国协和医科大学联合出版社，1990 年。

初版后记

为杰出人物立传,是中国古老的好传统。《礼记·祭法》云:"法施于民则祀之,以死勤事则祀之,以劳定国则祀之,能御大灾则祀之,能捍大患则祀之。"凡有功烈于民者,古圣先王皆制祭礼。祭以表敬意,祀者纪念不忘也。代代将先人功民之德念念于心,不忘本,道德于是乎生于心。而民族的道德凝聚力,可发为事业的巨大动力。道德心与事业心实践本质一致,空谈乃对立。古今中外有功于民的杰出人物都如是,颜氏一生亦然。人一忘本,蔑弃前贤的心血成就,妄自尊大,是妄人;而一个民族普遍忘本,不但道德沦丧,事业亦必经不住历史检验,不可能留下值得后人起敬的东西。

颜福庆的成就,与其独特的家境、受学名校、宗教背景、热衷于推行其科学文化的救世心理、可供资助之庚款、朝野各界崇尚科学的风尚都有密切关系。这些特定条件,已随历史一去不返了,今人无法再遇。

然而,一个半世纪来古老中国力图现代化的时代主题仍未变。先行者的经历,依旧是最亲近的参照资源。颜福庆等先贤已成功地让西医在中华生根,尤其为中国的劳工防治开辟了科学大道。长期以来,我们满足于鼓吹"五四"喊出民主科学口号的巨大历史意义,以为口号一喊,中国就已经开辟了"德先生"和"赛先生"治国的新纪元。实践已经证明,现代化不是靠口号所能喊出来,科学尤非反科学的政治运动所能实现。地球上人数最多的老大中华,想真正实现科学民主,必须有颜福庆那代人的大志、学识、合作精神和献身精神。

作为个人，颜氏已出色地完成了自己的历史使命；而作为民族健康、劳工防治的大业，还远未完成。因而，颜氏提出依靠国人自己实现"中国化、大众化"的医学现代化理念，问题依然堆积如山。不仅存在城乡财政投入比例失衡等浅层次问题；还面临以民众健康为本，还是以药商利益为主的中层次矛盾；更涉及公共医疗与私人营利模式的平衡，庸医与德艺双馨名医的鉴别，农村卫生体系构建、医师职级评审机制完善、医学院的教学与管理体制科学性探讨，以及全社会如何通力合作确保民众健康高于一切，切实改善民众生存工作环境等深层次议题，这些均在颜氏"医学现代化"的改革范畴内，本已有明确的论述，取得可观实绩，但长期以来我们却缺乏研究。颜福庆给中国医务界留下了一笔丰厚的遗产，值得我们细细品味、深刻反思。真想行科学于中国者，必能从他奋斗不息的一生中，汲取极其珍贵的启示与巨大勇气。

古人曾把仁政爱民、天下和谐的所有大道理，落实为使"民寿"二字。(《说苑·政理》："政在使民寿且富。")为政与为民、中医与西医、传统道德与现代科学，无非使中国大众身心舒畅、健康寿终而已。这也正是和谐社会的精义所在。所以在近百年无数理论纷争中，颜福庆孜孜于将医学造福中国大众，并不感到什么古今中美的矛盾对立，只有做不完的事。"世事纷纭甚，惟君建树忙。"（唐绍仪赠诗）中国文化若愈来愈多扯淡家，其结果即如《庄子》所云"学术将为天下裂"，制造思想对立而已。颜氏"建树忙"，显得特别可贵，使我们懂得什么是杰出的真正科学家，足以使现代文化论客相形失色。见贤思齐，乃不负先贤。

书稿的出版，凝聚了许多人的心血。校史研究室主任龚向群副研究员提出了本书的最初策划，并全程指导书稿的写作。在校党委副书记燕爽教授直接关心下，本书列入复旦大学校史丛书之一。今年丹桂飘香时节，正好迎来复旦大学上海医学院80华诞。因此，本书出版具有双重意义，既是向上医80周年庆典的献礼，也是校史研究的一项新成果。

原校党委副书记彭裕文教授始终关心本书的写作，对书稿倾注了大量心血。医务界同人，海内外颜氏亲友、学生以及上医校友，给予笔者鼎力支持。没有他们，要在短期内完成书稿是无法想象的。他们的名字与本书紧紧联系在一起。

感谢全国人大常委会副委员长、九三学社中央主席韩启德院士为本书题词。

感谢中华医学会会长钟南山院士为本书题字，并感谢李肇元先生为此给予的帮助。

感谢复旦大学出版基金为本书提供资助。

美国的黄振信女士、颜志旋（Dora）和彼得·艾德曼（Peter Edelman）夫妇，寄来珍藏的照片。尤其是彼得·艾德曼先生，从耶鲁大学图书馆复制了珍贵资料，并承担了所有费用。我知道，这是一笔不小的开支。

20世纪30年代入学或入校工作、现在依然健在的上医老校友，今天已是屈指可数了。笔者有幸找到了他们，并上门分享了他们极为珍贵的回忆。1932年首届新制学生顾学箕教授，笔者有幸在2003年夏作过一次采访。另两位首届新制学生吴之理、章央芬伉俪，去年10月在北京接受了笔者的专访。1933年进上医工作的沙印江老人，今年已94岁高龄，曾担任上医文书组主任，与颜福庆共事多年，笔者曾先后六次上门采访。老人听力已经衰退，交流只能用笔谈，时断时续的交谈，异常艰难，但拼接起来，就是一个活灵活现的"颜院长"。今年5月，老人因肺炎住进中山医院，笔者闻讯前去看望，老人紧紧握住我的手，像见到一个久违的老朋友，眼里流露殷殷期盼。此时无声胜有声。在此默祷沙老平安。

1933年入校的张治道先生，明年将100周岁。笔者在他捐赠的治道楼顶先后三次采访了他。老人之所以走上学医道路，是因为在长沙听了颜福庆的一次演讲，后来从湘雅转学到上医，矢志医学事业，并将一生辛苦行医积蓄回馈母校。

创校元老乐文照教授之女乐嘉铭女士、老院长朱恒璧教授之子朱天申先生，笔者专程上门进行了采访。汤飞凡教授之子汤声闻先生，在长沙接受了我们的采访。

为了广泛征集史料，去年秋笔者发出了数十封征稿信。王乐三同志、王筱兰教授、朱世能教授、任鹿教授、戎恭炎先生、方利君教授、余传霖教授、第五之桂先生、苏怀一先生等给我们写来稿件，或赠送珍贵资料。

宗教界前辈罗冠宗先生，加拿大多伦多大学许美德（Ruth Hayhoe）教授、潘乃容（Julia Pan）女士，美国耶鲁大学助理校务卿王芳（Fawn Wang）女士，耶鲁大学图书馆手稿和档案部威廉·玛莎（William R. Masa, Jr.）女士，复旦大学校办唐文卿女士、外事处赵敏女士、宣传部金伟甫先生，复旦大学公共卫生学院严非教授、刘晓云教授和新闻学院沈国麟博士，美国中华医学基金会M.罗伊·施瓦德（M. Roy Schward）先生，雅礼会田红平博士、温养安（An B. Williams）教授，颜氏亲属吴惠芳女士、邹桂莲女士、吴耀映女士，老校友王士良先生、孙曾一教授、刁承湘教授、萧辅玢教授、周国宝先生、陆永权先生，张治道基金会会长费敏生女士，浙江师范大学人文学院张宗祥教授，北京大学国际关系学院李安山教授，北京大学校史馆杨琥先生，湘雅医院丁思量女士，复旦大学历史系研究生张晓川等，或提供线索、资料、照片、书籍，或为查找资料提供了帮助。

查阅档案过程中，笔者有幸得到传主生前工作单位的大力配合。中南大学湘雅医学院校史馆黄珊琦先生，十分熟悉湘雅历史，在阅档时给我许多帮助。中国协和医科大学档案室张霞女士、姚捷文女士，九三学社上海市委虞晓岚女士、陈虹女士，为笔者提供了无私的帮助。雅礼会南希·查浦曼（Nancy E. Chapman）先生，慷慨惠允我使用他精美的画册《雅礼一百年》中部分照片。校档案馆邱佩芳副馆长帮助查找、核实史料，并提供照片，为本书付出不少辛劳，蔡云林、海沛霞两位女士，默默无闻，不厌其烦，在查阅档案过程中提供诸多方便。王建平先生、庄璋先生扫描了部分照片。研究生王剑对部分照片作了技术处理。

黎健博士翻译了附录的英文报告，王筱兰教授精心作了审校，为本书增添了亮点，特此致谢。

笔者还要向中国协和医科大学原副校长董炳琨教授，中南大学湘雅医学院院长田勇泉教授，复旦大学党委宣传部部长萧思健先生、副部长周桂发先生、复旦大学公共卫生学院副院长钱序教授表达由衷谢意。

送审之前的草稿，曾由石美鑫教授、彭裕文教授、王簃兰教授、钭东星先生逐章审阅，笔者吸收了他们的智慧。陈显寰先生审阅了第二章，纠正若干史实，充实了"五四"时期的内容。许有成教授为标题肇赐嘉名，第三、五、六、八的章名即由他所取。陈江明先生通读了全书，纠正若干错误。闻玉梅院士、周桂发副研究员也审阅了书稿。

评审委员会本着对历史高度负责的态度，高标准、严要求，精心校审送审稿。评审委员名单谨列如下（以姓氏笔画为序）：刁承湘、王卫平、王小林、王乐三、石美鑫、朱世能、任鹿、汤钊猷、余赛妹、张镜如、俞顺章、姚泰、奚念朱、郭晓燕、萧俊、萧思健、萧辅汾、龚向群、彭裕文、程刚、燕爽。他们的真知灼见，已经融入书稿之中，进一步提高了书稿质量。责任编辑阮天明先生，做了大量幕后工作，全程为本书把关。他们，为本书付出了智慧和辛劳，是笔者永不能忘怀的。

本书由我和颜福庆长孙颜志渊先生两人联合署名，共同完成。彼此各司其职，分工合作，至感愉快。为行文统一，由本人执笔。

写作过程中，季为群女士、王尧基博士给我不少指点，顾宝羽先生提供了多幅珍贵照片，一并致谢。

本书写作和出版的全过程，与我孩子的孕育和降生基本同步。为了给我创造一个宽松的工作环境，妻子王晶给了我最大的理解；我的父母、岳父母给了我最无私的关爱，免除了我的后顾之忧，使我能全身心地投入复旦的工作。本书权当对亲人的回报。

上述名单，或有遗漏。书稿文责，由笔者自负。

我期待着读者的批评和指正，也期待着更多关于颜福庆的研究问世。

钱益民

2007年7月9日

初稿于国泰路复旦公寓

7月17日

改定于浙江临海锦绣家园

增订版后记

2007 年，值复旦大学上海医学院创办八十周年之际，我与颜志渊先生合著的《颜福庆传》于复旦大学出版社付梓。三年后，张强教授将其译成英文，2011 年由复旦大学出版社推出英文版。自中英文传记问世以来，引发了社会各界，特别是医务界、公共卫生界与教育界的广泛关注，中华医学会游苏宁先生曾发表长篇书评。各界对颜福庆的关注热度持续不减。在复旦大学上海医学院校内，围绕颜福庆开展的纪念活动、读书活动已融入日常校园生活。上医建校九十周年时，学院将东一号楼前的草坪命名为"福庆广场"。2023 年，解放日报·上观新闻联合复旦大学、复旦大学上海医学院、九三学社上海市委员会共同举办"惟君建树忙"——颜福庆诞辰 140 周年纪念展（原计划于 2022 年推出，因疫情原因推迟），该展览还在颜福庆曾工作过的国内外多地巡回展出。与此同时，美国耶鲁大学为颜福庆树立雕塑，并以其名字命名新成立的学院。种种迹象表明，海内外医务界与教育界对颜福庆的历史地位与价值有了愈发深刻的认知。

颜福庆首先是一位全科医生。自圣约翰大学毕业后，他入职同仁医院行医，后前往南非约翰内斯堡金矿担任矿医。从耶鲁大学取得学位后，应雅礼会邀请，他奔赴长沙雅礼医院继续行医。在长期临床实践中，他敏锐察觉到，单纯的个体医疗难以从根本上解决中国的医疗问题，遂毅然投身公共卫生事业，并为之奉献一生，因而作为公共卫生学家广为人知。但追根溯源，他的根基是全科医生，且对眼科尤为热爱。事实上，若没有扎实的全科医学功底，他也难以在公共卫生领域取得卓越成就。凭借精湛医术，他治愈了包括谭延闿在内的众多患者，在长沙民众间赢得极佳口碑，成为上至达官显贵、下至普通百姓一致尊崇的良医。本次增订，特意加入他博士论文的主要内容、1914年完成的一例纤维瘤手术详情，以及黄炎培住院治疗阑尾炎的相关情节，旨在让读者清晰认识到颜福庆作为优秀全科医生的一面。

近年来，关于颜福庆对湘雅医学院贡献的研究成果不断涌现。中南大学湘雅医学院已出版《颜福庆博士在湖南》（刘志胜、黄珊琦编著）等相关论著。基于此，本次修订对颜福庆在湘雅时期的内容未作大幅增订。在第五章"国人自办　一流学府"中，主要补充了他延揽药科、精神卫生科顶尖人才的事迹，借此彰显他在学科布局上的战略眼光以及对一流人才的高度重视。颜福庆在抗战初期担任了两年卫生署署长，这无疑是他人生的高光阶段。此次增订详细梳理了他在任内的诸多贡献。初版中，1949年之后，即颜福庆后半生的内容相对薄弱。此次对这部分内容进行了较大幅度的增订，主要体现在两个方面：一是补充了他对重庆医学院筹建第一阶段的贡献；二是增添了他在全国人大、全国政协会议上的建言献策内容和加入九三学社的细节。此外，还新增了数十幅珍贵图片，进一步丰富了传记内容。

增订版的问世，离不开众多师友的鼎力相助。重庆医科大学的杨现洲研究员，在繁重的党政管理工作之余编纂了《创办重庆医科大学创校档案》（初稿），并撰写了关于重医创建的详实考证文章《颜福庆与重庆医科大学的创建》。现洲毫无保留地与我分享这些珍贵史料，为我撰写重医筹建部分奠定了坚实基础。若增订版在重医创建内容上有所突破，首先要诚挚感谢杨现洲先生的无私奉献。

唐一飞同学也为增订版倾注了大量心血。一飞是上医八年制学生，三年前申报复旦本科生科研项目（望道项目），以颜福庆创办上医初期为课题，选我作为指导教师。他出色完成了课题研究，经过此次学术锻炼，在史料挖掘、阐释与写作能力上取得显著进步。一飞不仅为我提供新发现的史料，还翻译了若干章节的英文参考文献，颜福庆的博士论文提要便出自他手，纤维瘤手术案例也是由他翻译，并经

增订版后记

戴钟英和孙庆祥两位教授审定。此外，一飞还仔细通读一校样，核对注释。我并非医学专业出身，在展现颜福庆医生特质方面存在天然局限，一飞的努力恰好弥补了我的不足。一飞的成长以及对增订版的切实助力，让我深切体会到教学相长的乐趣。

复旦大学档案馆周律、田园、裴鹏、何宜娟几位老师，为我查阅档案提供诸多便利，还提供了多幅珍贵档案图片。组织胚胎学家周国民教授长期致力于上医早期校史和九三学社社史研究，在全球范围内搜集上医早期校友资料，对颜福庆及上医研究造诣深厚。我多次专程向他请教，受益匪浅。同时，周国民教授仔细审读了书稿，并作了多处修订。王启元博士毕业于上医，对母校满怀热爱，在研究与传播上医精神方面不遗余力。启元常与我分享研究心得，还多次督促我申报国家项目，期望能推动《颜福庆年谱长编》出版，从而有力促进颜福庆与上医校史研究。高晞教授同样十分关注上医校史与颜福庆研究，多次催促我申报《颜福庆年谱长编》相关项目。然而，由于种种客观因素限制，申报项目至今未能实现，这成为我心中的一大憾事。湘雅医学院黄珊琦先生、北京协和医学院蒋育红和王勇两位同道也给予了帮助。

今年恰逢复旦大学120周年校庆，本书有幸纳入"复旦大学校长传记系列"。责任编辑贺琦女士、审稿人傅亮先生和张力奋教授为本书修订付出诸多心血，在此向他们表示衷心感谢。同时，也不能忘却颜志渊先生在创作中给予的宝贵支持与帮助，这份情谊始终铭记于心。

值得一提的是，本书初版与小女遇和的孕育、降生同步。时光飞逝，一晃十八年过去，如今本书修订再版，遇和正处于高中最后一年。三月中旬，遇和所在学校举办成人礼，标志着她步入成人阶段，即将开启大学生活。女儿长大成人，结束基础教育的艰苦学习历程，迈向人生新征程，作为父亲，我深感欣慰。《颜福庆传》的初版与修订版，前后跨度十八年，书稿承载了我与家人生命历程中的重要节点，别具一番意义。

钱益民
2025年清明后一日于美岸栖庭
2025年4月15日改定于袁成英楼

人名索引

以汉语拼音字母顺序排

Dr. Loberstine　233
F. L. Zhang　137
G. 哈登　75，76，77
H. 盖姬　76
Houston　336
Miss Gage　178
Miss Norelius　177
Nelson　4
Paul C. T. Kwei　137
Points　4
Reuben Holden　24，52，84，109，138，230，327，341，392
Shirley Garret　90
Strong　4
T. C. 刘　76
Todd　144
W. J. Boone II　6
Wampler　144
William　4

A

阿贝尔（John J. Abel）　147
阿奈特（Trevor Arnett）　197
艾利·嘉道理（Elly Kadoorie）　160，161，235
艾思光　109
爱迪（Eddy）　26
爱理　47
爱伦·格莱（Gregg）　168，345，338
爱新觉罗·溥仪　309
奥斯本　15
奥斯勒　21
奥图·波尔兹尔　175，176

B

巴特利　15
白良知　76，133，187，336，339，344
毕德辉（W. W. Peter）　28，81，98
毕桂芳　339
毕海澜（Harlan P. Beach）　26，35，36，38
伯驾　201，381，383
卜舫济　5
布诺（Jacques Louis Buttner）　19，22，232
步达生（Davidson Black）　113

人名索引

C

蔡锷　131，132，134，135，184
蔡叔厚　296
蔡元培　63
曹荻秋　260，359
曹典球　41，45，85，89，328，329，335，336
曹丽云　93，330
曹秀英　31，34，77，82，83，215，237-239，304，326，328，333，351
曹玉和　304
曹云祥　2
曹子实　8
岑春蓂　34
岑德彰　140，340
陈宝箴　87
陈炳章　161，305，337
陈传璋　294
陈从周　295
陈翠贞　227，258，298，354，356
陈大燮　295
陈国凤（Doreen）　235，237，245，307，324，352
陈国伟（William）　235，237
陈海峰　258
陈化东　211，278，353
陈淮淮　262，309，355
陈建功　294
陈克恢（K. K. Chen）　113，146-150，340
陈丕显　304，320，357
陈润霖（夙荒）　44，50，51，61，63，138，339
陈世彬　334
陈守实　358
陈祀邦　105
陈陶遗　188
陈天宠　93
陈同生　248，254，262-264，266-268，270，278，299，302，303，309，355，356，358
陈显寰　18
陈行　203
陈学俊　295
陈毅　243，253
陈永汉　338
陈源琛　266
陈泽宪　11
陈植　295，356，358
陈子展　295
成颂文　93
程占彪　257，260
褚凤仪　299，300，356
崔义田　243-245，254，260，352，354
崔之义　211，242，258

D

笪文包　99
笪移今　296，299，300，355
戴孟群　334
戴天右　131，143，278
戴维斯·波特（John Tevis Points）　3
德怀特　19，20，23，25
德士敦（Lawrence Thurston）　24-26
德威特（Davitt）　80
邓小平　253
邓一韪　48，52，76，132
邓真德　143，340
狄瑞德　143
刁信德（E. S. Tyau）　10，93，94，101，330，336，338，342
刁有道　358

丁福保 93，348
丁光生 295
丁文江 108
董秉奇 80，90，109，137，188，335
董承琅 278，295
董方中 295
杜威 63
杜月笙 203，236，313
段锡朋 203，349

E

恩斯特·莫罗（Ernst Moro） 21，22

F

范文正 157
范源濂 63
方擎 338
方子川 133，159，164，183，184
菲里斯 15
费伯（Faber） 130，166，167，341，382
冯·皮尔凯（Clemens von Pirquet） 21，22
冯德培 227，296
冯玉祥 62，63，121，217
弗林 113
弗洛里（H. W. Florey） 145
弗洛伊德（Sigmund Freud） 175
福罗斯特（Frost） 75
傅良佐 61，87
傅斯特 76

G

盖保耐（Brownell Gage） 25，26，47，78
盖茨（Gates） 9
盖尼贞 42，232
高长顺 239
高恩养 76，77，93
高景仰 358
高镜朗 78，79，90，109，132-134，136，140，142，178，333，337，340
高舜华（舜华） 239，240，242，305，351
高越英 239
格雷（Carl Johannes Gade） 19
格雷（D. D. Gray） 105
格里高利·T. 贝德（Gregory Thurston Bedell） 3
宫乃泉 244，245，247，254，352，354
龚美恩 10
古恩康 93
谷镜汧 134，135，185，258，278，346，356
顾恺时 295
顾临（Roger S. Greene） 119，123，127-129，132，140，146-148，152，153，165，167，168，173，174，181，195，198-200，339-342，347
顾庆祺 241
顾仁 233，241
顾学箕 173，241，342
顾翼东 294
桂雄五 333
郭秉宽 278，356，357
郭宗熙 63

H

哈德利（Arthur Twining Haddley） 14，25
哈克尼斯 44，122

人名索引

哈同夫人　159
哈雄文　295
海尔（Hail）　113
韩芬（Fanny G. Halpern）　134，175–177
韩启德　324，392，396
何炳麟　51
何东昌　259
何鉴清　76
何键　218
何其巩　339
何秋澄　296
贺诚　255，256，260
赫伯特·E. 史密斯（Herbert Eugene Smith）　14
赫尔辉　47
赫钦斯（F. S. Hutchins）　138，177，178
黑塞（Heiser）　65，81，143
亨得森　15
洪铭声　299，355
侯公孝　35
侯希民　338
胡成　55，147，148
胡敦　348
胡恒德（Henry S. Houghton）　28，88，114–119，136，146，148
胡鸿基　140，338–340
胡林翼　87
胡懋廉　248，258，297，356，357
胡　美（Edward H. Hume）　10，12，16–19，25–30，32–36，41，43–53，49，54，55，60，61，64，65，74–76，78，80–88，109，111–113，122，132，134，138，178，234，241，327–329，331–334，336，337，351
胡荣琦　50，55，56

胡汝鼎　295
胡适　108，232
胡田成　258
胡宣明　143，338，339
胡元倓（子靖）　51，138，339
华莱士·克劳福德（Wallace Crawford）　121
黄家骅　299
黄家驷　143，211，247，254–257，297，303，353，354，356
黄琼仙　93
黄瑞祥　328
黄珊琦　50，56，71
黄锡赓　73
黄兴　42，87
黄炎培　130，170，185–191，344
黄真瑜　321
黄振信（Mary Yen）　239，273，305，307，309，310，312，316–319，323，355，385，386，396
黄子方　348
惠林登　143

J

吉尔斯　78
纪长庚　211
纪育沣　227
季钟朴　256，260，266
江朝宗　339
姜本宽　336
姜文熙　344
蒋介石　209，217，283
蒋俊儒　227
蒋廷黻　327
杰弗里（W. H. Jefferys）　9
解维廉　47

金宝善　217，218，230，231，338
金力　250，255，268
金岳祐　73
敬武　188
瞿鸿禨　51

K

凯勒　78
凯能　348
康成（Ida Kahn）　31，93，98
克劳福德（Crawford）　75，76
孔宪武　338
孔祥熙　154，161，164，194，203，207，313，327，341，345，349，352

L

赖斗岩　18，185
兰安生　66，73，74，81，88，110，111，113，119，139，143，341，346，349，367
蓝彝　132
乐文照　123，124，132–134，136，137，186，187，228，236–238，337，342
雷曼（Lyman）　20
雷门（R. S. Lyman）　175
雷文斯（Dickson H. Leavens）　84，109
雷学熹　278
黎照寰　352
李存仁　353
李登辉　34
李枫　284
李家耿　305
李静一　297，320
李俊杰　47，138，351
李亮　258
李林　356
李某　54
李启盘　334，335
李清亮　76，77
李石岑　63
李思浩　352
李廷安　203，349
李文　254–257，259，354
李杏芳　295
李学义　335
李医生（Dr. Lee）　174
李永和　93
李振翩　62，80，274，275，335
力舒东　101
梁鸿训　78，333
梁家骊　328
梁启超　87
梁重良　93
林春业　297
林飞卿　258，278，354
林枫　252–254，259，269，354
林国镐　134，140，340
林几　339
林康侯　203，236
林可胜　114，118，338，348
林医生　152
林兆耆　131，132，183，184，258，342，356
林宗扬　97，118，350
琳格尔　78
凌敏猷　43，57，90，132
刘伯明　63
刘承裕　34
刘崇恩　336
刘大椿　278
刘辅察　335
刘海粟　203

刘海旺　254–260，268，355
刘鸿生　154，161，215，216，239，240，342
刘经邦　336
刘靖基　321
刘兰生　335
刘明　176
刘念仁　161，239，308
刘念悌　215
刘念忠　215
刘瑞恒　98，113–115，118，119，164，165，203，218，236，338，341，342，344，346
刘少奇　253，270
刘斯仁　333
刘文英　323
刘咸　299，301
刘晓云　27
刘笑春　47，138，351
刘云珊　328
刘泽民　334
刘湛燊　93
龙伯坚（龙毓莹）　43，54，62，80，207，274，334，335
龙绂瑞　335
卢永春　333
卢于道（Y. T. Lo）　152，276，279，296，299，321，355，358
陆干臣　352
陆锦文　336
陆铭声　358
陆征祥　49
罗伯特·A. 史密斯（Robert Ashton Smith）　232，233
罗伦斯　25
罗素　63，114

骆传荣　335

M

马立斯　348
马敏　334，343
玛丽·布朗·布洛克　90，200
曼松（Manson）　168
毛启爽　355，356，358
毛泽东　61–63，243，251，273–275，299，355，360
茅中　256，257
梅贻琳　144，338，340
米尔斯（Ralph Mills）　146
穆格新　328
穆藕初　188
穆塞尔　221

N

倪葆春　284，295，299，356
倪桂珍　160，161
聂其焜　41，45，47，50，328
牛惠霖　105，136
牛惠生　97，107，337，345，347
诺立斯（Norris）　65

P

帕尔玛·贝维斯　109，122
潘公展　203
潘光　177
潘泰阶　336
潘志铨　312
彭康　296
彭真　253
彭治朴　78，333
皮乐德（Arnold Pillat）　175，176
彼得金（Horance Tracy Pitkin）　24

彼得·伯驾 381，383
彼得·艾曼德（Peter Edelman） 396

Q

戚寿南 136
钱悥 131，184，248，258，297，354，356
钱慕韩 80，334，346
钱新之 342
钱信忠 320，357
钱益民 324，361，381
清源 2，3，325
区斯深 333

R

任白戈 257，260
任廷桂 78，79，90，109，131-134，136，178，184，333，337
荣独山 278，295，299，301，356，358
瑞澂 40

S

桑沛恩 335
沙印江 164，185，218
邵幼善 211，241
沈敦和 136
沈克非 227，230，282，305，352-354，356，357
沈克刚 335
沈氏 2
沈嗣仁 56
沈怡 203
沈致远 296
施密特（Carl Frederic Schimidt） 146，150
施若瑟（S. I. Joseph Schereschewsky） 5

施魏尼茨（G. E. De Schweinitz） 199
石美玉（Mary Stone） 31，93
史蒂芬（Juliet N. Stevens） 9，10
史量才 154，206
舒昌誉 310
舒厚仁 110
司徒雷登 159，178
斯曼利（Smillie） 143
宋霭龄 160，207
宋教仁 48，87
宋庆龄 119，120，122，240，320
宋太夫人 160，161
宋梧生 349
宋子文 73，110，313
苏德隆 145，146，184，246，258，278，323，347，356
苏怀一 277，278，284，296，356
苏祖斐 295
粟勘时 47
孙科 110，154，157，341，345
孙克基 109，132，133，136，173，338，341
孙远方 203
孙中山 48，49，114，154，157
索尔曼（Sollman） 150
索曼（William H. Sallman） 32

T

谭人凤 87
谭声乙 299，301
谭世鑫 334，335
谭延闿（组庵） 29，41-45，48，59-61，63，64，111，328，332
谭以礼（E-li Day） 10
谭忧黎（Julius Tandler） 134，179，183
汤尔和 60

人名索引　409

汤飞凡　52，53，62，78，79，131，133，134，140，218，333，340，346
汤铭新　336
汤芗铭　46，48，49，59，87
唐乃安　93
唐绍仪　49，158，238
唐一飞　57
陶漱石　93
陶行知　63
陶煦　249，254，258，355

W

瓦格纳—尧雷格（Wagner-Jauregg）　175，176
汪大谐　339
汪定曾　295
汪鸿鼎　358
汪精卫　345，346
汪懋祖　337
汪文汉　334，343
王耕野　256-258，260，261
王国栋（Gordon King）　174
王海玕　328
王恒守　299，300
王吉民（K. Chimin Wong）　10，31，61，93，97，98，200-202，327，330，347，392
王乐三　297，321，323，355，357，359
王霖生　217，236
王鹏万　278
王师傅　323
王士良　148，150
王淑贞　258，278，356，357
王文基　177
王晓籁　154，236
王雪赓　334

王耀　335
王一亭　154
王医生　7，174，175
王崧兰　67，69，70，246，247，362
王逸慧（Amos I. H. Wong）　109，173，174
王应睐　295，356
王有琪　278，323，356，358
王兆熊　108
王正廷　203，236
王子玕　138，338，339
王祖骥　276
威斯科特（Niles Westcott）　22
韦尔奇（William Henry Welch）　46，75
魏柯玲　90，200
魏文伯　295，296，357
文恒理（Henry William Boone）　11
文怀恩　116
文惠廉（William Jones Boone）　3
沃伦　78
吴虹玉　9，160，326
吴建雍　49
吴立奇　321-323
吴佩孚　62，63
吴若安　321
吴绍青　78，79，133，227，323，333，356
吴氏　6，325
吴铁城　159，181
吴宪　113，118
吴艺五　296
吴有训　227
吴在东　132，183
伍连德（Wu Lien-Teh）　10，30，31，39，60，61，92-94，97-99，101，

105，200–203，327，330，331，338，347，348
伍善同　336
武训　314

X

锡庆　4
席比义（Warren Seabury）　25，26
夏偕复　66，73
项松茂　206
萧元定　78，79，333
萧智吉　92，93，330
小洛克菲勒　199–201
肖仲祁　47
谢葆霖　333
谢大任　295
谢光华　295
谢少文　80，336
谢志光　80，333
熊希龄　63
徐城北　260
徐丰彦　131，135，258，323，356
徐堪　203
徐仁铸　87
徐善祥　137
徐维达　78，333
徐希一　130
徐荫祺　278，356
许德珩　320
许世芳　93
许应期　295，299，358
薛伯理　76
薛德焴　299，300
薛笃弼　217，218，341

Y

亚当斯　78
亚瑟（Arthur Williams）　19，24
严东生　295
阎锡山　217
颜德庆　1，2，4，7，8，325
颜斐雯　305
颜芬清　82，328
颜福庆（颜老，F. C. Yen）第一章（1–3，5–27），第二章（28–57，59，61，63–67，69–90），第三章（91–105，107，108），第四章（109–125，127–129），第五章（131–155，157–181，183–185，187，189–199，201–203，205–208），第六章（209–211，213–242），第七章（243–251，253–265，267–271，273–279，281，283–291，293–312），第八章（313–317，319），第九章（320–324），附录一（325–361），附录二（362，363，365，367，369，371，373，375，377，379），附录三（381）
颜桂英（桂英）　6，325
颜惠庆（W. W. Yen）　1，2，4，7，8，49，214，235，325，326，351，352
颜俪英（俪英）　6，325
颜连庆（连庆）　2，6，181，325
颜明庆（明庆）　2，6，325
颜清源　1，2
颜如松　2，6，325
颜瑞清（瑞清）　235，237，239，245，305，307，311，312，316–319，323，324，332，352，355，359
颜士清（士清）　82，215，239，328
颜澍隆（澍隆）　2，325
颜我清　82，215，235，237，239，305，

306，311，312，323，327，350，351，359
颜湘清　82，128，161，235，237，239，305，307-312，328，
颜雅清（Hilda Yen）　31，34，82，83，86，87，214，235，237，239，245，307，308，313，326，333，337，348，360
颜永京（拥经）　1-4，6，9，325，326
颜渊　1，242
颜志宏（志宏）　305，306，307
颜志凯（志凯）　305，306，307
颜志伟（志伟）　305，306，307
颜志旋（Dora）　305，307
颜志渊　161，239，240，242，278，304-306，310，313-319，323，324，352，360，361，
杨崇端（Marian Yang）　174，341
杨丹　256，257
杨国亮　131，132，184，356
杨虎　203
杨景衢　335
杨恺　321
杨铭鼎　246，247，258
杨钦　295
杨现洲　250，268
杨櫼　295
杨羽白　284
杨藻宸　150
杨自理（Z. L. Yang）　10
姚克方　80，230，334
姚泰　227，228
叶挺　86
叶衍庆　295
叶英　278，356
叶子衡　194，206，344

伊博恩（Bernard E. Read）　146，147，150
易鸿匹　150
殷粹和（Eleanor Ying）　178
应元岳　78，79，90，109，133，137，185，217，323，333
尤彭龄　334
余瀸　358
余日宣　284，356
余日章　154
俞藩馥　335
俞凤宾　92-94，101，330，338
袁道　335
袁开基　278，299，301
袁世凯　48，49
袁正宏　250，255，268

Z

曾宝荪　78
曾国藩　87
曾纪鸿　78
曾季融　328
曾松桥（Tseng Sung Chiao）　78
曾约农　339
詹天佑　8
张安中　150
张伯钧　133
张昌绍　131，150，183，184，354，356
张大庆　46，55，345
张东荪　63
张广蕙　164，218
张汇芝　356
张家祉　356
张健　264
张江树　296
张敬舜　62

张敬汤 62
张敬尧 61-63，87，274
张敬禹 62
张力军 90，200
张孟闻 299
张某 53
张乃燕 123，164，337，340，342
张群 341
张四维 334，335
张维 62，80，108，133，274，334，335
张慰丰 253，288
张孝骞 43，54，78，79，85，230，232，233，241，333，350
张学良 159
张毅 150，183
张鋆 133，178，237，342
张治道 109，133，242，352
张仲明 186-189
章克恭 51，335
章遹骏 49-51，329
赵丹若 294
赵恒惕 64，78，87
赵晋卿 154，312
赵朴初 352
赵希昂 185，334
赵运文（赵鸿钧，H. C. Tsao） 133，137，333，335
郑勉 299
郑思竞 183，321，323
志宾 306，307
志宏 306

志庆 4，6，7
钟拱辰 93
周诚浒 80，90，109，133，136，236，237，323，333，335
周恩来（周总理） 252，266，270，283，294
周谷城 296
周洪生 266
周廷冲 150
周同庆 227
周行健 355，356
周志宏 295
周自培 109，333
朱潮 253，288
朱德 253
朱恒璧 43，76，77，99，107，108，133，134，136，137，146，148-150，183-185，203，210，218，227，228，231，332，335，336，339，342，344-347，349-353
朱家骅 162，168，344
朱莉亚·乔（Julia Strong） 3
朱润深 333
朱廷利 41，47，328，335
朱益栋 179，212，323，338
朱友渔（Y. Y. Tsu） 128
朱章赓 222
诸楚卿 299
庄鸣山 258
邹承鲁 295
左宗棠 42，87